CAMBRIDGE

Ideas in Context
剑桥学派思想史文库《语境中的思想》系列丛书
总主编：刘同舫

青年马克思
—— 德国哲学、当代政治与人类繁荣

The Young Karl Marx
German Philosophy, Modern Politics, and Human Flourishing

［英］大卫·利奥波德 著
刘同舫 万小磊 译

·广州·

版权所有　翻印必究

图书在版编目（CIP）数据

青年马克思：德国哲学、当代政治与人类繁荣/（英）大卫·利奥波德（David Leopold）著；刘同舫，万小磊译．—广州：中山大学出版社，2017.3

（剑桥学派思想史文库·语境中的思想）
ISBN 978-7-306-06011-2

Ⅰ.①青… Ⅱ.①大…②刘…③万… Ⅲ.①马克思主义—研究 Ⅳ.①A81

中国版本图书馆 CIP 数据核字（2017）第 031863 号

QINGNIAN MAKESI：DEGUO ZHEXUE DANGDAI ZHENGZHI YU RENLEI FANRONG

| 出 版 人：徐　劲
| 策划编辑：金继伟
| 责任编辑：杨文泉
| 封面设计：曾　斌
| 责任校对：王　璞
| 责任技编：何雅涛
| 出版发行：中山大学出版社
| 电　　话：编辑部 020-84110771，84113349，84111997，84110779
| 　　　　　发行部 020-84111998，84111981，84111160
| 地　　址：广州市新港西路 135 号
| 邮　　编：510275　　　传　真：020-84036565
| 网　　址：http://www.zsup.com.cn　E-mail：zdcbs@mail.sysu.edu.cn
| 印　刷　者：广州家联印刷有限公司
| 规　　格：787mm×1092mm　1/16　21.25 印张　337 千字
| 版次印次：2017 年 3 月第 1 版　2017 年 12 月第 2 次印刷
| 定　　价：58.00 元

如发现本书因印装质量影响阅读，请与出版社发行部联系调换

总　　序

在全球化背景下，现代文明广泛融合了政治、经济、文化等复杂多元的因素，谈论哲学、探讨思想史等宏大叙事问题似乎显得不合时宜。然而，思想史中的哲学智慧是一切文化的核心，是民族生命的根源与文明潜在的象征，哲学指引着人类命运的未来发展，人类文明始终无法脱离哲学的影子。当代中国处于稳步前进的历史上升阶段，民族文化精神内在要求融合世界丛林中的先进文明，才能焕发独特风采，创造民族文化特色。在创新发展与开放发展等新思想的指引下，跨越中西学界的传统局限，将迎来学术发展的新契机。

近年来，新一轮西学东渐的热潮兴起，国外学术经典与研究著述备受推崇，国内的引荐和译介工作兴盛，这大大拓展了国内学人的研究视野，并使中西方学术文化交流的深度不断加强。中外学术精华的批判性糅合开创和突破了许多研究领域，增强了民族文化的自信心。当然，我们也不能忽视由于急功近利的心理造成的学术虚假繁荣现象。在选择和翻译国外学术著作时，迫切需要问题意识和严谨精神。学术研究始于问题，问题既来源于现实世界，也来源于对话探究。雅斯贝尔斯说，"对话便是真理的敞亮和思想本身的实现"。西学引进无疑是中西方对话的一种重要方式，是一场世界视域内思想激荡与交流的盛宴，对话碰撞与论辩既激活了创意又磨砺了思想。只有以开放的眼光、谨慎的精神和批判的意识审视国外学术文化，才能真正汲取精华，取长补短，在葆有中国特色的基础上使民族文化得到发展。

英国剑桥大学出版的《语境中的思想》系列丛书以思想史演进为核心线索，打破学科界限，将传统思想在新语境中加以重新解读，其研究内容与探究方式令人惊喜。该丛书共选录了近 30 年来具有代表性且影响较大的学术著作百余本，其中尤以 21 世纪后出版的成果居多。这是一套开放性的丛书，它并不局限于单一学科，而是以学术传统与相关新兴学科的出现为探讨背景，通过具体研究经典与传统，以及学者在新语境中与经典的对话，达到传统思想在可转换的具体情境中发展的愿景。丛书著作选题涵盖哲学、政治、经济、历史、教育、心理等广泛学科领域，但其以思想史为核心主线和潜在线索贯通一体，全然消解了传统研究在哲学史、各门科学史、社会史、政治史和文学史之间人为界分的痕迹。例如，有的著作从国别、经济、人文、政治等不同视角再现文艺复兴、启蒙运动等重大历史事件，由此提出共时与历时语境中的哲学思考；有的著作从德国的历史主义危机展开阿伦特与施特劳斯早期政治思想的研究；有的著作从新科学时代中所渗透的古老智慧发掘英格兰哲学的传统价值；有的著作从现代政治文化视域理解尼采及其在现代政治思想史上的地位；等等。这种在当代语境中打破常规认识，不拘泥于学科界限的学术探究方式可谓大胆创新，既凸显问题意识，又使得整套丛书不失完整性和系统性。

这套丛书主题新颖、问题意识突出、探究视角独特。它按思想史发展进行编撰，试图将传统思想与具体语境关联起来，以特定问题为主题，消解学科边界，在新语境中解读经典，还原先哲思想，挖掘传统思想的全新内涵。通过直接或间接的方式与学术大师对话，在历史事件中敞开哲学沉思，展现独到见解，这种学术触觉和追问精神，正是我们开展理论研究与解决实践问题所迫切需要的。

我关注、策划与主编这套丛书，目标除了旨在拓展学术视野、传递西方学术前沿动态之外，更希望在对话中发掘西方学术研究的思维范式，从而促进我国学术界对西方文化的深入借鉴与批判，并用以解决中国特色社会主义建设的理论与实践问题。

在宏观把握丛书的前提下，我有针对性地选取一系列更具典型性、创新性的著作，通过组织团队（以青年学者为主）开展翻译工作，计划相继推出译著，为国内学者探讨西方思想文化提供参考。第一批译著选取的重点是政治哲学主题。目前，我们已完成英国学者大卫·利奥波德所著《青年马克思——德国哲学、当代政治与人类繁荣》一书的翻译工作。

弘扬学术之路任重道远。肩负起这项伟大的学术事业，学者责无旁贷。当学术研究真实地嵌入现实，在现实中迸发智慧之光时，学术的魅力也将彰显得更加绚烂，这对我们而言是莫大的鼓舞和动力。愿这套丛书作者、编者和译者的探索精神能够感染一些读者，为学界创造更多的硕果。

2017 年春于浙江大学

中文版序言

本人非常高兴能有此次机会把拙著,由剑桥大学出版社于2007年出版的《青年马克思——德国哲学、当代政治与人类繁荣》介绍给中国读者。在本序言中我将谈到以下四方面:研究马克思早期作品的出发点,"早期"的定义,本书的主题,对马克思作品研究可能的启示和教训。

关于研究马克思早期作品的出发点。我一开始只是对马克思早期文本感兴趣,之后才开始思考到底是什么吸引了我。这些早期作品吸引的不止我一人,人们到底是被什么所吸引呢?几番思索探究之后,我能想到的唯有以下两条:第一,这些作品有启发性,给人的印象是它们包含宝贵和有趣的思想。第二,这些早期作品具有模糊性,它们的含义很难被精确解读。这两条放在一起,既具灾难性又有魅惑性。在被这些文本吸引之后,我才开始确定更加具体的目标。尤为吸引我的是人性与政治之间的复杂关系,我努力在马克思对当代国家的出现、性质和未来的取代的论述中找到相关的踪迹。青年马克思认为,当代国家承认但是未能实现人类繁荣的某些条件(如它承认人与人之间的平等很重要,但是未能把它变成现实)。马克思似乎认为,某些未来的社会制度能够同时承认并实现这些条件,但他并没有具体指出是哪些制度。有趣的是,这种人类繁荣的未来观包含一种(略显矛盾的)政治维度。我相信在这些含义丰富、内容高深的作品中有很多重要的、有趣的东西值得人们去研究,上文所提只是令我个人这么多年念念不忘的方面。

关于"早期"的定义。因为尚无公认的、明确的对马克思早期作品的定义，所以我觉得有必要介绍一下在本书中的定义。结合本书的写作目的，我把时间界定在从《莱茵报》的关停到《德意志意识形态》开始创作之前的这段时期。这段时期，从1843年3月到1845年9月时间跨度只有两年半，但是这段时期内却有丰富到难以置信的材料（包括《黑格尔法哲学批判》《1844年经济学哲学手稿》《论犹太人问题》和《神圣家族》）。关于该定义我需要说明两点。第一，我承认这并非唯一可行的对马克思早期政治作品的定义，对于其他定义我坦然接受。比如，我并非真想否认马克思的早期政治作品包含1843年以前的材料（比如《莱茵报》上关于林木盗窃案、言论自由等话题的文章）。只是这些更早期的作品主要是关于普鲁士在莱茵地区的统治而与当代国家没有太大关系。另外，我认为"早期"的定义在一定程度上取决于人们感兴趣的内容。如果人们感兴趣的是马克思对当代国家的看法的话，早期作品确实是在19世纪40年代的前五年。不过，该"早期"并不包含他关于剩余价值的"早期"思想或对俄国"例外论"的"早期"看法或对意识形态的"早期"看法，等等。

关于本书的主题。本书主要围绕马克思对当代国家的成就与不足（连贯、可信）的论述与他对当代国家的未来取代者（片段、不确定）的论述之间的反差而展开。就当今世界而言，承认马克思对国家、政治的论述中包含正面和负面元素是很重要的。他赞扬当代国家承认了一些实现人类繁荣的条件，认为这是一种进步，但他批判当代国家未能充分实现这些条件。比如，当代国家致力于成为忠于集体利益的人人平等的社会，但这个理想被当代经济生活中人们的个体主义和不平等现象污染与损害。就未来社会而言，马克思认为一些人类繁荣的条件（本书中举出了14条）已经被承认和实现。我支持这种对人类解放的构想，反对常见的抱怨（比如它的片面性和荒唐性）。我认为马克思对未来社会制度的描述过于粗略，原因在于马克思认为没有必要详细讨论未来社会的细节，我认为这不足为信，可能也十分危险，所以，我对马克思和乌托邦社会主义更感兴趣。以上是该书的主题，不过，除了主题之外，也还有其他一些重要的观点。

关于对马克思作品研究可能的启示和教训。第一，我建议读者不要看

《马克思名言名句摘录》。对马克思作品的讨论，通常关注的是马克思名著中少数几个段落。也许此言有些夸张，不过几乎没有人愿意费心去认真阅读马克思的作品，部分原因是他们已经知道或自认为知道马克思说了什么，部分原因是他们熟读过《马克思名言名句摘录》。比如，几乎没有人完完整整读过《德意志意识形态》，但大家都在引用并解读该书中的名句"上午打猎，下午钓鱼，晚上批判"。当然，也没必要完全避开这些老套的句子，但是，应该在相关语境中更加仔细、连贯地对待。这样做不仅是为了更好地解读这些摘录的句子，更是为了把注意力从这些句子中移开。第二，不应该低估理解和研究在陌生的思想、文化风格下创作的作品的难度。青年马克思关注的很多思想本身具有难度（如异化、物化、自我实现等）。这些思想之所以难以理解，因为其内在的复杂性，也因为在论述这些思想的过程中使用了我们今天看起来很陌生的假想和词汇。用恩格斯的一句妙语来说，青年马克思经常像"德国哲学家"一样创作，意指他的作品"非常糟糕"。马克思经常批评他人作品不够清晰、精确，自己却也难逃窠臼。第三，马克思的早期作品几乎都是围绕批判他人的作品而展开，这给今天的读者造成了很大的理解上的麻烦。我们不能指望青年马克思对他所批判作品的描述是完全准确的，同时，在不能独立接触到鲍威尔和费尔巴哈等人作品的情况下，我们也难以充分理解并评价马克思对这些作品的批判，也难以评价马克思本人提出的观点。第四，我们需要抛弃20世纪的解读框架。马克思逝世50年之后，其青年时期的作品才得以大量出版，此时马克思主义已经被等同于苏联经验和围绕苏联经验形成的一套理论。人们对马克思早期作品的接受一开始就受到这种政治背景的影响。正统的马克思主义视青年马克思的作品为异类，这些早期作品也被一些人用作打击苏联的武器，最后形成了"一个还是两个马克思"之争，我认为这是没有太大意义的。

最后，非常高兴有机会在本序言中感谢本书的译者：浙江大学马克思主义学院院长刘同舫先生和广东科技学院外语系万小磊先生。我真诚欢迎中国和欧洲学者之间有越来越多的交流，特别是期待我们这些同样研究马克思的人能有更多的对话。看到刘先生、万先生和中山大学出版社把本人的一些作品介绍给中国读者，鄙人甚是欣慰。

目　　录

第一章　引　言 ……………………………………… 1
  马克思早期著作之"发现" ……………………… 1
  有争议的地位 ……………………………………… 5
  其他障碍 …………………………………………… 7
  人性和现代国家 …………………………………… 10
  疑虑和研究目标 …………………………………… 12
  组织结构与论述 …………………………………… 14

第二章　德国哲学 …………………………………… 16
  1843 年的《批判》 ………………………………… 18
  幻象与现代性 ……………………………………… 20
  海涅（和巴黎） …………………………………… 25
  "梦—历史"和黑格尔的《法哲学原理》 ……… 31
  黑格尔的形而上学 ………………………………… 33
  什么已死：马克思的批判性回应 ………………… 45
  黑格尔的洞察不是什么 …………………………… 54
  现代社会的特征 …………………………………… 60
  什么还活着：黑格尔的经验性洞察 ……………… 67
  黑格尔式调停的失败 ……………………………… 73
  《批判》的持续相关 ……………………………… 80
  小　结 ……………………………………………… 95

第三章　当代政治　　98

鲍威尔简介　　98
鲍威尔和犹太主义　　107
鲍威尔和真正的自由　　114
鲍威尔和解放　　119
重构鲍威尔的兴趣　　128
现代国家的前提条件　　132
基督教和现代国家：积极的相似　　138
基督教和现代国家：消极的相似　　144
马克思和权利　　149
反犹太主义与犹太人的自我憎恶　　162
小　结　　177

第四章　人类繁荣　　180

人类解放的结构　　181
费尔巴哈对宗教和哲学的批判　　183
费尔巴哈与政治　　203
费尔巴哈和马克思　　224
马克思和人性　　229
群居生物　　242
人类繁荣　　249
制度碎片　　252
政治的终结　　262
马克思与卢梭　　270
马克思与圣西门　　279
小　结　　285

第五章　结　语　　287

初步定义　　288
马克思对乌托邦主义的肯定　　290

马克思对乌托邦主义的合理否定……296
蓝图的必要性……301
最后一言……302

Bibliographical Note ……305

第一章　引　　言

　　本人一开始并无意以青年马克思的思想著书。本书缘于另一个被我放弃的、宏大的、与此迥异的项目。① 我在阅读其他材料的时候却一次次被马克思的早期著作所吸引。也许这些文章并不能赢得所有人的青睐，毕竟它们曾被描述为"一堆单薄、晦涩、不完整的材料，描述的还是马克思一些最让人费解的思想"。事实上，这并非虚言。② 然而，本人以为，马克思早期的著作似乎呈现出两大显著的特性：一是启发性，即这些著作包含值得深入思考的思想；二是模糊性，即这些著作的意义远不够清晰。正是这两大特性促使我最终完成了此书。在试图理解马克思有趣却也有难度的作品之时，希望我能阐释得更彻底一些。

马克思早期著作之"发现"

　　并非每个人都能如我一样被马克思的早期著作所吸引。但可以肯定的是，马克思的早期著作却未能引起马克思同时代人的注意。部分非常重要的作品诸如《黑格尔法哲学批判》（以下简称《批判》）和《1844年经济学哲学手稿》（以下简称《手稿》）的撰写并非为了出版。直到马克思逝

---

① Max Stirner. *The Ego and Its Own*. ed. David Leopold. Cambridge: Cambridge University Press, 1995.
② John Plamenatz. *Karl Marx's Philosophy of Man*. Oxford: Oxford University Press, 1975: 33.

世之后，人们才发现这些作品的存在。当然，有些作品确有出版，但是发表在发行量极小、极不稳定的一些激进期刊上。比如，马克思的文章《论犹太人问题》发表在《德法年鉴》上，该期刊只出版过一两期，印刷了1000册且似乎有约800册被当局没收。① 当时，这些被发表的作品都没有受到大众或评论界的任何欢迎。

马克思在19世纪40年代早期的作品中，有生之年得以重印的只有比本书中定义的早期作品还要早的两篇新闻作品（下文将阐述本书中对早期作品的定义）。这两篇关于德国时事的文章，一篇是对普鲁士审查命令的评论，一篇是关于第六莱茵省国会出版自由辩论的报道（两篇文章皆创作于1842年）。这两篇文章在1851年被赫尔曼·贝克尔夸张地冠以《卡尔·马克思文选》之题再版。如此单薄的文选真是罕见至极。但似乎印数极少，而且也根本没在科隆之外的地区发行（直到最近人们才更清楚这本书的来历②）。

鉴于此，无论马克思本人还是他的同辈人都无意去挽救这些默默无闻的早期作品。尽管马克思保留了该时期的研究笔记，但他似乎不太热衷于收藏自己已发表的作品。19世纪40年代是一个动荡的年代，也是对马克思的一生有重要影响的年代。这期间，他曾在三个不同的国家——德国、法国、比利时生活——直到最后，他因流放被迫在1849年8月到英格兰定居。然而，令人吃惊的是，马克思竟然没有保留一册他的第一本著作——《神圣家族》，该书由他和恩格斯一起创作并于1845年2月出版。直到1867年他才得到一本自己的书，还是库格曼送给他的，库格曼是一位生活在汉诺威的妇科医生和共产主义者。马克思曾对恩格斯说："他收

---

① 这些估计数字来自 Hal Draper. *The Marx-Engels Cyclopedia*：*The Marx-Engels Chronicle*，1985（1）：16. 又见于 Maximilien Rubel and Margaret Manale. *Marx Without Myth*：*A Chronological Study of His Life and Work*. Oxford：Oxford University Press，1975：38.
② 有证据显示，该书印刷仓促且作为一个分册发行不合适。预计为两卷，结果它只是第一卷的五分之一。科隆警察破坏了该计划，第一卷的剩余部分本应包括大批马克思给《莱茵报》的投稿。第二卷具体的规划内容尚不清楚，见 MEGA②1．1：976–979.

藏的我们的著作比我们二人手中加起来的还多。"① 甚至到了 1892 年，恩格斯还求助于库格曼来寻找马克思的一些精品著作②。

1883 年马克思去世之后，恩格斯坚持不懈，协调各方出版了马克思的一些绝版和尚未出版的作品。恩格斯不仅是马克思最亲近的挚友、部分作品的执笔人，还是一位备受尊重的国际社会主义运动的领袖。马克思曾说，恩格斯是唯一一位能够看懂自己书写不美观的知音③。然而，恩格斯把自己仅有的精力花费在编辑《资本论》的剩余卷本以及对欧洲社会主义运动相关的、有清晰实际指导意义的作品的出版（通常是再版）上。然而，青年马克思的早期著作却被恩格斯所忽视（这些所谓的《关于费尔巴哈的提纲》被出版，它们构成了马克思为《德意志意识形态》所做的准备工作，也超出了本书对马克思"早期著作"的定义）。的确，恩格斯似乎也觉得马克思的早期作品无足轻重④。即便对有些内容颇有兴趣，恩格斯也认为该时期"黑格尔语言风格"的作品"不宜翻译"，即使是德语原文也十分费解⑤。他拒绝了法译《〈黑格尔法哲学批判〉导言》这本书的提议，而且认为《1853 年以来的书信》一书中的语言是"难以理解"的⑥。

20 世纪初，一定程度上由于对马克思缺少兴趣和恩格斯的反对，即

---

① Marx to Engels, 24 April 1867, MEW31：290（MEW = *Karl Marx-Friedrich Engels-Werke*, Institut für Marxismus-Leninismus beim Zentralkomitee der Sozialistischen Einheitspartei Deutschlands, "Ergänzungsbanden". Berlin, 1957 – 1968（1 – 39）. 31 和 290 这两个数字分别指卷数和页码，下文同此处，再出现时将不再重复标注）；MECW42：360（MECW = Karl Marx and Friedrich Engels, *Collected Works*. Moscow, London, and New York, 1975 – 2005（1 – 50）. 42 和 360 这两个数字分别指卷数和页码，下文同此处，再出现时将不再重复标注）.
② Engels to August Bebel, 26 September 1892, MEW38：475；MECW49：543；Engels to Ludwig Kugelmann, 4 October 1892, MEW38：485；MECW50：3.
③ Marx to Pytor Lavrov, 5 February 1884, MEW36：99；MECW47：93；Engels to Karl Kautsky, 28 January 1889, MEW37：144；MECW48：258 – 259. 库尔特·穆勒在纳粹监狱中钻研笔迹学，帮助编辑识别了马克思的手稿。
④ Alexis Voden. "Talks With Engels". *Reminiscences of Marx and Engels*. ed. Institute of Marxism-Leninism. Moscow：Foreign Languages Publishing House, 1957：330 – 332.
⑤ Engels to Florence Kelley-Wischnewetzky, 25 February 1886, MEW36：452；MECW47：416.
⑥ Engels to Laura Lafargue, 14 October 1893, MEW39：146；MECW50：21；Engels to Wilhelm Liebknecht, 18 December 1890, MEW37：527；MECW49：93 – 94.

使是马克思著作最忠实的读者也不了解本书中提到的绝大部分文本的存在，更不用说阅读它们。他们至多听说过《神圣家族》，但绝不可能阅读过出版的成书。

正式发掘马克思早期作品的工作始于1902年出版的弗兰茨·梅林作品集《马克思文学遗产》《弗里德里希·恩格斯》和《费迪南德·拉萨尔》。然而，该版仅包含青年马克思之前已经发表过的作品（比如《神圣家族》和《德法年鉴》中的一些文章）①。直到1927年之后，这些早期作品才被更完整地收录于大卫·梁赞诺夫主持编写的《马克思恩格斯作品全集》（以下简称为《马恩全集》）。他在收集、保存和发表马克思和恩格斯作品上是一位重量级的人物。② 梁赞诺夫发表了此处讨论到的很多学术版的青年马克思的作品（包括《批判》《手稿》和《詹姆斯·穆勒〈政治经济学原理〉一书摘要》以下简称《穆勒评注》等）。然而，20世纪30年代初，这项工作尚在起步阶段就已被取消（后来很难找到相关的出版物）。马克思早期作品中的杰作虽未绝版，但也难觅踪迹。

青年马克思的作品在更大范围传播和《马恩全集》遗漏作品的出版工作并非一帆风顺。例如，直到1956年才出现令人满意的英文版《手稿》，而法语版则出版于1962年（更早的版本确实也有，不过它们要么不完整，要么在某些方面有问题③）。令人欣喜的是，新版《马恩全集》的第一卷于1975年正式出版。新版《马恩全集》的一大贡献是首次收录了马克思所有尚存的研究笔记。马克思从所读书籍中摘录句子，偶尔插入自己的评论，这是他终生的习惯（这些研究笔记妥善保留下来的约有两百本）。尽管困难重重且有一些编辑工作上的重大变化，如今《马恩全集》的编辑工作还在继续。1990年它被马克思恩格斯国际基金会（IMES）列入"非苏联"管理资助项目。倘若说我们对这些早期作品的

---

① Engels to Laura Lafargue, 14 October 1893, MEW39：146；MECW50：21；Engels to Wilhelm Liebknecht, 18 December 1890, MEW37：527；MECW49：93-94.
② Rolf Hecker. *David Borisovic Rjazanov und die erste MEGA*. Berlin：1997.
③ 1962年埃米尔·博蒂盖利法译《手稿》之前已有莫利托的版本，后者对《马恩全集》1的结构有很大的改变，而且遗漏了"第一部手稿"。1956年马丁·米利根英译《手稿》之前已有瑞亚·斯通（Ria Stone）的版本，但后者只有油印版流通。

了解日新月异也几乎算不上夸张：一些有趣的文章直到最近才发表①，一些信件偶尔还会被发现②，一些大家熟悉的内容被从文集中剔除③，对原文的一些争议还尚无定论④。

有争议的地位

对这段历史的简单介绍是为了强调早期作品面世之晚。直到马克思逝世50年后，这些早期作品才得以批量出版。而且，青年马克思作品的首次发表和流通环境也不是很好。特别是在此时期，马克思主义被日渐认为与苏联经验密切相关，还与周边理论混为一谈。早期作品的语言风格和关注的问题很难与官方的马克思主义思想中系统的世界观联系在一起。原版《马恩全集》夭折的命运正反映了斯大林主义对这些标准之外学术作品的不安。随着该版全集的取消，许多原有的工作人员也"失踪了"。梁赞诺夫被流放到萨拉托夫，到1934年之后才被允许重返莫斯科，而他在"大清洗运动"中又因"拥护托洛茨基主义"的罪名被逮捕，并于1938年被处决。苏联的不安以各种形式延续着，只不过不再那么强烈。比如，在20世纪60年代，《马恩全集》（在莫斯科和柏林编纂）将很多早期作品编录在《补遗本》中，与其他按时间顺序编排的卷本分离出来单独出版。

考虑到敌对的反应并为了加强对立，一些较激进的声音满怀热情地抓住青年马克思，试图用他来打击苏联马克思主义的正统性。马克思早期作品的出版受到热烈欢迎，正是因为它们似乎让人对苏联马克思主义的权威性打上问号。

1932年《手稿》的出版表明两种对马克思早期作品截然不同的反应。沉睡了80年之后，《手稿》在同一年出版了具有竞争性的两个德语版本。

---

① 比如，青年马克思对卢梭《社会契约论》所做的笔记，直到1981年才出版。
② Marx to Wilhelm Saint-Paul. March 1843, *Marx-Enels-Jaghrbuch*. Berlin：1978（1）：328 – 329.
③ 比如，Luther als Schiedsrichter zwischen Strauss und Feuerbach（1843）不再被认为是马克思的作品。
④ 比如，对《手稿》的地位一直都有争议。

《马恩全集》中的版本更具权威性，但另一个版本对理解马克思的作品也有重要意义。① 后者的编辑——西格弗里德·兰茨胡特和 J. P. 迈尔——声称《手稿》揭示了之前隐含的、贯穿马克思所有作品的主线，使其能够首次被正确理解，对普遍认同的关于作品含义的理解提出质疑。②

早期作品中凸显的异见在不同时间、不同地点受到了不同人的热烈欢迎。例如，相差 30 年和相距 7000 英里的赫伯特·马尔库塞和马歇尔·伯曼。赫伯特·马尔库塞后来成为西方马克思主义的代表人物之一，但他开始撰写关于《手稿》评论时，还在弗赖堡大学攻读马丁·海德格尔的博士后。在他给《社会》撰写的这篇评论（发表于 1932 年）中，坚称新发现的这些文章要求我们对那些被普遍接受的解读有重大的修订，而不能按照原来的方式理解。马尔库塞还声称，《手稿》的出版是一个"重要事件"，正是因为它，人们对之前的马克思理论系统的正统解读产生怀疑，特别是，它还会动摇"科学社会主义"③（这篇书评的写作日期让我们联想到更多的历史事件：一年之内希特勒被任命为德国总理；海德格尔以大学校长的身份加入纳粹党；马尔库塞和家人逃离德国）。

在 20 世纪 50 年代末 60 年代初的美国，英文版《手稿》的出版引起了类似的反应，特别是在那些后来被称为"新左翼"的人中。马歇尔·伯曼描述了他于 1959 年在哥伦比亚上学期间，首次阅读到马克思成名之前撰写的《手稿》英译版时的那种激动。④ 他一口气购买了 20 本并称之为"能改变世界的伟大作品"。他把这些作品作为光明节的礼物送给朋友和家人，坚信自己发现了"不一样的东西，会撕碎你的生活，但也会让你因此而高兴"⑤。《手稿》"是马克思的，但不是共产主义的"⑥。伯曼对

---

① Michael Maidan. "The Rezeptionsgeschichte of the Paris Manuscripts". *History of European Ideas*. 1990 (12): 767 – 781.
② Karl Marx. *Der historische Materialismus. Die Frühschriften*. ed. Siegfried Landshut and J. P. Mayer. Leipzig: 1932 (1): xiii.
③ Herbert Marcuse. "Neue Quellen zur Grundlegung des Historischen Materialismus". *Die Gesellschaft*. 1932 (2): 136 – 137.
④ Marshall Berman. *Adventures in Marxism*. London: Verso Books, 1999: 6 – 7.
⑤ Marshall Berman. *Adventures in Marxism*. London: Verso Books, 1999: 9.
⑥ Marshall Berman. *Adventures in Marxism*. London: Verso Books, 1999: 15.

《手稿》的评论略显轻浮但不无道理。马克思早期的作品提供了一种新的、极不寻常的视角,深深影响了后来几代人;《手稿》的地位对有些人来说就如同《圣经》,至少也不亚于《资本论》。

同马尔库塞和伯曼一样,很多人欢迎马克思早期作品正是因为它们动摇了苏联对马克思作品所谓正统解读的权威性。而从一开始,人们对这些早期作品的反应就存在两极分化。这些作品要么被认为是幼稚、不成熟的,丢弃了也无关紧要,要么被视为长期埋没的打开马克思思想的钥匙。孰是孰非在这里不作讨论。主要是让大家思考如此明显的政治动机是如何妨碍人们研究马克思思想的演变和如何歪曲对这些早期作品的理解。人们对这些早期作品确实进行了一些严肃的、深度的解读。但是,评论家们发现这些解读几乎都被局限在一个框架之内——"马克思是一个人还是两个人"(作者的作品是连贯的还是破碎的?马克思的成就是在早期就已确立还是建立在"弃暗投明"的基础上?①)。如此简单粗暴、非此即彼的做法,还有其产生的历史背景,对这些不可低估的早期作品的理解形成了持续的"外部障碍"。

不过,当下的环境已不同当年。尽管"外部障碍"尚存,但社会背景已发生巨变。我乐观地认为,我们这个时代更有利于真实评价马克思思想的性质和意义(至少学术界希望对马克思的研究能正常化)。苏联共产主义毫无疑问在一定程度上歪曲了我们对马克思作品的认识,苏联的崩溃给我们提供了一个更好地了解马克思而不是埋葬马克思的机遇。

其他障碍

要充分理解青年马克思,由于早期作品的历史背景带来的曲解不是唯一的障碍。这些文章本身晦涩难懂,从形式、内容、出版状况到辩论的焦点,无一不让人费解。

也许对今天的读者来说,最难理解的是马克思文章的风格。恩格斯曾

---

① Louis Althusser. *For Marx*. London:The Pengnin Press, 1969:53.

风趣地说，马克思的行文像一位"德国哲学家"，这是表明他的文章写得"非常糟糕"①。早期作品的语言可能隐晦艰涩，原因之一在于它反映的是当时的思潮和动向。② 另外，马克思有时为了追求风格而牺牲了清晰度。比如，他使用了对偶句交错配列修辞（左派黑格尔主义者赛利加所做之事被描述为不是揭露隐秘，而是掩藏真相）③，矛盾修辞（"基督徒的最高境界"被描述为"无神论者的境界"）④，和当代的暗指修辞（佛里德里希·威廉四世的自白很难让当代的读者联想到路德维希·蒂克和威廉·瓦肯罗德尔关于艺术与音乐的文选）⑤。我并不是说马克思的文风从不清晰准确，只是他不总是如此。的确，在这一点上，年轻时期的马克思有时显得"严以待人，宽于律己"。比如，他曾挖苦黑格尔的作品，说其需要翻译成"散文"⑥；曾尖锐批评阿尔诺德·卢格，"在公开场合把一切物体当成了文体练习的对象"⑦；还曾无情地讥讽塞利加的"辩证式推理"⑧。

---

① "Briefe aus London", MEW1: 475; "Letters From London", MECW3: 386; "Ein Fragment Fouriers Über den Handel", MEW2: 605; "A Fragment of Fourier's on Trade", MECW4: 614.
② *Die deutsche Ideologie: Kritik der neuesten deutschen Philosophie in ihren Repräsentanten Feuerbach, B. Bauer und Stirner, und des deutschen Sozialismus in seinen verschiedenen Propheten*, MEW3: 34; *The German Ideology: Critique of the Latest German Philosophy as Exemplified by its Representatives Feuerbach, B. Bauerand Stirner, and of German Socialism as Exemplified by its Various Prophets*, MECW5: 48.
③ *Die heilige Familie, oder Kritik der kritischen Kritik: Gegen Bruno Bauer und Konsorten*, MEW2: 58; *The Holy Family, or Critique of Critical Criticism: Against Bruno Bauer & Co.*, MECW4: 56.
④ "Zur Judenfrage", MEW1: 357; "On the Jewish Question", MECW3: 156; "On the Jewish Question", EW: 222. (EW = Karl Marx. *Early Writings*. ed. Rodney Livingstone and Gregor Benton. London: Penguin Books, 1975. 冒号后面的数字表示页数，下同，再次出现时将不再重复标注。)
⑤ "Briefe aus den *Deutsch-Französischen Jahrbüchern*", MEW1: 341; "Letters From the *Deutsch-Französische Jahrbücher*", MECW3: 140; "Letters from the *Franco-German Yearbooks*", EW: 204.
⑥ *Kritik des Hegelschen Staatsrechts*, MEW1: 205, 215; "Contribution to the Critique of Hegel's Philosophy of Law", MECW3: 7, 16; "Critique of Hegel's Doctrine of State", EW: 61, 72.
⑦ "Kritische Randglossen zu dem Artikel 'Der König von Preussen und die Sozialreform: Von einem Preussen'", MEW1: 405; "Critical Marginal Notes on the Article 'The King of Prussia and Social Reform: By A Prussian'", MECW3: 202; "Critical Notes on the King of Prussia and Social Reform", EW: 416.
⑧ *Die heilige Familie, oder Kritik der kritischen Kritik: Gegen Bruno Bauer und Konsorten*, MEW2: 67; *The Holy Family, or Critique of Critical Criticism: Against Bruno Bauer & Co.*, MECW4: 64.

马克思早期作品的内容也很难理解。他关注的一些中心思想——异化、物化、自我实现等——难以被领会，甚至被认为跟他偶尔晦涩难懂的文章没什么关系。对当代的读者来说这些陌生的概念更增加了文章本身的难度。也为很多早期作品的出版状况制造了困难。这些作品分为：已出版、欲出版却未出版和从未打算出版的。若认为这些作品有着同样的权威性，自然是无法令人信服的。特别重视公开发表作品中的观点似乎是合情合理的[1]。但当时的政治环境和审查制度使这个问题变得复杂，而且已发表的作品当然不能被认为包含了马克思所有想表达的思想。未出版的作品存在的问题也不少。一些重要的早期作品出现在研究笔记中，而研究笔记的主要目的是马克思为了理清自身的一些想法。这里的问题不仅在于这些作品的言辞未经修饰，而且在于很多语句是马克思跟自身的对话，其更广泛的含义毫无确定性。

这些作品争辩的焦点对当今读者来说也不是那么容易理解的。其作品的一大特点是几乎毫无例外批判别人的作品。《批判》是对黑格尔法哲学的批判性集注，《论犹太人问题》和《神圣家族》是对布鲁诺·鲍威尔作品的反击，《评一个普鲁士人的〈普鲁士国王和社会改革〉一文》是对阿尔诺德·卢格编辑工作进行论战，等等。这些争辩性的焦点也许能够说明青年马克思的性格和野心——他所攻击的对象都比他年长、出名——但还说明了他独特的批判方式。马克思往往通过批判他人的作品来完善自己的观点，这对今天的读者来说也增加了理解的难度。特别是我们不能指望青年马克思自己精确阐述所论战的对手[2]。我以为其主要原因是：马克思想当然地认为读者肯定对他论战的对手有足够的了解（我想他无意误导读者）。考虑到他同时代小圈子里的读者群，这一态度也并无不妥，但对今天的读者来说可能不太理解。因此，接下来我会介绍几位作者，重点是黑格尔、布鲁诺·鲍威尔和路德维希·费尔巴哈。不了解这些人的作品是不能去理解和评价马克思对它们的批判的，也不能理解马克思自己的观点。

---

[1] Keith Graham. *Karl Marx, Our Contemporary: Social Theory for a Post-Leninist World.* Toronto：1992：2.

[2] David McLellan. *The Young Hegelians and Karl Marx.* London，1969：51；Allan Megill. *Karl Marx: The Burden of Reason（Why Marx Rejected Politics and the Market）*. Lanham MD，2002：156.

后者至少部分地必须从马克思对其他人作品的批判性评估中重构出来。

人性和现代国家

到目前为止，本书似乎只受到一个特定时间范围的限制，尽管这个范围界定得不是很精确。然而，我却受到了时间和内容的双重限制。因此，这两个限制都需要阐述。

我已提到过第一个限制（有限的时间范围），比如，这里采用的是"青年马克思"和"早期作品"的狭义概念，分别指的是"二十几岁的马克思"和"从1843年3月到1845年9月这段时期创作的作品，始于《1843年以来的书信》，止于他开始写作《德意志意识形态》之前"①。当然，我并非说1846年的马克思就不再年轻，也不是说他1842年的作品就不够早。然而，本书只是对某一特定时间范围的作品进行深入的研究，需要一种便捷的方式来指称这些作品和它们的作者。

第二个限制跟这些作品的内容和主题有关。我感兴趣的不是他早期作品的所有方面，而是青年马克思的政治思想。或者说本书关注的是马克思对现代国家出现、性质和（未来）被取代的描述。在探讨这些话题时，我一直很关心马克思对政治的叙述和对人性的理解之间的密切却又难以捉摸的关系。

当今的环境给我们提供了理解马克思作品的好机会。当然，或许有人承认这个机会的存在但怀疑它的价值。比如，也许会有人认为，随着苏联的解体我们已经没有必要再去理会马克思。不过，我们对马克思思想感兴趣从来不是因为世界上一些大国的政府办公室墙上喷绘的马克思头像。事实上，这些无处不在的马克思肖像并不利于我们去恰当理解马克思的作品。马克思是一位家喻户晓的思想家，大家都知道他说了什么，也都知道人们对他的看法。今天，如果能够细心去思考马克思的作品，他们会有令人兴奋的收获，会发现马克思的一些语言很意外也很有趣，他们可以选择

---

① Jonathan Wolff. *Why Read Marx Today?*. Oxford: Oxford University Press, 2002: 10.

信与不信。马克思对文明社会、个人命运的讨论,对当代政治生活的成就和缺点的叙述以及对人类繁荣发展可能性(尚未实现)的预见,会让今天的读者产生共鸣。

  当然,在我研究范围的两个方面(时间顺序和内容)也是有联系的。正是在此期间,这些文章中的政治、现代性和人性之间的关系形成了马克思作品中特别清晰与连贯的主线。1843年以前,马克思虽然偶尔提到对现代国家的看法,但他既没有坚定认同,也没有很大兴趣。比如,他在《莱茵报》上发表的(关于出版自由、林木盗窃案、离婚法等)文章主要谈论的是普鲁士对莱茵地区统治的性质,而不是当代政治生活的性质。[①] 青年马克思后来坚称,现代国家跟之前的封建国家等都不一样,认为政治落后的德国状况(他在《莱茵报》上文章的主题)不能帮助我们正确理解当代国家的性质。因此,他早期发表的新闻文章焦点可以说是狭隘的和有局限的。

  1845年之后,尽管马克思对当代国家的产生、性质和更替还有兴趣,但他对这些问题的描述不那么清晰,而且和他的哲学人类学扯在一起。若说马克思已完全放弃了之前关心的这些话题是不恰当的,但他后来对政治和人性之间关系的理解显得不那么确定。另外,他拥有关于国家的新看法,这些看法甚至超越了早前的观点。当我们发现很多对马克思作品的讨论都没有提及在早期作品中有关他对甚是关心的当代政治生活的理解,这也不足为奇。[②]

  对本书中所提及的早期作品的叙述并不取决或包含任何一种对马克思思想整体发展结构的特定看法。我希望对后者持不同观点的读者能够接受我对这些早期作品的解读。"早期"一词在这里毫无贬损之义——并非是说发现不充分或不够成熟——也不是说该时期作品和之前与之后的作品存在断裂(以上就该时期之前和之后作品中所关注问题的演变与命运的评论并不影响对马克思思想发展过程有更广义的解读,仅仅是为了解释本研究所限制的时间段、关于马克思主义与国家的作品中对政治和人性之间关

[①] 若想了解马克思早期新闻作品与后来作品之间的联系可参考 Heinz Lubasz. "Marx's Initial Problematic: The Problem of Poverty". *Political Studies*, 1976 (24): 24 – 42.

[②] Jon Elster. *Making Sense of Marx*. Cambridge: Cambridge University Press, 1985.

系的相对淡化）。

疑虑和研究目标

不是所有的读者都会对青年马克思的研究有极大的热情。有关本研究的三大疑虑不妨在这里讨论一下。

第一，也许有人认为，这些早期作品不值得研究，认为它们并不包含对重要问题的有趣思考。我先不对这个问题做出直接回应。我想也很难三言两语说服一个本来就不相信这些早期作品思想价值的人。有很多人被这些早期作品的思想所吸引，这一事实恐怕也不能算是对这些疑虑的有力回应。正如最近一位批评家所言，很多"有才华的、神经质的作家"——如19世纪末美国的乔治·亨利和战后法国的亚历山大·科耶夫——深深影响了一两代人，却未能吸引我们的注意。[①] 至于他们是否包含有趣思考的问题，这是一个严肃的问题。如果没有苏联的刻意吹捧，马克思"更有可能成为亨利和科耶夫那样的人，而不是像康德和亚里士多德那样的人"[②]。至此，如果带有这些疑虑的读者仍愿意继续阅读下去的话，本书的一大目标便是削弱这种怀疑。

第二，也许有人想当然地认为，马克思早期作品不会难懂，不需要复杂的注释和赘述。这个问题比较容易回答。我已经提出了当今的几个读者在理解这些作品方面的困难，而且很难找到理由否认适当的批判性指导的必要。事实上，这些早期作品之晦涩难懂已成为老生常谈——正如有作家所言，"无趣的公式和黑格尔式的顺口溜（通常毫无意义）破坏了马克思作品中的思想精华"。读者会发现这些作品之晦涩难懂，我也不敢说自己的文章就没有这个问题。[③]

第三，也许有人认为，现有的资料已经覆盖了相关重大问题，没有进

[①] Richard Rorty. *Philosophy and Social Hope*. London: Penguin Books, 1999: 218.
[②] Richard Rorty. *Philosophy and Social Hope*. London: Penguin Books, 1999: 219.
[③] Isaiah Berlin. *The Life and Opinions of Moses Hess*. Cambridge: Cambridge University Press, 1959: 38.

一步讨论的空间。认为关于马克思的作品,如果有什么要评价的话,肯定有人已经表达过了。然而,尽管对马克思的研究为数不少,但并非所有成果都是精品。在此,也许可以提及一下我在自己作品中所反对的二手资料的一些特点。对马克思作品的讨论主要是采用集注的形式(显得更有说服力),即对他名著里的少数名句进行评论。对独立作品的认真解读和对不太闻名文章的讨论相对少见。进而,除了一些常见的研究,我还会仔细分析许多不太闻名的段落和文章,不仅是为了更好地解读那些"名言",而且是为了将人们的注意力从它们身上转移开来。① 很多研究资料的另一特点是评论者容易走向极端,无论哪个极端都一样不靠谱。有人因为马克思支持某个观点就认为那个观点是正确的,同样有人因为马克思支持某个观点就认为这个观点是错误的。我尽力避免如此,并在指出晦涩、遗漏之处和异议的同时,尝试厘清马克思要表达的到底是什么。此外,有些相关资料低估了"翻译"对理解马克思思想的重要性。"翻译"在这里指的不是从另外一种语言转换成英语,而是指知识背景和文化环境从陌生转换为熟悉。② 的确,有人可能合理地抱怨这些评论者更擅长用青年马克思的方式写作,而不是帮助今天的读者去理解马克思文章的真正含义。③

  自我辩护到此便结束了。与这些(合情合理的)疑虑相对应,我对本书有三个(卑微的)期待。我希望本书能证明青年马克思的作品中存在值得进一步研究的思想,帮助我们澄清一些对其早期作品的争论和假想,且能给现存的、浩如烟海的研究资料增加有价值的内容。读者还会看到,除了这三个期待,我将试图改变关于马克思思想中某些方面的既定看法。最主要的改变也许是关于这个流传甚广的臆断:马克思无可救药,无条件地反对政权和政治。我坚持认为,马克思对政权和政治的看法,至少在这些早期作品中,比我们普遍认为的更复杂、更肯定。我要挑战的其他

---

① Louis Althusser. *For Marx*. London: The Penguin Press, 1969: 27.
② "How Not to Translate Marx", MECW26: 335-340.
③ 接下来这句"解释性"的句子,摘自一篇当代评论文章(还是不指名道姓为好)。声称解释了早期作品中的一个段落,其实就像马克思创作的诗歌,含义不清:"换句话说,只要人还是政治人,即脱离真正社会存在的原子化个体,宗教仍将是平民社会的精神和外来的、具体化的社会本质;金钱仍将是平民社会的食粮,具体化的、外来的社会产物。"

观点包括:《批判》只是复制了费尔巴哈的"改造性批判",《手稿》代表了向黑格尔的"回归",马克思对"犹太问题"的评论是反犹太的,精神权这个概念被从《论犹太人问题》中剔除,马克思极度敌视乌托邦社会主义。

另外,我提出了一些新的方式去看待马克思与马克思的同时代人(主要是鲍威尔、费尔巴哈)、马克思的前辈(主要是黑格尔、卢梭和圣西门)之间的关系。我希望这些对其他作者的讨论,在帮助理解青年马克思的作品之外还有一定的价值。比如,我试图让人们反思对鲍威尔反犹太主义和费尔巴哈有关政治态度的主流解读。

组织结构与论述

显然,——列举我欲纠正的现有的关于马克思(和其他人)的观点对理解本书的结构并不会有什么帮助。为了避免预先透露过多正文内容,我将以对正文架构叙述的方式来结束序文,并对整体论点和文章内部结构进行评论。

本研究主要围绕三大中心章节展开。大致来说,这三章对应的分别是现代国家的出现、性质和(未来的)更替。在第一章中,通过细致分析早期作品中重要的批判对象或对早期作品有重要影响的因素来论述、阐明马克思的看法。在第二章中,我把马克思对《批判》(在《批判》及其他作品中)视作他在为介绍自己对现代国家的出现的理解提供参照框架。在第三章中,我将讨论他是如何批判(在《论犹太人问题》及其他作品)鲍威尔的反犹太作品,并阐述自己对"政治解放"(与现代国家有关的解放)成就与不足的看法。最后,在第四章中,从对费尔巴哈哲学课题分析所提供的视角,我会仔细探讨马克思基于人类发展做出的对(未来)社会政体和政治命运的论述。

这三大中心章节在另外两篇较短章节中也有提到。在第一章(即本章)中,我已简要介绍了马克思早期作品的发现和人们的反应,讨论了这些文章在理解方面可能存在的困难,大致说明了本研究的几个目标。在

第二个较短章节（结语部分），将总结我的研究结论并尝试解释青年马克思对未来社会论述中的（上文提到的）不足和遗漏。

读者可能已经明白，本书不止一个论题，而且不同论题之间不一定相互依赖，它们之间存在连贯性，整本书含有论述结构。连贯性既存在于我的话题中（马克思对现代国家的出现、性质和更替的论述），又存在于本研究的处理方式中（结合历史与逻辑）。通过对比马克思对当代国家的描述和他所预见的取代者，形成本书的论述结构。马克思对现代国家的成就和缺陷的诊断相对清晰与连贯，但他对人类解放的预见较为破碎和模糊（更不用说，他严重缺少对现代国家制度性建设的具体论述），这可能主要是因为马克思没有完全否认对未来可能的社会提供"蓝图"的必要性。

对本书整体结构和论述的介绍到此为止。接下来我要讨论的是青年马克思对现代国家的出现的理解和对黑格尔政治哲学批判的关系。

第二章　德国哲学

马克思在何种程度上受到黑格尔的影响，这在学术界是备受争议的问题。然而，尽管在马克思思想的后期发展中这个问题说不清、道不明，但是马克思的早期作品受黑格尔的影响是毋庸置疑的。无论认为马克思思想的发展是连续的还是非连续的，双方都认可这样的观点：黑格尔对青年马克思的作品有显著的影响。的确，马克思早期作品中定义和论辩"连续性"和"非连续性"这些概念时，正是参考了黑格尔哲学。这些作品表征的只有两种可能：第一，马克思曾属于黑格尔学派；第二，马克思一直属于黑格尔学派。①

对于这种主流观点我持怀疑态度，至少它的逻辑基础似乎存在问题。它基于两种诱人但有争议的认识倾向：第一种是仅认为德国的哲学对青年马克思有重要影响；第二种是把黑格尔看作德国哲学的全部，而不只是一部分。我在本书中尽力避免这两种倾向，既肯定德国哲学的多元性，又承认青年马克思思想来源的多样性。

在当前的语境下，更紧迫的是第二种有争议的认识倾向——把德国哲学和文化中许多不属于黑格尔的因素归结于黑格尔。有人认为，"扬弃"这个术语是马克思受到黑格尔影响的铁证。用这个词表示特别的、复杂的"取消、保留和提升"的综合，被广泛地认为是始于黑格尔。因此，马克思用该词表达相近的意思被视为简单但有效地证明了马克思的黑格尔学派

---

① Jean Hyppolite. *Etudes sur Marx et Hegel*. Paris，1955：107ff.

的属性。① 然而，事实是在黑格尔之前已有人用过该词表达同样的意思，马克思对这些作者的作品也很熟悉。比如，弗里德里希·席勒在他的1795年的美学论著《论人类的审美教育书简》中曾多处使用该词表达同样的意思，席勒用它来描述几种常见的对立（情感与思想、消极与行动、物质与形式）在"美"的观念里如何被取消、保存和升华。② 马克思思想源自黑格尔的观点还与辩证法的发展相关，即从未分化的统一到没有统一的分化再到分化的统一。③ 马克思作品中的这种观点被视为受到黑格尔影响的证据但认为这种辩证发展专属于黑格尔的观点是不正确的。在1796至1801年间，德国早期浪漫主义在耶拿和柏林盛行的时候，辩证发展对很多与浪漫主义或多或少相关的许多作家来说都是熟悉的话题。比如，这种辩证进化的思想构成了《许佩里翁或希腊的隐士》（1799）的组织架构；弗里德里希·荷尔德林在该书中略带伤感地讲述了一个人类失去与大自然和上帝的统一并在较高层次上重获统一的故事（荷尔德林对德国理想主义的贡献越来越被认可，有人贴切地评论说：《许佩里翁或希腊的隐士》比黑格尔的作品还要黑格尔）④。我举这两个例子（"扬弃"这个术语的使用和辩证进化思想）不是想用席勒、荷尔德林或其他人的观点替代黑格尔的主张，只是对一些常见的认定黑格尔对青年马克思影响的方法提出质疑。我不否认将马克思置于一种特定的哲学传统下的准确性和实用性（毫无疑问黑格尔在这种传统中起到很大的作用）。然而，把德国哲学看作影响青年马克思的唯一因素和把黑格尔看作这种传统的全部而不是重要的构成，这两种倾向在我看来都似乎有误导性。

---

① Shlomo Avineri. *The Social and Political Thought of Karl Marx*. Cambridge：Cambridge University Press, 1969：36-38, 84, 99, 105, 150, 160, 179, 186, 202-204, 208-212, 221, 243, 250.
② Friedrich Schiller. *Über die ästhetische Erziehung des Menschen*. Oxford：Oxford University Press, 1967：123-125, 172-173, 304-305.
③ G. A. Cohen. *History, Labour, and Freedom：Themes From Marx*. Oxford：Oxford University Press, 1988：chapter 10.
④ 关于许佩里翁，参见 Friedrich Hölderlin. *Sämtliche Werke：Hyperion*, 1958（3）. 关于"贴切地评论"参见 Edward Craig. *The Mind of God and the Works of Man*. Oxford：Oxford University Press, 1987：163；Dieter Henrich. *Hegel im Kontext*. Frankfurt am Main, 1971：9-40；and Eckart Förster, "To Lend Wings to Physics Once Again：Hölderlin and the Oldest System Programme of German Idealism", *European Journal of Philosophy*, 1995（3）：174-190.

如此片面地强调黑格尔对青年马克思的影响有众多不利的后果。可以说，它严重扭曲了我们对马克思早期作品的内容和创作背景的理解。它尤其让我们忽略了影响马克思思想发展的其他因素，也让我们忽略了贯穿于马克思早期作品中的对黑格尔和黑格尔哲学的批判。

全面批判关于早期作品中黑格尔特质的主流观点超出了本章的范围。我主要关注青年马克思自身对黑格尔成就和缺陷的描述，特别是他对黑格尔政治哲学的批判性评估。在此情形下，大部分二手资料都忽视了两方面的内容：既低估了马克思对黑格尔哲学体系评价中的批判性内容，又误读了马克思对黑格尔的肯定（尤其未能发现马克思颇为欣赏黑格尔对当代社会的深刻洞察）。本章节中我的主要目标便是纠正这两方面的问题。

1843 年的《批判》

马克思早期作品中与黑格尔的交锋主要出现在1843年的《批判》中（该书很有可能写于1843年5月到8月间，在莱茵地区的一个温泉小镇完成，小镇离特里尔市东约50英里。马克思夫人燕妮娘家在这里有处房子。马克思与燕妮同年6月份结婚）。不论对该书的最终评价如何，若要理解青年马克思的思想，这本书是必不可少的。然而，该作品极其复杂，评价不高，众多地方很难理解。本章节将主要讨论其中两个难题。

第一个难题是弄清马克思在我所关心的这段时期研究兴趣转变的原因。最流行的一种解释是，马克思放弃德国哲学的目的在于追求更多经验主义和现实性的主题。然而，细细想来，这好像颠倒了顺序。为了批判黑格尔政治哲学，青年马克思放弃了一系列对德国问题的实证研究。毕竟，当他不得不首次讨论现实问题——写文章评论普鲁士政府最新的审查制度、摩泽尔河地区盗木案的司法地位、莱茵省地区的集会活动和其他话题的时候，《莱茵报》主要投稿人和编辑的这种身份让他很尴尬[①]。不过，与政府的过度干涉（当局的虚伪、愚蠢、令人作呕的独裁）和因此导致

---

① *Zur Kritik der politischen Ökonomie*, MEW13: 7; *Contribution to the Critique of Political Economy*, MECW29: 261-262.

的编辑限制（没完没了的奉承讨好、回避和对措辞的吹毛求疵）带来的愤怒相比，这点尴尬根本不算什么。① 当这家报社在1843年3月被关闭的时候，虽然马克思公开表达了抗议，但他私下却向阿诺尔德坦言"政府还给了我自由"②。我们很容易理解马克思这种如释重负的感觉，但我们会十分惊讶他是如何利用新生的自由。马克思抓住这一机会，投身到自身的研究当中，不是躲开审查去研究当时德国的国情，而是撰写了一篇冷门的对黑格尔《法哲学原理》的评述。③ 也就是说，青年马克思放弃了早期新闻工作中的具体性和实证性话题，转而对黑格尔《法哲学原理》篇章进行仔细的研究。他研究兴趣的明显转变——从现实问题到德国哲学——需要一个解释，而那个对马克思思想进化的著名概述是有意颠倒了两者的顺序。

第二个难题是弄清马克思论述关于政治和国家被认为是"最复杂、读得最少、被误解最多"的作品。④ 鉴于马克思作品晦涩难懂，要解决这一问题并不容易。和《批判》中评论到的其他作品一样，它本身也很难称得上清晰易懂。⑤ 该时期由于作品的地位和内容使得马克思近乎密码式的语言更加难以理解。因为没有打算出版（至少不是以现在的形式），马克思在《批判》中节选了黑格尔《法哲学原理》中关于国家部分的大量内容，附带着或夹杂着许多笔记。⑥ 马克思只是为了理清自己对黑格尔的想法，而不是为了与人分享这些想法。所以，外人看不懂他的作品内容也不足为奇。另外，马克思对话题的组织方式也增加了理解难度。在《批判》中马克思想弄清楚两个毫不相干的问题——思辨思维的特点和现代

---

① Marx to Arnold Ruge, 25 January 1843, MEW27: 415; MECW1: 397.
② MECW1: 725 - 726, 710 - 711; Jonathan Sperber. *Rhineland Radicals: The Democratic Movement and the Revolution of 1848 - 1849*. Princeton: Princeton University Press, 1991: 103 - 105.
③ *Zur Kritik der politischen ökonomie*, MEW13: 7; *Contribution to the Critique of Political Economy*, MECW29: 262.
④ Lucio Colletti. "*Introduction*", Karl Marx, *Early Writings*. London: Penguin Books, 1975: 47.
⑤ Richard Hunt. *The Political Ideas of Marx and Engels: Marxism and Totalitarian Democracy*, 1818—1850. Pittsburgh: Univevsity of Pittsburgh Press, 1974（1）: 50.
⑥ 我们只有马克思对黑格尔作品中§§261 - 313部分的评论，而黑格尔的作品中该部分是从§257开始的。相关笔记的封面和前四页缺失，可以推测缺失的部分包含了马克思对§§257 - 260的评论，马克思在§313放弃了评论，省略掉了黑格尔对外交、国际法和其他话题的讨论。

国家的性质——彼此对另一个问题的理解毫无帮助。甚至，后来他自己可能也认识到这个问题。在解释为何他最终没有出版一篇对黑格尔《法哲学原理》的评论文章时，青年马克思写道："把只针对猜测的批评和针对不同主题本身的批评混在一起是不合适的；它妨碍了论述的发展，并让人费解。"① 今天《批判》的读者中恐怕没有人不同意这个说法。

本章是对这两个阅读难题的回应。本章的前半部分，我将探讨青年马克思的研究兴趣从"现实问题"到"德国哲学"的转变。特别是我还将努力解释马克思本人是如何把对哲学的研究看成是有利于而不是背叛对现代社会的研究。在本章的后半部分，我将努力梳理两个论题的主线，即分清他对思辨的讨论和他有关现代国家的评论。最后发现，一方面青年马克思对思辨的形而上学怀有无情的敌视；另一方面，他十分推崇黑格尔对当今社会的洞察。

幻象与现代性

为了理清马克思为什么批评黑格尔的《法哲学原理》，需要阅读马克思自己撰写的对德国历史发展的提纲——《〈黑格尔法哲学批判〉导言》（以下简称《导言》）②（《导言》写于巴黎，时间是在1843年年底和1844年1月之间，发表在第一期也是唯一一期的《德法年鉴》上。它本来不是为了介绍《批判》，而是为了介绍马克思后来没能完成的一篇关于评论

---

① Ökonomischphilosophische Manuskripte aus dem Jahre 1844, MEW, Ergänzungsband 1: 467; Economic and Philosophic Manuscripts of 1844, MECW3: 231; Economic and Philosophical Manuscripts, EW: 280-281.

② Ökonomischphilosophische Manuskripte aus dem Jahre 1844, MEW, Ergänzungsband 1: 527; Economic and Philosophic Manuscripts of 1844, MECW3: 287; Economic and Philosophical Manuscripts, EW: 339; "Kritische Randglossen zu dem Artikel 'Der König von Preussen und die Sozialreform; Von einem Preussen'", MEW1: 405; "Critical Marginal Notes on the Article 'The King of Prussia and Social Reform; By A Prussian'", MECW3: 202; "Critical Notes on the King of Prussia and Social Reform", EW: 416; Die deutsche Ideologie: Kritik der neuesten deutschen Philosophie in ihren Repräsentanten Feuerbach, B. Bauer und Stirner, und des deutschen Sozialismus in seinen verschiedenen Propheten, MEW3: 38.

黑格尔政治哲学的作品)。《导言》指出，德国没有拥抱现代社会的进步，相比其他同时代国家有些落伍。马克思认为，德国与美国、欧洲（以法国为例）的差距已经显现。跟其他国家的发展相比，德国在一些重要方面的现代化非常有限（德国的发展到底是不是落后于其他国家，在这里不是主要问题。也许有人怀疑马克思的评论与其他版本的德国"特殊道路"理论具有同样的问题；德国例外论是与他国"正常"的历史发展相比，最终不被相关证据支持)①。

必须注意的是，德国落后这个说法虽然在早期作品中多有出现，但马克思从未提及德国在所有方面都落后。相反，青年马克思认为，德国跟当代世界的相对落伍体现在退化和进步之间的分离以及在生活方面与更发达或最发达国家的脱离。这种德国的落后和早熟的强烈反差被各种词汇所描述，最常用的应该是"现实的发展"和"理想的发展"的对立。

马克思与其他同时代人一样，认为德国实际的落伍是无可辩驳的。表现在几个方面：经济上，德国的生产效率已落后于其他西欧国家②；社会上，独立的资产阶级尚未完全形成③；文化上，社会生活中充满了市侩风气④，诸如此类。不过，青年马克思最关心的是德国在政治上的落后。

---

① David Blackbourn and Geoff Eley. *The Peculiarities of German History: Bourgeois Society and History in Nineteenth - Century Germany*. Oxford: Oxford University Press, 1984.
② "Zur Kritik der Hegelschen Rechtsphilosophie: Einleitung", MEW1: 382; "Contribution to the Critique of Hegel's Philosophy of Law: Introduction", MECW3: 179; "Critique of Hegel's Philosophy of Right: Introduction", EW: 248; "Kritische Randglossen zu dem Artikel ' Der König von Preussen und die Sozialreform: Von einem Preussen'", MEW1: 404; "Critical Marginal Notes on the Article 'The King of Prussia and Social Reform: By A Prussian'", MECW3: 201; "Critical Notes on the King of Prussia and Social Reform", EW: 415.
③ "Zur Kritik der Hegelschen Rechtsphilosophie: Einleitung", MEW1: 389; "Contribution to the Critique of Hegel's Philosophy of Law: Introduction", MECW3: 186; "Critique of Hegel's Philosophy of Right: Introduction", EW: 255; "Kritische Randglossen zu dem Artikel ' Der König von Preussen und die Sozialreform: Von einem Preussen'", MEW1: 393; "Critical Marginal Notes on the Article 'The King of Prussia and Social Reform: By A Prussian'", MECW3: 190; "Critical Notes on the King of Prussia and Social Reform", EW: 403.
④ "Briefe aus den *Deutsch-Französischen Jahrbüchern*", MEW1: 339; "Letters From the *Deutsch-Französische Jahrbücher*", MECW3: 137; "Letters from the *Franco-German Yearbooks*", EW: 201; The Natural History of German Life, Westminster Review. 1856 (66): 51 – 79; Heinrich Heine. Essays in Criticism. London: 1902: 178.

尽管马克思严厉批评统治者"他们的数量与能力成反比"①，国家层面的政治落后不是其主要的研究对象（此时，按今天的标准，德国被分为无数支离破碎的小州，管辖区也多有重叠、混乱不堪；1815 年成立的联邦由 4 个自由城市和 37 个公国组成，其中 21 个公国的人口不足一万②）。马克思主要关心的是眼中的德国其他州的政治不自由。

青年马克思认为，大部分联邦成员中存在的专制的君主、世袭的统治集团和传统的代议模式（局限性和集团性很明显）使德国的政治发展处在较低水平，仿佛回到"中世纪"③（虽然不能一概而论，但只要有代表制度存在，通常它们屈从于君主和贵族集团，投票权也受到了极大的限制。投票不能表达公众意志，只是对既定结果的确认。国会内部的辩论都受到严密控制，议事录也很少公开）。马克思经过认真对比发现，在近代只有德国分享了现代国家的"复兴"，却没有分享它们的"革命"④。因此，用现代性的政治标准来衡量的话，德国的"现状"真的"过时"了⑤。

马克思用几个比喻强调德国政治上的落后。其中最有意思的两个比喻是：把德国比作菜鸟和笑料。在第一个比喻中，德国的历史进步被称作"像一个新员工"不能适应独立、缺少主动，"只能重复一些被其他国家抛弃的老掉牙的东西"⑥。在第二个比喻中，马克思把德国描述为主角已

---

① "Zur Kritik der Hegelschen Rechtsphilosophie：Einleitung"，MEW1：381；"Contribution to the Critique of Hegel's Philosophy of Law：Introduction"，MECW3：178；"Critique of Hegel's Philosophy of Right：Introduction"，EW：246.
② 这种政体过剩是拿破仑时代留下的遗产。
③ "Zur Kritik der Hegelschen Rechtsphilosophie：Einleitung"，MEW1：380；"Contribution to the Critique of Hegel's Philosophy of Law：Introduction"，MECW3：177；"Critique of Hegel's Philosophy of Right：Introduction"，EW：246.
④ "Zur Kritik der Hegelschen Rechtsphilosophie：Einleitung"，MEW1：379；"Contribution to the Critique of Hegel's Philosophy of Law：Introduction"，MECW3：176；"Critique of Hegel's Philosophy of Right：Introduction"，EW：245.
⑤ "Zur Kritik der Hegelschen Rechtsphilosophie：Einleitung"，MEW1：379；"Contribution to the Critique of Hegel's Philosophy of Law：Introduction"，MECW3：176；"Critique of Hegel's Philosophy of Right：Introduction"，EW：245.
⑥ "Zur Kritik der Hegelschen Rechtsphilosophie：Einleitung"，MEW1：383；"Contribution to the Critique of Hegel's Philosophy of Law：Introduction"，MECW3：179；"Critique of Hegel's Philosophy of Right：Introduction"，EW：248.

死的世界秩序上的"小丑",它的存在就是为了让人类能更愉快地跟过去道别。这段历史以"悲剧式"的衰落开始,以"喜剧式"的葬礼结束①(他后来的一部作品《路易·波拿巴的雾月十八日》的开场词更著名且有惊人的预言性)②。

青年马克思似乎深刻认识到德国政治的落后。他在给《1843年的一封书信》投稿的一篇文章中(在荷兰写给阿诺德·卢格)坦言,即使是最没有"民族自豪感"的人,也还是会感到"民族耻辱感",并解释说"即使与德国最有权势的人相比,最底层的荷兰人也仍然是一个公民"③。

马克思曾在《导言》中牵强地为这种"民族耻辱感"辩护。他认为,若没有自知就不会有自愧,自愧可以避免"自欺"④。由于耻辱是对自身的愤怒,所以可能转化为革命的动力。为了获得"勇气",德国人民应该"惧怕"耻辱,"如果整个民族都感到耻辱",他就会像一头蹲伏在地的狮子,随时会跃起。⑤

然而,正如上文所说,政治制度落后并不意味所有方面都落后,比如,德国的思想界并不落后。尽管在"现实"问题上相对落伍,但德国在"哲学"这个"理想"范围上与现代社会保持同步。德国拒绝像其他现代国家一样"积极参与解决现实问题",它"通过思想这种抽象的活

---

① "Zur Kritik der Hegelschen Rechtsphilosophie: Einleitung", MEW1: 381; "Contribution to the Critique of Hegel's Philosophy of Law: Introduction", MECW3: 179; "Critique of Hegel's Philosophy of Right: Introduction", EW: 247; "Briefe aus den *Deutsch-Französischen Jahrbüchern*", MEW1: 337–346; "Letters From the *Deutsch-Französische Jahrbücher*", MECW3: 133–145; "Letters from the *Franco-German Yearbooks*", EW: 199–209.
② *Die achtzehnte Brumaire des Louis Bonaparte*, MEW8: 115; *The Eighteenth Brumaire of Louis Bonaparte*, MECW11: 103; "Die Taten des Hauses Hohenzollern", MEW6: 480; "The Deeds of the House of Hohenzollern", MECW9: 421.
③ "Briefe aus den *Deutsch-Französischen Jahrbüchern*", MEW1: 337; "Letters From the *Deutsch-Französische Jahrbücher*", MECW3: 133; "Letters from the *Franco-German Yearbooks*", EW: 199.
④ "Briefe aus den *Deutsch-Französischen Jahrbüchern*", MEW1: 337; "Letters From the *Deutsch-Französische Jahrbücher*", MECW3: 133; "Letters from the *Franco-German Yearbooks*", EW: 200; "Zur Kritik der Hegelschen Rechtsphilosophie: Einleitung", MEW1: 381; "Contribution to the Critique of Hegel's Philosophy of Law: Introduction", MECW3: 178; "Critique of Hegel's Philosophy of Right: Introduction", EW: 247.
⑤ "Briefe aus den *Deutsch-Französischen Jahrbüchern*", MEW1: 337; "Letters From the *Deutsch-Französische Jahrbücher*", MECW3: 133; "Letters from the *Franco-German Yearbooks*", EW: 200.

动"跟上了其他国家的发展。① 如果把国家比作一个人的话,马克思称现代性存在于德国的"脑袋"里,尽管德国政治体制落后而政治理念并不落后②。马克思曾指出:"我们德国人在哲学上是当代人,虽然在历史发展上不是当代人。"③

话虽如此,但马克思否认近代史完全跳过了德国。他认为,毕竟德国不是俄国,德国也不像古时候的亚细亚完全不受外部文化的影响④。相反,德国是参与历史发展的产物,当然,这种参与是与众不同的且有失均衡。尽管德国在政治上有所脱节,现代国家的出现还是会真实地反映在德国的政治哲学中。⑤ 马克思甚至说过,这种脱节的一个后果是德国已经"在理论上落后于"那些"现实中它尚未达到"的历史阶段。⑥

为了说明落后的德国政治和先进的德国哲学之间的反差,马克思说:"正如古人用神话来想象过去,我们德国人已经用哲学来预测未来。"⑦ 要理解《批判》的背景,这句话十分重要。德国哲学,更确切地说是德国政治哲学,已经成为德国历史的"延续",一个在历史发展上与现代社会

---

① "Zur Kritik der Hegelschen Rechtsphilosophie: Einleitung", MEW1: 387; "Contribution to the Critique of Hegel's Philosophy of Law: Introduction", MECW3: 183; "Critique of Hegel's Philosophy of Right: Introduction", EW: 252.
② "Zur Kritik der Hegelschen Rechtsphilosophie: Einleitung", MEW1: 384; "Contribution to the Critique of Hegel's Philosophy of Law: Introduction", MECW3: 181; "Critique of Hegel's Philosophy of Right: Introduction", EW: 250.
③ "Zur Kritik der Hegelschen Rechtsphilosophie: Einleitung", MEW1: 383; "Contribution to the Critique of Hegel's Philosophy of Law: Introduction", MECW3: 180; "Critique of Hegel's Philosophy of Right: Introduction", EW: 249.
④ "Zur Kritik der Hegelschen Rechtsphilosophie: Einleitung", MEW1: 383; "Contribution to the Critique of Hegel's Philosophy of Law: Introduction", MECW3: 180; "Critique of Hegel's Philosophy of Right: Introduction", EW: 249.
⑤ "Zur Kritik der Hegelschen Rechtsphilosophie: Einleitung", MEW1: 383; "Contribution to the Critique of Hegel's Philosophy of Law: Introduction", MECW3: 180; "Critique of Hegel's Philosophy of Right: Introduction", EW: 249.
⑥ "Zur Kritik der Hegelschen Rechtsphilosophie: Einleitung", MEW1: 386; "Contribution to the Critique of Hegel's Philosophy of Law: Introduction", MECW3: 1803; "Critique of Hegel's Philosophy of Right: Introduction", EW: 252.
⑦ "Zur Kritik der Hegelschen Rechtsphilosophie: Einleitung", MEW1: 383; "Contribution to the Critique of Hegel's Philosophy of Law: Introduction", MECW3: 180; "Critique of Hegel's Philosophy of Right: Introduction", EW: 249.

保持同步的领域①。正如马克思坚持认为的那样，德国哲学中的"梦—历史"是"德国历史中唯一和当代国家平起平坐的地方"②。

海涅（和巴黎）

本小节内容略显跑题，会对原始资料稍做研究，找出"梦—历史"这个概念的出处。马克思能使用"梦—历史"这个概念也算不上是匠心独运。19 世纪中期，在德国文化圈已经很流行"自省"③。很多人已经认识到德国在行动上的落后和在思想上的超前。这一点从与马克思关系比较亲近的一些作家的作品中可以看出。④ 比如荷尔德林在《致德国人》中尖锐地说道：

    莫欺少年，
    骑上木马，拿上马鞭，穿上马刺，
    他一样勇敢，威武。
    因为德国人，与他，与你一样，
    行动不足，想法不少。⑤

同样的主题在别处也会见到：致德国诗人席勒的悼词中曾写道，尘世的战利品已分，只留下精神奖励给历史上的后来者⑥；黑格尔说德国人理

---

① "Zur Kritik der Hegelschen Rechtsphilosophie: Einleitung", MEW1: 383; "Contribution to the Critique of Hegel's Philosophy of Law: Introduction", MECW3: 180; "Critique of Hegel's Philosophy of Right: Introduction", EW: 249.

② "Zur Kritik der Hegelschen Rechtsphilosophie: Einleitung", MEW1: 383; "Contribution to the Critique of Hegel's Philosophy of Law: Introduction", MECW3: 180; "Critique of Hegel's Philosophy of Right: Introduction", EW: 249.

③ Gordon Craig. *The Politics of the Unpolitical: German Writers and the Problem of Power* 1770 – 1871. Oxford: Oxford University Press, 1995.

④ S. S. Prawer. *Karl Marx and World Literature*. Oxford: Oxford University Press, 1976.

⑤ Friedrich Hölderlin. *Sämtliche Werke*. Stuttgart, 1953 (1): 256; Friedrich Hölderlin. *Poems of Hölderlin*. London: 1943: 109.

⑥ Friedrich Schiller. *Sämtliche Werke*. Munich, 1960 (1): 206.

解的自由只是思想上的而不是行为上的①；莫泽斯·赫斯曾对比了德国在"理论"上的高效、清晰和在"实践"上的无能、模糊②；卢格曾表示，"理论和实践的分离是德国精神"③；费尔巴哈也曾表示，德国人"只会纸上谈兵"④；等等。

鉴于此，很难分辨"梦—历史"这一概念来源于某一出处。马克思这个词不仅吸引大家关注德国现实和精神世界发展的不对称这个问题，还进一步宣称其他国家政治上的进步在德国的思想界会有所反映。就像《导言》里的一句格言所说："在政治上，德国人思考了其他国家所做的事情。"⑤ 这句话让人想起了与马克思关系亲密的另外一位德国作家——海因里希·海涅。

海涅对马克思的影响长期以来被批评家忽略⑥。他们煞费苦心去研究马克思对海涅的影响，自然是收获不大（保存完好的海涅的书房里只有一本马克思的赠本《神圣家族》，第40页之后的部分页面切割不整齐）⑦。研究海涅的学者很高兴看到研究重点的改变，虽然关于马克思的研究资料

---

① Hegel. *Vorlesungen Über die Geschichte der Philosophie.* iii331 – 2/iii425.
② Mendel Hess. "Die Tagespresse in Deutschland und Frankreich". *Philosophische und sozialistische Schriften, 1837 – 1850.* ed. Auguste Cornu and Wolfgang Mönke. Berlin, 1961: 181.
③ Ruge. "Die Hegelshe Rechtsphilosophie und die Politik unserer Zeit". *Deutsche Jahrbücher.* 1842 (189 – 190): 759; "Hegel's *Philosophy of Right* and the Politics of our Times". translated by James A. Massey. *The Young Hegelians.* edited by Lawrence S. Stepelevich. Cambridge, 1983: 220 – 221.
④ "Fragmente zur Charakteristik meines philosophischen curriculum vitae". *Gesammelte Werke.* ed. Werner Schuffenhauer. Berlin: Wiley-VCH, 1990 (10): 159; "Fragments Concerning the Characteristics of My Philosophical Curriculum Vitae". *The Fiery Brook: Selected Writings of Ludwig Feuerbach.* ed. Zawar Hanfi. New York: Verso, 1972: 273.
⑤ "Zur Kritik der Hegelschen Rechtsphilosophie: Einleitung", MEW1: 385; "Contribution to the Critique of Hegel's Philosophy of Law: Introduction", MECW3: 181; "Critique of Hegel's Philosophy of Right: Introduction", EW: 250.
⑥ Ludwig Marcuse. "Heine and Marx". *Germanic Review.* 1955 (30): 110 – 124; William Rose. *Heinrich Heine: Two Studies of His Thought and Feeling.* Oxford: Oxford University Press, 1956: 68 – 73; Ronald Nabrotsky. "Karl Marx als Heinrich Heines politischer und poetischer Mentor", Gerhard P. Knapp and Wolff A. Schmidt. ed. *Sprache und Literatur.* Bern: 1981: 129 – 140.
⑦ Eberhard Galley. "Heinrich Heines Privatbibliothek". *Heine-Jahrbuch.* 1962 (1): 96 – 116; Marx to Zacharius Löwenthal. 9 May 1845. MEW27: 436; MECW38: 31.

中，海涅还是"一位完全不重要的人物，能提到就不错了"①。在这里我要为海涅说句公道话，他很有可能是马克思对"梦—历史"这个主题的灵感和热情的来源。我将从三个方面证明这个观点。

第一，这个主题多次清晰地出现在海涅的作品中，不仅用来对比现代（即法国）政治进步和德国知识界的发展，还用来描述德国在"梦"这个领域的政治进步。它最早应该是出现在《卡尔多夫论贵族》导读（1831）中。该书中海涅对法国大革命的政治事件和德国哲学的发展进行了详细比较，宣称"我们德国人的哲学只不过是对法国大革命的幻想"②。同样的比较还出现在更著名的《论德国宗教与哲学的历史》（该书的出版一波三折，但最终在1834年得以出版）中，而且还是贯串该书的主线。文中海涅使用了一系列匠心独运的讽刺性对比（"非常精彩的对比"），对法国的"政治革命"中的"伟大方面"和德国的"哲学革命"进行对比——勾勒出一系列罗伯斯庇尔和康德之间越来越有挑衅性的比较（刻意把巴士底狱的攻陷和康德《纯粹理性批判》的出版并置）；拿破仑和费希特的对比；君主制的恢复和谢林作品的对比——向法国读者声明"你们在现实世界有变革，但我们在思想界也有突破"③。最后，这个主题在《德国：一个冬天的童话》（1844）一书中也有出现。正如《柏林苍穹》一诗所述④：

> 法国人和俄国人占据了陆地，
> 海洋则属于英国人，
> 只有在梦想的天空里，
> 德意志人的威力才无可争辩。⑤

---

① Nigel Reeves. "Heine and the Young Marx". *Oxford German Studies*. 1973（7）：45.
② *Einleitung zu "Kahldorf Über den Adel"*, *Historischekritische Gesamtausgabe der Werke*（*Düsseldorfer Ausgabe*）. Hamburg：1978（11）：134.
③ *Zur Geschichte der Religion und Philosophie in Deutschland*, *Historische-kritische Gesamtausgabe der Werke*（*Düsseldorfer Ausgabe*）. Hamburg：fabula Verlag Hamburg，1979（8）：90.
④ Caput 是海涅在诗中虚构的一个地名。
⑤ *Deutschland：Ein Winterm ärchen*, *Historische-kritische Gesamtausgabe der Werke*（*Düsseldorfer Ausgabe*）. Hamburg：fabula Verlag Hamburg，1985（4）：106；*Germany：A Winter's Tale*, *The Complete Poems of Heinrich Heine：A Modern English Version by Hal Draper*. Oxford：Oxford University Pyess，1982：496.

第二，青年马克思对海涅的作品很熟悉。① 海涅是一位可以与塞万提斯和莎士比亚比肩的作家，他对马克思的影响贯穿了马克思的所有作品。海涅对马克思的影响从马克思刚开始创作时就已存在——马克思年轻时创作的诗歌（比如《骑士格鲁克的阿尔米达》）和被他放弃的小说（《斯科尔皮昂和菲利克斯》），可以看作对海涅资产阶级讽刺小说不太成功的模仿。② 他后来与海涅作品的交集从在自己作品中多处引用海涅的句子中便能看出，包括他在《德意志意识形态》中引用的海涅作品《德国：一个冬天的童话》的最后两节。③ 我们还能看到两人各自作品中有一些不谋而合之处。早期作品的两个例子：海涅的《一个仲夏之梦》和马克思的《神圣家族》④都曾把德国政治界的争吵与鹅的叫声拯救罗马于高卢人的传说联系起来；马克思在《手稿》中对原始形式共产主义的描绘很可能与海涅对格拉克斯·巴贝夫极端平等主义追随者表现的忧虑有关。⑤

第三，马克思创作《导言》时，两人关系非常密切（他们两人也可能有亲缘关系，虽然他们都没想到这种可能⑥）。马克思在 1843 年 11 月到达巴黎之后很快就见到海涅。海涅比马克思约早 12 年到巴黎，按他自

---

① Nigel Reeves. "Heine and the Young Marx". *Oxford German Studies*. 1973 (7): 45; Nigel Reeves, *Heinrich Heine*: *Poetry and Politics*. Oxford: Oxford University Press, 1974: 151 - 159.

② S. S. Prawer. *Karl Marx and World Literature*. Oxford: Oxford University Pyess, 1976: chapter 1.

③ *Die deutsche Ideologie*: *Kritik der neuesten deutschen Philosophie in ihren Repräsentanten Feuerbach, B. Bauer und Stirner, und des deutschen Sozialismus in seinen verschiedenen Propheten*, MEW3: 457; *The German Ideology*: *Critique of the Latest German Philosophy as Exemplified by its Representatives Feuerbach, B. Bauerand Stirner, and of German Socialism as Exemplified by its Various Prophets*, MECW5: 470; *Die heilige Familie, oder Kritik der kritischen Kritik*: *Gegen Bruno Bauer und Konsorten*, MEW2: 166; *The Holy Family, or Critique of Critical Criticism*: *Against Bruno Bauer & Co.*, MECW4: 157.

④ *Die heilige Familie, oder Kritik der kritischen Kritik*: *Gegen Bruno Bauer und Konsorten*, MEW2: 143; *The Holy Family, or Critique of Critical Criticism*: *Against Bruno Bauer & Co.*, MECW4: 135; *Atta Troll*: *Ein Sommernachtstraum, Historische-kritische Gesamtausgabe der Werke* (*Düsseldorfer Ausgabe*). Hamburg: fabula Verlag Hamburg, 1985 (4): 86; *Atta Troll*: *A Summer Night's Dream*, *The Complete Poems of Heinrich Heine*: *A Modern English Version by Hal Draper*. Oxford: Oxford University Press, 1982: 480.

⑤ Nigel Reeves. "Heine and the Young Marx". *Oxford German Studies*, 1973 (7): 81ff.

⑥ Heinz Monz. *Karl Marx und Trier*. Trier, 1964: 227ff.

己的说法是为了"呼吸新鲜空气"①。尽管年龄和地位悬殊——马克思基本上是一个名不见经传的 25 岁愤青，而比他年长 20 岁的海涅是一位已经成名的文学巨匠，有着很高的国家名望——他们之间的关系曾被确切地描述为"热情及友好程度之深对两人而言都很罕见"②。一年中的大部分时间，两人经常见面，亲密地称呼彼此，在同样的期刊发表文章，表现出对彼此的极度喜爱和尊重③。虽然后来发现的轶闻和证据都应该谨慎对待，但马克思的女儿伊琳诺在 1895 年为卡尔·考茨基撰写的一系列传记中，对一家人在巴黎的这段时期发生的事情有大量记录，其中记录了海涅和她父亲几乎每日必访，两人为了修改诗歌促膝长谈，还有一次海涅挽救了马克思女儿珍妮的性命（把她放在温水里治好了她的抽搐）。她回忆道，她的父亲不仅把海涅视为了不起的诗人，还对他有真挚的感情，"他甚至会为海涅的政治奇想寻找借口辩护。马克思还说诗人是很奇怪的，不能用正常的甚至是不同寻常的标准来判断他们的言行"④。

简言之，表明海涅可能是马克思"梦—历史"这个主题的三大因素是：这个主题经常清晰地出现在海涅的作品中；马克思对海涅的作品很了

---

① Heine to Varnhagen von Ense, 1 April 1831, *Säkularausgabe* 20：435. 关于海涅在巴黎的事参见 Joseph Dresch. *Heine à Paris*, *1831 – 1856*. Paris, 1956; Joseph A. Kruse and Michael Werner. *Heine à Paris*：*1831 –1856*. Paris, 1981.

② Jeffrey Sammons. *Heinrich Heine*：*A Modern Biography*. Manchester：Princeton University Press, 1979：262; Auguste Cornu. *Karl Marx et Friedrich Engels*：*Leur vie et leur oeuvre*：*Marx à Paris*. Paris：Presses Universitaires de France, 1962（3）：27. 1844 年海涅在德国居住三个月，而马克思在 1845 年被从巴黎驱逐，他们的直接往来持续了大约 10 个月。马克思在 1848 年和 1849 年拜访了海涅，还从恩格斯和海涅秘书 Richard Reinhardt 那里得到他身体状况和死亡的消息。马克思继续称海涅为"我的朋友"，参见 *Das Kapital*：*Kritik der politischen ökonomie*, Erster Band, Buch 1：*Der Produktionsprozeß des Kapitals*, MEW23：637；*Capital*：*Critique of Political Economy*1, Book 1：*The Process of Production of Capital*, MECW35：605.

③ 马克思写给海涅的信有三封尚存，其中一封是他在离开巴黎之际写的："我最舍不得的是海涅一家，真希望可以把你们打包带走。"海涅写给马克思的信只有一封幸存，给他寄去了德文版的校样，让他为 Vorwärts! 挑选"最精彩的部分"。海涅对他"最坚定，最有才华同胞"的喜爱和尊敬毋庸置疑。Marx to Heine, end of January to 1 February 1845, MEW27：434；MECW38：21.

④ H. H. Houben. *Gespräche mit Heine*. Potsdam, 1948：506. 又见 Laura Lafargue 于 1909 年 9 月 28 日写给 John Spargo 的信，复印件见 Appendix B of Lewis S. Feuer. "The Conversion of Karl Marx's Father". *Jewish Journal of Sociology*. 1972（14）：149 – 166.

解；马克思创作《导言》时两人关系密切。

应该补充的是，我认为，海涅对马克思早期作品具有影响，并不是指唯一的影响，并不能代替马克思"在 19 世纪的法国首都居留"这一事实对他的巨大影响。① 接下来还会谈及三点重大影响因素。马克思是在巴黎第一次接触到法国和其他社会主义国家，他接触了秘密的共产主义团体，如"新巴贝夫主义者"和"唯物主义者"②、正义者联盟③和（间接地接触）宪章运动④。在巴黎马克思参与新兴的德国工人运动，甚至有人说德国工人运动诞生于巴黎，因为德国知识分子第一次会见工人是在巴黎，而且在巴黎的德国工人学到了新的社会理论⑤。也是在巴黎，马克思第一次接触到成熟的资产阶级文明，巴黎前所未有的社会、政治和文化巨变也许帮助了马克思更娴熟地面对、更大程度地接受现代生活。⑥ 简而言之，我倾向认为，在对马克思的思想形成产生巨大影响的三次流亡——法国、比利时和英国中，在法国流亡的影响最大。⑦ 我主要是想说在巴黎居留这个时期，对马克思具有影响的要素中，海涅可能被低估甚至经常被忽视。

---

① Walter Benjamin. *Gesammelte Schriften*. ed. Rolf Tiedermann. Frankfurt am Main, 1982 (5)：45. 马克思称巴黎为"新世界的新首府"。很久之后恩格斯说："巴黎不再是世界的首府，因为世界不再有首府。" Engels to Paul Lafargue, 30 October 1882, MEW35：385；MECW46：352.

② Michael Löwy. *La théorie de la révolution chez le jeune Marx*. Paris：1970：79 – 87.

③ 警局记录证明了马克思曾出席正义联盟的会议，见 Auguste Cornu. *Karl Marx et Friedrich Engels：Leur vie et leur oeuvre：Du libéralisme démocratique au communisme la "Gazette Rhénane"：Les "Annales franco-allemandes" 1842 – 1844*. Paris：1958 (3)：7；马克思认识两位联盟领导人 German Mäurer 和 Hermann Ewerbeck，还与前者短暂同居一屋。

④ 通过 Flora Tristan，Eugène Buret 和恩格斯的作品。关于马克思从 Buret 作品 De la misère des classes laborieuses en Angleterre et en France (1840) 中做的文摘参看 MEGA4，2：551 – 579.

⑤ 1844 年巴黎的人口刚过百万，其中 136000 是外国人（包括41700 德国人）。关于后者的职业构成参见 J. Grandjonc. *Marx et les communistes allemands à Paris*. Paris, 1974：13；Marx to Feuerbach. 11 August 1844, MEW27：426；MECW3：355.

⑥ 关于巴黎的文化意义参见 Christopher Prendergast. *Paris and the Nineteenth Century*. Oxford：Oxford University Press, 1992. 又见 Marshall Berman. *Adventures in Marxism*. London, 1999：chapter 6 和 Lloyd S. Kramer. *Threshold of a New World：Intellectuals and the Exile Experience in Paris, 1830 – 1848*. Ithaca NY, 1988：chapter 3.

⑦ Isaiah Berlin. *Karl Marx：His Life and Environment*. Oxford：Oxford University Press, 1963：80.

"梦—历史"和黑格尔的《法哲学原理》

较之于这个主题的出处,更重要的是它能怎样帮助我们更好地理解这些早期作品。在本章的开头,我便提出《批判》带来的两个难题。

第一个难题是关于马克思在被迫离开《莱茵报》之后研究兴趣的转变。该转变包含两个因素:(消极)放弃德国国情的实证研究,(积极)开始对德国哲学的研究。我试图解释这种转变如何体现马克思对现代社会日益增长的研究兴趣,而不是放弃对现代社会的研究。

马克思对现代国家的性质日益增长的研究兴趣促成了这个转变。从本研究所关注时期内的马克思的读书笔记中可以找出证据,证明他的这一兴趣。

马克思一生中都有边看书边摘抄的习惯,偶尔还会插入自己的评论。从他(1843年5月到10月间[①])在克罗茨纳赫居住的这段时间留下的5本读书笔记中,可以看出他对现代国家的关注。这些笔记中的大部分摘抄都与现代法国和英国历史有关(这些笔记中还有的是选自对美国、荷兰、瑞典和威尼斯共和国历史的研究,还有些是政治思想的经典之作,主要是这些人的作品——马基雅维利、孟德斯鸠和卢梭)。

马克思对现代国家的本质日益增长的兴趣所表现出来的形式可能会有些意外。然而,这一点可以用他新创的德国历史发展的概念来解释(在"梦—历史"主题中有涉及)。

首先需要思考马克思改变研究兴趣的负面因素,即他放弃了对德国现实情况的实证研究。马克思越来越相信,德国的"政治现实"是"现代

[①] 这5本笔记在 MEGA②4, 2: 9 – 278. (*MEGA②* = *Karl Marx/Friedrich Engels/Gesamtausgabe*. ed. The Institut für Marxismus-Leninismus beim Zentralkomitee der Kommunistischen Partei der Sowjetunion und vom Institut für Marxismus-Leninismus beim Zentralkomitee der Sozialistischen Einheitspartei Deutschlands. Berlin: Dietz Verlag, 1975 – 1998; Internationale Marx-Engels Stiftung (IMES). ed. Berlin: Akademie Verlag, 1998 –. ②代表丛书号。4, 2代表卷数。9 – 278代表页码。下同,再次出现时将不再重复标注。)

国家的过去"，对德国"现实"状况的批判揭露的只能是旧体制的缺陷①。这样，他对德国历史发展局限的认识就解答了他为什么放弃对德国"现实问题"的研究②。马克思认为，这样的研究不能提供揭示现代国家性质的任何重要信息。甚至在研究德国不光彩的近代史时，马克思曾说，即使德国历史发展更进一步——根据法国的发展进度表衡量——也只能把德国提到1789年的水平③。

其次需要思考马克思兴趣转变的积极因素，即开始对德国哲学的研究。因为德国历史发展的特点，尽管它在"现实中"落后，马克思相信，通过对这段历史"理想化"的延伸进行研究就等同于对现代国家进行了研究。如此，他对德国历史发展限制的构想也能帮助我们解释他为什么转向德国哲学。先进国家中对现代政治问题的"实际"性研究，在德国，一个不存在相关条件的国家，只能体现为哲学反思这种"批判性"研究。④

简而言之，"梦—历史"这一主题既说明了德国现实国情跟现代性的脱节，又说明了现代性跟德国哲学的关联。考虑到他对现代国家性质的兴趣，这种脱节解释了他为什么从对德国国情的研究中撤离，这种关联性解释了他为什么转向对德国哲学的研究。"梦—历史"这一主题解释了他如何运用当代德国"国家哲学"的理论来理解当代国家的特性。值得一提的是，据说关于德国的国家哲学"最连贯、最全面、最透彻"的表述存在于黑格尔的作品中，马克思通过一系列未出版的关于黑格尔《法哲学

---

① "Zur Kritik der Hegelschen Rechtsphilosophie: Einleitung", MEW1: 381, 387; "Contribution to the Critique of Hegel's Philosophy of Law: Introduction", MECW3: 178, 183; "Critique of Hegel's Philosophy of Right: Introduction", EW: 247, 253.
② *Zur Kritik der politischen ökonomie*, MEW13: 7; *Contribution to the Critique of Political Economy*, MECW29: 261-262.
③ "Zur Kritik der Hegelschen Rechtsphilosophie: Einleitung", MEW1: 379; "Contribution to the Critique of Hegel's Philosophy of Law: Introduction", MECW3: 176; "Critique of Hegel's Philosophy of Right: Introduction", EW: 245.
④ "Zur Kritik der Hegelschen Rechtsphilosophie: Einleitung", MEW1: 383; "Contribution to the Critique of Hegel's Philosophy of Law: Introduction", MECW3: 180; "Critique of Hegel's Philosophy of Right: Introduction", EW: 249.

原理》节选的评论来理解当代政治生活的成就和局限。①

德国哲学和现代性的关联为我们提供了另一种描述马克思改变研究兴趣的方式。这种从"现实利益"到"德国哲学"的迁移，也可以视作从德国过时的政体到对现代国家的批判研究的转变。马克思向德国哲学的转变可以被看成是马克思对现代社会产生兴趣的表现，而不是兴趣的终止。对"梦—历史"主题的讨论还能帮助解释本研究范围的时间起点。既然我是为了研究马克思对现代社会的理解，从《批判》而不是更早期的新闻作品入手便是有道理的。

黑格尔的形而上学

本章要论述的是第二个难题，即如何理解马克思对黑格尔《法哲学原理》的评论。要解决这个难题，需要厘清马克思在《批判》中的两条主线——分清哪条是对思辨方法的讨论，哪条是对现代国家的评论。我在这里从第一个，也是更难的一条主线开始。

我们需要对黑格尔的思辨方法有基本的理解，否则难以读懂马克思的大部分评论。本小节中，我尽力对黑格尔的思辨方法进行精确且深入浅出的解释——不过众所周知，要做到这一点很有难度。"思辨方法"一词本身就极具误导性。此处的"方法"指的不是研究过程，主要指的是黑格尔对现实结构整体上的理解（同时指的是可以解释或描述这种结构的方法和模型）。简言之，在这里要谈的是黑格尔的形而上学。"思辨"这个词是暗示现实表现出的发展模式。

对黑格尔来说，形而上学（以正确的方式理解）是为了获取关于"绝对"的知识，也就是说那些不依赖于、不受限于其他任何因素的事物。他把这种绝对等同于无限，而对黑格尔（同样对斯宾诺沙）来说，无限包含有限（很好地说明了思辨哲学把明显对立的概念合二为一的野

---

① "Zur Kritik der Hegelschen Rechtsphilosophie: Einleitung", MEW1: 384; "Contribution to the Critique of Hegel's Philosophy of Law: Introduction", MECW3: 181; "Critique of Hegel's Philosophy of Right: Introduction", EW: 250.

心)。的确，无限需要包含有限，因为绝对之外的任何存在都是有限，而且任何有限顾名思义都会损害"绝对"的无限性。（跟斯宾诺沙不同）黑格尔认为，绝对也有自我的结构（既有可能是"表象"，又可能是"实质"）①。黑格尔阐述晦涩观点的一个方式是坚称"绝对"在某种程度上相当于基督教中的"上帝"，至少大家能在概念上理解"上帝"，但从人类学上是无法理解的（整体而言，黑格尔坚持认为哲学和宗教具有同样的主题，只是理解方式不同——哲学的优越性在于通过概念而不是感情和直觉来了解上帝②）。黑格尔曾指出，"也许在所有作品中最疯狂的一句话"，这就是："逻辑科学"是为了"说明上帝在创造出大自然和有限的世界之前是一个永恒的存在"③。

对黑格尔来说，"逻辑科学"既是一门思想学科，又是他本人对该学科的命名。这种逻辑的科学需要对思想进行一定程度的反思。更精确地说，需要思考（据说是）没有实际内容、独立于时间和空间的抽象且形式上的思想。黑格尔提出一系列据称符合这些要求的范畴，包括——很难区分的——来自形式哲学的范畴（比如像三段论法的推理形式）和适用具体事物的范畴（如品质和因果律）。尽管他试图区分纯概念和经验性概念的做法受到很多质疑，但很明显，黑格尔的这些范畴是为了说明纯粹的思想，而不是对真实体验的思考总结④。

据称这些概念一起构成了一个分类系统，该系统的显著模式是进步由"反驳"产生。一旦找到合适的起点——可以想象要确定一个满意的起点非常困难——这些概念似乎是源自彼此。通常情况是，黑格尔先选定一个固定且明确的概念，对这个概念的分析会揭示其所包含反面内容，它的反面内容也会包含它本身，对这种自我矛盾的概念之间的关系做进一步分析可以揭示出第三种概念，据说它可以撤销、保留和提高之前提及的概念并

---

① Enzyklopädie §151Z. 人们认为，斯宾诺莎不认同该立场是因为他的犹太人后代身份。
② Enzyklopädie §1.（Enzyklopädie = Enzyklopädie der philosophischen Wissenschaft im Grundrisse, Werke, volumes 8 – 10. §指章节符号，下同，再次出现时不再标注）。
③ Hegel. Science of Logic. ed. A. V. Miller. London: Routledge, 1969: 50. 对这句话的评价出自 Walter Kaufmann. Hegel: A Reinterpretation. New York: Doubleday Anchor, 1966: 184.
④ M. J. Inwood. Hegel. London: Routledge Kegan & Paul, 1983: chapter 1. 我认为，该书对理解黑格尔的形而上学十分有帮助。

使它们不再相互矛盾（这种显著且复杂的撤销、保留和提高的组合在本章伊始提到的"扬弃"这个概念中就有体现①）。这种进步被视作概念内部产生的而不是从外部强加的，思想被认为是自我推动的。黑格尔作为思辨哲学家的典范，曾说自己只是跟随并记录了这种自决的概念系统。这三个发展阶段分别对应于通常被称作理解、辩证和思辨的三种思维形式。大致而言，理解能固定并区分概念（且和演绎争论联系在一起）；辩证法揭露的是这种方法导致的明显矛盾（和怀疑论、诡辩法有关）；思辨把这些明显的矛盾融入一个积极和稳定的结果，并提供清晰和深刻的见解（这便是对上文所提及的"思辨"的论述，即之所以说黑格尔的形而上学是思辨的，是因为它兼容了对立的概念和实体）。

　　黑格尔认为，这个分类系统形成的发展模式是完全客观的，每一个具体的概念都有独一无二的后继者（虽然进展的必要性不是很清晰，矛盾和辩证的概念无疑才是最重要的）。如此一来的结果便如一位伟大的评论员所说的那样，是一系列"相互入套的三合体"，后一个阶段要以之前的阶段或包含之前的阶段为前提，这个阶段的演进被描述为对"绝对"提供更多充分的定义，给这个系列提供开头和结尾，在某种有争议的情况下汇合，最终确认这个系列的完成②（费尔巴哈曾俏皮地说，如果思辨哲学有"纹章"的话，它应该是一个圆圈③）。黑格尔有时把概念系统作为整体——"逻辑科学"的主题——称作概念。

　　今天的读者可能认为，"逻辑"是研究概念之间的必要关系，是独立于任何对现实的研究，是独立于现实世界。如果根据黑格尔的说法，读者存在误解，因为逻辑和形而上学是"相同的"④。黑格尔逻辑包含康德先

---

① *Enzyklopädie* § 96; *Wissenschaft der Logik*, parts I and II, *Werke* 5: 5; *Wissenschaft der Logik*, parts I and II, *Werke* 6: 20; Hegel. *Science of Logic*, ed. A. V. Miller. London: Routledge, 1969: 32.
② Michael Inwood. *Hegel*. London: Routledge, 1983: 262. Willem de Vries. *Hegel's Logic and Philosophy of Mind*. ed. Robert C. Solomon and Kathleen M. Higgins. *The Age of German Idealism*. London: 1993: 216 – 253.
③ Feuerbach. "Zur Kritik der Hegelschen Philosophie", *Gesammelte Werke*. ed. Werner Schuffenhauer. Berlin: 1967 – 2003（9）: 25; "Towards a Critique of Hegelian Philosophy". translated by. Zawar Hanfi. *The Young Hegelians: An Anthology*. edited by Lawrence S. Stepelevich. Cambridge, 1983: 101.
④ *Enzyklopädie* § 24.

验逻辑的范畴，即那些让我们能够了解、体验对象的概念结构。尽管康德否认其描述将使我们对事物的最终性质有某种特定的看法，黑格尔——一个拒绝对体验对象和体验本身进行区分的人——坚称对概念之间必然关系的论述也是对现实必然结构的论述。[1] 如此，黑格尔把逻辑范畴概念之间的必然关系等同于现实的必然结构。简言之，"逻辑科学"所揭示的概念结构，被认为是描述了世界的本质结构。

黑格尔对逻辑范畴和有限实体世界——不再存在的有限实体——的进一步描述，总是不太清晰。它还涉及一个观点，有限实体世界在某种意义上依赖于逻辑范畴体系。因此，黑格尔式的"概念"不是一套用来理解现实存在的范畴，而是用来表示被所有有限事物依赖的无限实体[2]。这里提到的"依赖"概念会有争议也毫不奇怪，但把它理解为由两部分组成更为恰当。根据逻辑科学，范畴的结构承担了可以被感知世界的存在和发展。为了阐明自己的观点，黑格尔借用绝对理想主义和基督教之间的关系。他解释说，绝对理想主义就像基督教一样认为，"所有一切的事物"是由"上帝"创造和统治的。[3]

"依赖"的第一要素——思想和可感知世界的关系是思想与它本身创造出来的事物之间的关系的观点——像是上帝无中生有的创造。似乎思想不一定只是被体现——即需要可感知世界的存在——它还可以是自身的化身。因此，从逻辑到自然和精神世界的转变不能被视作"外向"或向"源自外部"物质内容的转变。[4] 对黑格尔来说，自然和社会世界是概念自我实现的产物（黑格尔把其现实化的形式称为思想）。

要理解这句话并不容易，评论者有时会把这种思想和可感知世界之间的关系看作对之前存在或独立存在物质有影响的逻辑范畴结构。然而，如此理解黑格尔的立场是有问题的。逻辑的范畴作为先验的前提（不是从

---

[1] *Enzyklopädie* §22Z.
[2] Thomas E. Wartenberg. "Hegel's Idealism: The Logic of Conceptuality". Frederick C. Beiser. ed. The Cambridge Companion to Hegel. Cambridge: Cambridge University Press, 1993: 102–129.
[3] Thomas E. Wartenberg. "Hegel's Idealism: The Logic of Conceptuality". Frederick C. Beiser. ed. The Cambridge Companion to Hegel. Cambridge: Cambridge University Press, 1993: 102–129.
[4] *Enzyklopädie* §43Z.

经验中获得而是预先假定存在关于这个世界的思考）是形式上的，但是，就适用于从别处获得内容的概要来说，它们又不是形式上的①。黑格尔称思想或更精确地说概念是一种活动，"它不需要外部的物质来实现自我"②。古人创造的这个模型表明——大概想的是柏拉图的蒂迈欧——世界是智慧的产物，正如工艺品是由手工艺人"创造"的一样。黑格尔断然拒绝这种说法，因为它"仅仅会使上帝成为世界的工程师而不是创造者"。黑格尔觉得贬黜上帝令人难以接受。③ 似乎黑格尔的范畴会产生相应的内容，支持"更深刻的观点"，据此"上帝从无到有创造了世界"④。

"依赖"的第二个要素是关于黑格尔范畴统治（而不是创造）有限世界的方式。黑格尔坚称，"理性是世界的内在灵魂，也是它自身最深处的本性"⑤。黑格尔范畴无法构成把有限事物当作手段的超验实体，它们也不是（略显夸张的）柏拉图的原型，也不能从可感知的世界分离并支持后者。该"概念"不脱离或者先于它在自然和社会世界中的具体体现存在。相反，它是一个发展的计划，在这个可感知的世界中无处不在。正如黑格尔在《哲学全书》中所言，概念"是最重要的，而且事物只有通过概念的活动才存在，概念存在且显现于事物当中"⑥。

黑格尔称这句话——可感知世界的本质结构一定存在——并没有让他一定认为世界上存在的、发生的一切都是因为必然性。此处，他一方面区分了随机的事物和事件；另一方面又甄别了该类别的特定成员，据说只有随机事件是必然存在的。⑦ 因此，随机性的存在不是因为必然性的不足，而是有自身存在的意义，并作为一个需要例证的范畴存在于世界。⑧ 然而，存在 60 种而不是 59 种鹦鹉的事实对这个世界来说是随机的而不是必

---

① Michael Rosen. *Hegel's Dialectic and its Criticism*. Cambridge: Cambridge University Press, 1982: chapter 3.
② *Enzyklopädie* §163Z（2）.
③ *Enzyklopädie* §128Z.
④ *Enzyklopädie* §163.
⑤ *Enzyklopädie* §24Z.
⑥ *Enzyklopädie* §163Z（2）.
⑦ *Philosophie des Rechts* §214A.
⑧ *Enzyklopädie* §145.

然的①（允许这种"全面的"随机性似乎不利于我们把黑格尔对绝对的解释称作无限，尽管探讨这些问题的困难超出了本部分的范围）。

必然性和随机性之间的分界线很难确定——困惑的不只是"浮士德"一人——但黑格尔从不怀疑它的存在（康德派哲学家威廉·特劳戈特、康德曾公开挑战谢林让其"演绎"出他写字用的笔的存在。黑格尔不屑于这种挑战，认为是在派生"无足轻重"的实体，但他这么做的理由我们不得而知②）。黑格尔经常批评其他哲学家不仅未能把必然性足够扩展到现实世界，还竟然试图把必然性——还有哲学——过度延伸到现实世界（即这个存在偶然的世界）。斯宾诺沙犯了第一种错误，而且还因不愿承认有限世界的某些特征是因上帝存在而受到指责。柏拉图和费希特则被认为是犯了第二个错误，还因把一些偶然性的主张看作哲学的优点而受到批评（柏拉图说怀抱婴儿的育婴员应该像大海上的一只小船轻轻晃动，对这一说法黑格尔十分恼怒。费希特认为，当代"合格的"人的护照应该印上"着色肖像"，黑格尔对这样的措辞也非常不满意③）。

对黑格尔来说，概念的无处不在只是度的问题，任何确定的现实都能或多或少实现这些范畴。他经常使用"真理"（还有判断、信念等）来表达这个意思。一个有限的实体只有能够充分表达自身的本质（忠于概念）才是"真实的"。

黑格尔将忠于自身本质的实体称为"真实"。然而，他对"真实"和可感知世界之间关系的阐述也不是很清晰。根据他对这些问题的主要论

---

① *Wissenschaft der Logik*, parts I and II, Werke 5：5；*Wissenschaft der Logik*, parts I and II, Werke 6：20；Hegel. *Science of Logic*. ed. A. V. Miller. London：Routledge, 1969：32.

② *Enzyklopädie* §250；Dieter Henrich. "Hegels Theorie Über den Zufall". *Kantstudien*. 1958/9（50）：131 – 148；"Wie der gemeine Menschenverstand die Philosophie nehme, – dargestellt an den Werken des Herrn Krug", *Werke* 2：188 – 207.

③ *Wissenschaft der Logik*, parts I and II, Werke 5：6；*Wissenschaft der Logik*, parts I and II, Werke 6：195 – 196；Hegel. *Science of Logic*, ed. A. V. Miller, London：Routledge, 1969：357；*Philosophie des Rechts* "Preface" ¶12（*Philosophie des Rechts* = *Grundlinien der Philosophie des Rechts*, Werke 7. Werke = *Werke in zwanzig Bänden*. ed. Eva Moldenhauer and Karl Markus Michel. Frankfurt am Main, 1993 – 1996. 数字7代表卷数。"§，A，Z，¶"皆是原书中的章、节、段等符号，下同，再次出现时将不再重复标注。）；Plato. *Laws*. 790d；Fichte. *Grundlage des aturrechts*（1796），*Fichtes Werke*. Berlin, 1971（3）：§21.

述，可感知的世界包含一切真实的事物。比如，黑格尔的《法哲学原理》序言中有一句备受争议的"双重格言"——"理性的就是真实的；真实的就是理性的"——认为这个世界不仅包括那些被称为"现象"、对逻辑分类结构充分实现的现存事物，还包括那些被称作"假象"、未能体现标准的现存事物。① 因此，"真实"会出现在这个可感知的世界，尽管是以一种既不包含因偶然而存在的一些特定实体，也不包含那些因基本的概念结构未能实现而"枯萎、消逝"的实体②（我之所以称之为黑格尔对这些问题的主要阐述，是因为有时似乎与这个阐述有冲突——黑格尔认为"真实性"本身不是可感知世界的特点且只有上帝是真正"真实"的③）。

黑格尔对"真实性"和哲学之间关系的描述似乎支持了上述主要观点。他认为，思辨哲学是要恰当地研究可感知的世界，仅仅是因为在一定程度上，可感知的世界是"真实的"（既然"真实性"和存在之间的关系类似上帝和他的创造之间的关系，我们也可以说黑格尔的观点即是：哲学便是上帝正义论）。鉴于黑格尔认为自然和社会的本质结构为哲学提供了合适的话题，偶然性似乎要求他同样相信其体现在可感知的世界中（即使是不完美的程度）。

对黑格尔来说，自然和社会都应被视作"实用逻辑，这是因为逻辑是它们的灵魂"④。然而，它们是以非常不同的方式体现了范畴结构。自然界表现出理性——不是以受规律约束的行为，而是以一种重复性的、无意识的方式。自然界不会体现渐进式的发展，没有自身的"历史"。正是在这种语境中，他支持谢林把自然界描述为"固化的智力"⑤。与之形成鲜明对比的是，黑格尔把社会称为真正进步的范围。此处，这个想法——在现实社会实现的概念——像是经历历史阶段向常被称作"自我意识"

---

① *Philosophie des Rechts* ¶12；*Enzyklopädie* §6A；Dieter Henrich, editorial introduction to Hegel, *Philosophie des Rechts: Die Vorselung von 1819 – 20 in einer Nachschrift.* Frankfurt am Main, 1983：14；Michael O. Hardimon, *Hegel's Social Philosophy: The Project of Reconciliation.* Cambridge：Cambridge University Press, 1994：24.
② *Enzyklopädie* §6A.
③ *Enzyklopädie* §6A；*Enzyklopädie* 24Z（2）.
④ *Enzyklopädie* §42Z（2）.
⑤ *Enzyklopädie* §24Z（1）；*Enzyklopädie* §247Z.

的阶段发展的活动。

  黑格尔对自我意识（或称自知）的描述有启示性，但又有些苛刻。他拒绝用既定、简单或直接这些词来修饰自我意识。相反，自我意识要求一个主题向本身之外投射，还要求承认"另一个"自我。似乎自我意识来自于对外部世界的承认，从某种意义上讲，就像自我的体现或自我的产物。根据黑格尔的说法，这一要求很典型地体现在思想和有限世界的关系中。据称世界的创造和发展是绝对事物实现自我意识的必经途径。需要注意的是，相关的"自我"和它得以实现的有限世界并无太大区别，不是因为它创造且统治了那个"对象"（正如一些评论者所说，黑格尔有时会接受认识论的主张，认为思想只能知道它自己创造的东西，真正的知识从某种程度上说都是自我认识①）。这里还有很多更复杂的问题，绝对存在的自我意识是间接的，因为它需要媒介——一个人类很乐意放弃的角色。这个角色不一定是狭义的认知角色，因为自我意识需要确立一些社会和政治安排。这些安排似乎只是一系列主要文化进步的制高点。同时既然自我意识是自我充分实现的条件，那么绝对存在只是经历历史进程之后的自我，是历史进程的结果（正如之前黑格尔把绝对存在描述为潜在的"表象"和"实质"）。

  我已经提到过黑格尔擅长通过基督教来解释自己的形而上学。如此凭借宗教作为类比也许有很多说教方面的优势，但它会使黑格尔关于形而上学的观点显得比较保守。尝试把基督教的上帝和思辨逻辑融合——有意无意很难判断——能够掩盖其思想中某些要素的非正统性。比如，黑格尔对上帝和世界的阐述可能被认为是体现了异端的建议，即显身应等同于创造（正如其他人已经注意到的，本文似乎在他的形而上学之中插入了一个有争议的基督教思想②）。当人们发现黑格尔对耶稣的描述进行了修订，把

---

① Richard Norman. *Hegel's Phenomenology: A Philosophical Introduction*. Brighton: Harvester Press, 1976: 17; David-Hillel Ruben. *Marxism and Materialism: A Study in Marxist Theory of Knowledge*. Brighton: Harvester Press, 1977: 40ff.

② 关于黑格尔与基督教的关系参见 John McTaggart Ellis McTaggart. *Studies in Hegelian Cosmology*. Cambridge: Cambridge University Press, 1901: chapter 7; Hugo Meynell. *Sense, Nonsense and Christianity: An Essay on the Logical Analysis of Religious Statements*. London: 1964: chapter 4, part 3.

他说成是类似于但次于苏格拉底的思想家而不是上帝之子时,也许不会觉得很奇怪。

黑格尔似乎对基督教中上帝和世界之间关系传统描述的一些特点确实不解。比如,基督教的观点——物质虽然由上帝创造且附属于上帝,但完全不具备神性——对黑格尔来说似乎意味着可悲的二元论;之所以说"可悲",是因为如此明显区分上帝和世界可能将上帝从万物之本变成有限的实体(根据黑格尔的说法,绝对世界之外任何事物的存在都是一种限制,会伤害上帝的"无极性")。黑格尔认为,这种二元论的观点存在两个缺陷。第一,为人熟知的基督教教义难以解释世界究竟为什么存在。黑格尔认为,倘若上帝"无所不能、全无短缺,他为什么要把自己置于一个同自己如此不对等的存在那里?[①]"第二,现有的基督教教义也不能解释为什么世界是现在的样子。如此说来,上帝在人类社会的结构和发展中所起的作用似乎有限且零碎。黑格尔认为,这些传统二元论的说法所存在的不足可以通过把上帝等同于世界来解决。

当然,世界和上帝的身份可以有很多种理解方式。[②] 黑格尔认真考虑之后放弃了两种过于简单的论述。第一种是"无神论"版的泛神论,降低了上帝的地位,只承认世界本身的存在。第二种是"无宇宙论"版的泛神论,贬低了世界,把一切的存在都归因于上帝。[③] 尽管黑格尔认为这两种泛神论最终都有问题,但他对待二者的态度并不完全一样。他支持所罗门迈蒙对斯宾诺沙的"批判性辩护",认为"无宇宙论"更有道理一些[④](黑格尔认为,大家把斯宾诺莎看作一个不信神的泛神论者,正确地理解了后者,肯定了世界和上帝的地位。然而,这种流行观点的支持者还认为——而且黑格尔说道,"这没什么值得夸奖的"——若说上帝比世界更应该被拒绝倒是更容易理解。根据黑格尔自己的理解,斯宾诺莎选择了

---

① *Enzyklopädie* § 247Z.
② M. J. Inwood, *Hegel*, London, Routledge Kegan & Paul; 1983: 232ff.
③ G. H. R. Parkinson. "Hegel, Pantheism, and Spinoza". *Journal of the History of Ideas*. 1977 (38): 449–459.
④ 关于罗门迈蒙对德国唯心主义发展的重要意义,参见 S. Atlas. *From Critical to Speculative Idealism: The Philosophy of Salomon Maimon*. The Hague, 1964; Frederick C. Beiser. *The Fate of Reason: German Philosophy from Kant to Fichte*. Cambridge MA, 1987: chapter 10.

更讨人喜欢的做法，贬低了世界而不是上帝。针对斯宾诺莎的做法，黑格尔不无道理地说"信且只信上帝的哲学不应被视作无神论"①）。

相比之下，黑格尔对上帝和世界关系的描述据说不会显得过于简单。不同于传统基督教的说法（上帝在创造万物之前就已经独立存在），黑格尔视域中的上帝不是脱离自身创造过程独立存在的超自然实体。在黑格尔看来，上帝的存在和成长都离不开世界的创造和发展。上帝若要存在，有限世界的产生和发展是必要条件（这么说有点像实体论）。上帝到自我意识的必要演进反映在并取决于有限世界的结构和发展。正如上文所说，黑格尔对思想和有限世界之间关系的描述本意是为说明自我意识作为一种成就要求把一个主题投射到本身之外，并承认另外一个自我。黑格尔说："上帝在多大程度上了解自己，他就在多大程度上是自己。"② 而且他只能在自身的创造中了解自己，黑格尔支持这种根据基督教的标准修改的但似乎有些异教的观点——"没有世界，上帝就不是上帝"③。

基于同样的理由——即为了不低估其形而上学观点的独特性——不把黑格尔的观点混同于我们更熟悉的理想主义是很重要的。他认为，与事物不同却又无处不在的范畴结构解释了它们为什么是现在的样子，这让黑格尔看起来非常像一个唯心主义者。他坚定地认为，概念是这个世界最根本的实体，而且有限的事物在多大程度上体现概念的结构，事物就有多大的"真实性"。对黑格尔而言，承认这些有限的实体之所以存在，是因为它们依赖于某种非限定性实体得以实现自身的本质结构，等同于唯心主义。④ 然而，需要指出的是，黑格尔的"概念"——决定真实世界结构的非限定性实体——不是人类制造出来的，不是人类的思想。对黑格尔来讲，所有有限的事物包括人类，都取决于"概念"。黑格尔难以理解任何

---

① *Enzyklopädie* §50Z.
② *Enzyklopädie* §564.
③ *Vorlesungen Über die Philosophie der Religion*, part 1; *Einleitung, Der Begriff der Religion*. Hamburg: fabula Verlag Hamburg, 1983: 213; *Lectures on the Philosophy of Religion: Introduction and the Concept of Religion*. ed. R. F. Brown; C. Hodgson, and J. M. Stewart, J. P. Fitzer and H. S. Harris. Berkeley, 1984 (1): 308.
④ *Wissenschaft der Logik*, parts I and II, Werke 5: 5; *Wissenschaft der Logik*, parts I and II, Werke 6: 20; Hegel. *Science of Logic*. ed. A. V. Miller. London: Routledge, 1969: 154.

（据说是"后笛卡尔"的）过分突出人类思想在客观世界形成中起到作用的做法。他还因此坚持认为，古代的理想主义优越于现代的"伪理想主义"①。尽管存在不同，柏拉图对理性秩序实体论优越性的坚持和黑格尔对范畴结构（它构成了现实的基础，是现实努力实现的目标）的构想还是有相似之处（这里可能与亚里士多德也有关系；黑格尔的概念可以被看作亚里士多德式的形式上的最终起因，因为它既提供了有限世界的本质，又提供了有限世界的发展目标②）。

思辨逻辑和社会的关系以及思辨逻辑跟自然界的关系在（三位一体的）黑格尔体系的组织中都有体现。黑格尔逻辑的范畴结构可以被看作现实世界的发展计划。"逻辑"是离开它得以实现的人类社会和自然界来研究这个计划，"自然哲学"研究这个实验如何在自然界得以体现，"精神哲学"研究这个计划如何在人类社会得以体现。

考虑到由思辨逻辑产生的知识独立于经验而存在，而且根据黑格尔的说法，逻辑可以用来描述（至少）经验科学的宏观结果，后者的作用似乎就不太确定了。除了对各种形式的偶然性归类整理——比如搞清楚鹦鹉到底有多少种——经验科学的功能似乎就是对哲学本身提供的描述进行融合、确认。它们会提供根据经验获取的已知资料，从这些资料中识别出这个分类系统具体的表现模式，以此证明世界上存在理性。③ 似乎说明以多种不同的方式来解决任一给定的话题是可能的。也许有人会研究它（脱离自身）体现出的概念框架（黑格尔在逻辑科学中的步骤），也许有人试图确立概念基础和经验体现的关系（黑格尔在自然和精神哲学中的步骤），或者有人研究绝对世界的经验性体现而忽略形而上学的基础（很多科学和历史研究中的原始经验主义受到了黑格尔的高度批判，但是毫无疑问黑格尔借鉴了这些研究结果）。把逻辑产生的知识运用于自然和社会科学内容中——比如组织这些结果使它们更有系统性——似乎算是黑格尔所

---

① *Vorlesungen Über die Geschichte der Philosophie*, Werke 2: 54; *Lectures on the History of Philosophy*. ed. E. S Haldane and F. Simson, London: 1892 (2): 43.
② Frederick Beiser. *Hegel*. London: Routledge, 2005: 66 – 68; G. R. G. Mure. *An Introduction to Hegel*. Oxford: Oxford University Press, 1940.
③ *Enzyklopädie* § 24Z (2).

说的给这些科学添加了先验性。

在本小节中，我已经尽力深入浅出且准确地阐述了黑格尔《法哲学原理》中的广义形而上学。然而，我也承认一些读者特别是对当代黑格尔学术研究非常熟悉的读者，会对本文的论述有所疑虑，具体而言：

第一，很多近期作品都否定或尽力淡化黑格尔作品中形而上学的一面①，一些读者可能会怀疑我赋予黑格尔"过度"形而上学。我坚信自己的说法正确，本小节不仅要介绍黑格尔的思想，还要介绍青年马克思对黑格尔的理解。不论是认为黑格尔思想中没有形而上学的读者，还是认为黑格尔思想中的形而上学与此处描述的大不一样的读者，都可能会否认这一点。他们可能认为本小节准确地描述了那种——在他们看来是错误的——对马克思的《批判》假定的黑格尔的形而上学的理解。

第二，最近很多关于黑格尔的研究都否认或极力淡化黑格尔的形而上学及其与政治哲学之间的关系②，因此，有读者也许会怀疑有没有必要讨论黑格尔哲学中形而上学的一面。我认为，不像其他评论者所言，黑格尔本人一直坚持《法哲学原理》和思辨方法的密切联系。黑格尔坚持不懈地用形而上学给自己的政治哲学提供坚固的基础。比如，在《法哲学原理》序言中，他用了自己在《逻辑学》中论证的"思辨知识的性质"来作为社会和政治思想的"指导原则"③。姑且承认黑格尔"未能详述逻辑演进的每一个细节"，但他坚持认为，正是在此种情况下，"我希望本文能够被理解和评判"④。在《批判》中，马克思用大篇幅批判了黑格尔的形而上学，也许这正说明了马克思完全相信黑格尔的话。

---

① Klaus Hartmann. "Hegel: A Non-Metaphysical View". Alasdair MacIntyre. ed. *Hegel: A Collection of Essays*. New York: Garden City, 1971: 101 – 24; Klaus Hartmann. "Die ontologische Option". *Die ontologische Option* Berlin, 1976: 1 – 31.
② Z. A. Pelczynski. "Introductory Essay". *Hegel's Political Writings*. ed. Z. A. Pelczynski. Oxford: Oxford University Press, 1969: 136.
③ *Philosophie des Rechts* ¶3.
④ *Philosophie des Rechts* ¶3.

什么已死：马克思的批判性回应

至此，读者也许期待看到对青年马克思在形而上学和认识论立场的阐述，以便和上一小节中提到的黑格尔观点形成对比。对马克思正面观点的论述——尽管承认在表述这些观点时的一些不精确和这些观点导致的二次解读——可能有很多线索①。它可能提到青年马克思坚定支持"自然主义"，认为现实完全由有限的世界构成，否认超验的或"非物质的"存在（比如传统意义上理解的基督教里的上帝）。它还可能认真分析了马克思观察到的"自然主义"的观点和某些"现实主义"观点的正确性之间的联系，特别是认为物质实体的存在不同于并且不依赖于精神活动的观点。这个阐述还可能判定马克思认为世界上的知识是经验性的——即是能够被感知经历否定的——还有他经常说这样的知识"反映了"并且"再现了"真实世界（他坚持认为，任何的"反映"都是更广意义上和世界接触的一部分，因此，否认我们的意识和我们经历的真实事物之间任何差距的存在）。它可能提出，马克思本人并不认为认识论的观点是"经验主义"，因为他把"经验主义"和对事物表象的无批判的记录和组织联系起来了，他尝试用这种方法和捕捉真实世界内在结构的系统性理论进行对比②。这样的论述也许在最后会尽力去理解青年马克思认为存在于"从感知世界和从经历中"获取的知识和唯物主义的立场以及社会主义立场之间的关系。③

---

① Allen Wood. *Karl Marx*. London：Routledge，1981：part 4；Leszek Kolakowski. "Karl Marx and the Classical Definition of Truth". *Marxism and Beyond*. London，1969：58 – 86；Jean-Yves Calvez. *La Pensée de Karl Marx*. Paris，1956；Nathan Rotenstreich. *Basic Problems of Marx's Philosophy*. New York：Bobbs-Merrill，1965.

② Richard Hudson. "Marx's Empiricism". *Philosophy of the Social Sciences*. 1982（12）：241 – 253；James Farr. "Marx No Empiricist". *Philosophy of the Social Sciences*. 1983（13）：465 – 472；Daniel Little. The Scientific Marx. Minneapolis，1986：123 – 126.

③ *Die heilige Familie，oder Kritik der kritischen Kritik：Gegen Bruno Bauer und Konsorten*，MEW2：138；*The Holy Family，or Critique of Critical Criticism：Against Bruno Bauer & Co.*，MECW4：130；Allen Wood. *Karl Marx*. London：Routledge，1981：159 – 161.

这样的论述如果展开的话，可能会让人觉得青年马克思对形而上学和认识论的积极贡献是重大的或者是创新的。然而，马克思确实有这样的论述，但它们还算不上是系统或者与众不同的。简言之，在早期作品中这不是一个重要的哲学问题。

真正有哲学意义的是青年马克思对黑格尔形而上学的批判。《批判》尤其包含了一个持续的且令人兴奋的对思辨方法的批判。马克思的批判涉及很多论题：黑格尔范畴中认识论的地位、对经验世界的思辨态度、概念及其实现之间的联系、思辨性解释的本质、黑格尔视野中世界和上帝的身份。尽管论题广阔且论述充足有力，遗憾的是这些批判还是被很多人所忽视。

在《批判》中的几个地方，马克思大致论述了思辨方法，其论述的目的并不是概括黑格尔对思辨的理解，而是为了通过对绝对理想主义真正活力的展现揭露这种理解具有缺陷性。马克思的评论经常过于简洁而有失准确，但它们中心连贯、通俗易懂。他尤其感兴趣的是有限实体和思辨哲学范畴之间的关系。在这种语境下，他确定了黑格尔论述世界的两个中心阶段。这两个中心阶段——"把经验性的转变成思辨性的和把思辨性的转变成经验性的"——据说构成了黑格尔思辨方法的生命之所在。①

思辨构建的第一个阶段是关于黑格尔范畴的来源。马克思否认了黑格尔秉持的范畴的先验性，相反，认为范畴都是从实际经验中产生的，批判黑格尔从有限体验的世界中获得概念，并错误地把它们当做先验性范畴框架成分。马克思将思辨建构的第一个阶段总结为"把经验性的变成思辨性的"②。

思辨建构的第二个阶段是关于黑格尔范畴的实现问题。马克思尤其对这个范畴框架在自然和社会中的实现感兴趣，即对黑格尔论述中新柏拉图

---

① *Kritik des Hegelschen Staatsrechts*, MEW1：241；"Contribution to the Critique of Hegel's Philosophy of Law", MECW3：239；"Critique of Hegel's Doctrine of State", EW：298.
② *Kritik des Hegelschen Staatsrechts*, MEW1：241；"Contribution to the Critique of Hegel's Philosophy of Law", MECW3：239；"Critique of Hegel's Doctrine of State", EW：298.

式的一面感兴趣。① 马克思否认了黑格尔的观点——思想创造并且统治着有限世界——相反他认为思辨哲学只是对存在的经验世界进行想象中的重新描述（作为绝对世界的体现）。马克思将思辨建构的第二个阶段概括为"把思辨性的转变为经验性的"②。

因此，马克思把绝对理想主义中心的双步骤进程称作差异且重复的"颠倒"。首先，从有限经验世界中获取的概念被描述为一个先验范畴框架的元素，然后，这种（所谓的）先验范畴框架被认为是在有限世界的本质特征中实现自我。经验世界——范畴框架的来源——被转变成（或者更准确说是被重新描述为）概念系统的显现。马克思以多种方式描述"颠倒"这一论题，他把思辨建构总结为一个过程，过程中"作为起点（即经验性现实）的事实未被如实看待反被看作一种神秘的结果"。同样的双向过程被称作一系列类似的颠倒，"条件被假定为被影响者，决定者被视为被决定者，生产者被视为产出"③。

（青年马克思使用的"颠倒"经常被视作确认了某一作者的重要影响。可能是以下几位中的一位——鲍尔、黑格尔、赫斯。④ 然而，当时这一文化主题是如此普遍，以至于让人怀疑——除非有其他证据——这里所谓的重大影响。比如，视觉呈现的倒置曾非常流行，路德维希·蒂克有一部著名的音乐剧叫《颠倒的世界》，海涅于1844年在《向前》期刊上发表了同名的一篇很精彩的讽刺诗⑤）。

黑格尔作品中有各种形式的颠倒，甚至包含对人类特征的实体化。

---

① Edgar Wind. *Pagan Mysteries of the Renaissance*, second edition. London, 1967: 92ff; Feuerbach. *Grundsätze der Philosophie der Zukunft. Gesammelte Werke*. ed. Werner Schuffenhauer. Berlin: 1967—2003 (9): 311; Feuerbach. *Principles of the Philosophy of the Future*. ed. Manfred H. Vogel. Indianapolis: CreateSpace Independent Publishing Platform, 1986: 347.

② *Kritik des Hegelschen Staatsrechts*, MEW1: 241; "Contribution to the Critique of Hegel's Philosophy of Law", MECW3: 239; "Critique of Hegel's Doctrine of State", EW: 298.

③ *Kritik des Hegelschen Staatsrechts*, MEW1: 207; "Contribution to the Critique of Hegel's Philosophy of Law", MECW3: 9; "Critique of Hegel's Doctrine of State", EW: 63.

④ Zvi Rosen. *Bruno Bauer and Karl Marx: The Influence of Bruno Bauer on Marx's Thought*. The Hague, 1977: 193ff; Jerrold Seigel. *Marx's Fate: The Shape of a Life*. Princeton: 1978: 72; Shlomo Avineri. *Moses Hess: Prophet of Communism and Zionism*. New York: 1985: 113 n. 38.

⑤ Goethe-Institute. *Die verkehrte Welt: Moral und Nonsens in der Bildsatire*. Amsterdam, 1985.

《批判》中这样的一个例子是关于政治哲学的"主观性"概念。黑格尔曾以不同方式使用主观性,不仅是为了唤起(特别是现代的)观念,把个人看作道德评估的自主来源——能够从行动方式中获取意义和满足,这些方式反映了他们的良心、目的和推理(与那些被胁迫、习惯性和下意识的行为形成对比)①。在《批判》中,马克思对黑格尔论述中的细节没有表现出太大兴趣,但是却非常关注后者描述主观性和个人之间关系时经常使用的一些术语。② 特别对黑格尔认为的"主观性"是在个人道德主题的生命中才得以实现的观点表现出极大的兴趣。③ 根据马克思的说法,这些陈述一点都不主观,相反说明了处在思辨建构中心的主语和述语的倒置。他认为黑格尔不应该把属性("主观性")从他们真实的对象(有限个体)中区分开来,也不应该认为这些属性构成了独立的对象。这是思辨转换第一阶段的例子,即一个经验性的述语被转换成一个理想的对象。在思辨转换的第二个阶段中,理想的对象被认为是实现了自身,这个过程要求它显现在有限的世界中。稍作分析便可发现,"主观性"的伪主题在"普通的经验世界"中实现的形式只不过是这些开始思辨建构的个体道德代理的行为和态度。对人类述语的实物化说明更普遍的模式,根据马克思的阐述,范畴框架是在有限经验现象的领域得以实现,而范畴也正是源自现象。

马克思对思辨哲学的第一个批判以及关于认识论在这些范畴中的地位,也许从上文中已经很明显可以看出。马克思同意黑格尔所谓真正的知识是可能的观点,但他否认思辨性的说法——世界本质结构的知识是先验性的。对马克思来说,黑格尔的范畴据称是对独立于自然和精神世界的"确立且注定"的纯粹思想的产物,而它们其实只不过是对具体世界的"抽象化"。④ 马克思特别指出,黑格尔某些范畴——如上面提到的"主观性"——是从普通的经验世界获取的。然而,有时他似乎支持一种更

---

① *Philosophie des Rechts* ¶¶ 12 – 13,¶ 10,§ § 46A,185A,and 262Z.
② *Philosophie des Rechts* ¶¶ 115 – 118.
③ *Philosophie des Rechts* ¶¶ 279A.
④ *Kritik des Hegelschen Staatsrechts*,MEW1:213;"Contribution to the Critique of Hegel's Philosophy of Law",MECW3:215;"Critique of Hegel's Doctrine of State",EW:270.

强烈、更有正义的说法——所有的知识都是经验性的。

马克思对思辨哲学的第二个批判可能也很明显。他认为，思辨很容易盲目地把有限世界描绘成现在的样子。当然，表面上看，这个世界的本质结构就是黑格尔思想所体现出来的形式。马克思却坚持认为"与真正的思想相对应的存在"不像表面是"在自我之外产生的现实"而实际是"普通的经验世界"①。简言之，在首先否认它的独立地位之后，思辨思想把真实世界偷偷搬了进来。如此，黑格尔的方法颠倒了马克思认为的对经验世界的恰当的分析步骤，本该是批判性思考的"起点"却变成了思辨陈述的"神秘结果"②。思辨的贡献不是去改变有限世界的"内容"，而仅仅是去改变"人们看待和讨论它的方式"③。这样的再次描述基本上没有触动有限世界，只是展示了对这个习惯思辨投射的世界的暧昧态度。他说道："经验性现实被理解为它实际存在的样子。"④ 马克思为对经验性现实的激烈论述和对自然和社会的平淡描述形成的反差感到震惊。⑤ 一方面，毫无疑问，特定的经验性现象被挑选出来，就像被思想假定和"在每个阶段都会遇到上帝的化身"，确实会给人留下深刻的印象。⑥ 另一方面，这个二次描述完全未触及有限的世界。

马克思的第三个批判是针对范畴结构及其实现之间的思辨性关系的主观性。黑格尔的措辞是为了说明这种联系"逻辑严密，是对论点的演绎和阐发"⑦。然而，对马克思来说，这种感觉是虚幻的。思辨步骤被更准

---

① *Kritik des Hegelschen Staatsrechts*，MEW1：206；"Contribution to the Critique of Hegel's Philosophy of Law"，MECW3：8；"Critique of Hegel's Doctrine of State"，EW：62.
② *Kritik des Hegelschen Staatsrechts*，MEW1：242；"Contribution to the Critique of Hegel's Philosophy of Law"，MECW3：40；"Critique of Hegel's Doctrine of State"，EW：100.
③ *Kritik des Hegelschen Staatsrechts*，MEW1：206；"Contribution to the Critique of Hegel's Philosophy of Law"，MECW3：8；"Critique of Hegel's Doctrine of State"，EW：62.
④ *Kritik des Hegelschen Staatsrechts*，MEW1：207；"Contribution to the Critique of Hegel's Philosophy of Law"，MECW3：9；"Critique of Hegel's Doctrine of State"，EW：63.
⑤ *Kritik des Hegelschen Staatsrechts*，MEW1：206；"Contribution to the Critique of Hegel's Philosophy of Law"，MECW3：8；"Critique of Hegel's Doctrine of State"，EW：62.
⑥ *Kritik des Hegelschen Staatsrechts*，MEW1：241；"Contribution to the Critique of Hegel's Philosophy of Law"，MECW3：39；"Critique of Hegel's Doctrine of State"，EW：98.
⑦ *Kritik des Hegelschen Staatsrechts*，MEW1：211；"Contribution to the Critique of Hegel's Philosophy of Law"，MECW3：12；"Critique of Hegel's Doctrine of State"，EW：67.

确地描述为富有寓意,用相似性来暗示这些范畴和世界之间的关系。黑格尔"只不过是通过寻找在现实中与之对应的存在坚持一个范畴和内容"①,研究的目的是"把所实现的思想的重要意义赋予某种真实存在的事物"②。"某种真实存在的事物"这个表达是有深意的,是为了表达存在于思辨步骤中的主观性。马克思还说,考虑到它的目标——揭露"真理的经验性存在"——要做到"抓住手边之物,然后证明它是思想的真实瞬间"真是太容易了,③ 其暗含之意是几乎随便什么(唾手可得的)东西都可以用来表示"思想的生命在瞬间的明确的化身"④。在对概念的不同时间的讨论中,马克思认为,足智多谋的黑格尔可以"把这些抽象运用于任何真实存在"⑤。

在追问黑格尔在这方面的追求和成就时,马克思强调应在不同时刻把一些特定的存在描述成思想的示例,并认为思想的特定方面只能以该形式存在或者说特定的存在而不能体现这一思想的其他方面之间的不同。在马克思看来,思辨能够驳倒这一异议,即"同样的意思可以给不同的对象",或者"同样的对象可以被赋予不同的意思"⑥。如此,黑格尔的哲学就不能自圆其说。马克思认为,不能确立概念和经验世界之间的必然关联并不是一个可以被后来者弥补的偶然存在的缺陷,"即使我们等到天荒地老也没有人能够建立这种联系"⑦。

马克思对黑格尔理想主义的第四个批判是它不能满足基本的解释充分

---

① *Kritik des Hegelschen Staatsrechts*, MEW1: 250; "Contribution to the Critique of Hegel's Philosophy of Law", MECW3: 48; "Critique of Hegel's Doctrine of State", EW: 109.
② *Kritik des Hegelschen Staatsrechts*, MEW1: 241; "Contribution to the Critique of Hegel's Philosophy of Law", MECW3: 40; "Critique of Hegel's Doctrine of State", EW: 99.
③ *Kritik des Hegelschen Staatsrechts*, MEW1: 241; "Contribution to the Critique of Hegel's Philosophy of Law", MECW3: 39; "Critique of Hegel's Doctrine of State", EW: 98.
④ *Kritik des Hegelschen Staatsrechts*, MEW1: 241; "Contribution to the Critique of Hegel's Philosophy of Law", MECW3: 40; "Critique of Hegel's Doctrine of State", EW: 99.
⑤ *Kritik des Hegelschen Staatsrechts*, MEW1: 214; "Contribution to the Critique of Hegel's Philosophy of Law", MECW3: 16; "Critique of Hegel's Doctrine of State", EW: 71.
⑥ *Kritik des Hegelschen Staatsrechts*, MEW1: 287; "Contribution to the Critique of Hegel's Philosophy of Law", MECW3: 82 – 83; "Critique of Hegel's Doctrine of State", EW: 149.
⑦ *Kritik des Hegelschen Staatsrechts*, MEW1: 212 – 213; "Contribution to the Critique of Hegel's Philosophy of Law", MECW3: 14; "Critique of Hegel's Doctrine of State", EW: 69.

度。就是说在解释某一特定的现象时，这种现象和其他现象共有的一些特征不能被充分解释。马克思认为，为了理解某个特定现象，我们不仅需要找出它和其他现象共有的特点，还需找出它的特殊性之所在①（这一说法和马克思此处使用的语言都带有亚里士多德的影子②）。而黑格尔的范畴系统忽略了这一必要条件。当然，《法哲学原理》的出发点是思辨思想，是会演变成并决定合理国家的关键结构。然而，正如黑格尔所承认的，这并不能把国家机构同其他组织区分开来，因为社会和政治机构是由（决定所有必然存在的）同样的范畴系统形成。在对黑格尔关于政治状态结构的描述进行评论时（就概念的本质），马克思说道："如果我们忽略具体的决定因素（这些因素可能很容易被其他领域的因素取代，比如物理学，因此它们不是根本性的），我们会发现这一章讲的全是逻辑。"③ 此处，马克思论述的不是哪些具体的决定因素适用逻辑的哪一部分的主观性，而是指出同样的逻辑范畴被用来解释第一个现象然后又用来解释第二个现象。

　　黑格尔对从家庭和文明社会到国家的转变的论述能够提供相关的例子。根据马克思的说法，这种转变的实现与每个体制"特有的属性"没有关系，而是由于"自由和普遍性之间的普遍关系"④。然而，同样的范畴可以用在其他领域。比如，它们被用在黑格尔的《自然哲学》中来解释从"无机本性"到"生命"的演进，还被用在他的《逻辑学》中来解释从"本质"到"概念"的演进。马克思评论道："同样的范畴，有时用来给一个领域提供灵魂，有时用于另一个领域。"⑤ 思辨哲学的真正优势据说就源自这些对比。黑格尔在充满热情地研究"逻辑概念的决定因素"

---

① *Kritik des Hegelschen Staatsrechts*, MEW1: 212-213; "Contribution to the Critique of Hegel's Philosophy of Law", MECW3: 14; "Critique of Hegel's Doctrine of State", EW: 69.
② 拉丁文版参见 Boethius. *Aristoteles Latinus* 143a30-35.
③ *Kritik des Hegelschen Staatsrechts*, MEW1: 217; "Contribution to the Critique of Hegel's Philosophy of Law", MECW3: 18; "Critique of Hegel's Doctrine of State", EW: 73-74.
④ *Kritik des Hegelschen Staatsrechts*, MEW1: 208; "Contribution to the Critique of Hegel's Philosophy of Law", MECW3: 140; "Critique of Hegel's Doctrine of State", EW: 64.
⑤ *Kritik des Hegelschen Staatsrechts*, MEW1: 209; "Contribution to the Critique of Hegel's Philosophy of Law", MECW3: 10; "Critique of Hegel's Doctrine of State", EW: 64-65.

时，却忽略了调查"特定对象的特定逻辑"①。马克思批判黑格尔"唯一关心的就是重新发现每个领域的逻辑思想，不论是国家还是自然"②。因此，经验性现象"一直未被理解，因为它们具体的本性尚未被理解"③。

马克思在黑格尔就理性方面对国家的特征描述的回应中指出了同样的问题。他并不怀疑用理性概念来评判政治生活是否恰当，而是怀疑黑格尔对理性的解释是否准确。对黑格尔来说，国家的内部结构具有合理性就在于"存在的各个瞬间能用抽象逻辑的范畴来解释"。也就是说，只要它的结构能够反映概念的内部区分。但这个标准在其他很多语境中起到的作用是完全一样的。简言之，黑格尔对理性理解的不足之处就是未能抓住不同对象（这里是政治状态）的不同特征。这个缺陷导致用黑格尔的"理性"评判政治生活显得有些"怪异"。马克思批判黑格尔在《法哲学原理》中并没有认真研究"国家的逻辑"，而只是为其思辨逻辑提供"一个政体"④。因此，思辨方法被指责为不符合满足基本的解释充分性的标准。正如马克思所言："不能提供差异化的解释根本算不上解释。"⑤

马克思的第五个批判是针对世界和上帝的思辨身份。马克思不是简单地否认思辨的前提，而是试图让人们反思黑格尔对身份的理解。根据正式的思辨解释，世界和上帝的身份不会贬低与它相关的任何一个实体（如此就避免了无神论版的泛神论和斯宾诺莎的无宇宙论）。马克思认为，无论黑格尔论证的目的是什么，思辨哲学无疑降低了世界的地位。如果上帝和世界之间的关系如此简单，那么双方就都不能主导对方。正如马克思曾

---

① *Kritik des Hegelschen Staatsrechts*, MEW1: 296; "Contribution to the Critique of Hegel's Philosophy of Law", MECW3: 91; "Critique of Hegel's Doctrine of State", EW: 159; *Kritik des Hegelschen Staatsrechts*, MEW1: 218; "Contribution to the Critique of Hegel's Philosophy of Law", MECW3: 18; "Critique of Hegel's Doctrine of State", EW: 73.

② *Kritik des Hegelschen Staatsrechts*, MEW1: 211; "Contribution to the Critique of Hegel's Philosophy of Law", MECW3: 12; "Critique of Hegel's Doctrine of State", EW: 67.

③ *Kritik des Hegelschen Staatsrechts*, MEW1: 211; "Contribution to the Critique of Hegel's Philosophy of Law", MECW3: 12; "Critique of Hegel's Doctrine of State", EW: 67.

④ *Kritik des Hegelschen Staatsrechts*, MEW1: 250; "Contribution to the Critique of Hegel's Philosophy of Law", MECW3: 48; "Critique of Hegel's Doctrine of State", EW: 109.

⑤ *Kritik des Hegelschen Staatsrechts*, MEW1: 210; "Contribution to the Critique of Hegel's Philosophy of Law", MECW3: 12; "Critique of Hegel's Doctrine of State", EW: 67.

经所言，如果其中一个相关实体被认为是"附属"或"依赖"对方①，那么这种"两面"身份就会受到损害。以同样的方式看，黑格尔视域中世界和上帝的关系是不平等的，这也是有道理的。既然有限世界是由范畴结构创造和管理，即把自身的存在归功于后者且受后者决定，它们之间的关系就不能完全视为"两面"身份，两者之间的关系并不简单。这只是马克思称为"似是而非身份"的一个例子，关系中的一方（此处指有限世界），实际上被贬低。②

黑格尔认为，哲学的任务是研究"是什么"，但他的说法——"存在便是合理"可以说是把经验世界简化为理性的示例。③ 在黑格尔看来，思辨逻辑的范畴结构创造并且统治有限世界。马克思不承认前者和后者具有同等地位，认为经验性存在只是黑格尔思想（因为某种精神而存在而不是因为自身，它们不能自我决定而只能彼此相互决定）的有限方面。④ 在黑格尔对思想"生命史"的叙述中，人类活动似乎一定是"自身之外某种事物的活动和产物"⑤。

至此，可能有人提出，既然黑格尔认为上帝需要世界，那么依赖应该是相互的。然而，相互依赖并不足以说服马克思赞同它们的关系是对等的。黑格尔的范畴可能需要世界才能实现自我，但马克思认为，概念才是"动因、动力、决定和区分原则"⑥。具体的经验性存在只是范畴结构的有

---

① *Kritik des Hegelschen Staatsrechts*, MEW1: 204; "Contribution to the Critique of Hegel's Philosophy of Law", MECW3: 6; "Critique of Hegel's Doctrine of State", EW: 60.
② *Kritik des Hegelschen Staatsrechts*, MEW1: 204; "Contribution to the Critique of Hegel's Philosophy of Law", MECW3: 6; "Critique of Hegel's Doctrine of State", EW: 60.
③ *Philosophie des Rechts* ¶13.
④ *Kritik des Hegelschen Staatsrechts*, MEW1: 207; "Contribution to the Critique of Hegel's Philosophy of Law", MECW3: 9; "Critique of Hegel's Doctrine of State", EW: 63; *Kritik des Hegelschen Staatsrechts*, MEW1: 206; "Contribution to the Critique of Hegel's Philosophy of Law", MECW3: 8; "Critique of Hegel's Doctrine of State", EW: 62.
⑤ *Kritik des Hegelschen Staatsrechts*, MEW1: 241; "Contribution to the Critique of Hegel's Philosophy of Law", MECW3: 39; "Critique of Hegel's Doctrine of State", EW: 98.
⑥ *Kritik des Hegelschen Staatsrechts*, MEW1: 213; "Contribution to the Critique of Hegel's Philosophy of Law", MECW3: 15; "Critique of Hegel's Doctrine of State", EW: 70.

限形式，每一个扮演者构成了逻辑每一个时刻的"微小角色"①。不同状态的不同力量的"命运"早已被概念的本质注定；正如马克思所说的，它被关起来了——暗指西班牙马德里监狱——"关在逻辑的神圣档案里"②。

黑格尔的述语一度被认为是完全恰当的。马克思指出，思辨把"存在"描述为"表象"准确地表明从经验性真理向思想的实现这一转变的方式，有效削弱了存在世界的相对地位③，认为"物体的灵魂已先于本体被确立和注定，而后者只是一个幻象"④。因此，尽管黑格尔严厉批评斯宾诺莎，但他自己的思想也被人评价为带有很强的"无宇宙论"色彩。

青年马克思对形而上学和认识论的看法既没有详细阐述，也不是独具特色的，但对思辨方法持续且广泛的批评具有重大意义，他对黑格尔形而上学的评价极其负面。马克思对黑格尔的思辨课题提出了五点主要批判：黑格尔未能理解（至少一些）范畴不是先验性的而是从实际经历中获得的；在对有限世界的态度中融入了缺乏批判的理想主义；错误地把概念及其实现之间的关系描述为必然的而不是有寓意的；未能解释有限世界的差异；对世界和上帝之间关系的描述带有"无宇宙论"倾向。

黑格尔的洞察不是什么

为了深刻理解《批判》，我已经强调过厘清马克思主题中的两条主线，即分清他对思辨方法和对当代国家讨论的重要意义，使青年马克思对思辨方法的无情批判以及对黑格尔关于当代社会经验性理解的肯定形成强

---

① *Kritik des Hegelschen Staatsrechts*, MEW1: 267; "Contribution to the Critique of Hegel's Philosophy of Law", MECW3: 64; "Critique of Hegel's Doctrine of State", EW: 128.
② *Kritik des Hegelschen Staatsrechts*, MEW1: 213; "Contribution to the Critique of Hegel's Philosophy of Law", MECW3: 15; "Critique of Hegel's Doctrine of State", EW: 70.
③ *Kritik des Hegelschen Staatsrechts*, MEW1: 206; "Contribution to the Critique of Hegel's Philosophy of Law", MECW3: 7-8; "Critique of Hegel's Doctrine of State", EW: 61.
④ *Kritik des Hegelschen Staatsrechts*, MEW1: 213; "Contribution to the Critique of Hegel's Philosophy of Law", MECW3: 15; "Critique of Hegel's Doctrine of State", EW: 70.

烈对比。在本章中的剩余部分，我主要阐释的是第二条主线。

从"梦—历史"这一主题赋予德国哲学对当代社会的重要洞察，可以略见马克思对黑格尔关于当代社会经验性理解的肯定。然而，在开始考虑黑格尔洞察的精确品质之前有必要进一步理清这一话题。

认为黑格尔的《法哲学原理》存在重要的经验性洞察，非常容易被误解（熟悉这些资料的人特别容易受相关误解的影响）。根据青年马克思的看法，黑格尔经验性洞察的对象是当代国家（在德国尚不存在的一个政体）。需要指出的是，此处关于马克思对黑格尔解读的阐述与对早期作品的解读（尤其是对《批判》解读）大不相同，根据后者，青年马克思认同普鲁士版对《法哲学原理》的解读。

普鲁士版对黑格尔《法哲学原理》的解读认为，《法哲学原理》为当代普鲁士机构提供（有些高级）了形而上学的辩护。根据这种说法，黑格尔的经验性敏锐不是对当代性的洞察，而只是挪用了现有的德国体制机构——那些马克思认为已经落后于历史的结构——并将它们用在自己对理性国家的论述中。

这种对黑格尔的解读——及由此得出的当时的普鲁士体制机构代表理性国家的观点——有一个长期且卓越的发展。这在著名的《国家百科》里就有说明（由卡尔洛特克和卡尔西奥多编辑并从1834年依次出版），但是其中最有名、最有影响的一句话也许出自鲁道夫海姆（他的作品《黑格尔和他的时代》于1857年出版）[1]。海姆把黑格尔描述为普鲁士复辟的官方哲学家，这种说法不仅对他同时代人有很大影响，而且在后来的评论者中也很受欢迎。[2] 普鲁士版对《法哲学原理》的解读在20世纪的英文文献中获得了重生，加剧了对德国哲学的整体敌视。（黑格尔发现自己在德国民族主义和苏联共产主义的兴起中，因为自己的重要影响反而受

---

[1] K. H. Scheidler. "Hegel'sche Philosophie und Schule". Ed. Karl von Rotteck and Karl Theodor Welcker. *Das Staats-Lexikon*. 1847（6）：608；Leonard Krieger. *The German Idea of Freedom：History of a Political Tradition*. Chicago，1972：229 – 261；Bauer. *Briefwechsel zwischen Bruno Bauer und Edgar Bauer während der Jahre 1832 – 1842 aus Bonn und Berlin*. Aalen，1969：173 – 174.

[2] Karl Popper. *The Open Society and its Enemies：Hegel and Marx*. London，1966（2）：49；Gilbert Ryle. "Critical Notice"，Mind. 1947（56）：167 – 172.

到嘲笑)①。黑格尔曾被分别描述为有"大普鲁士情节"②"普鲁士集权主义的辩护者"③"把宪法中关于普鲁士君主制的规定看成是精神发展的最终果实"④"把普鲁士国家中临时的机构变成理性精神的大庄园"⑤"为保守的普鲁士君主制提供了哲学上的辩护"⑥,等等。

此处论及普鲁士版的解读,与其说是因为它受黑格尔评论者的欢迎,不如说是因为经常有人提出它得到了马克思的认同。有观点指出,马克思赞同《法哲学原理》为当时普鲁士的政治制度提供了思辨性辩护。比如,马克思认为,黑格尔把"普鲁士国家现有的体制"错误地描述为理性和自由的代表⑦,"马克思说黑格尔把普鲁士的状态描述成道德思想的具体实现"⑧,马克思认为,政治哲学的体制框架是"对黑格尔自己的普鲁士的精确描述"⑨,"马克思把黑格尔版的国家视作对当时德国现实的总结"⑩,评价《法哲学原理》是对"黑格尔时期普鲁士国家的道歉"⑪,等等。试图对上述种种说法进行合适的评价,需要合理解读黑格尔的《法哲学原理》和青年马克思对黑格尔《法哲学原理》的解释。

尽管普鲁士版对黑格尔的解读在历史上存在的时期较长,也在一定时期受到欢迎,但其观点缺乏充足根据。对这一解读最明显的反驳是由黑格尔的第一位传记作家卡尔·罗森克兰茨提出来的。他评论指出,理性国家

---

① Dominico Losurdo. *Hegel and the Freedom of the Moderns*. Durham NC, 2004: chapter 12.
② Bertrand Russell. *Unpopular Essays*. London, 1984: 15, 23.
③ Karl Popper. *The Open Society and its Enemies*: Hegel and Marx. London, 1966 (2): 49 又见 Gilbert Ryle. 'Critical Notice', Mind. 1947 (56): 167 – 172.
④ J. N. Findlay. *Hegel: A Re-examination*. London, 1958: 127.
⑤ Sidney Hook. *From Hegel to Marx: Studies in the Intellectual Development of Karl Marx*. London, 1936: 20.
⑥ Frederick Watkins. *The Political Tradition of the West: A Study in the Development of Modern Liberalism*. Cambridge MA: Greenwood Press, 1948: 199.
⑦ H. P. Adams. *Karl Marx in His Earlier Writings*. London, 1940: 82.
⑧ Louis Dupré. *The Philosophical Foundations of Marxism*. New York, 1966: 91.
⑨ Joseph O'Malley. "Editor's Introduction", Karl Marx, *Critique of Hegel' Philosophy of Right*. Cambridge: Cambridge University Press, 1970: li.
⑩ Andrew Vincent. *Theories of the State*. Oxford: Oxford University Press, 1987: 156.
⑪ M. W. Jackson. "Marx's 'Critique of Hegel's Philosophy of Right'". *History of European Ideas*. 1990 (12): 800.

机构的结构与当时"普鲁士的实际情况绝不可能对应"①,甚至存在巨大差距。只要将理性国家和与普鲁士同时代的国家稍作对比便可看出,黑格尔描述并且支持的是一个宪法国家(而不是一个专制主义国家)、法治(而不是个人力量)、中央代表制度(而不是垂死的只有有限成员和有限权力的省级集会制度)、法律面前人人平等(而不是根据地位区别对待)、言论自由(而不是广泛的审查)、公开的口头司法程序(而不是私人书面的流程)、陪审团审判(而不是法官审判)、职业自由(而不是把政府和军队里的高级职位留给贵族)、给犹太人民权利(而不是各自限制),等等。② 现今研究黑格尔的学术圈已经联合罗森克兰茨反对海姆了,压倒性地认为,黑格尔的文章和当时普鲁士的政治体制存在巨大的鸿沟。③ 理性国家和普鲁士国家之间存在的巨大差异是毋庸置疑的。

以上关于普鲁士版对黑格尔《法哲学原理》解读的各种否定,不应该被我们误读。对此,有必要澄清如下两点。

第一,否认黑格尔的《法哲学原理》把当时普鲁士的机构尊为理性的体现,并不是否定黑格尔的文章和普鲁士背景之间的关系。事实上,黑格尔的理性国家和普鲁士改革运动以及温和的自由追求之间具有关联(普鲁士的改革运动——特别是与亨利希·卡尔·施泰因和卡尔·奥古斯特·哈登贝格有密切关系——在 1806 和 1813 年间蓬勃兴起④)。黑格尔对改革运动抱有很大的政治热情(比如支持职业自由、给予犹太人公民平等和政治平等),具有具体的关于体制方面的立场(比如支持公司代表、两院制和职业的官僚机构)。

第二,否认理性状态体现了当时普鲁士的政治体制并不能完全说明一

---

① Karl Rosenkranz. *Hegel als deutscher Nationalphilosoph*. Leipzig, 1870: 149.
② 当然,普鲁士的情况比这里举的几个例子要复杂得多。比如,有些地区在拿破仑时期就实行了陪审团制度,只不过后来被废除了。
③ R. Haym. *Hegel und seine Zeit*. Berlin, 1857: 359, 369.
④ 关于普鲁士的改革运动参见 Krieger. *The German Idea of Freedom*. Boston: Beacon Press, chapter 4; Friedrich Meinecke. *The Age of German liberation*, 1795–1815. ed. Peter Paret. Berkeley: University of California Press, 1977; Walter Simon. *The Failure of the Prussian Reform Movement*. Ithaca NY: Cornell University Press, 1955. 关于黑格尔与改革运动的关系参见 Jacques d'Hondt. *Hegel en son temps*: Berlin, 1818–1831. Paris: E? ditions sociales, 1968.

个更大、更有趣的问题，即如何定性黑格尔的意识形态（在那种情况下——尽管对《法哲学原理》普鲁士式的解读很可疑——海姆还是就黑格尔和保守主义之间的复杂关系进行了恰当评论）。我非常同意黑格尔的《法哲学原理》包含一些重要的自由元素，但无意在这里讨论——更不用说解决——其意识形态的更大问题。① 关于黑格尔到底是自由主义者还是保守主义者或是其他（共产主义者）的问题，我也不持立场。以这样的方式（如自由主义、保守主义等，据说他超越了这些）来给黑格尔的思想定位，究竟有没有误导性，我也不做评论。

  以上是关于对黑格尔文章和当时德国机构之间关系的正确解读。简而言之，黑格尔视野中的理性国家的中央机构不是当时普鲁士的机构。马克思不会因为这一说法有问题就完全否定它，上文讨论的是普鲁士版对《法哲学原理》的解读。但是，很多相关资料显示青年马克思支持上文中的描述而被我怀疑的对黑格尔《法哲学原理》的解读。因此，马克思自身对黑格尔视域中的国家和当时普鲁士之间关系的理解也需要加以详细分析。

  有观点指出，马克思认为黑格尔的《法哲学原理》给当时普鲁士的机构提供了（有些精致的）形而上学的基本原理，这种说法很明显存在问题。列举一些文本资料证明这一点。"梦—历史"这一主题很明显对比了当时德国落后的体制和德国哲学中现代性的标准。特别是它对比了落后的德国政治现实和黑格尔在《法哲学原理》中描述的"现代国家"的体制②。似乎可以肯定的是，对青年马克思来说，黑格尔的经验性洞察没有描绘当时落后的普鲁士政治机构，而是抓住了当代国家的关键特征（这些特征和德国现实明显不同）。在马克思那里，正是在这一意义上——不是拥护当时普鲁士的制度——黑格尔指出"哲学是体现在思想中的所处

---

① 黑格尔在 7 个不同场合讲了他的《政治哲学》，根据学生做的笔记他课堂上的观点比出版的《政治哲学》中的观点无论是在语气上还是在制度细节上都更包容，参见 David Leopold. "Review of Hegel's First Philosophy of Right". *History of Political Thought*. 1997（18）：181 – 182. 然而这些只是侧重点的不同而不是立场的差异，参见 Karl-Heinz Ilting's introduction to Hegel. *Vorlesungen Über Rechtsphilosophie 1818 – 1831*（1）.

② *Kritik des Hegelschen Staatsrechts*, MEW1：289；"Contribution to the Critique of Hegel's Philosophy of Law", MECW3：84；"Critique of Hegel's Doctrine of State", EW：151.

的时代"①（这是马克思的观点，他后来常抨击卡尔·李卜克内西试图恢复关于黑格尔对普鲁士所谓的同情的"老罗特克—威尔科乐污物"）。②

普鲁士版对黑格尔《法哲学原理》的解读归功于马克思，对这种说法的否认不应该被误读。下面两个澄清也许有用。

第一，否认马克思支持普鲁士版对黑格尔的解读，并不是否定马克思认识到黑格尔的文章和当时普鲁士之间的联系。比如在《批判》中，马克思指出，官僚国家存在的高级公务人员执行委员会"在法国并不存在"③。马克思认为，黑格尔对行政部门充满热情，是因为其受到"普鲁士官僚"的负面影响④。这里没有否认或忽视如此评论的问题，关键是搞清楚它们的确切含义。结合背景来看，我倒是觉得这些评论是离题之言，也许可看作对黑格尔地域主义的嘲讽。至多可以说，它们改良而不是取代了马克思对普鲁士落后的现实和黑格尔对该国家"现代形式"描述之间的重要反差。⑤

第二，如果说青年马克思显现了重要的——若迄今还未详述的——黑格尔视野中的国家和现代国家之间的密切关系，也并不能说明在他之前没有人意识到，不是唯有马克思注意到现代国家和黑格尔式国家的关系及两者跟德国现实的差距。马克思同时代的左派黑格尔学者发表过类似的言论。比如，在鲍威尔的《对无神论者和反基督者黑格尔的末日审判》（1841）中，黑格尔被描述成一个鄙视同时代德国体制并偏爱法国政治制度的人。⑥ 这本书是匿名出版的，表面上是对黑格尔作品的无情批判，实

---

① *Philosophie des Rechts* ¶ 13；Marx to Feuerbach, 3 October 1843, MEW27: 419 – 420; MECW3: 349 – 350.
② Marx to Engels. 10 May 1870, MEW32: 503; MECW43: 511. 又见 Engels to Marx. 8 May 1870, MEW32: 503; MECW43: 509.
③ *Kritik des Hegelschen Staatsrechts*, MEW1: 251; "Contribution to the Critique of Hegel's Philosophy of Law", MECW3: 49; "Critique of Hegel's Doctrine of State", EW: 11; *Philosophie des Rechts* § 289.
④ *Kritik des Hegelschen Staatsrechts*, MEW1: 331; "Contribution to the Critique of Hegel's Philosophy of Law", MECW3: 127; "Critique of Hegel's Doctrine of State", EW: 196.
⑤ *Kritik des Hegelschen Staatsrechts*, MEW1: 277; "Contribution to the Critique of Hegel's Philosophy of Law", MECW3: 73; "Critique of Hegel's Doctrine of State", EW: 138.
⑥ Bauer. *Die Posaune*. chapters 4 – 5.

际上却隐晦地提出了对黑格尔的左派黑格尔式的阐述。可惜鲍威尔的手段还是没有瞒过当局，这本书最终还是被禁①。也许在此之前最明显的左派黑格尔文章可以说是阿诺德·卢格的《黑格尔法哲学原理和我们的政治时代》（1842 年 8 月发表于《德法年鉴》）。卢格试图强调关于"所有这些伟大机构"的两点内容——他提到"选举制、陪审团和出版自由"等现代国家的典型特征：第一，卢格强调，这些体制是"我们德国几乎全部没有的"，而黑格尔曾经"在他的国家理论中设想过这些制度"②。制度上的类同是现代国家和黑格尔设想的国家之间主要的相似之处。第二，卢格指出，相似性不尽完美。黑格尔的理性国家毫无疑问包含了现代国家的基本制度，但它经常像卢格所说那样"不太纯粹，轻描淡写"③。如此，卢格的作品可以被视为预示了马克思的基本主张（黑格尔的理性国家中包含了目前在德国尚不存在的现代制度）和它后来的细微差异（偶尔黑格尔会表现出一定的德意志式的偏狭守旧）。

现代社会的特征

上文已否认了普鲁士版对黑格尔《法哲学原理》的相关解读，也否认了青年马克思认同这一解读的说法，接下来我会仔细分析马克思在黑格尔作品中找出的经验性洞察。如果说《法哲学原理》应该因为对现代性

---

① 有人认为，马克思和卢格参与了该书的创作，不过缺少证据，现在大家倾向认为，这是鲍威尔独自完成的作品。Bauer. *Briefwechsel zwischen Bruno Bauer und Edgar Bauer während der Jahre 1832 – 1842 aus Bonn und Berlin.* Aalen, 1969: 43; Zvi Rosen. *Bruno Bauer and Karl Marx: The Influence of Bruno Bauer on Marx's Thought.* The Hague, 1977: 129ff.
② Ruge. "Die Hegelshe Rechtsphilosophie und die Politik unserer Zeit". *Deutsche Jahrbücher.* 1842 (189 – 190): 759; "Hegel's *Philosophy of Right* and the Politics of our Times". translated by James A. Massey. *The Young Hegelians.* edited by Lawrence S. Stepelevich. Cambridge, 1983: 216 – 217.
③ Ruge. "Die Hegelshe Rechtsphilosophie und die Politik unserer Zeit". *Deutsche Jahrbücher.* 1842 (189 – 190): 759; "Hegel's *Philosophy of Right* and the Politics of our Times". translated by James A. Massey. *The Young Hegelians.* edited by Lawrence S. Stepelevich. Cambridge, 1983: 216 – 217.

的洞察而受到赞誉的话，那么很明显，马克思对黑格尔经验性灼见的肯定可以用来判断对现代社会的深入理解。我就以这个对现代社会的基准论述开始我的分析。

青年马克思第一次尝试概述对现代性的理解是在《批判》中。《批评》一书没有详细地说明马克思对现代世界的实证性理解，但其中他的新阐释的大致轮廓是清晰可见的。这种阐释有四大要素：关于文明社会和政权的分离、分离后各种领域之间的关系、文明社会的性质和现代政权的性质。

对现代社会新阐释中的第一个要素是关于政权和文明社会的分离。马克思认为，现代社会的一大特点是政权和文明社会史无前例地分离。他写道："文明社会和政权的分离是一种现代现象。"① 在《批判》中这种现代现象经常被描述为社会活动中两种曾经关联的范围的分离——利益范围和大众利益的分离——每种利益都受控于不同原则。② 有学者认为，当代社会的形成是基于这样的历史过程：一方面，工作和物质需求从公共利益中被解放出来；另一方面，一个独特的共同利益范围"随着人民的真实生活而出现"③。青年马克思有时认为，这个历史过程涉及（从彼此中）经济和政治生活的分离。

为了证明政权和文明社会的分离是史无前例的，马克思将这一现代现象和更早的现象进行了对比。他认为，在古代和中世纪，经济和政治生活之间、特殊利益和公共利益之间存在"实质性统一"。前现代性社会跟现代社会形成了强烈对比，在现代社会政治范围已经从经济范围中脱离出来并形成独立于"现实生活"④ 的新政体。当然这并不是说前现代的经济和政治的统一的表现形式总是一成不变。事实上，马克思发现了不同历史时

---

① *Kritik des Hegelschen Staatsrechts*, MEW1：277；"Contribution to the Critique of Hegel's Philosophy of Law"，MECW3：73；"Critique of Hegel's Doctrine of State"，EW：138.
② *Kritik des Hegelschen Staatsrechts*, MEW1：203；"Contribution to the Critique of Hegel's Philosophy of Law"，MECW3：5；"Critique of Hegel's Doctrine of State"，EW：58 – 59.
③ *Kritik des Hegelschen Staatsrechts*, MEW1：234；"Contribution to the Critique of Hegel's Philosophy of Law"，MECW3：32；"Critique of Hegel's Doctrine of State"，EW：91.
④ *Kritik des Hegelschen Staatsrechts*, MEW1：321；"Contribution to the Critique of Hegel's Philosophy of Law"，MECW3：115；"Critique of Hegel's Doctrine of State"，EW：185.

期的区别,不仅古代和中世纪存在区别,在古代内部也具有差异。

在古代社会,希腊的公民生活和政治生活的高度统一性与马克思眼中的"亚洲独裁"相比表现形式是不一样的,马克思似乎想说明古代社会(比如,苏美尔文明的美索不达米亚、法老的埃及、希太族的安纳托利亚)共同利益与特殊利益的关系。马克思指出,在古希腊,国家就是一个共同体(至少是公民的共同体),因此没有必要区分"政体"和"人民"(即公民的合集)。考虑到希腊公民能直接参与所在城市的决策,"共同利益"没有自身独立的生命,而是和公民真实生活的方方面面相一致,马克思总结道:"共和国才是所有公民最关心的事情。"① 然而,"亚洲独裁"中特殊利益和共同利益表现出的统一形式有所不同。马克思指出,这些社会中政权"就是某一个人的意志"②("亚洲独裁"这个概念当然不是马克思自己的发明,在博丹、贝尼耶、孟德斯鸠等人作品中存在已久。它特指这样一种社会和政治制度:土地和公共水利设置国有、政治独裁、令人窒息的氛围和缺少历史性的发展,等等③)。尽管两者存在显著差异,马克思仍坚称,在古代社会,特殊利益和公共利益之间不存在结构性分离。

在中世纪,有证据表明这两个范围的统一更加强烈。马克思称,"个人行为的所有方面都有政治属性,或者说就是属于政治范围"④。比如说,身为农奴、属于某个集团、甚至拥有自己的财产都已经体现了政治地位。在由特殊利益集团构成的社会中,不可能存在一个分离的政权。马克思认为,经济和政治紧密相连,没有在政治生活中可有可无的阶级,财产的存在"本来就具有政治属性"⑤。即使中世纪的君王也仅仅被看作"某个领

---

① *Kritik des Hegelschen Staatsrechts*, MEW1: 234; "Contribution to the Critique of Hegel's Philosophy of Law", MECW3: 32; "Critique of Hegel's Doctrine of State", EW: 91.
② *Kritik des Hegelschen Staatsrechts*, MEW1: 234; "Contribution to the Critique of Hegel's Philosophy of Law", MECW3: 32; "Critique of Hegel's Doctrine of State", EW: 91.
③ Perry Anderson. *Lineages of the Absolutist State*. London: Verso, 1974: 472.
④ *Kritik des Hegelschen Staatsrechts*, MEW1: 233; "Contribution to the Critique of Hegel's Philosophy of Law", MECW3: 32; "Critique of Hegel's Doctrine of State", EW: 90.
⑤ *Kritik des Hegelschen Staatsrechts*, MEW1: 276; "Contribution to the Critique of Hegel's Philosophy of Law", MECW3: 72 – 73; "Critique of Hegel's Doctrine of State", EW: 137 – 138.

地"（当然，可能会享有一些特权）①。体现在这些庄园领地中的"市民和政治"生活的一致仅仅表现出了更大范围的"市民社会和政治社会的身份"。马克思认为，在中世纪"市民社会就是政治社会"②。

既然现代社会的浮现需要打破市民生活和政治生活的一致，它的诞生可以定位在个人生活"获得一种独立存在"。马克思认为，"当商业和土地财产不自由的时候，当他们还未（从公共利益中）独立出来的时候"，现代社会就尚未形成。③ 在《批判》中，他指出现代社会的诞生是可以精确追溯的，因为个人领域最终获取独立是在1789年。马克思写道："直到法国大革命，地产才完成到阶级的转化，即市民社会中的阶级差异，只在个人生活中有所体现，对政治生活已经没有重大影响，至此便实现了市民社会和政治生活的分离。"④

马克思对现代社会新描述的第二个因素是关于刚刚分离的两个范围之间的关系。他认为，二者之间的关系远不和谐。在《批判》中，它被视作"特殊利益系统"（家庭和市民社会）和"一般利益系统"（国家）之间的关系。⑤ 社会生活的这两个方面体现出冲突的潜在原则：一方面关心特殊利益，一方面关心集体利益。马克思说，这两个范围"毫不相同"并且彼此"直接对立"⑥。简言之，市民社会和现代国家不仅"成分混杂"（因为它们体现不同原则），而且是"对立的"（因为这些不同原则彼此敌视）。⑦ 因此，马克思称，第一次出现典型现代的市民生活和政治

---

① *Kritik des Hegelschen Staatsrechts*, MEW1：276；"Contribution to the Critique of Hegel's Philosophy of Law", MECW3：73；"Critique of Hegel's Doctrine of State", EW：138.
② *Kritik des Hegelschen Staatsrechts*, MEW1：275；"Contribution to the Critique of Hegel's Philosophy of Law", MECW3：72；"Critique of Hegel's Doctrine of State", EW：137.
③ *Kritik des Hegelschen Staatsrechts*, MEW1：233；"Contribution to the Critique of Hegel's Philosophy of Law", MECW3：32；"Critique of Hegel's Doctrine of State", EW：90.
④ *Kritik des Hegelschen Staatsrechts*, MEW1：284；"Contribution to the Critique of Hegel's Philosophy of Law", MECW3：80；"Critique of Hegel's Doctrine of State", EW：146.
⑤ *Kritik des Hegelschen Staatsrechts*, MEW1：203；"Contribution to the Critique of Hegel's Philosophy of Law", MECW3：6；"Critique of Hegel's Doctrine of State", EW：58–59.
⑥ *Kritik des Hegelschen Staatsrechts*, MEW1：281；"Contribution to the Critique of Hegel's Philosophy of Law", MECW3：77；"Critique of Hegel's Doctrine of State", EW：143.
⑦ *Kritik des Hegelschen Staatsrechts*, MEW1：280；"Contribution to the Critique of Hegel's Philosophy of Law", MECW3：73；"Critique of Hegel's Doctrine of State", EW：142.

生活的对立。

马克思对现代社会新描述的第三个因素是关于市民社会的属性。他认为，市民社会是"原子论式"①。"原子论"概念在《批判》中只有粗略概述（创作之时，马克思也许打算在他对《法哲学原理》的评论中讨论平民社会）。马克思对古代、中世纪的共同体和现代市民社会的"个人主义"进行比较，也许有利于我们理解这一概念。尽管在中世纪的庄园中人们是被他们集团的利益驱动，但在现代社会中是个人利益，而不是共同利益构成"终极目标"②。马克思认为，"如今的市民社会是个人主义原则被运用到合乎逻辑的结论"③。这种不受限制的个人主义带来的影响将是巨大的。市民社会被认为是不能够支持人类发展的一个重要方面——它"不认为个人是集体的一员，是集体生物"④（人性中集体的一面将在第四章中重复讨论）。简言之，马克思把现代社会称为"原子式"，就是为了表达不受局限的个人主义对人类发展的集体性是有明显不利影响的。

马克思对现代社会新阐述的第四个也是最后一个因素是关于国家的属性。起源于欧洲的现代国家与之前的政体相比是一种如此独特的现象，以至于青年马克思称它为没有资格的国家（认为"这样的"国家才是现代国家，这种观点并不陌生⑤）。在《批判》中，马克思急于强调现代国家正是因为这种"抽象"的特点而与众不同。国家的这种"抽象"属性——就像市民社会的"原子论"——是一个非常重要但是在早期作品中又非常难以捉摸的概念。马克思多次使用这一概念但从未清晰论述。也许在这里可以分清其中的两层含义。

有时马克思把"抽象"用作"分离"的同义词。在这个层面上，他

---

① *Kritik des Hegelschen Staatsrechts*, MEW1: 283; "Contribution to the Critique of Hegel's Philosophy of Law", MECW3: 79; "Critique of Hegel's Doctrine of State", EW: 145.
② *Kritik des Hegelschen Staatsrechts*, MEW1: 285; "Contribution to the Critique of Hegel's Philosophy of Law", MECW3: 81; "Critique of Hegel's Doctrine of State", EW: 147.
③ *Kritik des Hegelschen Staatsrechts*, MEW1: 285; "Contribution to the Critique of Hegel's Philosophy of Law", MECW3: 80; "Critique of Hegel's Doctrine of State", EW: 147.
④ *Kritik des Hegelschen Staatsrechts*, MEW1: 284; "Contribution to the Critique of Hegel's Philosophy of Law", MECW3: 80; "Critique of Hegel's Doctrine of State", EW: 147.
⑤ Christopher W. Morris. *An Essay on the Modern State*. Cambridge: Cambridge University Press, 1998: 19.

指出,"直到现代社会才出现对国家的这种抽象化,因为个人生活的抽象化直到近代才出现",对政治国家的抽象化是现代的产物。① 马克思此处论述的是前现代的经济和政治生活的一致性随着市民社会和国家这两个独立的范围的出现而结束(各自有各自的依据)。对国家的"抽象"等于对市民社会的"抽象"——各自从政治经济的对等中抽离出来。当然,这一切都只是为了阐述马克思关于现代社会独特属性的四个观点中的第一个。

然而,马克思曾使用"抽象"一词来描述与市民社会不同而不是共享的一个特点。② 这个额外的含义非常重要,因为它对马克思关于现代社会阐述的主线问题十分重要。根据这一含义,国家是"抽象的",而在某个层面上("具体"和"物质")的市民社会不是如此。此时,"抽象"一词似乎是为了说明国家距离普通公民生活和影响之遥远。尽管马克思措辞不一,但他一直强调现代国家的超脱,比如,他用市民社会的"现实生活"和国家的"先验的和超越未来的存在"进行比较③。现代政治生活被视为"轻松的生活",国家被描述为"超凡的领域",马克思曾多次提到"政治国家的天堂"④(基督教和现代国家的关联贯穿了早期作品,这会在第三章进一步讨论)。似乎当代政治生活跟平民生活不太一样,政治生活承认集体利益,也承认个人发展中集体的一面。然而,马克思称当代国家是"抽象的",似乎预示这一"承认"底气不足且是"超验的"。

因为在《批判》中没有着重强调也没有详细阐述当代国家与市民社会,我们很容易忽略这两条线索在青年马克思对当代社会阐述中的重要意义。把市民社会称为"原子式"及把现代国家称为"抽象",这既对早期

---

① *Kritik des Hegelschen Staatsrechts*, MEW1: 233; "Contribution to the Critique of Hegel's Philosophy of Law", MECW3: 32; "Critique of Hegel's Doctrine of State", EW: 90.
② *Kritik des Hegelschen Staatsrechts*, MEW1: 295; "Contribution to the Critique of Hegel's Philosophy of Law", MECW3: 90; "Critique of Hegel's Doctrine of State", EW: 158.
③ *Kritik des Hegelschen Staatsrechts*, MEW1: 233; "Contribution to the Critique of Hegel's Philosophy of Law", MECW3: 31; "Critique of Hegel's Doctrine of State", EW: 89.
④ *Kritik des Hegelschen Staatsrechts*, MEW1: 283; "Contribution to the Critique of Hegel's Philosophy of Law", MECW3: 79; "Critique of Hegel's Doctrine of State", EW: 146; *Kritik des Hegelschen Staatsrechts*, MEW1: 303; "Contribution to the Critique of Hegel's Philosophy of Law", MECW3: 98; "Critique of Hegel's Doctrine of State", EW: 166.

作品有重要意义又能引起现代读者强烈的共鸣，它们体现了一个早期的尝试：描述现代社会异化的两个方面。

"异化"概念很棘手，在本书中也略有论及。广义上，异化概念用来表示两个实体间失常的关系（比如不正常的分离或敌视）。① 如此，异化似乎总是要涉及某种有价值事物的失去或缺乏（本文中指的是两个相关实体间自然关联或者和谐关联的失去与缺乏）。②

这个意义上的异化可看作适用于很多主题的一般概念。而且，似乎也没有更好的理由去假设这些不同的实例之间有系统的关联或者说这些实例有一个潜在的解释。③ 不能因为马克思早期作品中的某一措辞而对异化概念下定义。④ 19 世纪 40 年代的语言中，有很多词汇可以用来表达实体间失衡的关系。比如"疏远"和"外化"⑤ 就可以用来表示异化的存在⑥。马克思及其同时代人也经常使用其他几个词（这些词包括从"分开、分离"派生出来的词如"分裂等"）⑦。简言之，要识别它，重点是要看异化概念而不是某些措辞。当然，这并不否认青年马克思能区分异化的两层含义——或者说异化和相关现象——而是说这样的区分不体现在独特的专业术语的连贯使用上。

---

① Allen Wood. *Karl Marx*. London: Routledge, 1981: 3.
② *Ökonomischphilosophische Manuskripte aus dem Jahre 1844*, MEW, *Ergänzungsband*1: 588; *Economic and Philosophic Manuscripts of 1844*, MECW3: 346; and *Economic and Philosophical Manuscripts*, EW: 399; Peter Railton. "Alienation, Consequentialism, and the Demands of Morality", James Rachels (ed.), *Ethical Theory: Theories About How We Should Live*. Oxford: Oxford University Press, 1998: 222.
③ G. A. Cohen. "Review of Allen Wood, *Karl Marx*". *Mind*. 1983 (92): 441.
④ Richard Schacht. *Alienation*. London: Psychology Press, 1971: 5 – 7; Michael Inwood. *A Hegel Dictionary*. Oxford: Oxford University Press, 1992: 35 – 38.
⑤ *Kritik des Hegelschen Staatsrechts*, MEW1: 283; "Contribution to the Critique of Hegel's Philosophy of Law", MECW3: 79; "Critique of Hegel's Doctrine of State", EW: 145.
⑥ *Ökonomischphilosophische Manuskripte aus dem Jahre 1844*, MEW, *Ergänzungsband*1: 588; *Economic and Philosophic Manuscripts of 1844*, MECW3: 346; *Economic and Philosophical Manuscripts*, EW: 399; Peter Railton. "Alienation, Consequentialism, and the Demands of Morality". James Rachels. ed. *Ethical Theory: Theories About How We Should Live*. Oxford: Oxford University Press, 1998: 222.
⑦ *Kritik des Hegelschen Staatsrechts*, MEW1: 275; "Contribution to the Critique of Hegel's Philosophy of Law", MECW3: 71 – 72; "Critique of Hegel's Doctrine of State", EW: 137.

对这种失衡关系的描述，有时会被区分为"主观"和"客观"变体。① 当异化存在于某些观点或感情的存在或缺乏的情况下，它被认为是主观的。有些人被描述为异化，不论他们（是消极地）感觉到"不适应"当代社会，还是"积极地"感觉到疏远了世界（"主观"这个标签不是为了降低某种异化的重要性②）。相比之下，客观异化可以在不谈及观念和个人感情的情况下进行讨论。比如，有些人有时被称为异化，是因为他们不能够培养适用的观念作为人的能力（不论他们是否为缺少那种自我实现而惋惜）。显然，这两种形式的异化（主观和客观）都能在个人生活中单独或共同呈现。

通过分析把市民社会描述为"原子式"，把政治国家描述为"抽象"，可以看出，青年马克思认识到现代社会生活两大中心领域中不存在客观的异化。他认为，繁荣不会发生在——至少不是大繁荣——人与人之间明显不当分离（市民社会）的社会和个人和政治集体不当分离（现代国家）的社会。似乎马克思主要关注的是客观异化而非主观异化，这不是因为对感觉人生缺少意义和满足的个人漠视导致的结果，而是因为相信这种感觉存在，至少是大范围存在——仅会在遭受客观异化的社会存在。简言之，马克思似乎认为，大范围的主观异化是不可能存在于一个促进而不是限制个人能力发展和使用的社会中的（即使缺少客观异化的社会）。

（不难看出，在对异化概念的导入性评论中，一些问题被一笔带过或直接略过。其中的一个问题是：我们以什么标准来判断一个特定的分离是"合适的"。在第四章中我将会讨论这个问题。）

什么还活着：黑格尔的经验性洞察

除了对现代社会不成熟的论述，《批判》还包含了马克思通过比较

---

① Michael O. Hardimon. *Hegel's Social Philosophy*. Cambridge: Cambridge University Press, 1897: 119-122.
② Michael O. Hardimon. *Hegel's Social Philosophy*. Cambridge: Cambridge University Press, 1897: 122.

《法哲学原理》和用一定标准来评估黑格尔经验性洞察的尝试。比较的结果无疑是肯定的。马克思称,现代性的四大因素——市民生活和政治生活的分离、市民生活与政治生活领域的对抗关系、市民社会的原子化及国家的抽象本性——都可以在《法哲学原理》中找到。简言之,马克思欣喜找到了"黑格尔的理论和当代世界现实"的密切关系。①

黑格尔《法哲学原理》理论与当代世界现实密切关系的第一个因素是关于"现实市民生活从政治生活中的分离"②。马克思认为,中世纪市民社会和政治社会身份已经消失,黑格尔也预料到它们会消失。③ 事实上,市民社会和政治领域史无前例的分离——一个"真实存在"的分离——在黑格尔对理性国家的论述中发挥根本性的作用。④ 黑格尔把论述"建立在假设市民社会和国家(一种现代现象)的分离上"⑤。

黑格尔对《法哲学原理》的这一解读颇有道理。市民社会和国家的分离自然对黑格尔解释现代社会的出现非常重要。黑格尔用"市民社会"这一术语来表示社会生活的某个领域,越来越被认为是体现了一种重要的观念性创新,是与古典政治思想主流传统的明显决裂。⑥ 这一传统,从亚里士多德到康德——历经大阿尔伯图斯、阿奎奈、密朗克松、博丹、霍布斯、斯宾诺莎和洛克——通常把国家等同于市民社会。黑格尔对市民社会和国家的区分不仅是概念创新,还标志着历史性的转变——即社会生活中一个新领域的出现,在这一领域中,独特的个人主义首次被"赋予权力

---

① *Kritik des Hegelschen Staatsrechts*, MEW1: 321; "Contribution to the Critique of Hegel's Philosophy of Law", MECW3: 115; "Critique of Hegel's Doctrine of State", EW: 185.
② *Kritik des Hegelschen Staatsrechts*, MEW1: 321; "Contribution to the Critique of Hegel's Philosophy of Law", MECW3: 115; "Critique of Hegel's Doctrine of State", EW: 185.
③ *Kritik des Hegelschen Staatsrechts*, MEW1: 275; "Contribution to the Critique of Hegel's Philosophy of Law", MECW3: 72; "Critique of Hegel's Doctrine of State", EW: 137.
④ *Kritik des Hegelschen Staatsrechts*, MEW1: 275; "Contribution to the Critique of Hegel's Philosophy of Law", MECW3: 72; "Critique of Hegel's Doctrine of State", EW: 137.
⑤ *Kritik des Hegelschen Staatsrechts*, MEW1: 275-277; "Contribution to the Critique of Hegel's Philosophy of Law", MECW3: 73; "Critique of Hegel's Doctrine of State", EW: 138.
⑥ Manfred Riedel. *Studien zu Hegels Rechtsphilosophie*. Frankfurt am Main, 1969: chapter 6; Manfred Riedel. "Gesellschaft, bürgerliche". *Geschichtliche Grundbegriffe: Historisches Lexikon zur politisch-sozialen Sprache in Deutschland*. ed. Otto Brunner, Werner Conze, and Reinhart Koselleck. Stuttgart: University of Stuttgart Press, 1975 (2): 719-800.

去充分发展和表现自己"①，这个社会领域便是市民社会。黑格尔认为，它的创造属于"当代世界"②。这种独特的个人主义——承认个人为个体的人和道德对象——在"古老"的国家是不存在的，它还未被释放，未享受自由。③ 事实上，在黑格尔那里，古代社会不能应对新生的现代自由主义——比如在苏格拉底的道德良心中（其打破并且破坏了对古代道德文化的不假思索的认同）——是它灭亡的主要原因。④ 相比之下，黑格尔认为，正是这种体制性——主要是在市民社会中——允许自由主义适度的存在和发展，才能赋予现代国家"巨大的力量和深度"⑤。

黑格尔《法哲学原理》理论和当代世界现实亲密关系的第二个因素是关于新分离的市民生活与政治生活之间的对抗本质。青年马克思认为，黑格尔自始至终都承认现代社会存在市民生活和政治生活的冲突。只是他承认的方式有些含蓄，比如，黑格尔把市民社会的阶层之分称为非政治性的。这样的描述假定了市民生活和政治生活受控于不同原则，而且认同"市民生活和政治生活是混杂与对抗的"⑥。这种对"国家和平民社会冲突"的敏感性从黑格尔经常对比"市民社会的特殊利益和需求"与"国家的整体利益"中也许可以窥见得更加清楚。如此，黑格尔被认为是"时时刻刻"使人关注"国家和市民社会之间的冲突"⑦。基于上述观点，马克思对黑格尔的经验性灼见做出了更全面的评论，指出黑格尔的"深奥"通过其对社会关系的"对抗本质"的敏感可见一斑。⑧

青年马克思觉察到，根据黑格尔的说法，区分市民社会和国家的不是体制性分离。毕竟在《法哲学原理》中，"外在国家"被认为会伸展到市

---

① *Philosophie des Rechts* § 184.
② *Philosophie des Rechts* § 182Z.
③ *Philosophie des Rechts* § 260Z.
④ 黑格尔认为，基督教和罗马法与当代的个人主义有密不可分的关系。
⑤ *Philosophie des Rechts* § 260.
⑥ *Kritik des Hegelschen Staatsrechts*, MEW1：280；"Contribution to the Critique of Hegel's Philosophy of Law", MECW3：73；"Critique of Hegel's Doctrine of State", EW：142.
⑦ *Kritik des Hegelschen Staatsrechts*, MEW1：277；"Contribution to the Critique of Hegel's Philosophy of Law", MECW3：73；"Critique of Hegel's Doctrine of State", EW：138.
⑧ *Kritik des Hegelschen Staatsrechts*, MEW1：257；"Contribution to the Critique of Hegel's Philosophy of Law", MECW3：54；"Critique of Hegel's Doctrine of State", EW：116.

民社会，比如，司法和警察机关被认为是资产阶级社会的一部分（注意黑格尔赋予"警察"一词的含义比今天读者理解的要丰富得多，包括：提供公共设施、管制市场交易和管理医疗卫生①）。真正区分这两个范围的是它们不同的目标或潜在的理据——马克思称之为"两种对立的气质"②。市民社会的天性要求它容许当代独特的个人主义"充分发展和表现自己"③。相比之下，国家的使命是促进全民利益，黑格尔赞赏这种行为，并认为其和成员的特殊利益有着本质不同（即使是和那些众多个人共有的特殊利益也有本质不同）。黑格尔明确批评了那些认为国家的存在就是为了"获取和保护财产和个人自由，诸如个人利益等等"的人。④（他批评的主要对象是社会契约论这一传统，特别是费希特对这一传统的支持）这些作家犯下一个严重的错误：把国家和市民社会混为一谈。马克思肯定地认为黑格尔完全注意到国家和市民社会之间的对抗关系，"两个固定对立面、两个真正不同的范围"之间的关系。⑤

黑格尔的《法哲学原理》理论和当代世界现实亲密关系的第三个因素是关于市民社会的"原子性"。马克思认为，黑格尔承认现代市民社会中不受束缚的个人主义。比如，在讨论行政部门作用的时候，马克思清晰地把市民社会定义为"每个人的利益都和其他每个人的利益冲突的领域"⑥。马克思认为，这种对市民社会的描述是"非凡"的⑦（一些研究黑格尔的现代学者认同马克思把《法哲学原理》相关语言看作在暗指霍

---

① "警察"一词的含义反映了当时的用法。
② *Kritik des Hegelschen Staatsrechts*, MEW1：270；"Contribution to the Critique of Hegel's Philosophy of Law", MECW3：67；"Critique of Hegel's Doctrine of State", EW：131；Michael O. Hardimon. *Hegel's Social Philosophy*. Cambridge：Cambridge University Press, 1897：205ff.
③ *Philosophie des Rechts* §183.
④ *Philosophie des Rechts* §258A.
⑤ *Kritik des Hegelschen Staatsrechts*, MEW1：275；"Contribution to the Critique of Hegel's Philosophy of Law", MECW3：72；"Critique of Hegel's Doctrine of State", EW：137.
⑥ *Philosophie des Rechts* § §288-289.
⑦ *Kritik des Hegelschen Staatsrechts*, MEW1：243；"Contribution to the Critique of Hegel's Philosophy of Law", MECW3：41-42；"Critique of Hegel's Doctrine of State", EW：101.

布斯在《利维坦》中对原始状态的描述①）。

这一对黑格尔评论的解读虽然不足以全面说明其对市民社会的讨论，但也确有文本依据。黑格尔认为，在市民社会中繁荣发展的独特的现代自由主义的三条主线：当代的个人意识到自身的特殊利益（与他人特殊利益和集体利益不同）②；他们也是有个人权利的"人"，更不用说财产权③；他们还是"对象"，通过反映自身良心，目的和推理的行为获取价值与理解独立的道德评价来源。④ 青年马克思专注于第一条主线（忽略了另外两条主线），认为这些特殊利益虽狭隘利己，却非常有激发力。对黑格尔做出解读难逃片面之嫌，但《法哲学原理》中确有文本段落支持这种解读。比如，黑格尔曾提到在市民社会中"每个个人就是自己的目标，其他一切对他都毫无意义"⑤。

黑格尔的《法哲学原理》理论和当代世界现实亲密关系的第四个因素是关于国家的"抽象性"。黑格尔不仅承认市民社会和国家的分离，还承认现代国家是超凡和遥远的存在。表面上看这似乎不太可能。毕竟黑格尔不仅坚持认为现代社会是一个有机整体，同时非常重视公民身份。不过马克思发现黑格尔的《法哲学原理》和抽象的现代国家之间重要的相似之处：它们"普遍关注的问题不一定是人民真正关心的问题"⑥。

我们可以理解为马克思对黑格尔理性国家和现代国家之间的关系有两种看法。第一，黑格尔理性国家中的个人——与公务员阶层或君主相对

---

① G. W. F. Hegel. *Elements of the Philosophy of Right*. ed. Allen W. Wood. Cambridge：Cambridge University Press，1991：467.
② *Philosophie des Rechts* §182Z.
③ *Philosophie des Rechts* §230.
④ M. B. Foster. *The Political Philosophies of Plato and Hegel*. Oxford：Oxford University Press，1935：chapter 3；M. J. Inwood. "Hegel, Plato and Greek 'Sittlichkeit'". Z. A. Pelczynski. ed. *The State and Civil Society：Studies in Hegel's Political Philosophy*. Cambridge：Cambridge University Press，1984：40–54.
⑤ *Philosophie des Rechts* §182Z.
⑥ *Kritik des Hegelschen Staatsrechts*，MEW1：265；"Contribution to the Critique of Hegel's Philosophy of Law"，MECW3：62；"Critique of Hegel's Doctrine of State"，EW：125.

——对政治结果的影响十分有限,① 这是区别现代和古代公民身份的一个重要特征。黑格尔认为,"在我们现代国家,公民对整个国家事务的参与非常有限"②。他们的政治参与仅限于缴税、参与公共讨论和(有限形式的)投票(地方自治体派代表参与三级会议,对立法的影响十分有限)。根据马克思的说法,这种对自治真实性的怀疑从现代国家的体制机构中可以显现(这个观点在第三章将进一步讨论)。简言之,在黑格尔理性国家和现代国家中都缺少让公众参与政治的热情。第二,在黑格尔理性国家和现代国家中,普通的国民扮演着有限的政治角色,过着平常的市民生活,在这种生活中个人主义和对公共利益的关心是对立的。而他们(有限)的政治参与很有可能是因为参与主题同自己利益有关。

马克思认为,在黑格尔理性国家和现代国家中公共事务的决定"没有民众的干涉",他的说法似乎表现为两种观点。③ 黑格尔视域中的市民和现代公民没有过多机会参与政治;即使偶尔有机会参与也只是主要考虑个人利益(不会把自己视作集体的一员而考虑集体利益)。卢梭在这个问题上的看法与黑格尔惊人相似。在青年马克思看来,黑格尔理性国家和现代国家中的公民是以"众人"中的一员,而不是"人民"中的一员的身份去参与政治生活的。④

对黑格尔理性国家和现代社会之间关系的评论包罗万象、颇有争议,我补充说明两点:

第一,马克思对黑格尔经验性灼见的评述毫无偏见。《法哲学原理》正确地反映了平民生活和政治生活的分离、市民生活和政治生活的对抗关系、市民社会的原子化和国家的抽象本质。因此,青年马克思认为,黑格尔应该已经理解现代社会的基本结构以及破坏这种结构的异化的两种主要

---

① *Kritik des Hegelschen Staatsrechts*, MEW1: 321; "Contribution to the Critique of Hegel's Philosophy of Law", MECW3: 115; "Critique of Hegel's Doctrine of State", EW: 185.
② *Philosophie des Rechts* §255Z.
③ *Kritik des Hegelschen Staatsrechts*, MEW1: 321; "Contribution to the Critique of Hegel's Philosophy of Law", MECW3: 115; "Critique of Hegel's Doctrine of State", EW: 185.
④ *Oeuvres complètes*3: *Les écrits politiques*. Paris, 1964: 380; *Collected Writings of Rousseau*4: *Social Contract, Discourse on the Virtue Most Necessary for a Hero, Political Fragments, and Geneva Manuscripts*. Hanover NH, 1994: 154.

形式客观异化和主观异化。马克思将这种经验性洞察推崇为巨大的思想成就。

第二，马克思对黑格尔经验性洞察的评述与黑格尔对自身作品的理解也有关系。黑格尔称，《法哲学原理》勾勒的理性国家和"我们时代更先进的国家"有广泛的对应①。这种对应的广度无疑是重要的。虽然没有证据显示，黑格尔把《法哲学原理》看作任何对同时代国家政治制度的精确反映。青年马克思支持黑格尔的这一观点，认为德国哲学"是体现在思想中的德国时代"②。

黑格尔式调停的失败

青年马克思认为，黑格尔对现代社会的基本结构以及破坏这种结构的两种主要形式的异化（客观异化和主观异化）有深刻见解。这个判断很客观且和黑格尔对自身作品的理解存在相似之处。在这两种说法中，后者似乎不是那么可能。一般来说，思辨性唯心主义认为，自己可以克服不自然的分离和对抗性对立。在具体的例子中，人们通常认为，黑格尔把对理性国家或现代国家的论述看作对异化问题的解决方法而不仅仅是诊断。的确，黑格尔的国家好像是为了解决马克思视域中的现代社会的两种异化而量身定做的：比如，市政机关可以缓和市民社会的原子化，三级会议可以在市民社会和政治社会之间架起桥梁。简言之，此处论及的相似——马克思对黑格尔经验性灼见的评价和黑格尔对自身作品的理解——也许低估了《法哲学原理》维护当代社会和政治制度的初衷。

可以对这一担心做出回应，但很难挑战其对黑格尔雄心的粗略阐述。把黑格尔的作品理解为是辩护而不是批判现代社会不仅是正确的，而且是有意义的。问题是马克思是否忽略黑格尔的这一意图，在多大程度上忽略了。

---

① *Philosophie des Rechts* §258A.
② *Philosophie des Rechts* ¶13.

为了弄清楚黑格尔是如何为现代社会辩护的，区分开客观异化和主观异化是必要的。① 黑格尔认为，要克服异化既要有主观条件又要有客观条件，即当社会（客观地）帮助个人实现自我且个人（主观地）认识到这一情况时，异化将不再存在。不幸的是，与《法哲学原理》同时代的读者并不这样认为。用现代学者的语言来说，黑格尔及其同时代人所处的环境是"纯粹主观的异化"②。纯粹主观异化意味着客观异化的缺失和主观异化的存在。客观异化不存在是因为理性或现代国家的中心机构——家庭、市民社会和政治国家——被认为是有利于自我的实现，不论是作为个体还是作为集体的成员。主观异化的存在是因为个体人要么不习惯现代社会（即使现代社会有利于实现自我），要么感觉被社会疏远（即使并没有被社会疏远）。因此，黑格尔的批判不是为了改革现代社会的中心体制，而是为了改变人们看待中心体制的方式（至少改变一些思想家看待它们的方式）。③

对黑格尔雄心的阐述——认为《法哲学原理》是为了维护现代社会——和马克思在《批判》中的评价是一致的。黑格尔认为，克服客观异化需要具备一些社会条件，即让人们作为个体和集体成员能够实现自我的条件，对此马克思毫不怀疑（当然，马克思对这些条件和自我实现的论述与黑格尔不一样）。马克思批驳的是黑格尔认为现代社会已经具备这些条件，能够让人们作为个体和集体成员都实现自我。青年马克思不怀疑对黑格尔雄心的阐述，只是反对把雄心和成就混为一谈。

马克思不承认当代社会已经消灭客观异化。黑格尔认为，为了让个人能够作为集体成员实现自我，理性或现代国家必须关心集体利益并支持市民的生活。青年马克思否认理性或现代国家能够帮助个人实现自我。马克思指出，有限的政治参与和市民社会的个人主义让个人不可能作为集体的

---

① Michael O. Hardimon. *Hegel's Social Philosophy*: *The Project of Reconciliation*. Cambridge: Cambridge University Press, 1994.
② Michael O. Hardimon. *Hegel's Social Philosophy*: *The Project of Reconciliation*. Cambridge: Cambridge University Press, 1994: 121.
③ Michael O. Hardimon. *Hegel's Social Philosophy*: *The Project of Reconciliation*. Cambridge: Cambridge University Press, 1994: 129ff.

成员而实现自我（若有可能也只是在很低程度上实现自我）。因此，马克思否认黑格尔同时代人面临"纯主观异化"。换言之，马克思不是没有理解黑格尔的观点，而是不能予以认同。

马克思的异议不止这些。他不仅否认现代社会已经克服客观异化，还对"纯主观异化"这个范畴持有怀疑态度。青年马克思对客观异化的关心不是因为缺少对经历主观异化人们的同情，而是因为只有在遭受客观异化的社会，主观异化才有可能大范围存在。尽管不否认"纯主观异化"存在的可能性，马克思也怀疑能否找到它的真实存在。这一信念可能影响了他对黑格尔关于当时情形判断的回应。对黑格尔来说，现代社会的特点就是广泛存在的主观异化和客观异化的消灭。马克思不太乐观地把当代社会中主观异化的广泛存在看作客观异化还未被消灭的象征。

在《批判》中，马克思没有全面概述黑格尔的观点，只是试图厘清可以表征黑格尔经验性卓见的主线。在马克思描述的理性国家试图克服客观异化的方式中，黑格尔对现代性的不当分离被认为表现出了深刻洞察。黑格尔真正的洞察正是体现在这些初始的判断中，而不是后来的解决办法中。马克思承认，黑格尔"希望调和市民社会和政治社会的分离"，但体现黑格尔思想成就的是其认识到了这种对抗关系而不是设法去解决它。①

马克思对《法哲学原理》中三级会议角色的讨论也表现了这一评价。他对黑格尔关于三级会议细节的描述没有太多兴趣，比如两院制结构或法人代表机制。真正吸引马克思的是黑格尔把三级会议的"使命"描述为"调停机构"②。"调停"是黑格尔思想中重要的概念，在多种场合表示达到不同实体之间的联合。此处，要克服的鸿沟是市民社会和政治社会、个人和集体利益之间的分离。

要消除市民生活和政治生活的对立，黑格尔认为，三级会议"应当同等程度体现国家政府和特定集团以及个人的意志与利益"③。马克思认为，这种描述表明黑格尔尝试调停的不足。他认为，把两种秉性的事物置

---

① *Kritik des Hegelschen Staatsrechts*, MEW1: 275; "Contribution to the Critique of Hegel's Philosophy of Law", MECW3: 71–72; "Critique of Hegel's Doctrine of State", EW: 137.
② *Philosophie des Rechts* §302.
③ *Philosophie des Rechts* §302.

于同一机构是一回事,但是它们能否妥协达成一致是另一回事。三级会议内部除了复制市民生活和政治生活的冲突,别无他法。马克思评论,"三级会议不能实现调停,只能体现冲突"①。问题又回到了原点,遇到"不可调和的矛盾"②。作为调停机构的三级会议就像一把"木剑",是隐藏起来的特殊和普遍的对立。③

马克思认为,这一困难绝不是偶尔的失误,而是源自"黑格尔自己的分析"④。虽然认识到市民社会和政治社会是"真正的极端",黑格尔却不能轻易地调和它们对立的本性。⑤"真正的极端"这一概念很重要,它不是"区分状态"的单一本质,极端是相互需要和相互补充(比如,地球的北极和南极、物种的雄性和雌性),"真正的极端"构成真实的冲突,有着"完全对立"的本性(比如,极和非极、人类和非人类)。马克思认为,真正的极端"毫无相似之处,不需要对方也不补充完善对方。任一方的子宫内都不会怀着对另一方的渴望、需要与期待"⑥。因此,它们对彼此的憎恶没有那么容易克服。(马克思的观点类似弗里德里希在1840年出版的《逻辑调查》中对黑格尔"辩证逻辑"的攻击。马克思是否读过这本书不太确定,虽然他很熟悉弗里德里希的亚里士多德评述⑦)

黑格尔把三级会议称为"非政治性"的,认为三级会议无关大众利益。然而,如果要发挥调停的作用,三级会议必须是政治的,必须考虑大

---

① *Kritik des Hegelschen Staatsrechts*, MEW1: 290; "Contribution to the Critique of Hegel's Philosophy of Law", MECW3: 86; "Critique of Hegel's Doctrine of State", EW: 152.

② *Kritik des Hegelschen Staatsrechts*, MEW1: 204; "Contribution to the Critique of Hegel's Philosophy of Law", MECW3: 6; "Critique of Hegel's Doctrine of State", EW: 60.

③ *Kritik des Hegelschen Staatsrechts*, MEW1: 288; "Contribution to the Critique of Hegel's Philosophy of Law", MECW3: 84; "Critique of Hegel's Doctrine of State", EW: 151.

④ *Kritik des Hegelschen Staatsrechts*, MEW1: 300; "Contribution to the Critique of Hegel's Philosophy of Law", MECW3: 95; "Critique of Hegel's Doctrine of State", EW: 163.

⑤ *Kritik des Hegelschen Staatsrechts*, MEW1: 293; "Contribution to the Critique of Hegel's Philosophy of Law", MECW3: 88; "Critique of Hegel's Doctrine of State", EW: 155.

⑥ Laurence Wilde. *Marx and Contradiction*. Aldershot, 1993: 20ff.

⑦ Klaus Christian Köhnke. *The Rise of Neo-Kantianism: German Academic Philosophy Between Idealism and Positivism*. Cambridge: Cambridge University Press, 1991: chapter 1.

众利益。① 正如马克思所说,我们总能把不同的事物"联系"起来,但我们此时谈的不是逐渐的过渡,而是市民社会向政治社会的彻底转变,是资产阶级向市民的彻底转变,而对这种转变从来没有满意的解释。② 他认为,黑格尔试图说明市民生活和政治生活之间的鸿沟并不存在,却"欲盖弥彰"③。黑格尔对三级会议的描述似乎模糊地介于没有说服力的选项之间:要么市民社会的代表是政治性的(若如此就没有必要调和,因为市民生活和政治生活受控于同样的原则),要么市民社会的代表是没有政治性的(若如此,尽管有必要调和,但这些代表不适合扮演调和的角色——根据黑格尔自己的说法——胜任这一角色要求他们代表普遍的和特殊的利益)④。

简言之,在马克思看来,黑格尔把三级会议视为市民社会和政治社会的调和机构注定会失败。在《法哲学原理》中的一个重要段落中,黑格尔承认,如果没有三级会议的调停角色,国家和平民社会的分离还会存在,只是政治生活会"悬在空中"⑤。马克思认为,无论在黑格尔的作品中,还是在当代世界,都是这两个相异实体间的冲突不能解决的结果。

马克思认为,黑格尔对待三级会议的方式体现了一个更广的模式。黑格尔把国家从市民社会的分离看作两者的冲突,反映了其思想的深度;但他却把"疑似解决办法"当作"真正的解决办法"⑥。更广泛意义上,黑格尔更擅长让人们关注事物的"陌生",而不是"消除"它们包含的"疏

---

① *Kritik des Hegelschen Staatsrechts*,MEW1:280;"Contribution to the Critique of Hegel's Philosophy of Law",MECW3:76;"Critique of Hegel's Doctrine of State",EW:142.
② *Kritik des Hegelschen Staatsrechts*,MEW1:280;"Contribution to the Critique of Hegel's Philosophy of Law",MECW3:77;"Critique of Hegel's Doctrine of State",EW:143.
③ *Kritik des Hegelschen Staatsrechts*,MEW1:282;"Contribution to the Critique of Hegel's Philosophy of Law",MECW3:78;"Critique of Hegel's Doctrine of State",EW:145.
④ *Kritik des Hegelschen Staatsrechts*,MEW1:300;"Contribution to the Critique of Hegel's Philosophy of Law",MECW3:95;"Critique of Hegel's Doctrine of State",EW:163.
⑤ *Philosophie des Rechts* § 303A.
⑥ *Kritik des Hegelschen Staatsrechts*,MEW1:279;"Contribution to the Critique of Hegel's Philosophy of Law",MECW3:75;"Critique of Hegel's Doctrine of State",EW:141.

离"①。简言之，黑格尔的成就是识别，而不是解决现代社会生活的原子化和抽象化。

综上所述，马克思并没有误解黑格尔的心思。马克思对《法哲学原理》的评论不是对黑格尔雄心的误读，而是对他在多大程度上能够实现这些目标的批判性评价。马克思承认，黑格尔的出发点是解决现代社会中个人之间、个人和国家之间的分离。然而他断定黑格尔必然会以失败告终。黑格尔的成就局限在其诊断出，而不是消除了破坏当代社会两种主要形式的异化。

至此，我一直在比较马克思对黑格尔经验性洞察的论述和黑格尔对自己计划的理解——特别是强调了黑格尔在《法哲学原理》中勾勒出的理性社会和马克思的"我们社会更先进的国家"的广泛对应。② 起初看起来很奇怪，但我已经尽力证明它是可以被说清楚、可以被证明的。接下来，我以另外一个可能阐明马克思对黑格尔意图的解读（看上去有些奇怪）的比较来结束本小节。

在《法哲学原理》序言中，黑格尔有句名言：哲学总是"时代在思想中的体现"③。在解释这句话时，他认为哲学的作用应该是描述性的而不是规定性的，哲学的作用不是告诉这个世界的国家"应该是怎样的"而是"理解现实是怎样的"④。马克思非常重视这一解释，不过不是因为黑格尔对哲学的作用分析的透彻，而是因为其很好地说明了黑格尔自己的方法。

黑格尔通过简单讨论柏拉图的《理想国》，解释了他的关于哲学和世界的著名论断。这个例子不太可能是真实的。毕竟学者们公认柏拉图是"乌托邦"理论家的典范，他的作品对历史现实没有多少兴趣。⑤ 黑格尔注意到柏拉图的同时代人把《理想国》看作"众所周知的空想的典范"，

---

① *Kritik des Hegelschen Staatsrechts*, MEW1: 283; "Contribution to the Critique of Hegel's Philosophy of Law", MECW3: 79; "Critique of Hegel's Doctrine of State", EW: 145.
② *Philosophie des Rechts* §258A.
③ *Philosophie des Rechts* ¶13.
④ *Philosophie des Rechts* ¶13.
⑤ G. E. M. de Ste Croix. *The Class Struggle in the Ancient Greek World*. London: Duckworth, 1981: 70.

是一个与现实无关的对"另一世界"的哲学构建。① 黑格尔有可能正是因为他的那句名言很难解释这个例子才对它感兴趣。

黑格尔否认柏拉图的空想性。他把《理想国》理解为描述性（而不是规范性）的训练，认为它成功捕捉了希腊社会中本质的价值观和体制。貌似空想的内容，经过深思发现正是"对希腊道德生活本质的体现"②（"美德"是黑格尔政治哲学中的重要概念，它可以被认为是体现在社会基本结构和习惯中的道德标准），这一说法有待推敲。很难解释古希腊城邦和《理想国》描述的政体之间的众多明显差异关注的只是琐碎的东西。如此说来，黑格尔的推理需要进一步仔细分析。

黑格尔认为，希腊道德生活的典型特点是在个人和社会之间存在直接、盲目的和谐。这种和谐受到新生形式的主观自由的威胁——苏格拉底的道德良心就是例子——它们在古代社会就已经开始浮现。因为古代的美德不允许主观自由，认为主观自由"敌视，破坏社会秩序"③。黑格尔指出，柏拉图在《理想国》的政治创新就是为了消除主观自由；消除主观自由是柏拉图禁止财产所有权、家庭成员身份和职业选择权的理由。④

黑格尔似乎对《理想国》中的很多评论加以奇怪地滥用了。比如，柏拉图推崇的政体里所有成员都不允许有私有财产、家庭成员身份和选择职业的自由（然而这些禁令当然只适用于统治者）。⑤ 这里要谈的是黑格尔对柏拉图成就的大致评价。黑格尔的主要观点是柏拉图抓住了古代希腊社会和破坏这个社会力量（主观自由）的本质特征。柏拉图在《理想国》中针对制度提出的一些建议正是为了遏制主观自由。当然，这些建议不可能达成这个目标。黑格尔坚持认为，主观自由是"更深的原则"，古代社

---

① *Philosophie des Rechts* ¶12.
② *Philosophie des Rechts* ¶12.
③ *Philosophie des Rechts* §206A.
④ *Philosophie des Rechts* § §46A, 185A, 206A, 262Z.
⑤ M. B. Foster. *The Political Philosophies of Plato and Hegel*. Oxford: Oxford University Press, 1935: chapter 3; M. J. Inwood. "Hegel, Plato and Greek 'Sittlichkeit'", Z. A. Pelczynski (ed.), *The State and Civil Society: Studies in Hegel's Political Philosophy*. Cambridge: Cambridge University Press, 1984: 40-54.

会既不能征服也不能阻止。① 然而，尽管开出的方子不怎么管用，人们还是认为，柏拉图对古代社会和摧毁古代社会的力量具有深刻的认识。

马克思对《法哲学原理》的评论类似于黑格尔对柏拉图《理想国》的评价。马克思无意证明理性国家的每个细节（比如法人代表制）可以在美国或法国找到（也无意证明黑格尔认为古雅典的统治者完全采信了柏拉图的意见）。马克思认为，黑格尔的提议表明其对当代社会的基本机构和威胁这种结构的力量有全面的理解。因此《法哲学原理》就像《理想国》，体现了黑格尔那句名言："哲学就是它自己所处的时代在思想中的体现。"② 当然，马克思并不认为黑格尔的提议能够成功战胜或控制社会破坏性力量——包括现代性带来的市民社会中不受限制的个人主义。然而，这些提议确认了黑格尔在诊断而不是解决破坏现代社会两种形式的异化方面的成就。尽管同意《法哲学原理》是为了维护现代社会，青年马克思认为，黑格尔的真正遗产是对现代社会的批判。

《批判》的持续相关

自从梁赞诺夫发现并将《批判》出版后，《批判》受到褒贬不一的评价。③ 有学者同梁赞诺夫一样认为它既重要又有趣，解释了青年马克思的政治思想以及他跟黑格尔的关系④（本人也持此观点，对它给予支持）。然而，这种积极性的评价占据少数。很多对马克思早期作品著名的论述都遗漏甚至忽略了《批判》。比如，有学者曾对它不屑一顾，称其"学术价值有限"，"仅对马克思的自传和黑格尔主义的历史有用"⑤。我认为，这种意见值得注意。不论后人如何看待，《批判》体现了青年马克思与黑格

---

① *Philosophie des Rechts* ¶12.
② *Philosophie des Rechts* ¶13.
③ 包含《批判》的笔记于1922年在柏林从德国社会民主党资料库里发现，并于1927年在MEGA①中出版。
④ 尤其是包括德拉·沃尔佩和卢西奥·科莱蒂。
⑤ Eric Weil. *Hegel et l'état*. Paris: 1950: 113.

尔最持久的交集，而众人公认黑格尔对马克思的思想有非常重要的影响。如此，负面评论的起源和本质需要我们进一步研究。

对《批判》负面评论的一个特点很引人瞩目。青年马克思眼中的很多黑格尔狂热者对这本书无动于衷。要确定这种负面评论的来源并不容易。然而，其中一位著名的评论家指责：《批判》只是"片面的"分析；有《手稿》中对黑格尔的正面评价，《批判》就显得多余。① 这两种说法——《批判》作用程度的局限性和因马克思在《手稿》中对黑格尔的颂扬而显得多余——曾被其他评论家重复和支持。有学者对马克思和黑格尔之间"不同寻常的复杂性"关系进行了研究，并称《批判》的局限性是因为所具有的"彻头彻尾的费尔巴哈风格"，而多余是因为——随着对费尔巴哈暂时的迷恋（让马克思"离开"黑格尔）——在《手稿》中存在对黑格尔的回归。② 在《手稿》中我们不仅发现马克思主义思想的摇篮，还发现对黑格尔思想价值的彻底的再次评估。③

对此观点，我有几点怀疑。青年马克思的黑格尔学派的支持者讲述了一个熟悉又吸引人的故事——故事中华而不实的追求者（费尔巴哈）打断了却没有终止（马克思和黑格尔）之间的真爱——故事的细节没有说服力。这段可疑的浪漫故事中有三个因素需要进一步评论：把《批判》说成是费尔巴哈风格、对费尔巴哈影响的彻底否定、《批判》和青年马克思其他作品（尤其是《手稿》）之间的理论差异。

把《批判》说成是"费尔巴哈风格"（阐述中的第一个因素）是想说明并强调费尔巴哈对该书内容的重大影响。我对这种描述的准确性和实用性保留意见，但对这种描述的辩护方式提出怀疑。对这一标签的辩护通常分两步：第一，《批判》的论点被简单概括为"转换性批判"（藉此黑格尔被指责为颠倒了主语和述语的正确关系）；第二，"转换性批判"被

---

① István Mészáros. *Marx's Theory of Alienation*. London，1970：18 – 19.
② Arthur. *Dialectics of Labour*. pp. 109 – 110，126；C. J. Arthur. "Editor's Introduction"，Karl Marx and Friedrich Engels. *The German Ideology*. ed. C. J. Arthur. London，1970：4.
③ Georg Lukács. "Zur philosophischen Entwicklung des jungenMarx"，*Deutsche Zeitschrift für Philosophie*. 1954（2）：288 – 343；Herbert Marcuse. "Neue Quellen zur Grundlegung des historischen Materialismus"，*Die Gesellschaft*. 1932（2）：136 – 137.

完全等同于费尔巴哈。① 这两步都值得推敲。很明显,马克思对黑格尔唯心主义的描述和批判包含了"转换性批判"这一概念,即它重复了费尔巴哈的观点,认为臆测(就像基督教)颠倒了主语和述语之间的正确关系。然而,我们很难清楚看出,马克思论述中的主线详细阐述了《批判》的内容。正如我在上文试图展示的,《批判》包含许多额外的、独立的因素。不仅有对黑格尔形而上学观点的进一步批判(比如,马克思批判了他的无宇宙论),还解释了黑格尔经验性灼见及其《法哲学原理》的局限性。把上述所有的额外线索都归于"转换性批判"既无益处也不合理。另一方面,把"转换性批判"等同于费尔巴哈也是站不住脚的,因为这样会掩盖与这个批判主题(即颠倒主语和述语的正确关系)有关的大量哲学史。② 意大利学者加尔瓦诺·德拉沃尔佩的作品谈及过这一问题。德拉沃尔佩认为,青年马克思对思辨颠倒的"方法论"的批评重述了前人的一些哲学观点。他指出,《批判》与亚里士多德对柏拉图的批判、伽利略对经院哲学家的批判(特别是他对克里斯托夫斯肯纳和辛普利西奥的回应)和康德对莱布尼兹的(不完全的)批判存在很大的渊源。③ 德拉沃尔佩的作品论及的只是思想相似的问题,而不是谁影响谁的问题。不过,可以肯定的是马克思至少听说过这些作品。如从马克思为自己的博士论文所做的初步研究中可以看出,他是熟悉亚里士多德对柏拉图形而上学的批判的,他的论文研究的是德谟克利特的自然哲学与伊壁鸠鲁的自然哲学的差别。④

对费尔巴哈影响的负面评价(青年马克思的黑格尔学派追随者评论

---

① C. J. Arthur. *Dialectics of Labour*: *Marx and his Relation to Hegel*. Oxford: Oxford University Press, 1986: 110; David McLellan. *Marx Before Marxism*. London: Harper Torchbooks, 1970: 108 – 109; "The Hegelian Origins of Marx's Political Thought". Shlomo Avineri. ed. *Marx's Socialism*. New York: Lieber-Atherton, 1973: 3.

② "Vorläufige Thesen zur Reform [ation] der Philosophie". *Gesammelte Werke*. ed. Werner Schuffenhauer. Berlin: 1967—2003(9): 243 – 263; "Provisional Theses for the Reform [ation] of Philosophy". *The Young Hegelians*: *An Anthology*. ed. Lawrence S. Stepelevich. Cambridge: Cambridge University Press, 1983: 95 – 128.

③ Galvano della Volpe. *Logic as a Positive Science*. London, 1980.

④ *Hefte zur epikureischen, stoischen und skeptischen Philosophie*, MEW, *Ergänzungsband* 1: 87; *Notebooks on Epicurean, Stoic, and Sceptic Philosophy*, MECW1: 439ff.

中的第二个因素）也是值得评论的。"费尔巴哈式的"这个形容词在该文献中似乎不只是描述思想方面的影响，还是一个批评性术语，暗示思想上的缺陷。《批判》的作用被认为是有限的，就是因为它是"费尔巴哈式的"。我评论的焦点不是这个观点本身——费尔巴哈对马克思的影响是令人遗憾的——而是这个观点是如何被辩护的。似乎费尔巴哈对马克思的负面影响未经进一步的讨论就直接默认了（一般来说，目前费尔巴哈在哲学领域方面的地位不是很高，在青年马克思的黑格尔派追随者中算是垫底的）。这种说法的依据是马克思后来批判了费尔巴哈的作品①（1845年底——受麦克斯·施蒂纳在《唯一者及其所有物》对费尔巴哈批判的启发——马克思重新思考了自己对费尔巴哈作品的看法）。然而，《批判》的思想地位并不会因为马克思后来对费尔巴哈的批判而有所降低，尽管费尔巴哈对《批判》有重要影响。在费尔巴哈的影响被定性之前，需要弄清那些后来对费尔巴哈作品的反对是否有道理和它们跟《批判》到底有多大关系。尽管《批判》受到了费尔巴哈对思辨哲学的负面批评的影响，马克思后来的批判主要集中在费尔巴哈作品中积极的评价上面，即所谓的"感觉论"的"新哲学"。即使马克思后来对费尔巴哈的批判是无可指责的（这又是需要先搞清楚的事情），它们也不会影响《批判》的主要因素（第四章将会对费尔巴哈作品及和马克思关系进行更加详细的讨论）。

《批判》和其他早期作品之间被假定的理论差异（青年马克思黑格尔派追随者论述中的第三个因素）还有待讨论。这里的关键信息是《批判》中所包含的对黑格尔"费尔巴哈式的"论述，因马克思其他早期作品中的进一步论述，特别是《手稿》中体现的（与逃离费尔巴哈相伴的）向黑格尔的回归，而显得多余。本小节剩余部分将认真分析这一信息。

《手稿》的黑格尔派支持者指责《批判》深受费尔巴哈的影响，颇具讽刺意味。毕竟，费尔巴哈的"转换性批评"——思辨（如基督教）颠倒了主语和述语之间的正确关系——多次明确出现在《手稿》中②。况

---

① István Mészáros. *Marx's Theory of Alienation*. London, 1970: 235ff.
② *Ökonomischphilosophische Manuskripte aus dem Jahre 1844*, MEW, *Ergänzungsband*1: 575; *Economic and Philosophic Manuscripts of 1844*, MECW3: 334; *Economic and Philosophical Manuscripts*, EW: 387.

且，《手稿》中充满了对费尔巴哈的溢美之词，而《批判》中根本未提及。马克思在《手稿》中而不是在《批判》中赞扬了费尔巴哈：不仅"成就伟大"，而且其向世人介绍自身思想的方式还"简单易懂"①。马克思赞同费尔巴哈是"黑格尔哲学的真正征服者"，认为其最近的作品"摧毁了旧辩证法的基础"②。

当然，马克思也许没有注意到每次因颠覆黑格尔而公开夸奖费尔巴哈时，他本人则不知不觉地回到了黑格尔的立场上（远离了费尔巴哈作为表面上胜利的挑战者的立场）。重要的是文字证据，在他后来的作品（特别是《手稿》）中，青年马克思是否放弃了在《批判》中概括的对黑格尔观点的批判性评述。

这个问题在这里分两步讨论。第一，《批判》中对黑格尔形而上学的批判在早期作品中的其他地方是否有支持和回应。如果有，则可以假定青年马克思没有放弃他对黑格尔较早的阐述。③ 第二，青年马克思后来对黑格尔的评论是否含有对他成就的新的描述，更精确地讲，它们是否有与《批判》中的分析不一致地对黑格尔成就的新评价。如果没有，上述多余论的观点则有待反思。

除了《批判》，青年马克思充分讨论黑格尔和思辨唯心主义的作品只有《手稿》和《神圣家族》。这两本书中都有对《批判》论述的清晰回应与支持。

关于"黑格尔辩证法"的性质，马克思在《手稿》中提出了"几点

---

① *Ökonomischphilosophische Manuskripte aus dem Jahre 1844*，MEW，*Ergänzungsband*1：569；*Economic and Philosophic Manuscripts of 1844*，MECW3：328；*Economic and Philosophical Manuscripts*，EW：381.

② *Ökonomischphilosophische Manuskripte aus dem Jahre 1844*，MEW，*Ergänzungsband*1：569；*Economic and Philosophic Manuscripts of 1844*，MECW3：328；*Economic and Philosophical Manuscripts*，EW：381.

③ *Das Kapital*：*Kritik der politischen ökonomie*，Erster Band，Buch 1：*Der Produktionsprozeß des Kapitals*，MEW23：27；*Capital*：*Critique of Political Economy*1，Book 1：*The Process of Production of Capital*，MECW35：19.

评论"①。评论虽然相当简短，但是清晰地重复了《批判》中常见的思辨建构的两个步骤②。《批判》中被马克思描述为涉及"把经验性的转换成思辨性的和把思辨性的转换成经验性"的步骤，在《手稿》中被描述为涉及"经验世界的哲学性溶解和重建"③。第一个步骤——关于黑格尔范畴的起源——展示了黑格尔的"非批判性唯心主义"；第二个步骤——关于黑格尔范畴在自然和社会的实现——展示了黑格尔的"非批判性经验主义"④。

《手稿》还明显支持《批判》中关于黑格尔形而上学的五点批判。马克思对黑格尔的第一个批判是黑格尔未能理解范畴并不是先验前提而是从经验中获取的。同样的批判在《手稿》中也有提到，马克思称，思辨唯心主义者认为"凭空创造的"（纯粹从概念活动中获得的）范畴"不过是对大自然特点的抽象总结"⑤。马克思在《批判》中的第二点批判是黑格尔哲学体现的对有限世界的非批判性态度。"非批判性经验主义"在《手稿》中也有重现，更不用说对从逻辑到自然的思辨性转变的讨论（"这个转变让黑格尔学派的人很头疼"⑥）。通过对自然界的抽象创造了绝对，绝

---

① *Ökonomischphilosophische Manuskripte aus dem Jahre 1844*，MEW，*Ergänzungsband*1：568；*Economic and Philosophic Manuscripts of 1844*，MECW3：326；*Economic and Philosophical Manuscripts*，EW：379.
② John Maguire. *Marx's ParisWritings*. Dublin，1972：9；Richard Schacht. *Hegel and After*，Pittsburgh，1975：97.
③ *Kritik des Hegelschen Staatsrechts*，MEW1：241；"Contribution to the Critique of Hegel's Philosophy of Law"，MECW3：39；"Critique of Hegel's Doctrine of State"，EW：98；*Ökonomischphilosophische Manuskripte aus dem Jahre 1844*，MEW，*Ergänzungsband*1：573；*Economic and Philosophic Manuscripts of 1844*，MECW3：332；*Economic and Philosophical Manuscripts*，EW：385.
④ *Ökonomischphilosophische Manuskripte aus dem Jahre 1844*，MEW，*Ergänzungsband*1：573；*Economic and Philosophic Manuscripts of 1844*，MECW3：332；*Economic and Philosophical Manuscripts*，EW：385.
⑤ *Ökonomischphilosophische Manuskripte aus dem Jahre 1844*，MEW，*Ergänzungsband*1：587；*Economic and Philosophic Manuscripts of 1844*，MECW3：345；*Economic and Philosophical Manuscripts*，EW：399.
⑥ *Ökonomischphilosophische Manuskripte aus dem Jahre 1844*，MEW，*Ergänzungsband*1：586；*Economic and Philosophic Manuscripts of 1844*，MECW3：344；*Economic and Philosophical Manuscripts*，EW：397.

对只能"让它所隐藏的自然界自由地流出"①。马克思抱怨经验世界被思辨哲学看作批判性活动的结果而不是起点。马克思在《批判》中的第三点和第四点批判在《手稿》中也有提及。黑格尔的范畴"漠视所有内容"这一说法可以被看作在暗示概念和现实特别是经验性现象之间的关系不是必然存在的。② 马克思评论,"黑格尔的范畴是适合每一个内容的抽象形式"可以被看作暗示黑格尔未能抓住具体有限实体之间的不同③。马克思《批判》中的第五点批判——黑格尔支持对上帝身份和世界的无宇宙论的描述——在《手稿》中也有呼应。黑格尔被认为,是把有限世界变成了意识的产物,马克思坚持认为这样的实体不可能是"真实的事物";它只是"物体属性",具有客观的表象。④ 真实的客观实体"外在于"且"独立于"意识,黑格尔的有限世界"只是一种创造,一种对自我意识的假设"⑤。因此,黑格尔的有限世界,尽管表面上看起来客观,但实际上根本不是"独立的、真实的存在"⑥。

《神圣家族》还包含了一个持久的、间接的对思辨方法的讨论(因为《神圣家族》由马克思和恩格斯一起创作,其中的讨论究竟归属于谁可能会是棘手的问题。在该书的第一版中,每小节都有清晰标明作者。这种分

---

① *Ökonomischphilosophische Manuskripte aus dem Jahre 1844*,MEW,*Ergänzungsband*1:586;*Economic and Philosophic Manuscripts of 1844*,MECW3:344;*Economic and Philosophical Manuscripts*,EW:397.
② *Ökonomischphilosophische Manuskripte aus dem Jahre 1844*,MEW,*Ergänzungsband*1:585;*Economic and Philosophic Manuscripts of 1844*,MECW3:343;*Economic and Philosophical Manuscripts*,EW:397.
③ *Ökonomischphilosophische Manuskripte aus dem Jahre 1844*,MEW,*Ergänzungsband*1:583;*Economic and Philosophic Manuscripts of 1844*,MECW3:343;*Economic and Philosophical Manuscripts*,EW:397.
④ *Ökonomischphilosophische Manuskripte aus dem Jahre 1844*,MEW,*Ergänzungsband*1:577;*Economic and Philosophic Manuscripts of 1844*,MECW3:335;*Economic and Philosophical Manuscripts*,EW:389.
⑤ *Ökonomischphilosophische Manuskripte aus dem Jahre 1844*,MEW,*Ergänzungsband*1:577;*Economic and Philosophic Manuscripts of 1844*,MECW3:335;*Economic and Philosophical Manuscripts*,EW:389.
⑥ *Ökonomischphilosophische Manuskripte aus dem Jahre 1844*,MEW,*Ergänzungsband*1:577;*Economic and Philosophic Manuscripts of 1844*,MECW3:335;*Economic and Philosophical Manuscripts*,EW:389.

工——平均每 22 页中恩格斯撰写的几乎不到一页半——从书的文字和保存下来的他们两人之间的通信中可以确认。① 本章中，我只会提及马克思所创作的部分，这不是为了证明两位作者之间可能有什么不同，而是在此回避创作归属这一重要又复杂的问题）。

在对塞利加关于欧仁·苏的小说《巴黎之神秘》——一本非常畅销的关于巴黎底层社会的小说——的书评进行无情批判时，马克思讨论了思辨方法，还讨论了黑格尔的二流追随者对思辨方法的发展。他表示塞利加有力地证明了黑格尔形而上学的荒谬，因为这位学生重复了老师作品中包含的所有问题，却没有抓住"实质内容"，也缺少老师作品中的"巧妙诡辩"②。

马克思再次重复了对《批判》中思辨建构的两个阶段的描述。为了适应新的语境，他的评论似乎是对黑格尔非著名追随者新闻风格努力批判分析的一部分——该版本的"思辨建构的秘密"主要是靠仿写。③ 马克思称思辨建构中的第一步（"非批判性唯心主义"阶段）是想象一个抽象的观点——此时他暗示说"水果" （从具体的苹果、梨等抽象出来的想法）——是"在我之外存在的实体"④。然而，思辨建构的第二步（"非批判性经验主义"阶段）从此展开，然后理性不得不放弃抽象，从"水果"返回到"普通真实水果"的多样性。⑤ 因此，我们认为，"水果"是一种"活的、自我区分的和移动的本质"，多样的统一性通过具体的水果得以发展和实现。"水果"的"化身"过程不被认为是思辨哲学家的活动，而被认为是绝对主题（"水果"）的"自我活动"⑥。具体的苹果、

---

① Engels to Marx, c. 20 January 1845, MEW27：16；MECW38：18.
② *Die heilige Familie, oder Kritik der kritischen Kritik：Gegen Bruno Bauer und Konsorten*, MEW2：63；*The Holy Family, or Critique of Critical Criticism：Against Bruno Bauer & Co.*, MECW4：61.
③ Margaret Rose. *Reading the Young Marx and Engels：Poetry, Parody and the Censor.* London, 1978：part 2.
④ *Die heilige Familie, oder Kritik der kritischen Kritik：Gegen Bruno Bauer und Konsorten*, MEW2：60；*The Holy Family, or Critique of Critical Criticism：Against Bruno Bauer & Co.*, MECW4：57.
⑤ *Die heilige Familie, oder Kritik der kritischen Kritik：Gegen Bruno Bauer und Konsorten*, MEW2：60；*The Holy Family, or Critique of Critical Criticism：Against Bruno Bauer & Co.*, MECW4：58.
⑥ *Die heilige Familie, oder Kritik der kritischen Kritik：Gegen Bruno Bauer und Konsorten*, MEW2：61；*The Holy Family, or Critique of Critical Criticism：Against Bruno Bauer & Co.*, MECW4：58–59.

梨、杏等被视作"水果"自身的结晶。① 与在《批判》中一样，马克思认为，不论我们对事物多么熟悉，把"自然物体"描述为对绝对存在的"非真实创造"给人以"不寻常""创造""奇迹"等的印象。② 黑格尔的上帝正义论甚至让基督教教义都相形见绌。基督教中上帝在凡间只有一种化身，而"时间有多少事物，思辨哲学就有多少种化身"③。

《批判》中的五点批判在《神圣家族》中也有重现。第一，绝对（"水果"）貌似一种先验性建构，其实是一种从经验世界获得的抽象（对苹果、梨子等的抽象）。简言之，黑格尔派"形而上学的范畴"被认为是"从现实中获取的抽象"④。第二，绝对（"水果"）的自我活动实现的客体只不过是熟悉的经验世界（同样的苹果、梨子等）。如此，尽管起初否认了经验世界，思辨哲学最终却是对有限世界"最偶然、最个性的品质"的"最不理性，最不自然的束缚"⑤。《批判》中的其他批判也没有被《神圣家族》忽视。第三个抱怨体现为：诡辩而不是逻辑的必然性提供了"链接思辨推理链条的神奇钩子"⑥。关于黑格尔未能识别出这种差异性的第四个抱怨，表现在马克思把范畴描述为是"强加"在具体的有限实体上。⑦ 第五个抱怨——关于黑格尔的无宇宙论——体现在马克思认为"水果"构成了"苹果、梨子等的真实本质"⑧。因此，苹果、梨子等的"真

---

① *Die heilige Familie, oder Kritik der kritischen Kritik：Gegen Bruno Bauer und Konsorten*，MEW2：61；*The Holy Family, or Critique of Critical Criticism：Against Bruno Bauer & Co.*，MECW4：59 – 60.
② *Die heilige Familie, oder Kritik der kritischen Kritik：Gegen Bruno Bauer und Konsorten*，MEW2：61；*The Holy Family, or Critique of Critical Criticism：Against Bruno Bauer & Co.*，MECW4：59.
③ *Die heilige Familie, oder Kritik der kritischen Kritik：Gegen Bruno Bauer und Konsorten*，MEW2：62；*The Holy Family, or Critique of Critical Criticism：Against Bruno Bauer & Co.*，MECW4：60.
④ *Die heilige Familie, oder Kritik der kritischen Kritik：Gegen Bruno Bauer und Konsorten*，MEW2：145；*The Holy Family, or Critique of Critical Criticism：Against Bruno Bauer & Co.*，MECW4：137.
⑤ *Die heilige Familie, oder Kritik der kritischen Kritik：Gegen Bruno Bauer und Konsorten*，MEW2：63；*The Holy Family, or Critique of Critical Criticism：Against Bruno Bauer & Co.*，MECW4：61.
⑥ *Die heilige Familie, oder Kritik der kritischen Kritik：Gegen Bruno Bauer und Konsorten*，MEW2：73；*The Holy Family, or Critique of Critical Criticism：Against Bruno Bauer & Co.*，MECW4：69 – 70.
⑦ *Die heilige Familie, oder Kritik der kritischen Kritik：Gegen Bruno Bauer und Konsorten*，MEW2：60；*The Holy Family, or Critique of Critical Criticism：Against Bruno Bauer & Co.*，MECW4：58.
⑧ *Die heilige Familie, oder Kritik der kritischen Kritik：Gegen Bruno Bauer und Konsorten*，MEW2：60；*The Holy Family, or Critique of Critical Criticism：Against Bruno Bauer & Co.*，MECW4：57.

实存在"体现在"可以被感官感知"这一观点被否定，只为说明这些具体的食物"仅仅是'水果'存在的形式"①。真正的水果只是表象，思辨推理认为，它们的真实本质在别处②（马克思十分喜爱这一对思辨方法的诙谐模仿，他后来以略有不同且更加简洁的方式重复使用。另外一个版本——涉及对"动物"的抽象，化身为狮子、蛇、公牛、马、哈巴狗等——与这个完全一样③）。

以上略显简短的文本调查是为了证实在《批判》中提出的对黑格尔形而上学的描述贯穿了早期作品。特别是对思辨方法的双重描写和对黑格尔的五点批判在后来的《手稿》和《神圣家族》中都有回应和支持。这些基本可以驳倒早期作品的黑格尔派支持者提出的观点——青年马克思后来放弃了《批判》中的立场。

尚需讨论的还有上文谈到的第二种可能，即在《批判》之后的一部或多部早期作品可能包含新的与之前立场不同的对黑格尔成就的描述。对黑格尔成就的新的、不一致的描述，可能更加说明因为后来那些早期作品的存在而使《批判》更显多余（当然，是否真的多余还需论证，不过这样的说法可以作为一个开头）。唯一一个可能的备选项是《手稿》中经常被引用的一段话，在这段话中马克思评论了黑格尔的《现象学》。

这段话虽经常被引用，意思却很模糊。马克思称《现象学》的重要性在于作者懂得"人类的自我创造过程以疏远的形式开始，以超越这种疏离结束"④。要理解这句话的意思需关联其上下文。在《手稿》中，马克思似乎非常关心自我实现这一概念（"自我实现"意味着个人重要能力的培养和使用）。在相关段落中可以看出马克思陈述两种不同的观点。第

---

① *Die heilige Familie, oder Kritik der kritischen Kritik: Gegen Bruno Bauer und Konsorten*, MEW2: 60; *The Holy Family, or Critique of Critical Criticism: Against Bruno Bauer & Co.*, MECW4: 58.

② *Die heilige Familie, oder Kritik der kritischen Kritik: Gegen Bruno Bauer und Konsorten*, MEW2: 60; *The Holy Family, or Critique of Critical Criticism: Against Bruno Bauer & Co.*, MECW4: 58.

③ *Die heilige Familie, oder Kritik der kritischen Kritik: Gegen Bruno Bauer und Konsorten*, MEW2: 79–80; *The Holy Family, or Critique of Critical Criticism: Against Bruno Bauer & Co.*, MECW4: 75–76.

④ *Ökonomischphilosophische Manuskripte aus dem Jahre 1844*, MEW, *Ergänzungsband*1: 574; *Economic and Philosophic Manuscripts of 1844*, MECW3: 332–333; *Economic and Philosophical Manuscripts*, EW: 385.

一是关于自我实现。他坚持认为，个人的自我实现——至少是在广泛的社会范围——只有经历（历史的）迂回，在个体及重要的人类能力异化之后才能实现①（这些评论源自马克思对人类发展的阐述，这在第四章将会进一步的讨论）；第二个观点是关于黑格尔的作品。他称关于自我实现的观点可以在《现象学》中找到。简言之，在这段意思有些含糊不清的段落中，马克思夸奖黑格尔懂得人类重要能力的培养和利用——至少在大范围内——需要经历（历史的）迂回，发生异化。②

在《手稿》中马克思对这一夸奖进行了补充修正。他指出，黑格尔对自我实现的真相的理解受到论述语境的限制。他尤其认为，黑格尔对人类重要潜能的培养和利用的见解隐藏在"抽象、逻辑、思辨"的形式内。③ 自我实现过程需要经历异化的说法包含在黑格尔认同的自我（和条件）大模式中。根据这一模式，要想成为充分发展的自我，需要有自我意识（或自觉）。自我意识反过来要求对象投射到自我之外，并认出"另外"这个自我。正如马克思所说，对个人充分实现自我过程的描述涉及对异化和作为自我实现后续条件的先在描写。然而，马克思认为，在黑格尔的作品中，这一过程的位置关系到思想和有限世界之间的关系，即黑格尔作品中异化的主要对象是"绝对的"自我意识，不是人类而是"上帝"④。这是黑格尔见解中的局限性。对象与世界的疏离是思想跟自身创造的疏离，不是跟"其他"东西的疏离。因此，可以通过"绝对知识"，通过承认"另外"一个自我其实是这个对象自身的创造来解决疏离问题，

---

① *Ökonomischphilosophische Manuskripte aus dem Jahre 1844*, MEW, *Ergänzungsband* 1: 574; *Economic and Philosophic Manuscripts of 1844*, MECW3: 333; *Economic and Philosophical Manuscripts*, EW: 386.

② *Ökonomischphilosophische Manuskripte aus dem Jahre 1844*, MEW, *Ergänzungsband* 1: 574; *Economic and Philosophic Manuscripts of 1844*, MECW3: 332; *Economic and Philosophical Manuscripts*, EW: 385.

③ *Ökonomischphilosophische Manuskripte aus dem Jahre 1844*, MEW, *Ergänzungsband* 1: 570; *Economic and Philosophic Manuscripts of 1844*, MECW3: 329; *Economic and Philosophical Manuscripts*, EW: 382.

④ *Ökonomischphilosophische Manuskripte aus dem Jahre 1844*, MEW, *Ergänzungsband* 1: 584; *Economic and Philosophic Manuscripts of 1844*, MECW3: 342; *Economic and Philosophical Manuscripts*, EW: 396.

这样做允许被异化的物体（此处指有限世界）仍"在现实中存在"①。黑格尔叙述的片面性源于：在典型的情况下——思想从自身创造中分离——异化的来源和解决办法都与意识有密切关系。②

对青年马克思关于《现象学》含糊评论的介绍会导致一些疑虑，而其中的两个疑虑必须加以回应。

第一个疑虑是：关于我对《手稿》的解读。我对青年马克思关于黑格尔成就的看法的解读似乎是轻描淡写。特别是至此我尚未提及马克思曾清晰地提到黑格尔理解自我实现的成就是"劳动"的结果。我起初未提及是因为我不愿意对它进行过度解读。其实，马克思曾清晰地解释，黑格尔通过"劳动"理解了思想，即"抽象的脑力劳动"③。特别需要注意的是，在这些评论中，马克思未肯定过黑格尔已经认识到生产活动在人类历史中的基本作用④（如果马克思同意这一奇怪又虚假的关于黑格尔的说法，他在别处肯定会再次提及）。相反，马克思应该被理解为是在陈述黑格尔的观点，尽管知道自我实现需要从异化中历史性的迂回，对黑格尔来说，最终调和意识和其产物关系的却是思想活动。

第二个疑虑是：关于马克思对黑格尔的解读。似乎《手稿》未能充分说明黑格尔作品中历史和社会两个方面⑤。《现象学》难以简单概括但它肯定包含了对历史时期（通常被认为体现了特定阶段的思想和文化）的描述（尽管顺序有些复杂），还有对现代社会弊端（包含一系列个人之

---

① *Ökonomischphilosophische Manuskripte aus dem Jahre 1844*, MEW, Ergänzungsband1：582；*Economic and Philosophic Manuscripts of 1844*, MECW3：340；*Economic and Philosophical Manuscripts*, EW：393.

② *Ökonomischphilosophische Manuskripte aus dem Jahre 1844*, MEW, Ergänzungsband1：574；*Economic and Philosophic Manuscripts of 1844*, MECW3：333；*Economic and Philosophical Manuscripts*, EW：386.

③ *Ökonomischphilosophische Manuskripte aus dem Jahre 1844*, MEW, Ergänzungsband1：574；*Economic and Philosophic Manuscripts of 1844*, MECW3：333；*Economic and Philosophical Manuscripts*, EW：386.

④ Heinrich Popitz. *Der entfremdeteMensch. Zeitkritik und Geschichtsphilosophie des jungen Marx*. Basel, 1953：111ff.

⑤ Michael Forster. *Hegel's Idea of a Phenomenology of Spirit*. Chicago：University of Chicago Press, 1998：464.

间及个人和集体之间的分裂）的诊断。而且，黑格尔的作品中没有提到这些分裂可以通过人类纯"主观"的方式解决。黑格尔不认为，个人可以通过包容通行的社会和政治制度（比如通过自我欺骗）来逃脱异化，而是坚持认为，只有社会和政治制度合理的时候，个人才能真正安逸。简言之，《现象学》中确实存在历史和社会维度，问题是青年马克思是否承认这一点。马克思的评论肯定是有的放矢的，在《手稿》的评论中，他最关心的是黑格尔基本的形而上学观，而不是《现象学》中包含的历史性叙述的细节。正是在这形而上学的语境中，马克思称历史和社会的异化，按黑格尔的说法，只不过是"对立事物的表象、斗篷和开放形状，这些对立单独来看都很重要，也构成了其他世俗对立的含义"①。当然，如果对创造和统治世界的范畴结构的思辨性阐述被忽略的话，青年马克思肯定迫切地认为黑格尔对社会和历史有深刻的见解（这一点从上文中对黑格尔经验性见解的概述便可看出）。这种"迫切"也非局限在《批判》中对《法哲学原理》的叙述。比如在《神圣家族》中，马克思称"在很多方面"如果有——一个重要的限定语——我们忽视了"思辨的原罪"，黑格尔的《现象学》也包含了"对人类关系真正描述的因素"②。

需要进一步说明关于马克思早期作品是否包含与《批判》中不一致的对黑格尔成就的评价（这种描述可能给那些认为因其他早期作品的存在而使《批判》显得多余的人提供一些支持）。基于上述解读，《手稿》中对《现象学》的评论并没有扮演这个角色。马克思在《手稿》中对黑格尔的介绍，与他更早在《批判》中对黑格尔的评价并不冲突，更不用说存在取代关系。特别是黑格尔理解自我实现需要经历异化的迂回的观点，与黑格尔指认在当今社会这种迂回需采取两种主要形式的观点（即市民社会的原子化和国家的抽象）是一致的。

黑格尔的《现象学》及其后期作品之间的关系——即《现象学》和

---

① *Ökonomischphilosophische Manuskripte aus dem Jahre 1844*，MEW，*Ergänzungsband*1：572；*Economic and Philosophic Manuscripts of 1844*，MECW3：331；*Economic and Philosophical Manuscripts*，EW：384.
② *Die heilige Familie，oder Kritik der kritischen Kritik：Gegen Bruno Bauer und Konsorten*，MEW2：205；*The Holy Family，or Critique of Critical Criticism：Against Bruno Bauer & Co.*，MECW4：193.

以它为始的系统之间的关系——既有争议又很复杂。这一关系引出的问题超越了本研究的范围。然而，需要注意的是，与黑格尔后期作品相比，青年马克思并不认为，《现象学》有更加重要的地位。更不用说，马克思称黑格尔后期作品中，所有主要的缺陷都可以用"潜在的、萌芽的形式"在《现象学》中找到。① 这句话也适用于解释黑格尔的成就以及对当代异化形式的经验性洞察。

至此，我主要是在质疑那些贬低《批判》以抬高《手稿》地位的青年马克思的黑格尔派支持者的立场。特别是我已尽力说明这些作品不值得被过多关注。我将以一些更宽泛的且更加异端的、关于所谓的《手稿》被夸大的地位的评论结束本小结。

反偶像中的第一个评论是：关于我们通常赋予《手稿》的重要性。它通常被视为马克思最宝贵的早期作品。《手稿》被称为"青年马克思最重要的作品"② "马克思早期最重要的作品"③ 及"关于马克思思想的第一个重要文献④"等。然而，支持这些说法的理由一直不太明确。这些说法肯定不是马克思的自我评价，因为他自己极少谈及《手稿》。这些判断也不是基于——至少不争议——相关文章的内在价值。我无意表明《手稿》的内容无趣或不重要。如果没有《手稿》就很难重构青年马克思关于异化劳动的观点（虽然《穆勒评注》也可以在这方面提供很大帮助）。然而，我怀疑单凭《手稿》内在的优点是否足以证明其相对的重要性。当然，有可能说《手稿》的地位重要是因为它是马克思对政治经济的最早讨论文稿。然而，人们可能不仅怀疑这一特定话题的重要性，还怀疑《手稿》《穆勒评注》的时间顺序关系。有研究表明，《穆勒评注》早于

---

① *Ökonomischphilosophische Manuskripte aus dem Jahre 1844*, MEW, *Ergänzungsband* 1: 573; *Economic and Philosophic Manuscripts of 1844*, MECW3: 332; *Economic and Philosophical Manuscripts*, EW: 384.
② Heinrich Popitz. *Der entfremdete Mensch. Zeitkritik und Geschichtsphilosophie des jungen Marx*. Basel, 1953: 3.
③ Perry Anderson. *Considerations on Western Marxism*. London: 1976: 50.
④ James D. White. *Karl Marx and the Intellectual Origins of Dialectical Materialism*. London: 1996: 1.

且为《手稿》提供了材料（至少是部分章节）①（这两本书各自的 MEGA 编辑对谁先谁后尚无定论，我们更不能擅自抬高《手稿》的地位）。我认为，《手稿》的地位很大程度上不是因为它本身的价值或是在马克思思想进化中所处的位置（更不是因为马克思自己的评价），而是因为它的出版历史，特别是它在引起一个（政治性很强的）关于马克思思想发展和本质的讨论方面起到的作用。（这段历史的相关方面在第一章中有概述）

第二个反偶像的评论是：关于《手稿》的完整性。通常认为，《手稿》是一部单独的作品，即对政治经济早期批判的（不完整）的草稿。然而，实际的文本问题比这个通常的观点所认为的要复杂得多。《手稿》的原材料一般来自三部尚存的手稿，它们有不同的、间断的页码，也不完整（比如第一部和第二部手稿撰写到一半就中断了），而且它们的内部结构很复杂（比如，第一部手稿中的一部分被分为三个标题下的栏目，一是马克思严格遵从，二是半路跑题，三是完全题文无关）②。那些认为《手稿》是一部单独作品的人不得不决定如何安排不同手稿和不同栏目里的材料（如果有可能），如何去划分这些材料并配上标题，要不要从不同的地方搜集关于同一个话题的材料，等等。还有关于所谓"第四手稿"的问题——对黑格尔《现象学》最后一章的概括——MEGA①中的《手稿》是以附录的形式存在，但是在之后的版本中消失了，在对该书的讨论中也未谈及。③ 然而，这些编辑上的困难还暗示一个更加重大的问题，即很难以哲学为依据，把《手稿》中的文摘、笔记和评论跟其他同时期的笔记区分开来。④ 把这些手稿材料看作一个整体，就好像它们构成了一

---

① MEGA② 4，2 的编辑认为，马克思在写作"第二部手稿"之前，就从穆勒作品中做了摘抄，然而 MEGA② 1，2 的编辑认为，马克思是在写作"第三部手稿"之后才做这些摘抄。
② MEGA②包含两个版本的《手稿》，其中一部编辑得更厉害。见 MEGA② 1，2：187 – 322, 323 – 438；Jürgen Rojahn. "Die Marxschen Manuskripte aus dem Jahre 1844 in der neuen Marx-Engels-Gesamtausgabe". *Archiv für Sozialgeschichte*. 1985（25）：647 – 663.
③ Jürgen Rojahn. "Marxismus-Marx-Geschichtswissenschaft：Der Fall der sogenannten ökonomisch-Philosophischen Manuskripte aus dem Jahre 1844". *International Review of Social History*. 1983（28）：2 – 49.
④ Jürgen Rojahn. "Marxismus-Marx-Geschichtswissenschaft：Der Fall der sogenannten Ökonomisch-Philosophischen Manuskripte aus dem Jahre 1844"，*International Review of Social History*. 1983（28）：2 – 49.

部单独（不完整）作品的草稿的理由一点也不充分。现有的把这些资料看作一部单独作品的草稿的理由是所谓的《手稿》的"序言"。然而，"序言"——悄悄出现在第三个相关手稿中（尽管它被放在最常出版的版本的前言）——并没有什么内容能证明挑选出来的材料是一部作品（我无意表示"序言"不能作为一部作品的前言，只是表明它不能证明这部作品是由特定的手稿笔记组成①）。确实，很难否认编辑可能主观臆断将《手稿》拆分并作为一部带有自己"前言"的独立作品来编排的。相关手稿的形式、手稿的内容或马克思后来的评论对这种随意的编排都没有表现出支持。有趣的是，相关手稿每一部分的首次发表都是在1927年的俄语版中②。这些节选中的标题——"《神圣家族》的预备材料"——没有体现出是一部独立完整作品的一部分。

小　　结

本章讨论的范围值得再次澄明。我一直关心早期作品中马克思对黑格尔的批判，特别是这些批判如何帮助我们理解青年马克思对当代社会萌生的新的看法。由此引起的讨论是围绕着解决两个理解难题来组织的。

第一个难题是理解马克思的研究兴趣在所讨论的这段时期的伊始为何发生改变。青年马克思充分利用关闭《莱茵报》给自己带来的自由，撰写了关于黑格尔《法哲学原理》（部分章节）的带旁注的评论文章。表面上看，他的研究兴趣好像是奇怪地从"实际利益"（他早期新闻作品的敏感话题）转向对"德国哲学"的研究（以黑格尔作品为最高成就）。之所以说"奇怪"，是因为它与大家公认的对马克思思想进化的概述相反。然而，这一表面的颠倒具有误导性。马克思兴趣的真正转变体现在"梦—历史"这一概念中，根据这一概念，政治现代性的标准反映在德国哲学中（这个词是由海涅创造的——不仅是马克思最喜爱的作者之一，还是

---

① 一份日期为1845年2月1日的出版合同显示马克思有意出版一本政治经济学方面的著作。
② Michael Maidan. "The Rezeptionsgeschichte of the Paris Manuscripts". *History of European Ideas*. 1990（12）: 770.

他在巴黎流放期间最亲密的朋友之一）。因此，马克思研究兴趣的转变可视为是从当时落伍的德国政体（《莱茵报》文章的主题）向当代国家的转变，他在德国哲学中看到了当代国家的轮廓（就像在《法哲学原理》中完美描述的那样）。

第二个理解难题是明晰《批判》，一部包含青年马克思对黑格尔最持久的批判，却异常难懂的作品。早期作品的读者面对的常见困难还会因该书的形式和组织而难上加难。《批判》形式上是对《法哲学原理》的带注评论，目的是厘清马克思自己对黑格尔的理解（不是与别人的交流）。而且，在发展自己思想的过程中，青年马克思认识到两种不同的主题——思辨思想的性质和当代社会的性质——结果对任一主题的理解都没有帮助。为了理解《批判》有必要理清青年马克思发表的关于思辨形而上学和关于黑格尔的经验性灼见的不同意见。

黑格尔形而上学的观点在《批判》中受到了严厉的拷问。马克思试图用重复的倒置模式揭露绝对唯心主义的真正活力。通过这种模式，经验世界（黑格尔范畴框架的来源）转化成（更精确地说是被重新描述为）概念系统的显现。在论述过程中马克思做出了五点重要的对思辨方法的批判。他指责黑格尔未能理解思辨范畴都是从实际经验中获得，对现实世界采取了非批判性的态度，错误地把概念及其实现之间的关系描述为必然的而不是寓言的关系，未能理解有限实体之间不同的特性，不由自主地支持对上帝身份和世界的"无宇宙论"的描述。

相比之下，马克思赞扬了黑格尔的经验性灼见，特别是他对当代社会主要轮廓的洞察。黑格尔因认识到现代社会的内容而大受赞扬：现代性的特征是市民社会和国家的分离、市民生活和政治生活之间是对抗关系、市民社会是"原子式"、现代国家是"抽象的"。马克思认为，黑格尔理解了人类重要能力的培养和实现，需要在异化中经历历史性的迂回（尽管这一理解是在一个被误导的思辨框架下产生的），且异化在当今社会损害了人与人之间以及个人与国家之间的关系。在马克思对《法哲学原理》体现的经验性灼见的描述中，他坚决不相信黑格尔关于异化可以在理性或当代国家中消灭的论述。

第一次出现在《批判》中的关于黑格尔形而上学和关于经验性洞察

的不同判断，在其他早期作品中会有重复、发展和辩护，而其他作品对黑格尔成就的论述与此没有显著差异。因此，青年马克思的黑格尔派支持者的观点——《手稿》代表了向黑格尔的"回归"，使马克思对《法哲学原理》较早的"费尔巴哈式"评论显得多余——被认为是不可信的。我坚持认为，《批判》应该被视为重要的且有趣的，能够解释青年马克思的政治思想和他与黑格尔之间关系的优秀作品。我还大胆冒昧地怀疑（相对来说有些夸大）《手稿》的地位。

本章讨论的是关于现代国家的出现和青年马克思对黑格尔的评论。下一章我将分析马克思对现代国家性质的理解和他对鲍威尔的政治哲学的批判之间的关系。

第三章　当代政治

在《批判》中,马克思不仅夸奖了黑格尔的经验性洞察,还陈述了自己对当代社会中"原子化"和"抽象化"的理解。马克思对当代社会中双重分离——个人之间和个人与社会之间的分离——的描述和分析贯穿了早期作品。本章中我主要关注第二个分离,即当代政治生活的抽象化。更确切地讲,我将阐释青年马克思对当代国家及政治解放成就和限度的剖析。

本章的中心是《论犹太人问题》及青年马克思对布鲁诺·鲍威尔的批判。特别是它的重心是马克思的文章《论犹太人问题》(该文章写于1843年秋,它可能开始于克罗茨纳赫,完成于巴黎,1884年2月发表于第一期也是唯一一期的《德法年鉴》)。《论犹太人问题》比《批判》更加简短、精练,招致了大量的评论甚至批评。[1] 尽管没有必要总是向评论者强调《论犹太人问题》的观点,还是有很大空间来澄清和质疑对这篇短小却意义丰富又"难懂"的文章的中心论点和主流解读。[2]

鲍威尔简介

要充分理解《论犹太人问题》还有一个障碍,就是它所批判的对象

---

[1] Julius Carlebach. *Karl Marx and the Radical Critique of Judaism*. London: Routledge & Kegan Paul, 1978: 187.

[2] Brian Barry. *Culture and Equality: An Egalitarian Critique of Multiculturalism*. Cambridge: Cambridge University Press, 2002: 330.

既陌生又遥远。与几个同时代的人一样悲哀，鲍威尔为当代读者所知竟主要是因为青年马克思曾批判过他。①

这种模糊也许有它的理由，但的确带来了诸多问题。若不熟悉鲍威尔的作品，诸多马克思的讨论是很难领会的。比如，引用颇多地对《论犹太人问题》中权利批判（下文中会讨论到）的性质和目的的解释，主要是建基于理解鲍威尔为什么把犹太人排除在权利提供的保护之外。另外，若不熟悉鲍威尔的思想，不可能评价马克思对鲍威尔作品的批判，也不能评价学者学术作品中对这两位作者的对比。比如，我认为对鲍威尔和马克思差异的忽略——这是把《论犹太人问题》描述为反犹太的作品中经常发生的事情——如果充分考虑到鲍威尔关于犹太人和犹太教作品的性质的话是很难成立的。

为了降低理解的困难，我在本章开始对鲍威尔的生活和工作进行简单的介绍，分析被马克思在《论犹太人问题》中批判的作品。

认为鲍威尔多产可能还不够。根据一份最近的文献，在1838到1845年间他出版了22本著作和小册子，发表了59篇文章②（马克思曾挖苦"布鲁诺先生最擅长从微小的一点思想表象中创作出大量的作品"③）。鲍威尔的文学生涯简单来说可分为三个阶段，虽然这种三分法显得过于普通，但基本能呈现他的思想发展进程。

在第一个阶段（1837—1841），鲍威尔追求的是传统的学术生涯，被认为属于黑格尔右派（大卫·弗里德里希·施特劳斯——对黑格尔左中右派区分的始创者更是这么认为）。④ 鲍威尔最初吸引学术界的注意力是因为他撰写了一篇从黑格尔角度分析康德美学观的获奖文章（黑格尔也

---

① Ernst Barnikol. *Bruno Bauer：Studien und Materialien*. Assen，1972；Douglas Moggach. *The Philosophy and Politics of Bruno Bauer*. Cambridge：Cambridge University Press，2003.
② Bruno Bauer. *The Trumpet of the Last Judgement Against Hegel the Atheist and Antichrist：An Ultimatum*. Lewiston NY：1989：209 – 215.
③ *Die heilige Familie，oder Kritik der kritischen Kritik：Gegen Bruno Bauer und Konsorten*，MEW2：159；*The Holy Family，or Critique of Critical Criticism：Against Bruno Bauer & Co.*，MECW4：151.
④ David Friedrich Strauss. *Streitschriften zur Vertheidigung Meiner Schrift Über das Leben Jesu*，erster Band. Nabu Press，2010：part 3：95ff，101 – 120.

是评委之一）①。然而，鲍威尔最著名的工作是他对黑格尔《宗教哲学讲演录》的编辑和对"旧约"的研究。② 鲍威尔受邀于施特劳斯为《科学批判年鉴》（黑格尔流派的旗舰期刊）发表的《耶稣传》撰写书评，这足以证明且巩固了他的学术地位。鲍威尔起初在柏林是无薪大学教师，后来去了波昂大学，受到了敌视黑格尔主义的神学院人士的憎恨。③ 从1839年开始，日益严重的学术和财务困难促使鲍威尔摆脱黑格尔右派。④ 直到1842年，他成为马克思的朋友和导师，为马克思提供职业建议并传授一些有启示性的思想。⑤

在第二个阶段（1841年到19世纪40年代中），鲍威尔被迫放弃工作，很快成为黑格尔左派的领导人物。他与黑格尔右派的决裂在《对福音史摘要的批判》（1841—1842）中有详细介绍，因为此部作品的影响他失去了在波昂大学的工作。鲍威尔在匿名讽刺作品《青年法官们的长号》中表达了自己的新立场，展示了黑格尔主义同基督教和集权主义的德国现状的不兼容。学术上的受挫导致了他在政治上的极端化，一跃成为位于柏林的两个非正式黑格尔左翼团体——"博士俱乐部"和"自由"——的领袖人物⑥。

他提出的"纯理论之恐怖？"在一系列书籍、小册子和没有生命力的期刊中获得了宣传，具有影响的是《大众文学——报纸》（发表于1843

---

① 鲍威尔失踪已久的拉丁文本于1922年被发现，见 Bauer. *Über die Prinzipien des Schoönen*. ed. Douglas and Winfried. Berlin, 1996.
② Peter Hodgson's remarks in Hegel. *Lectures on the Philosophy of Religion* (1): 24 – 30; Heinrich Hotho. *Hegel's Vorlesungen Über die Ästhetik*.
③ John Edward Toews. *Hegelianism: The Path Towards Dialectical Humanism, 1803 – 1841*. Cambridge: Cambridge University Press, 1980: chapter 9; Bauer to Edgar Bauer, 6 May 1841, Bauer, *Briefwechsel zwischen Bruno Bauer und Edgar Bauer während der Jahre 1832 – 1842 aus Bonn und Berlin*. Aalen: Aalen University Press, 1969: 136.
④ Bauer to Edgar Bauer, 15 March 1840, Bauer, *Briefwechsel*, Aalen, 1969: 51.
⑤ MEGA② 3, 1: 335 – 336, 340 – 346, 349 – 350, 352 – 359, 369, 371, 386 – 387.
⑥ Marx to Heinrich Marx. 10 – 11 November 1837, MEW Erg. I: 10; MECW1: 19; Gustav Mayer. "Die Anfänge des politischen Radikalismus im vormärzlichen Preußen", *Zeitschrift für Politik*. 1913 (6): 1 – 113; Robert J. Hellman. *Berlin-The Red Room and White Beer: The 'Free' Hegelian Radicals in the 1840s*. Washington DC: Passeggiata Pr, 1990.

年12月到1844年10月）①。在其中的一些作品中鲍威尔试图以记录具有重大历史意义事件的方式展现自己的一些个人经历。②

恩格斯和埃德加·鲍威尔模仿史诗创作了一首诗来描述鲍威尔的名声和柏林左翼黑格尔圈子中玩世不恭的风气，这首诗虽略显主观却并不失实。③《信仰的胜利》揭露并讽刺了鲍威尔从波昂大学神学院到弗里德里希大道上的希佩尔小酒店的飞跃（"自由"团体常去的一个地方）。在小诗中，鲍威尔癫狂的性情——卢格称其为"神学界的罗伯斯庇尔"——和他对宗教的敌意受到了再三强调。④ 比如，对他在波昂大学上课情况的描述表明，他没有努力包容、适应更加保守的同事：

> 坐在往日虔诚的名望之椅上，
> 疯狂的鲍威尔像魔鬼附体一样在讲课。
> 他站在那里，怒气冲冲；背后的魔鬼驱使他追逐神学家。
> 像一只得了狂犬病的狗，嚎叫着，吠叫着……⑤

同样的疯狂和对宗教的坚定敌意还出现在一次对黑格尔到达一个柏林左翼黑格尔者聚会的描述中，在这次聚会上他的思想领袖地位得到了确认和颂扬：

> 他们刚一到，疯狂的鲍威尔便闯了进来，

---

① MEGA② 3，1：353.

② *Die gute Sache der Freiheit und meine eigene Angelegenheit* (1842); Bruno Bauer. *Feldzüge der reinen Kritik. Frankfurt am Main*, 1968.

③ Erik Gamby. *Edgar Bauer: Junghegelianer, Publizist, und Polizeiagent: mit Bibliographie der E. Bauer-Texte und Dokumentenanhang.* Trier, 1985; Eric v. d. Luft. "Edgar Bauer and the Origins of the Theory of Terrorism", Douglas Moggach (ed.), *The New Hegelians: Politics and Philosophy in the Hegelian School.* Cambridge: Cambridge University Press, 2006.

④ Arnold Ruge to Ludwig Ruge, 26 September 1842, *Briefwechsel und Tagebuchblätter aus den Jahren 1825–1880*, ed. Paul Nerrlich. Berlin：1886（2）：281.

⑤ *Die frech bedräute, jedoch wunderbar befreite Bibel. Oder: Der Triumph des Glaubens. Das ist: Schreckliche, jedoch wahrhafte und erklecklicheHistoria von dem weiland Licentiaten Bruno Bauer: wie selbiger vom Teufel verführet, vom reinen Glauben abgefallen, Oberteufel geworden und endlich kräftiglich entsetzet ist. Christliches Heldengedicht in vier Gesängen*, MEW, *Ergänzungsband* 2：292; *The Insolently Threatened, Yet Miraculously Rescued Bible. Or: The Triumph of Faith. To Wit, The Terrible Yet True and Salutary History of the Erstwhile Licentiate Bruno Bauer; How the Same, Seduced by the Devil, Fallen From the True Faith, Became Chief Devil, and Was Well and Truly Ousted in the End. A Christian Epic in Four Cantos*, MECW2：327.

他被烟雾和暴雨包围。

一个身穿绿色外套，又瘦又长的恶棍在胡言乱语。

在他那不怀好意的面庞之后仿佛能看到地狱的影子。

他高高举起旗子，

他对《圣经》野蛮批判的火花高高飞起。①

最后，在第三个阶段也是最长的一个时期（从 19 世纪 40 年代中到 1882 年），鲍威尔的学术影响逐渐减退，他后来转向了政治右翼。随着黑格尔左派的迅速瓦解和 1848 年大革命的失败，鲍威尔的作品越来越悲观。② 几个小册子包括《俄罗斯和日耳曼》（1853）预示了"东方问题"中的"施本格勒"主题，把德国描绘为一个僵化堕落的，即将被日益崛起、生机勃勃的俄国取代的欧洲文明。③ 1859—1866 年间鲍威尔成为保守派赫尔曼·瓦格纳尔的助理——编辑了《柏林市民时事讽刺》和多卷版《国家政治词汇》——对正在发展的反犹太主义词汇做出了贡献。④ 在第三个阶段后期，鲍威尔还对早期的基督教历史进行了研究。在研究中，他尽管承认福音史反映了早期基督社区的经历，但认为描述这种经历是作者一个人的研究结果。⑤ 他称没有非文字证据证明耶稣的存在以及四福音有共同的出处，四福音书是原作者虚构的。他还强调了几位希腊和罗马作

---

① *Die frech bedräute, jedoch wunderbar befreite Bibel. Oder: Der Triumph des Glaubens. Das ist: Schreckliche, jedoch wahrhafte und erklecklicheHistoria von dem weiland Licentiaten Bruno Bauer; wie selbiger vom Teufel verführt, vom reinen Glauben abgefallen, Oberteufel geworden und endlich kräftiglich entsetzet ist. Christliches Heldengedicht in vier Gesängen*, MEW, *Ergänzungsband* 2: 301; *The Insolently Threatened, Yet Miraculously Rescued Bible. Or: The Triumph of Faith. To Wit, The Terrible Yet True and Salutary History of the Erstwhile Licentiate Bruno Bauer; How the Same, Seduced by theDevil, Fallen From the True Faith, Became Chief Devil, and Was Well and Truly Ousted in the End. A Christian Epic in Four Cantos*, MECW2: 336.

② Marx to Engels, 14 December 1855, MEW28: 466 – 467; MECW39: 562 – 564; Marx to Engels, 18 January 1856 and 12 February 1856, in MEW29: 5 – 7, 11 – 15; MECW40: 3 – 5, 8 – 12.

③ Russland und das Germanentum: 75 – 122; Marx to Engels, 10 January 1856, MEW29: 93; MECW40: 90.

④ Jacob Katz. *From Prejudice to Destruction: Anti-Semitism* 1700 – 1933. Cambridge: Cambridge University Press, 1980: 210ff; Ivan Hannaford. *Race: The History of an Idea in theWest*. Baltimore, 1996: chapter 9; Barnikol. *Bruno Bauer*: 347ff.

⑤ Albert Schweitzer. *The Quest of the Historical Jesus: A Critical Study of Its Progress from Reimarus to Wrede*. Baltimore: 1998: 141ff.

者——特别是亚历山大的费罗和塞尼加——在基督教教义形成中的作用。① 后来鲍威尔被人淡忘,于 1882 年 4 月因穷困潦倒而去世。②

青年马克思批判的主要是鲍威尔在第二个阶段及之后的作品,特别是发表于 1843 到 1845 年的作品。本章中,我不是试图全方位讨论马克思对鲍威尔作品的批判,主要关注的是马克思如何评论鲍威尔对"犹太问题"的看法,尤其是表征马克思现代国家观的有关评论部分。

受现代化复杂且巨大的影响,犹太人和非犹太人都要面对一系列"犹太问题",如传统法律地位,职业结构和欧洲犹太人的宗教行为③。其中最重要的问题是"犹太解放",即是否要以及在什么条件下应该取消针对犹太人而不是大部分基督人口的歧视性法律限制。④ 德国人对犹太解放的辩论可以追溯到基督徒威廉·多姆的《论犹太公民的改善》(1781),但是直到 19 世纪 40 年代初这个问题才引起人们特别是普鲁士人的兴趣。

读者肯定不能相信德国犹太人当时遭受的歧视性限制的程度和多样性,尽管复杂的社会和政治机构使我们不能一概而论(仅仅在普鲁士犹太人就分别属于约 24 个辖区⑤)。德国犹太人的解放不是稳步获得法律上

---

① Bruno Bauer. *Christus und die Cäsaren*. Berlin: Eugen Grosser, 1877; Engels, "Bruno Bauer und das Urchristentum"; Alexis Voden. "Talks With Engels". Institute of Marxism-Leninism. ed. *Reminiscences of Marx and Engels*. Moscow: Foreign Languages Publishing House, 1957: 331.

② MEW29: 11 – 15; MECW40: 89 – 91.

③ Jacob Toury. "The Jewish Question: A Semantic Approach". *Leo Baeck Institute Year Book*. 1966 (11): 85 – 106; Peter Pulzer. *Jews and the German State: The Political History of a Minority, 1848 – 1933*. Oxford: Wayne State University Press, 1992: 29.

④ Jacob Katz. *Emancipation and Assimilation: Studies in Modern Jewish History*. Farnborough: Gregg Publishing, 1972: 21 – 45; David Sorkin. "Emancipation and Assimilation: Two Concepts and Their Application to German-Jewish History". *Leo Baeck Institute Year Book*. 1990 (35): 17 – 33; Karl Martin Grass and Reinhart Koselleck, "Emanzipation". *Geschichtliche Grundbegriffe: Historisches Lexikon zur politischsozialen Sprache in Deutschland*. ed. Otto Brunner, Werner Conze, and Reinhart Koselleck. Stuttgart: University of Stuttgart Press, 1975 (2): 153 – 197.

⑤ Christopher M. Clark. "German Jews". Rainer Liedtke and Stephen Wenderhorst. ed. *The Emancipation of Catholics, Jews and Protestants. Minorities and the Nation State in Nineteenth-Century Europe*. Manchester: Manchester University Press, 1999: 128; Jacob Toury. *Soziale und politische Geschichte der Juden in Deutschland, 1847 – 1871*. Düsseldorf: Droste, 1977; Michael A. Meyer. *German-Jewish History in Modern Times: Emancipation and Acculturation: 1780 – 1871*. New York: Columbia University Press, 1997 (2).

的平等地位（1871年得以实现），而是经历了不确定、迂回的过程。① 在18世纪，德国部分地区禁止犹太人定居在一些地区受到鼓励，有的地区即使允许犹太人定居也还是把他们看作难民，严格控制他们的定居区域和数量，并可能随时驱逐他们。犹太人被歧视性地收取重税，且被排除在一些经济活动之外。② 后来，受拿破仑的影响，德国的一些地区实现了一定程度的解放性立法，尽管这种进步既不统一又不连贯。在普鲁士，最重要的措施可能是《1812法令》，即通过取消一些税收和赋予普鲁士犹太人"本地居民"的地位，一定程度上实现了民事权利的平等，但相应地犹太人要采用德国的姓氏和商务记录（有关犹太人"享受公共服务和担任公职权利"的规定被推迟实施）。然而，解放战争之后，有迹象表明这些早期的进步又日渐倒退。

在普鲁士，众多针对犹太人的歧视性法律在1815—1848年间具有效力。③ 最明显的是犹太人在政治活动和公共服务方面继续受到限制，比如，他们不准参与选举省议会的代表，很多公职也禁止犹太人担任。犹太人不能成为律师或参加陪审团，在某些刑事案件中也不能做证人（"犹太人的誓言"这个词，暗示犹太人常做伪证，被广泛使用）。犹太人可以参军，但不能被提拔为军官。同时，犹太人在经济生活和集体事务中也继续

---

① Reinhard Rürup. "The Tortuous and Thorny Path to Legal Equality: 'Jew Laws' and Emancipatory Legislation in Germany from the Late Eighteenth Century". *Leo Baeck Institute Year Book1986* (31): 3 – 33; Werner E. Mosse. "From 'Schutzjuden' to 'Deutsche Staatsbürger Jüdischen Glaubens': The Long and Bumpy Road of Jewish Emancipation in Germany". ed. Pierre Birnbaum and Ira Katznelson. *Paths of Emancipation: Jews, States, and Citizenship.* Manchester: Princeton University Press, 1995: 59 – 93; Zygmunt Bauman. "Exit Visas and Entry Tickets". Telos Press, 1988 (77): 45.

② Jacob Katz. *Out of the Ghetto: The Social Background of Jewish Emancipation, 1770 – 1870.* Cambridge: Cambridge University Press, 1973; Herman Pollack. *Jewish Folkways in Germanic Lands (1648 – 1806). Studies in Aspects of Daily Life.* Cambridge: Cambridge University Press, 1971; R. Po-Chia Hsia and Hartmut Lehmann. *In and Out of the Ghetto: Jewish-Gentile Relations in Late Medieval and Early Modern Germany.* Cambridge: Cambridge University Press, 1995.

③ David Sorkin. "The Impact of Emancipation on German Jewry: A Reconsideration". Jonathan Frankel and Steven J. Zipperstein. *Assimilation and Community: The Jews in Nineteenth-Century Europe.* Cambridge: Cambridge University Press, 1992: 180.

遭受一些歧视性限制。① 在普鲁士的一些地区限制更加严重，比如在科隆之前把犹太人视作难民的居住权的规定一直未被废除。简言之，在一个政治上整体落后的国家，犹太人继续遭受严重的歧视。②

鲍威尔的《犹太人问题》（1843）对德国关于犹太人解放问题的辩论有短期却巨大的影响。它引起了支持和反对犹太人解放的人们的激烈反应，比如弗里德里希·威廉·吉拉尼和卡尔·格伦。略显意外的是，一些著名的德国犹太人也对该书表达了自己的看法，包括亚伯拉罕·盖各、孟德尔·赫斯、塞缪尔·赫希、古斯塔夫菲利普森、加布里埃尔里赛尔和戈特霍尔德所罗门。③ 对这种影响的解释超出了本章的范围，然而鲍威尔作品册子的形式、内容和历史时机都是相关因素。鲍威尔是一位伟大的辩论家，他的《犹太人问题》极具挑衅性。比如，他称摩西·门德尔松的思想"无益于人类或他自己的民族"④（门德尔松是哈斯卡拉运动的代表人物，宣示了"犹太人也可以成为哲学家，他们可能有崇高的道德"⑤）。另外，鲍威尔的地位也对解放运动的支持者构成潜在的威胁。鲍威尔公然反对犹太人解放运动，尽管他从宗教角度而不是政治角度看待这个问题。（对《犹太人问题》的几个回应来自那些同情改革运动，并认同对犹太人

---

① Herbert Strauss. "Pre-emancipation Prussian Policies Towards the Jews 1815 – 1847". *Leo Baeck Institute Year Book*. 1966 (11): 107–136; Michael A. Meyer. *Response to Modernity: A History of the Reform Movement in Judaism*. Oxford: Oxford University Press, 1988: 30–46; Christopher M. Clark. *The Politics of Conversion: Missionary Protestantism and the Jews in Prussia 1728 – 1941*. Oxford: Oxford University Press, 1995: 99–100.

② Werner E. Mosse. "From '*Schutzjuden*' to '*Deutsche Staatsbürger Jüdischen Glaubens*': The Long and Bumpy Road of Jewish Emancipation in Germany". ed. Pierre Birnbaum and Ira Katznelson. *Paths of Emancipation: Jews, States, and Citizenship*. Manchester: Princeton University Press, 1995: 71.

③ Nathan Rotenstreich. "For and Against Emancipation: The Bruno Bauer Controversy". *Leo Baeck Institute Year Book*. 1959 (4): 3–36.

④ Bruno Bauer. *Die Judenfrag*. Brunswick, 1843: 83; Bruno Bauer. *The Jewish Problem*. ed. Lederer. Cincinnati: Hebrew Union College-Jewish Institute of Religion, 1958: 87.

⑤ Michael A. Meyer. *The Origins of the Modern Jew: Jewish Identity and European Culture in Germany 1749 – 1824*. Detroit, 1967: 58; Heinrich Graetz. *History of the Jews*. Philadelphia, 1895 (5): 292; David Sorkin. *The Transformation of German Jewry, 1780 – 1840*. Oxford: Oxford University Press, 1987.

身份的宗教性定义的人①）最后，鲍威尔关注这一问题之前已经有一系列的事件重新燃起了人们对普鲁士以及对犹太解放问题的兴趣（这些事件包括弗里德里希·威廉四世曾提议普鲁士的犹太人实行自治②，大马士革血谤引起对犹太人的仇恨③，莱茵省议会投票撤销当地对犹太人民事和政治权利的限制④）。

在此，我关注的不是上述辩论，而是马克思回应鲍威尔的主线，这有利于理解马克思早期作品中对政治解放的论述。早在 1842 年 8 月，马克思就考虑创作关于"犹太人问题"的作品，但最后却是因为回应鲍威尔才发表。⑤ 在《论犹太人问题》中，马克思回应了鲍威尔的《犹太人问题》和鲍威尔之后的文章《现代犹太人和基督徒获得自由的能力》，该文章发表在温特图尔的重要文选《来自瑞士的二十一印张》（1843）（该文选标题暗指在德国的很多州超过 20 印张的书籍可以免于初步的审查。正如马克思曾所言，"超过 20 印张的书不是给人民看的"⑥）。几个月后，鉴于鲍威尔的回击，马克思在《神圣家族》中重述了关于"犹太问题"的观点。《神圣家族》是对"批判的批判"的抨击（左派黑格尔者认为，马克思支持鲍威尔等人的观点）⑦（此处所指的只是《神圣家族》中马克思创作的部分）。因为《论犹太人问题》和《神圣家庭》两部作品中，青年马克思对犹太问题的观点没有显著差异，我就不再做进一步区分探讨。

---

① Michael A. Meyer. *Response to Modernity: A History of the Reform Movement in Judaism*. Oxford: Oxford University Press, 1988.
② Michael A. Meyer. *German-Jewish History in Modern Times: Emancipation and Acculturation: 1780 –1871*. Oxford: Oxford University Press, 1997（2）: 46ff.
③ Jonathan Frankel. *The Damascus Affair: "RitualMurder", Politics, and the Jews in 1840*. Cambridge: Cambridge University Press, 1997.
④ Dieter Kastner. *Der Rheinische Provinziallandtag und die Emanzipation der Juden im Rheinland, 1825 –1845. Ein Dokumentation*, part 1. Cologne: Rheinland Verlag, 1989: 55 – 56.
⑤ Marx to Oppenheimer. approximately 25 August 1842, MEW27: 409 – 410; MECW1: 391 – 392; Shulamit S. Magnus. *Jewish Emancipation in a German City. Cologne, 1798 – 1871*. Stanford: Stanford University Press, 1997: 130ff.
⑥ Marx to Arnold Ruge. 13 March 1843, MEW27: 416; MECW1: 398.
⑦ Bruno Bauer. "Neueste Schriftenüber die Judenfrage". *Allgemeine Literatur-Zeitung*, no. 1, December 1843; Bruno Bauer. "Was ist jetzt der Gegenstand der Kritik?". *Allgemeine Literatur-Zeitung*, no. 8, July 1844.

鲍威尔和犹太主义

本章中接下来的三个小节主要阐述鲍威尔中期关于"犹太问题"的作品,特别是《犹太人问题》和《现代犹太人和基督徒获得自由的能力》。本小节将大致介绍鲍威尔对犹太教本质和犹太人历史角色的敌视性评论。之后的两小节中将思考鲍威尔为何认为犹太人不可能获得真正的自由。

鉴于鲍威尔是一个众所周知的无神论者和他本人对《犹太人问题》的介绍,人们猜测在该书中会有很多对宗教的抨击。① 事实上,该书主要是鲍威尔对犹太教和犹太人的无情蔑视。鲍威尔称犹太教"不是教给人们普遍真理",而只是提倡一些"积极的"戒律,但他对这些戒律的解读又近乎诡辩。② 简言之,犹太教被称为是一个排外、积极、虚伪的宗教。

首先,也许是最重要的一点:鲍威尔认为,犹太教是排外的,而基督教却不排外。③ 他引用对《旧约》的研究——尤其是神学家亨斯登伯的《对法令与福音对立之批判》(1839)——来说明犹太教并不"教导人们博爱世人"④。鲍威尔坚持认为,"对犹太人来说,只有一个犹太人是他的兄弟和邻居"⑤。他勉强承认犹太教教义也鼓励向陌生人行善,但认为对犹太人来说,外人永远是外人。⑥ 鲍威尔还列举相反的例子,认为"耶和

---

① Yoav Peled. "From Theology to Sociology: Bruno Bauer and Karl Marx on the Question of Jewish Emancipation". *History of Political Thought*, 1992 (13): 469.
② Bruno Bauer. *Die Judenfrag*. Brunswick, 1843: 12; Bruno Bauer. *The Jewish Problem*. Cincinnati: Hebrew Union College-Jewish Institute of Religion, 1958: 14.
③ Jay M. Harris. *Nachman Krochmal: Guiding the Perplexed of the Modern Age*. New York: New York University Press, 1991.
④ Bruno Bauer. *Die Judenfrag*. Brunswick, 1843: 30; Bruno Bauer. The Jewish Problem. Cincinnati: Hebrew Union College-Jewish Institute of Religion, 1958: 33.
⑤ Heinrich Graetz. *The Structure of Jewish History and Other Essays*. ed. Ismar Schorsch. New York: Jewish Theological Seminary of America, 1975: 155.
⑥ Bruno Bauer. *Die Judenfrag*. Brunswick, 1843: 31; Bruno Bauer. *The Jewish Problem*. ed. Lederer. Cincinnati: Hebrew Union College-Jewish Institute of Religion, 1958: 34.

华是所有民族的上帝，会接纳所有的人"，也只是称其为"例外"，更突出了犹太教的排他性。① 有时鲍威尔暗示犹太教十分敌视普世性，认为它是"对人性的战争"②。鲍威尔认为，基督教中的上帝对所有民族的人们一视同仁，只要接受真正的信仰都能进入上帝的王国③（很明显，鲍威尔掩饰了信仰基督教的重要意义。当我们想到个人的救赎只有依赖于少数人才有幸获得的启示时，基督教的普世性似乎不再显得如此绝对。同时，鲍威尔忽视了历史上犹太教对皈依的开放性，尽管不允许变宗④）。

第二，鲍威尔用黑格尔式的讽刺称犹太教是一个"绝对的"宗教，认为其完全凭借权威规定各种礼仪和教条，完全不顾它们是否合理、是否与信徒的生活一致。⑤ 他指出，犹太教视自己的教条为专制性的、外来的、神秘的就像"耶和华"的旨意，与这一旨意产生的环境毫无关系⑥。犹太教不鼓励对宗教思想的批判，比如饮食方面的某些禁忌决不允许质疑。信徒要做到对"莫名其妙的、霸道的戒律"无条件服从。⑦

第三，犹太教被认为是"荒诞"且"虚伪"的。鲍威尔认为，因为教义不能被理解，更不用说遵守（所以说它们"荒诞"），信徒们千方百计表现得自己好像遵守了教义（所以说它们"虚伪"）。鲍威尔并未说明所谓的虚伪究竟是希伯来《圣经》的本性，还是只存在于后来的犹太法

---

① Bruno Bauer. *Die Judenfrag*. Brunswick, 1843: 32; Bruno Bauer. *The Jewish Problem*. ed. Lederer. Cincinnati: Hebrew Union College-Jewish Institute of Religion, 1958: 35.
② Bruno Bauer. *Die Judenfrag*. Brunswick, 1843: 79; Bruno Bauer. *The Jewish Problem*. ed. Lederer. Cincinnati: Hebrew Union College-Jewish Institute of Religion, 1958: 83.
③ Bruno Bauer. *Die Judenfrag*. Brunswick, 1843: 17; Bruno Bauer. *The Jewish Problem*. ed. Lederer. Cincinnati: Hebrew Union College-Jewish Institute of Religion, 1958: 19.
④ Michael Walzer. Menachem Lorberbaum, and Noam J. Zohar. *The Jewish Political Tradition: Membership*. New Haven, 2003: chapter 14.
⑤ Bruno Bauer. *Die Judenfrag*. Brunswick, 1843: 42; Bruno Bauer. *The Jewish Problem*. ed. Lederer. Cincinnati: Hebrew Union College-Jewish Institute of Religion, 1958: 45.
⑥ Bruno Bauer. *Die Judenfrag*. Brunswick, 1843: 36; Bruno Bauer. *The Jewish Problem*. ed. Lederer. Cincinnati: Hebrew Union College-Jewish Institute of Religion, 1958: 39.
⑦ Bruno Bauer. *Die Judenfrag*. Brunswick, 1843: 37; Bruno Bauer. *The Jewish Problem*. ed. Lederer. Cincinnati: Hebrew Union College-Jewish Institute of Religion, 1958: 40.

典中。① 鲍威尔举例说明这种虚伪：在安息日犹太家庭会雇佣基督徒佣人来工作。② 他称其行为是"犹太人的狡狯"，使它在基督教面前高低立判，并认为其行为"拙劣且可恶"，只能表现出低级"动物的狡猾"③。

上述评价不仅表明鲍威尔对犹太教的冷酷，还暴露了他的某种无知。也许鲍威尔对《圣经》颇有研究，但他对"后圣经"犹太主义的了解非常有限。他过度依赖约翰·安德烈亚斯·艾森门格的庞大、有影响力且无可救药地敌视犹太教的书籍《发现犹太民族》（1700），鲍威尔认为，该书"有着扎实的神学研究成就"④（鲍威尔评价有误。艾森门格是一位卓越的语言学家，也研究了很多相关材料，但是他挑选了一些段落——完全忽略了原文所处的语境——来证实一系列熟悉的基督徒对犹太教理论和犹太人道德的指责⑤）。

从鲍威尔对犹太教和基督教之间关系的描述可以看出，他对犹太教历史性角色的理解。鲍威尔认为，他自己对这种关系的描述反映了"正统"观点，该观点认为，犹太教和基督教是"因"和"果"的关系⑥。然而，我们要谨慎看待相关问题。鲍威尔不是简单地认为基督教脱胎于犹太教，而是认为"犹太教为基督教提供了准备而基督教完善了犹太教"⑦。犹太教和基督教被置于准备与完善的发展框架之内。因此，鲍威尔称，犹太教

---

① David Leopold. "The Hegelian Antisemitism of Bruno Bauer". *History of European Ideas*, 1999 (25): 183-184.
② Bruno Bauer. *Die Judenfrag*. Brunswick, 1843: 43; Bruno Bauer. *The Jewish Problem*. ed. Lederer. Cincinnati: Hebrew Union College-Jewish Institute of Religion, 1958: 46.
③ Bruno Bauer. "Die Fähigkeit der heutigen Juden und Christen, frei zu werden". *Feldzüge der reinen Kritik*. Frankfurt am Main, 1968: 184; "The Capacity of Present-Day Jews and Christians to Become Free". ed. Michael P. Malloy. *The Philosophical Forum*. 1978 (8): 141.
④ Bruno Bauer. *Die Judenfrag*. Brunswick, 1843: 86; Bruno Bauer. *The Jewish Problem*. ed. Lederer. Cincinnati: Hebrew Union College-Jewish Institute of Religion, 1958: 90.
⑤ Jacob Katz. *From Prejudice to Destruction*. Harvard: Harvard University Press, 1982: chapter 1; Frank E. Manuel. *The Broken Staff: Judaism Through Christian Eyes*. Cambridge: Cambridge University Press, 1992: 151-154.
⑥ Bruno Bauer. *Die Judenfrag*. Brunswick, 1843: 15; Bruno Bauer. *The Jewish Problem*. ed. Lederer. Cincinnati: Hebrew Union College-Jewish Institute of Religion, 1958: 17.
⑦ Bruno Bauer. *Die Judenfrag*. Brunswick, 1843: 45; Bruno Bauer. *The Jewish Problem*. ed. Lederer. Cincinnati: Hebrew Union College-Jewish Institute of Religion, 1958: 48.

是"不完整、不成熟的基督教"而基督教是"圆满、成熟的犹太教"①。

鲍威尔曾把犹太教和基督教的关系比作母女。这个比喻不仅为了形象地说明两种宗教之间的关系——女儿对母亲不孝，母亲不认女儿——而且为了说明不同年代人群之间历史发展的概念。② 该发展有两个惊人的特点。鲍威尔称女儿（基督教）有"更高的权利"，处在"发展"的一面③；母亲（犹太教）和女儿（基督教）不能共存（他认为，若"旧"尚在，"新"便不能为新）。④

作为黑格尔的信徒，鲍威尔认为，历史的发展跟"普世性"的逐步实现密不可分。他坚称，基督教相比犹太教的优越性还体现在前者"对全人类的包容"⑤。对黑格尔来说，正是这种承认"普世之爱"确立了基督教对犹太教的优越性和基督教与历史发展的关系⑥（鉴于无神论者立场，鲍威尔认为，基督教承认普世性但并未实现普世性，至少不能完全实现⑦）。

鲍威尔对犹太教灭亡的应然的解释是基于他对普世性的历史发展的描述（体现在犹太教和基督教之间）。⑧ 在这种历史进程中，犹太教中存在

---

① Bruno Bauer. *Die Judenfrag*. Brunswick, 1843: 45; Bruno Bauer. *The Jewish Problem*. ed. Lederer. Cincinnati: Hebrew Union College-Jewish Institute of Religion, 1958: 48.
② Bruno Bauer. *Die Judenfrag*. Brunswick, 1843: 16; Bruno Bauer. *The Jewish Problem*. ed. Lederer. Cincinnati: Hebrew Union College-Jewish Institute of Religion, 1958: 18.
③ Bruno Bauer. *Die Judenfrag*. Brunswick, 1843: 16; Bruno Bauer. *The Jewish Problem*. ed. Lederer. Cincinnati: Hebrew Union College-Jewish Institute of Religion, 1958: 18.
④ Bruno Bauer. *Die Judenfrag*. Brunswick, 1843: 15 – 16; Bruno Bauer. *The Jewish Problem*. ed. Lederer. Cincinnati: Hebrew Union College-Jewish Institute of Religion, 1958: 18.
⑤ Bruno Bauer. "Die Fähigkeit der heutigen Juden und Christen, frei zu werden". *Feldzüge der reinen Kritik*. Frankfurt am Main, 1968: 184; "The Capacity of Present-Day Jews and Christians to Become Free". ed. Michael P. Malloy. *The Philosophical Forum*. 1978 (8): 141.
⑥ Bruno Bauer. "Die Fähigkeit der heutigen Juden und Christen, frei zu werden". *Feldzüge der reinen Kritik*. Frankfurt am Main, 1968: 184; "The Capacity of Present-Day Jews and Christians to Become Free". ed. Michael P. Malloy. *The Philosophical Forum*. 1978 (8): 141.
⑦ Bruno Bauer. "Die Fähigkeit der heutigen Juden und Christen, frei zu werden". *Feldzüge der reinen Kritik*. Frankfurt am Main, 1968: 191; "The Capacity of Present-Day Jews and Christians to Become Free". ed. Michael P. Malloy. *The Philosophical Forum*. 1978 (8): 146 – 147.
⑧ Bruno Bauer. *Die Judenfrag*. Brunswick, 1843: 45; Bruno Bauer. *The Jewish Problem*. ed. Lederer. Cincinnati: Hebrew Union College-Jewish Institute of Religion, 1958: 48.

的任何有价值的思想都被基督教吸纳。一件事物是否有理由存在，被认为取决于它是否有自己的价值来促进历史的进步。因此，一旦更完美的事物出现在历史舞台上，不太完美的事物就没有理由继续存在。鲍威尔对类似于黑格尔式的描述坚信不疑，这就解释了他为什么敌视当时的犹太主义。为了诞生基督教，犹太教做出了自己的历史贡献，已经没有继续存在的理由。鲍威尔甚至认为，犹太人的继续存在是历史性"错误"。①

对犹太教和基督教历史关系的描述，为理解鲍威尔在中期作品中对犹太人本性的描述提供了背景。② 对鲍威尔来说，犹太人之所以为犹太人是由他们的宗教信仰决定的。不仅受过浸礼的犹太人不再是犹太人，敢于充分挑战犹太教教义的犹太人也不再被认为是犹太人，比如，斯宾诺莎③（他因为所谓的"异端邪说"于1656年被驱逐出阿姆斯特丹的犹太社区④）。

鲍威尔认为，"排外性"——坚定认为自己是"被选中的人"——是犹太人的根本特点。⑤ 犹太人迷恋优越感及巨大的特权带来的特殊宿命。⑥ 他认为，特权思想存在于犹太人的本性当中。⑦

"排外性"还被用来解释犹太人具有的其他特点，包括他们的"自负和傲慢"⑧，他们的残酷（所谓的犹太式勇气，只能说明他们的"兽性"，

---

① Bruno Bauer. *Die Judenfrag*. Brunswick, 1843: 34; Bruno Bauer. *The Jewish Problem*. ed. Lederer. Cincinnati: Hebrew Union College-Jewish Institute of Religion, 1958: 37.
② Bruno Bauer. *Die Judenfrag*. Brunswick, 1843: 74; Bruno Bauer. *The Jewish Problem*. ed. Lederer. Cincinnati: Hebrew Union College-Jewish Institute of Religion, 1958: 78.
③ Bruno Bauer. *Die Judenfrag*. Brunswick, 1843: 9; Bruno Bauer. *The Jewish Problem*. ed. Lederer. Cincinnati: Hebrew Union College-Jewish Institute of Religion, 1958: 11.
④ Steven Nadler. *Spinoza: A Life*. Cambridge: Cambridge University Press, 1999: chapter 6; Steven Nadler. *Spinoza's Heresy: Immortality and the Jewish Mind*. Oxford: Oxford University Press, 2001.
⑤ Bruno Bauer. *Die Judenfrag*. Brunswick, 1843: 14; Bruno Bauer. *The Jewish Problem*. ed. Lederer. Cincinnati: Hebrew Union College-Jewish Institute of Religion, 1958: 16.
⑥ David Novak. *The Election of Israel: The Idea of the Chosen People*. Cambridge: Cambridge University Press, 1995.
⑦ Bruno Bauer. *Die Judenfrag*. Brunswick, 1843: 30; Bruno Bauer. *The Jewish Problem*. ed. Lederer. Cincinnati: Hebrew Union College-Jewish Institute of Religion, 1958: 32.
⑧ Bruno Bauer. *Die Judenfrag*. Brunswick, 1843: 39; Bruno Bauer. *The Jewish Problem*. ed. Lederer. Cincinnati: Hebrew Union College-Jewish Institute of Religion, 1958: 42.

是动物消灭自认为"无权生存"① 对手的"野蛮"),特别是他们"顽固地坚持"自己的民族身份,且拒绝"历史的改变和发展"②(鲍威尔用黑格尔式的贬损性语言"不可变性——拒绝进步"来描述犹太人的"东方性"③)。面对犹太人继续存在和预言它们灭亡的历史哲学之间的冲突,鲍威尔从未真正质疑过后者。相反他谴责的是犹太人的固执,称其违反了"历史发展的最重要规律",即人类发展和进步的倾向。④

鲍威尔曾放言,"自从《塔木德》之后犹太人再无历史"⑤。这不是说犹太人未受变化的影响,而是说犹太人不再对历史的发展做出贡献(有人甚至认为自从中世纪之后他们一直阻碍历史的发展)。鲍威尔认为,没有明确资料显示犹太人对西方文明的进步做出了贡献,这印证了上文提到的对犹太人本性的极端描述。他进一步指出,犹太人没有对欧洲政治或科学的进步做出任何重大贡献。

为了说明犹太人"从未对国家有任何有益的影响",鲍威尔称波兰(犹太人口相当于欧洲其他国家犹太人口总和的国家)是"欧洲最不完美的国家"⑥。鲍威尔认为,多数犹太人选择一个"在很大程度上算不上国家"的地方安身,更证明他们没有能力成为"真正国家"的成员。⑦

为了说明犹太人从未对科学进步做出贡献,鲍威尔运用反例采取双重策略:要么否认贡献的价值,要么把可能的贡献者排除在外。摩西·迈蒙尼德是第一策略的受害者,他"模糊、混乱、奴性的诡辩"被拿来与中

---

① Bruno Bauer. *Die Judenfrag*. Brunswick, 1843: 39; Bruno Bauer. *The Jewish Problem*. ed. Lederer. Cincinnati: Hebrew Union College-Jewish Institute of Religion, 1958: 42 – 43.
② Bruno Bauer. *Die Judenfrag*. Brunswick, 1843: 4 – 5; Bruno Bauer. *The Jewish Problem*. ed. Lederer. Cincinnati: Hebrew Union College-Jewish Institute of Religion, 1958: 5.
③ Bruno Bauer. *Die Judenfrag*. Brunswick, 1843: 11; Bruno Bauer. *The Jewish Problem*. ed. Lederer. Cincinnati: Hebrew Union College-Jewish Institute of Religion, 1958: 12.
④ Bruno Bauer. *Die Judenfrag*. Brunswick, 1843: 5; Bruno Bauer. *The Jewish Problem*. ed. Lederer. Cincinnati: Hebrew Union College-Jewish Institute of Religion, 1958: 5.
⑤ Bruno Bauer. *Die Judenfrag*. Brunswick, 1843: 82; Bruno Bauer. *The Jewish Problem*. ed. Lederer. Cincinnati: Hebrew Union College-Jewish Institute of Religion, 1958: 87.
⑥ Artur Eisenbach. *The Emancipation of the Jews in Poland*, 1780 – 1870. Oxford: Oxford University Press, 1991: chapter 2.
⑦ Bruno Bauer. *Die Judenfrag*. Brunswick, 1843: 7; Bruno Bauer. The Jewish Problem. ed. Lederer. Cincinnati: Hebrew Union College-Jewish Institute of Religion, 1958: 7 – 8.

世纪后期的基督徒烦琐哲学家的缜密和深刻对比;① 斯宾诺莎是第二策略的受害者,尽管他对哲学的重大贡献得到认可,但他本人被认为"在创造出他的思想体系之时就不再是犹太人"②。

对斯宾诺莎的不同评价反映了鲍威尔观点的重要发展。在中期和晚期的作品中,鲍威尔都称犹太人不可能有真正的思想成就。他改变了对犹太人的定义,在有些情况下还改变了对某些思想价值的评价。在鲍威尔的中期作品中——当他还在从宗教的角度定义犹太人——斯宾诺莎被认为是有创见的、重要的思想家,但不是犹太人。然而,在晚期作品中,受当时对犹太人种族歧视作品的影响,鲍威尔开始从生物学角度定义犹太人,称犹太人与欧洲的基督信徒相比存在"不一样的血液",这种血液使他们不能被同化,为把他们排除在政治之外而进行辩护。根据这种定义,斯宾诺莎一定是犹太人,但为了不与之前的言论——犹太人不可能有真正的思想成就——相冲突,鲍威尔改称,斯宾诺莎的思想毫无创见、微不足道。③

鉴于犹太人在政治和科学发展方面的无能,鲍威尔警告人们不要欣赏犹太人的固执。他坚称对历史发展做出贡献并顺从这种进步,这无可厚非。他指出,我们并不会因为古希腊的山脉今日尚存,而荷马、沙孚克里斯、培里克里斯和亚里士多德等人的时代已经消逝在历史长河中,就判定希腊的山脉比古希腊文化更伟大。④ 鲍威尔认为,犹太人的顽固不仅不值得赞美,而且还是"自私、守旧,试图否认历史发展的真正意义"⑤。

---

① Bruno Bauer. *Die Judenfrag*. Brunswick, 1843: 83; Bruno Bauer. *The Jewish Problem*. ed. Lederer. Cincinnati: Hebrew Union College-Jewish Institute of Religion, 1958: 88.
② Bruno Bauer. *Die Judenfrag*. Brunswick, 1843: 9; Bruno Bauer. *The Jewish Problem*. ed. Lederer. Cincinnati: Hebrew Union College-Jewish Institute of Religion, 1958: 11.
③ Bruno Bauer. *Das Judenthum in der Fremde*. F. Heinicke, 1863: 7.
④ Bruno Bauer. *Die Judenfrag*. Brunswick, 1843: 12; Bruno Bauer. *The Jewish Problem*. ed. Lederer. Cincinnati: Hebrew Union College-Jewish Institute of Religion, 1958: 14.
⑤ Bruno Bauer. *Die Judenfrag*. Brunswick, 1843: 33; Bruno Bauer. *The Jewish Problem*. ed. Lederer. Cincinnati: Hebrew Union College-Jewish Institute of Religion, 1958: 36.

鲍威尔和真正的自由

在 19 世纪的德国，很多人虽然对犹太人持有偏见却乐见取消各种歧视犹太人的法规（很难找到支持犹太人解放却又不歧视犹太人的德国基督徒）。黑格尔提供了一个著名的相关例子——这是因为他作品中的一些负面主线以一种更加激进的形式出现在鲍威尔自己的作品中。对犹太教和犹太人的贬损贯穿了黑格尔的作品。比如，在《黑格尔早期神学著作》中，他认为，犹太人的宗教文化"奴性十足"，多次指出犹太教是典型的"不容怀疑"——即专断、无理——的宗教，犹太教中的上帝与自然及社会格格不入。① 尽管有证据显示黑格尔在这些问题上的看法有所缓和——如在后期的作品中，他肯定了基督之前的犹太教对历史发展的贡献——但根本的观点一直没有改变。② 尽管如此，黑格尔还是非常支持解放犹太人。他在《法哲学原理》中写道，既然犹太人也是人，在理性的国家里，他们就应享有同样的权利，社会应该包容他们。③

对犹太人和犹太教的偏见并不能完全解释鲍威尔为什么拒绝让犹太人享有与基督徒一样的民事，政治权利。这一观点的理由需要进一步分析。

很明显，鲍威尔认为，犹太人不可能享有真正的自由。他提出的理由各式各样，但很模糊、费解（鲍威尔远远算不上一个审慎、一贯的思想家，他在中期作品中有时对此引以为荣，似乎这么做更能体现他的激进）。通过区分鲍威尔同时代人为德国犹太人追求的自由（仅仅是"解放"）和鲍威尔视野中的"真正的自由"可以梳理出一些头绪。④ 本小节剩余部分讨论的是鲍威尔视野中的"真正自由"（下一小节会探讨他对

---

① Georg Lukács. *The Young Hegel*. London: Merlin Press, 1975: 3 – 18.
② Peter Hodgson. "The Metamorphosis of Judaism in Hegel's Philosophy of Religion". *The Owl of Minerva*. 1987 (19): 41 – 52; Yirmiyahu Yovel. *Dark Riddle: Hegel, Nietzsche, and the Jews*. Cambridge: Cambridge University Press, 1998.
③ *Philosophie des Rechts* § 270A.
④ Bruno Bauer. *Die Judenfrag*. Brunswick, 1843: 87; Bruno Bauer. *The Jewish Problem*. ed. Lederer. Cincinnati: Hebrew Union College-Jewish Institute of Religion, 1958: 92.

"解放"的批判)。

对鲍威尔来说,"真正的自由"可能构成人类历史发展的目标和推动力。① 只有在真正自由的环境中,人类的本性才能充分表现出来,历史的进程可以看作人类自我实现的过程。真正的自由要求个体理解并承认人类的共性。一个真正自由的社会不仅承认人性的"相通性",还会在社会和政治制度中体现这一点。这样的社会也许尚不存在,但是,鲍威尔曾认为美好的未来近在咫尺。人类被认为是站在历史发展的十字路口,一场"彻底的革命"可以治愈"所有的社会病"。② 在当前语境中,很有必要分析鲍威尔式的关于真正自由本质的三个观点。

第一个关于真正自由本质的观点是真正的自由与宗教信仰不兼容。对鲍威尔来说,宗教是人类自我意识发展的过渡阶段。宗教的不足体现在认知和实践方面的缺陷,这阻碍了真正自由的实现。宗教在认知方面的缺陷体现在它错误地把人性等同于某些局部特征,如割礼和洗礼;③ 在实践方面的缺陷在于鼓励局部性的认同,这导致了社会冲突,甚至在一定程度上构成了政治和社会"偏见"的"基础"。④ 简言之,宗教与实现真正自由的认知和实践条件相冲突,即理解且承认人类的共性。宗教不承认人类的共性(因为它体现了局部,导致错误看待人性),而且使不同的个体相互为敌(因为基于局部认同的宗教对社会有分裂性)。

对宗教缺陷的描述丰富了鲍威尔关于社会应当理解并且承认人类共性

---

① Bruno Bauer. "Die Fähigkeit der heutigen Juden und Christen, frei zu werden". *Feldzüge der reinen Kritik*. Frankfurt am Main, 1968: 175; "The Capacity of Present-Day Jews and Christians to Become Free". ed. Michael P. Malloy. *The Philosophical Forum*. 1978 (8): 135.

② Bruno Bauer. "Die Fähigkeit der heutigen Juden und Christen, frei zu werden". *Feldzüge der reinen Kritik*. Frankfurt am Main, 1968: 192; "The Capacity of Present-Day Jews and Christians to Become Free". ed. Michael P. Malloy. *The Philosophical Forum*. 1978 (8): 147.

③ Bruno Bauer. "Die Fähigkeit der heutigen Juden und Christen, frei zu werden". *Feldzüge der reinen Kritik*. Frankfurt am Main, 1968: 175; "The Capacity of Present-Day Jews and Christians to Become Free". ed. Michael P. Malloy. *The Philosophical Forum*. 1978 (8): 135; David Leopold. "The Hegelian Antisemitism of Bruno Bauer". *History of European Ideas* 1999 (25): 191.

④ Bruno Bauer. *Die Judenfrag*. Brunswick, 1843: 95–96; Bruno Bauer. *The Jewish Problem*. Cincinnati: Hebrew Union College-Jewish Institute of Religion, 1958: 101.

的看法。实现真正自由的政治条件是用鲍威尔有时称之为"共同体"① 的"更高级的国家"取代当前的"基督教国家"。② 根据鲍威尔的说法,"基督教国家是承认其基督性质和把基督教指定为国教的国家"。如此,基督教国家是建立在局部特权之上的国家。相比之下,鲍威尔眼中的"共同体"是一个只有"权利"而没有"特权"的国家,在这样的国家中政治是"所有人的事"。③ 鲍威尔认为,只有在不存在宗教的国家,这些才是可能的。

需要注意的是,根据鲍威尔的说法,仅仅消灭国家中的宗教特权是不够的,建立"共同体"除了要满足政治条件之外,还要满足个体方面的条件。要实现真正自由还要求个体接受所谓的鲍威尔式的无神论。这个无神论由两个要素构成。一方面个体要放弃他们的宗教信仰,另一方面个体要用对全人类的认同来取代被放弃的信仰(这种认同还需要详细介绍)。简言之,鲍威尔式的无神论者不仅要放弃自己的宗教信念,还要"把全人类的事业当作自己的事业"④。

有关第一个真正自由本质的观点在要分析的两篇文章中构成了最为重要的一点,鲍威尔由此形成了同时适用于犹太教和基督教的批判。⑤ 对基督教的普世性和犹太教的排外性的对比整体上贯穿了中期作品,与鲍威尔的辩论主线形成强烈冲突,后者认为基督教违反了所有宗教中都很重要的局部认同。也许有必要介绍这些观点的背景。当鲍威尔攻击犹太教时,他似乎十分强调基督教的普世性;而当他考虑鲍威尔式无神论的优势之时,他又批判了所有的宗教。

---

① Bruno Bauer. *Die Judenfrag*. Brunswick, 1843: 20; Bruno Bauer. *The Jewish Problem*. Cincinnati: Hebrew Union College-Jewish Institute of Religion, 1958: 23.
② Bruno Bauer. *Die Judenfrag*. Brunswick, 1843: 68; Bruno Bauer. *The Jewish Problem*. Cincinnati: Hebrew Union College-Jewish Institute of Religion, 1958: 70.
③ Bruno Bauer. *Die Judenfrag*. Brunswick, 1843: 88; Bruno Bauer. *The Jewish Problem*. ed. Lederer. Cincinnati: Hebrew Union College-Jewish Institute of Religion, 1958: 93.
④ Bruno Bauer. "Die Fähigkeit der heutigen Juden und Christen, frei zu werden". *Feldzüge der reinen Kritik*. Frankfurt am Main, 1968: 177; "The Capacity of Present-Day Jews and Christians to Become Free". ed. Michael P. Malloy. *The Philosophical Forum*. 1978 (8): 137.
⑤ "Zur Judenfrage", MEW1: 348 - 349; "On the Jewish Question", MECW3: 148; "On the Jewish Question", EW: 213.

第二个关于真正自由本质的观点是，基督教比犹太教更接近真正自由。考虑到真正自由和普世性之间的联系，鲍威尔用基督教和真正自由概念上的相近来详细陈述基督教的优越性。① 他毫不犹豫地用评价性的语言来描述相近性。鲍威尔认为，要实现真正自由，"基督教远胜于犹太教，基督徒远胜于犹太人"②。

第三个也是最后一个关于真正自由本质的观点是：要实现真正自由，基督教比犹太教更重要。对这个观点将从两个方向展开论述。

首先，鲍威尔认为，与基督徒相比犹太人更难放弃自己的信仰。他基于基督教和真正自由概念上的相似性得出基督徒更容易采信鲍威尔式的无神论。鲍威尔用历史进步和个人发展中的概念演进来表达这种相对的简单。正如人类为实现真正自由必须先后经历犹太教和基督教，犹太人"必须放弃他作为犹太人的本性，放弃他的宗教信仰，并且不能相信任何其他宗教"③。鲍威尔认为，"基督徒只需经历一个阶段，即超越自己的宗教便可超越所有的宗教，而犹太人如果想实现自由会更困难"④。鲍威尔虽未曾表示对犹太人来说这样的双重飞跃是不可能的，但从他的文章中可以看出，他就是秉持这一观点。

其次，鲍威尔区分了犹太人和基督徒脱教的不同后果。根据鲍威尔无神论的两个方面——抛弃宗教信仰和对全人类产生认同——鲍威尔认为与基督徒不同，犹太人只能满足第一个条件。为了便于比较，鲍威尔把两种宗教都看作体现宗教教义不认可的一些事物。当个体抛弃原来的宗教信

---

① Bruno Bauer. "Die Fähigkeit der heutigen Juden und Christen, frei zu werden". *Feldzüge der reinen Kritik*. Frankfurt am Main, 1968: 183; "The Capacity of Present-Day Jews and Christians to Become Free". ed. Michael P. Malloy. *The Philosophical Forum*. 1978 (8): 140.

② Bruno Bauer. "Die Fähigkeit der heutigen Juden und Christen, frei zu werden". *Feldzüge der reinen Kritik*. Frankfurt am Main, 1968: 192; "The Capacity of Present-Day Jews and Christians to Become Free". ed. Michael P. Malloy. *The Philosophical Forum*. 1978 (8): 147.

③ Bruno Bauer. "Die Fähigkeit der heutigen Juden und Christen, frei zu werden". *Feldzüge der reinen Kritik*. Frankfurt am Main, 1968: 192; "The Capacity of Present-Day Jews and Christians to Become Free". ed. Michael P. Malloy. *The Philosophical Forum*. 1978 (8): 147.

④ Bruno Bauer. "Die Fähigkeit der heutigen Juden und Christen, frei zu werden". *Feldzüge der reinen Kritik*. Frankfurt am Main, 1968: 192; "The Capacity of Present-Day Jews and Christians to Become Free". ed. Michael P. Malloy. *The Philosophical Forum*. 1978 (8): 147.

仰，他们被认为是把对这些事物的追求从宗教的羁绊中解放出来。犹太教和基督教的区别在于它们包含的事物。鲍威尔认为，犹太教只能包含一些具体的利益。如果犹太人摆脱了教规，只会变得更加自私，只是少了束缚，比如饮食方面的戒律①，除此之外好像没有任何益处。相比之下，基督教包含的事物要广泛得多。鲍威尔认为，如果基督教特别是新教取消的话将使人们变得"完整、自由，有能力进行最高层次的创造"②。似乎基督徒对普世利益的关心，如果从宗教外壳中解放出来的话，将自动变成关心全人类利益的鲍威尔式的无神论。犹太人"若无视对他形成束缚的教规对人类也毫无贡献"，而基督徒"若从教义中解放出来将对人类的利益鞠躬尽瘁"③。

左派黑格尔认为，宗教异化具有基础性的地位，一旦宗教限制被颠覆，所有其他束缚包括社会和政治限制都会自动消除。鲍威尔认为，这只适用于基督教。似乎人类面临一场翻天覆地的革命以便解决这一切问题，而犹太人似乎无力来促进历史的进步。鲍威尔称，只有基督教的背教者"促进了反对不自由的斗争"，而犹太教的背教者只是"取消了有害自己最佳利益的约束"④。因此，鲍威尔认为，犹太教不仅远次于基督教，还"远逊于决定整个人类命运的自由和革命的可能性"⑤。

---

① Bruno Bauer. "Die Fähigkeit der heutigen Juden und Christen, frei zu werden". *Feldzüge der reinen Kritik*. Frankfurt am Main, 1968: 186; "The Capacity of Present-Day Jews and Christians to Become Free". ed. Michael P. Malloy. *The Philosophical Forum*. 1978 (8): 143.
② Bruno Bauer. "Die Fähigkeit der heutigen Juden und Christen, frei zu werden". *Feldzüge der reinen Kritik*. Frankfurt am Main, 1968: 186; "The Capacity of Present-Day Jews and Christians to Become Free". ed. Michael P. Malloy. *The Philosophical Forum*. 1978 (8): 143.
③ Bruno Bauer. "Die Fähigkeit der heutigen Juden und Christen, frei zu werden". *Feldzüge der reinen Kritik*. Frankfurt am Main, 1968: 186; "The Capacity of Present-Day Jews and Christians to Become Free". ed. Michael P. Malloy. *The Philosophical Forum*. 1978 (8): 143.
④ Bruno Bauer. "Die Fähigkeit der heutigen Juden und Christen, frei zu werden". *Feldzüge der reinen Kritik*. Frankfurt am Main, 1968: 186; "The Capacity of Present-Day Jews and Christians to Become Free". ed. Michael P. Malloy. *The Philosophical Forum*. 1978 (8): 143.
⑤ Bruno Bauer. "Die Fähigkeit der heutigen Juden und Christen, frei zu werden". *Feldzüge der reinen Kritik*. Frankfurt am Main, 1968: 192; "The Capacity of Present-Day Jews and Christians to Become Free". ed. Michael P. Malloy. *The Philosophical Forum*. 1978 (8): 147.

鲍威尔和解放

鲍威尔对解放德国犹太人的多种形式提出反对,让人费解。然而通过分析,他的同时代人偏爱的三种解放策略可以大致厘清鲍威尔的论述结构。根据"转教策略",德国犹太人如果皈依基督教便可获得真正自由;根据"延伸策略",可以把当时大部分基督教国家同时代人享受到的特权延伸至德国犹太人;根据"法式策略",可以成立一个中立的国家,在这个国家中民权和政治权利的分配跟宗教信仰无关。

鲍威尔对上述所有策略不屑一顾,认为每个策略都未触及国家的宗教性质或个人的宗教本质,都不能满足真正自由的要求。鲍威尔在中期作品中也许最重要的是强调认为真正的自由,特别对犹太人来说,是不可能实现的,这一点激怒了很多人,是本小节讨论的主要内容。

根据"转教策略",德国犹太人只要皈依基督教就可以获得真正的自由。鲍威尔否认一个犹太人可以通过"幻想、自欺的洗礼"变成"自由人"[1]。除了它不能满足实现真正自由的条件——未触及个人和国家的宗教性——鲍威尔还提出了另外两条反对该策略的理由。

第一,皈依基督教总不是发自内心的。所有的皈依都是为了满足个人利益、个人欲望而不是为了实现自由。[2] 对于这一颇受争议的观点,鲍威尔并没有提供证据。[3]

第二,转教难以实现。他认为基督徒和犹太人都是"仆人和奴隶",

---

[1] Bruno Bauer. "Die Fähigkeit der heutigen Juden und Christen, frei zu werden". *Feldzüge der reinen Kritik*. Frankfurt am Main, 1968: 193; "The Capacity of Present-Day Jews and Christians to Become Free". ed. Michael P. Malloy. *The Philosophical Forum*. 1978 (8): 148.

[2] Bruno Bauer. "Die Fähigkeit der heutigen Juden und Christen, frei zu werden". *Feldzüge der reinen Kritik*. Frankfurt am Main, 1968: 193; "The Capacity of Present-Day Jews and Christians to Become Free". ed. Michael P. Malloy. *The Philosophical Forum*. 1978 (8): 148.

[3] Carl Cohen. "The Road to Conversion". *Leo Baeck Institute Year Book*. 1961 (6): 259 – 279; Steven M. Lowenstein. *The Berlin Jewish Community. Enlightenment, Family, and Crisis, 1770 – 1830*. Oxford: Oxford University Press, 1994: 168ff; Deborah Hertz. *Jewish High Society in Old Regime Berlin*. New Haven: Yale University Press, 1988: chapter 7.

转教只是"把享有特权的一群人换成另外一群,把一群辛苦的人变得更加有利可图"①。尽管有大量相反的证据证明,鲍威尔还是否认与大多数人相比,德国犹太人是劣势群体。在一个尚未成为"共同体"的国家,即使大多数人享有民权也是无效、无益的。② 鲍威尔甚至提出,那些赋予臣民民权的基督教国家的状况比非如此国家的状况"更糟"。③ 他甚至说,德国犹太人受到的公然歧视相比基督徒生活中"表面的光鲜",还要更好一些④(因为德国犹太人是基于个体逃脱被归为受歧视的少数群体的可能性,而不是基于消灭这种歧视。也许有人怀疑对转教这一"解放"策略的描述,然而,在19世纪上半叶,很多犹太人把转教当作摆脱就业限制的一个途径。⑤ 就业自由的重要性不应被低估,尽管转教不能使犹太人摆脱歧视或自我怀疑,但它却让爱·甘斯能够在柏林大学任教,让马克思的父亲能够在特里尔从事律师工作⑥)。

根据"延伸策略",如果德国犹太人可以与德国其他大多数人享有同样的权利,他们便获得了真正的自由。"延伸策略"的前提是存在一个基

---

① Bruno Bauer. "Die Fähigkeit der heutigen Juden und Christen, frei zu werden". *Feldzüge der reinen Kritik*. Frankfurt am Main, 1968: 193; "The Capacity of Present-Day Jews and Christians to Become Free". ed. Michael P. Malloy. *The Philosophical Forum*. 1978 (8): 148.

② Bruno Bauer. *Die Judenfrag*. Brunswick, 1843: 88; Bruno Bauer. *The Jewish Problem*. ed. Lederer. Cincinnati: Hebrew Union College-Jewish Institute of Religion, 1958: 93.

③ Bruno Bauer. *Die Judenfrag*. Brunswick, 1843: 88; Bruno Bauer. *The Jewish Problem*. ed. Lederer. Cincinnati: Hebrew Union College-Jewish Institute of Religion, 1958: 93.

④ Bruno Bauer. *Die Judenfrag*. Brunswick, 1843: 88; Bruno Bauer. *The Jewish Problem*. ed. Lederer. Cincinnati: Hebrew Union College-Jewish Institute of Religion, 1958: 93.

⑤ Jacob Toury. *Soziale und politische Geschichte der Juden in Deutschland*. Droste, 1977: 53; Warren I. Cohn. "The Moses Isaacs Family Trust-Its History and Significance". *Leo Baeck Institute Year Book*. 1973 (18): 267 - 280.

⑥ Hanns Günther Reissner. "Rebellious Dilemmas: The Case Histories of Eduard Gans and Some of His Partisans". *Leo Baeck Institute Year Book*. 1957 (2): 179 - 193; Hans Günther Reissner. *Eduard Gans: Ein Leben im Vormärz* (Tübingen, Norbert Waszek, Eduard Gans (1797 - 1839): *Hegelianer-Jude-Europäer: Texte und Dokumente*. Frankfurt am Main, 1991; Heinz Monz. *Karl Marx: Grundlagen der Entwicklung zu Leben und Werk*. Trier: Trier, 1973: chapters 17 - 19; Lewis S. Feuer. "The Conversion of Karl Marx's Father". *Jewish Journal of Sociology* (14): 149 - 166; Saul K. Padover. "The Baptism of Karl Marx's Family". *Midstream*. 1978 (34): 36 - 44; David Vital. *A People Apart: The Jews in Europe, 1789 - 1939*. Oxford: Oxford University Press, 1999: 125.

督教国家，在这个国家中民权是部分人的特权而不是普惠性的权利。[1] 然而，有人认为，不必对国家的本质进行根本性的改变，只要把大多数基督徒享受到的民权和政治权利扩散到非基督徒，他们就可以实现自由。鲍威尔认为，除了不能满足实现真正自由的条件，鲍威尔针对"延伸策略"提出了四点反对意见。

第一，要求基督教国家向非基督徒扩散权利的策略在某些方面会不一致。他认为，基督教国家"是承认自己基督教性质和把基督教定位国教的国家"[2]。因为基督教和犹太教"相互排斥"，基督教国家必然要歧视犹太人。[3] 基督教国家之所以是基督教国家，就是因为局部特权，如果把基督徒享有的特权扩散到犹太人的话会削弱基督教国家的本质（这个观点在当时反对犹太解放的保守派中很流行[4]）。

支持者认为"延伸策略"的尝试，只不过在"解放战争"中，当德国的某些地方把民权"全面"地扩散给犹太人的时候又被放弃了。[5] 然而，鲍威尔强调这种特权的延伸，在基督教国家面临瓦解的"特殊时期"可作为权宜之计。[6] 他称"解放战争"的经历表明延伸策略并不是稳定或长久之计，只是表明在"特殊时期"基督教国家——"面临灭顶之灾之时"——也许会向"更高级的国家理念"暂时做出妥协。[7]

第二，鲍威尔对认为基督教国家歧视犹太人是不当行为的"延伸策

---

[1] Bruno Bauer. *Die Judenfrag*. Brunswick, 1843: 88; Bruno Bauer. *The Jewish Problem*. ed. Lederer. Cincinnati: Hebrew Union College-Jewish Institute of Religion, 1958: 92.
[2] Bruno Bauer. *Die Judenfrag*. Brunswick, 1843: 68; Bruno Bauer. *The Jewish Problem*. ed. Lederer. Cincinnati: Hebrew Union College-Jewish Institute of Religion, 1958: 70.
[3] Bruno Bauer. *Die Judenfrag*. Brunswick, 1843: 53; Bruno Bauer. *The Jewish Problem*. ed. Lederer. Cincinnati: Hebrew Union College-Jewish Institute of Religion, 1958: 56.
[4] Shulamit S. Magnus. *Jewish Emancipation in a German City. Cologne, 1798—1871*. California: Stanford University Press, 1997: 102.
[5] Bruno Bauer. *Die Judenfrag*. Brunswick, 1843: 59; Bruno Bauer. *The Jewish Problem*. ed. Lederer. Cincinnati: Hebrew Union College-Jewish Institute of Religion, 1958: 62.
[6] Bruno Bauer. *Die Judenfrag*. Brunswick, 1843: 59; Bruno Bauer. *The Jewish Problem*. ed. Lederer. Cincinnati: Hebrew Union College-Jewish Institute of Religion, 1958: 62.
[7] Bruno Bauer. *Die Judenfrag*. Brunswick, 1843: 20; Bruno Bauer. *The Jewish Problem*. ed. Lederer. Cincinnati: Hebrew Union College-Jewish Institute of Religion, 1958: 23.

略"的支持者提出挑战。鲍威尔称,在基督教国家"迫害犹太人毫无过错"①,因为以下两点:歧视犹太人是基督教国家的本质要求②;不当行为是违反主体本性的行为。他认为,基督教国家歧视犹太人并无不当,因为该行为"不违反它的基本准则"③。

第三,"延伸策略"并不是为了给所有人争取自由,而是为了给少数群体争取物质利益。他还否认通过把基督徒享受的特权分享给犹太人就可以实现这个目标。鲍威尔认为,享有民权的德国人跟犹太人相比,不仅没有优势反而处于劣势。即使犹太人能跟大多数人享有一样的民权,这对他们来说并无多大益处,反而可能为其所累。

第四,真正追求自由,应该消灭特权而不是延伸特权。鲍威尔认为,有意义的自由才是真正的自由,特权延伸推迟而不是推动了自由的实现,特权只有受到了直接攻击才可能被消灭,而"延伸策略"只是缓兵之计。他认为,竭力推行犹太人的解放会忽略其他方面的问题。"犹太解放的支持者"忽视了在这个专制国家中的"同胞"所遭受的苦难(当然,这些"苦难同胞"包括那些因享有民权而因此据说比犹太人处境更糟的基督徒④)。

根据"法式策略",可以成立一个中立的国家,在这个国家中,民权和政治权利的分配与宗教信仰无关。当然,在鲍威尔的同时代人中有很多德国人很欣赏法式的政治问题的解决策略(如卢格认为,在政治问题中"法国人树立了榜样"⑤)。鲍威尔称,法国政治的热心观察员认为"七月革命废除了法国的国教,使它摆脱了教士的影响,使民权和政治权利独立

---

① Bruno Bauer. *Die Judenfrag*. Brunswick,1843:68,101;Bruno Bauer. *The Jewish Problem*. ed. Lederer. Cincinnati:Hebrew Union College-Jewish Institute of Religion,1958:70,107.
② Bruno Bauer. *Die Judenfrag*. Brunswick,1843:3;Bruno Bauer. *The Jewish Problem*. ed. Lederer. Cincinnati:Hebrew Union College-Jewish Institute of Religion,1958:3.
③ Bruno Bauer. *Die Judenfrag*. Brunswick,1843:92;Bruno Bauer. *The Jewish Problem*. ed. Lederer. Cincinnati:Hebrew Union College-Jewish Institute of Religion,1958:97.
④ Bruno Bauer. *Die Judenfrag*. Brunswick,1843:87;Bruno Bauer. *The Jewish Problem*. ed. Lederer. Cincinnati:Hebrew Union College-Jewish Institute of Religion,1958:92.
⑤ Sämtliche Werke. "Selbstkritik des Liberalismus". Mannheim:Mannheim University Press,1847(4):91;"A Self-Critique of Liberalism". translated by. James A. Massey. *The Young Hegelians*. edited by Lawrence S. Stepelevich. Cambridge:Cambridge University Press,1983:246.

于宗教而存在"①。鲍威尔将之称为"恰当、折中的方法",即把宗教从国家而不是公民中清除②(在对这种"半途而废"的方法进行批判的语境中,鲍威尔称犹太教是"祸害",只有"连根拔起"才能彻底"消灭"③)。

一些评论者将这一"法式"方案——抛弃宗教信仰的区别,赋予所有人同样的民权和政治权利——看作鲍威尔自己的方案。④ 这种解读忽略了实现自由的第二个条件,即个人必须放弃宗教信仰转而接受鲍威尔式的无神论。另一种解读没有忽略第二个条件,但将它视为满足第一个条件——不赋予任何宗教特权的国家——之后的必然结果。⑤ 尽管《犹太人问题》中有只言片语表达了类似的观点,但缺少广泛、清晰的文本支持。这种解读与鲍威尔对"折中手段"的敌视相冲突。⑥ 如果鲍威尔真正相信建立一个世俗国家之后个体会自动放弃自己的宗教信念,那么很难理解为什么他会如此激烈地反对"法式"策略。

除了不能满足实现真正自由的条件(未触及个人的宗教信仰),鲍威尔还对"法式"策略提出了另外一条反对意见。支持这种策略的人认为,犹太人不能成为好公民。鲍威尔认为,在犹太人的宗教信仰和作为自由国家成员的身份之间存在"根本的冲突"。犹太人的本性决定他们不适合成为公民。⑦ 鲍威尔提出了在"中立"国家实现公民身份的三个必要条件,

---

① Bruno Bauer. *Die Judenfrag*. Brunswick, 1843: 64 – 65; Bruno Bauer. *The Jewish Problem*. ed. Lederer. Cincinnati: Hebrew Union College-Jewish Institute of Religion, 1958: 67.
② Bruno Bauer. *Die Judenfrag*. Brunswick, 1843: 72; Bruno Bauer. *The Jewish Problem*. ed. Lederer. Cincinnati: Hebrew Union College-Jewish Institute of Religion, 1958: 75.
③ Bruno Bauer. *Die Judenfrag*. Brunswick, 1843: 3; Bruno Bauer. *The Jewish Problem*. ed. Lederer. Cincinnati: Hebrew Union College-Jewish Institute of Religion, 1958: 4.
④ Sander L. Gilman. *Jewish Self-Hatred: Anti-Semitism and the Hidden Language of the Jews*. Baltimore: Johns Hopkins University Press, 1986: 191.
⑤ Daniel Brudney. *Marx's Attempt to Leave Philosophy*. Cambridge: Cambridge University Press, 1998: 125.
⑥ "Zur Judenfrage", MEW1: 357; "On the Jewish Question", MECW3: 156; "On the Jewish Question", EW: 222.
⑦ Bruno Bauer. *Die Judenfrag*. Brunswick, 1843: 107; Bruno Bauer. *The Jewish Problem*. ed. Lederer. Cincinnati: Hebrew Union College-Jewish Institute of Religion, 1958: 115.

而针对这三个条件,犹太人都不能给予满足。①

第一,公民必须承认宗教与政治的区别。鲍威尔认为,犹太人满足不了这点。对犹太人来说,"政治就是宗教",宗教从来就不能看作个人的事情。② 鲍威尔认为,对犹太人来说没有什么事情是纯粹世俗的,"犹太教中万物皆神圣"。他甚至开玩笑说,"洗洗刷刷的事情也被认为是宗教仪式"(暗示逾越节前夕清洗厨具和餐具)③,鲍威尔指出,"一个犹太人能够把法律和戒律区分开来,同时仍然相信自己是犹太人,这是不可能的"④。

第二,公民必须把政治需要摆在宗教需要之前。鲍威尔认为,即使犹太人能够区分政治和宗教,但历史经验表明,当这两个领域发生冲突之时,他们总是不能够将政治摆在宗教之前。⑤ 鲍威尔的证据来自"大公会",其中希伯来语的演讲被译成了法文。他认为,这种安排顺序表明法国犹太人对公民身份的不重视。⑥ "对犹太人来说,希伯来语是最原始,最真实的核心;法语只是翻译,是不真实的虚幻的躯壳"⑦(所谓"大公会",由拿破仑于1807年召集,目的是就法国犹太人和大多数群体关系的问题,特别是就前者是否愿意全心全意成为法国公民和爱国者的问题得到犹太教士的官方答案)。鲍威尔认为,在"解放战争"中招募犹太人士兵的事情也说明他们对公民身份的轻视,犹太人在得到"会堂和拉比"的允许之后才可被招募入伍。这些事情充分说明了犹太人看待宗教和政治义

---

① Bruno Bauer. *Die Judenfrag.* Brunswick, 1843: 106; Bruno Bauer. *The Jewish Problem.* ed. Lederer. Cincinnati: Hebrew Union College-Jewish Institute of Religion, 1958: 113.
② Bruno Bauer. *Die Judenfrag.* Brunswick, 1843: 108; Bruno Bauer. *The Jewish Problem.* ed. Lederer. Cincinnati: Hebrew Union College-Jewish Institute of Religion, 1958: 115.
③ Bruno Bauer. *Die Judenfrag.* Brunswick, 1843: 108; Bruno Bauer. *The Jewish Problem.* ed. Lederer. Cincinnati: Hebrew Union College-Jewish Institute of Religion, 1958: 115 – 116.
④ Bruno Bauer. *Die Judenfrag.* Brunswick, 1843: 109; Bruno Bauer. *The Jewish Problem.* ed. Lederer. Cincinnati: Hebrew Union College-Jewish Institute of Religion, 1958: 117.
⑤ Bruno Bauer. *Die Judenfrag.* Brunswick, 1843: 112 – 113; Bruno Bauer. *The Jewish Problem.* ed. Lederer. Cincinnati: Hebrew Union College-Jewish Institute of Religion, 1958: 121.
⑥ Simon Schwarzfuchs. *Napoleon, the Jews and the Sanhedrin.* London: Routledge & Kegan Paul, 1979.
⑦ Bruno Bauer. *Die Judenfrag.* Brunswick, 1843: 111; Bruno Bauer. *The Jewish Problem.* ed. Lederer. Cincinnati: Hebrew Union College-Jewish Institute of Religion, 1958: 119.

务的态度。在犹太人眼中，宗教永远比国家重要得多①（解放战争中德国犹太人第一次入伍报国，约 55 个犹太人死于滑铁卢，1813—1815 年间，有约 72 个犹太人被授予铁十字勋章②）。

鲍威尔的辩论策略一如既往地值得注意。"大公会"关于犹太人看待国家的态度的判断和犹太人参与"解放战争"的热情经常被用来证明犹太人也可以成为好公民。鲍威尔却用同样的例子得出了相反的结论。他认为，只要犹太人还是犹太人，"犹太人的宗教性迟早会超越他们的人性和政治义务"③。

第三，公民必须相信所有人在道义方面的地位平等。鲍威尔认为，犹太人不可能真心接受这一点。犹太人的宗教行为"驳斥了关于平等和人性的最动听的说辞"④。犹太人的饮食教规暗指所有的非犹太人都是不干净的，这证明"犹太人没有把非犹太人看作同胞，看作同等地位的人"⑤。

鲍威尔认为，犹太人不能满足这三个实现公民身份的条件并不意外。用自己的宗教道德来证明自己能成为好公民的犹太人误解了"中立"国家中公民身份的本质和条件⑥。而"法式"模式中的解放预设了这些获取公民身份的条件，试图以这种方式解放德国的犹太人就如"想要洗白摩

---

① Bruno Bauer. "Die Fähigkeit der heutigen Juden und Christen, frei zu werden". *Feldzüge der reinen Kritik*. Frankfurt am Main, 1968: 177; Bruno Bauer. "The Capacity of Present-Day Jews and Christians to Become Free". ed. Michael P. Malloy. *The Philosophical Forum*. 1978 (8): 136.
② Ismar Schorsch. *From Text to Context: The Turn to History in Modern Judaism*. Hanover, NH: Brandeis University Press, 1994: chapter 5.
③ Bruno Bauer. "Die Fähigkeit der heutigen Juden und Christen, frei zu werden". *Feldzüge der reinen Kritik*. Frankfurt am Main, 1968: 177; Bruno Bauer. "The Capacity of Present-Day Jews and Christians to Become Free". ed. Michael P. Malloy. *The Philosophical Forum*. 1978 (8): 136.
④ Bruno Bauer. *Die Judenfrag*. Brunswick, 1843: 30; Bruno Bauer. *The Jewish Problem*. ed. Lederer. Cincinnati: Hebrew Union College-Jewish Institute of Religion, 1958: 32.
⑤ Bruno Bauer. *Die Judenfrag*. Brunswick, 1843: 30; Bruno Bauer. *The Jewish Problem*. ed. Lederer. Cincinnati: Hebrew Union College-Jewish Institute of Religion, 1958: 33.
⑥ Bruno Bauer. "Die Fähigkeit der heutigen Juden und Christen, frei zu werden". *Feldzüge der reinen Kritik*. Frankfurt am Main, 1968: 177; Bruno Bauer. "The Capacity of Present-Day Jews and Christians to Become Free". ed. Michael P. Malloy. *The Philosophical Forum*. 1978 (8): 136.

尔人"①。"被解放的犹太人"这种说法本来就很矛盾，犹太人只能获得虚假的公民身份。

值得注意的是，这里所说的"法式"策略，即使在法国也没有充分实施。鲍威尔称"七月革命"并没有完全废除保护宗教特权的法律，一些法律——如规定周日必须休息的童工法修订案——仍然保护了"享受特权的大多数人"的优势②。尽管如此，"法式"策略的表达并没有不妥当，因为毕竟这种策略跟法国密切相关，鲍威尔更是这样认为的。

鲍威尔认为，犹太人和现代社会之间的疏离是相当广泛的。他们的排外和顽固不仅与真正的自由格格不入，还让他们不适合接受更加世俗化的解放。犹太人似乎毫不关心自由式人类历史的主题和目标。洗礼并不会让德国犹太人摆脱劣势，在基督国家把犹太人排斥在庞大的特权主体之外也并无不当，在一个宪政国家犹太人也不能满足公民身份要求的条件。

鲍威尔认为，他对犹太人与当代社会的全面梳理没有遗憾。他认为，如果能满足另外两个条件，犹太人如果不受欢迎，那么遗憾可算是一种恰当的反映。第一，可能有更好的选择。第二，所谈论的个人不需要为他们的困境负责。就犹太人来讲，这两种情况都不现实。鲍威尔认为，犹太人永远不会接受一个"外人创造的世界，他们没有参与创造的世界，这违反了他们的顽固本性"③。他认为犹太人"必然会受到压迫而且他们的痛苦无可救药"④。同时犹太人遭受的歧视和压迫都是他们自作自受。鲍威尔否认犹太人放高利贷来剥削非犹太人是因为前者被排除在了经济活动之外。⑤ 鲍威尔反问，若不是犹太人自身排外，他们不会被排斥在社会等级

---

① Bruno Bauer. "Die Fähigkeit der heutigen Juden und Christen, frei zu werden". *Feldzüge der reinen Kritik*. Frankfurt am Main, 1968：177；Bruno Bauer. "The Capacity of Present-Day Jews and Christians to Become Free". ed. Michael P. Malloy. *The Philosophical Forum*. 1978 (8)：136.
② Bruno Bauer. *Die Judenfrag*. Brunswick, 1843：70；Bruno Bauer. *The Jewish Problem*. ed. Lederer. Cincinnati：Hebrew Union College-Jewish Institute of Religion, 1958：72.
③ Bruno Bauer. *Die Judenfrag*. Brunswick, 1843：2；Bruno Bauer. *The Jewish Problem*. ed. Lederer. Cincinnati：Hebrew Union College-Jewish Institute of Religion, 1958：3.
④ Bruno Bauer. *Die Judenfrag*. Brunswick, 1843：14；Bruno Bauer. *The Jewish Problem*. ed. Lederer. Cincinnati：Hebrew Union College-Jewish Institute of Religion, 1958：16.
⑤ Bruno Bauer. *Die Judenfrag*. Brunswick, 1843：8-9；Bruno Bauer. *The Jewish Problem*. ed. Lederer. Cincinnati：Hebrew Union College-Jewish Institute of Religion, 1958：10.

和自治团体之外（视自己为"一个民族"）①。有些人（如多姆）尽管承认犹太人的态度、品质和处境很可悲但试图将这些因素归咎于犹太人遭受的苦难，② 鲍威尔认为，这是诡辩。犹太人遭受的苦难是咎由自取，"正是因为他们自身非要坚持自己的法律、自己的语言、自己的生活方式所致"③。

犹太人是最初排外的人，真是风水轮流转。④ 鲍威尔曾一度宣称，犹太人被歧视是其"自己的意愿"⑤。既然犹太人"认为自己跟基督徒不一样"，基督教国家只有真正把犹太人看作"与众不同"而区别对待，才是尊重犹太人。⑥

鲍威尔认为，当代犹太人的遭遇确实有些遗憾，遗憾的是犹太人并没有从自己遭受的苦难中学到什么。早期的基督徒经历歧视之后有所改善、进步，而犹太人"从来没有发现可能重塑自己的世界或民族的道德准则"⑦。这虽然有些遗憾，但不足为奇。鲍威尔认为，压迫只会有利于那些体现历史进步的群体。⑧

简言之，鲍威尔的结论是，需要重新思考关于偏见和歧视的常见言论，犹太人是歧视的教唆者而不是受害者。因此，对于犹太人被当代社会疏离无须内疚。

---

① Bruno Bauer. *Die Judenfrag*. Brunswick, 1843: 9-10; Bruno Bauer. *The Jewish Problem*. ed. Lederer. Cincinnati: Hebrew Union College-Jewish Institute of Religion, 1958: 10-11.
② Bruno Bauer. *Die Judenfrag*. Brunswick, 1843: 4; Bruno Bauer. *The Jewish Problem*. ed. Lederer. Cincinnati: Hebrew Union College-Jewish Institute of Religion, 1958: 4.
③ Bruno Bauer. *Die Judenfrag*. Brunswick, 1843: 4; Bruno Bauer. *The Jewish Problem*. ed. Lederer. Cincinnati: Hebrew Union College-Jewish Institute of Religion, 1958: 5.
④ Bruno Bauer. *Die Judenfrag*. Brunswick, 1843: 53; Bruno Bauer. *The Jewish Problem*. ed. Lederer. Cincinnati: Hebrew Union College-Jewish Institute of Religion, 1958: 56.
⑤ Bruno Bauer. *Die Judenfrag*. Brunswick, 1843: 57; Bruno Bauer. *The Jewish Problem*. ed. Lederer. Cincinnati: Hebrew Union College-Jewish Institute of Religion, 1958: 60.
⑥ Bruno Bauer. *Die Judenfrag*. Brunswick, 1843: 57; Bruno Bauer. *The Jewish Problem*. ed. Lederer. Cincinnati: Hebrew Union College-Jewish Institute of Religion, 1958: 59.
⑦ Bruno Bauer. *Die Judenfrag*. Brunswick, 1843: 13; Bruno Bauer. *The Jewish Problem*. ed. Lederer. Cincinnati: Hebrew Union College-Jewish Institute of Religion, 1958: 15.
⑧ Bruno Bauer. *Die Judenfrag*. Brunswick, 1843: 23-24; Bruno Bauer. *The Jewish Problem*. ed. Lederer. Cincinnati: Hebrew Union College-Jewish Institute of Religion, 1958: 27.

重构鲍威尔的兴趣

在中期作品中,鲍威尔讨论了犹太人和犹太教的本性,在《论犹太人问题》中,马克思对"政治解放"的成就和局限进行了描述。[①] 尽管二者有明显联系——政治解放是被德国犹太人追求,为德国犹太人追求的自由——任何对两位作者的比较都会因为不同的主题而变得复杂。在《批判》中马克思的思想十分贴近黑格尔文章的观点,在《论犹太人问题》中,他常用鲍威尔的评论作为自己思考的起点。

马克思找到了鲍威尔反对犹太人解放的两条关键理由:"犹太人的本性决定他们不能被解放";"基督教国家的本质决定它无力解放犹太人"。尽管马克思否认了这两条理由,但他认为,这两种理由它们值得研究,因为它们引起了人们对现代国家性质本质的更广泛的思考。[②] 马克思以不同的方式看待这两个问题,把注意的焦点从鲍威尔所关心的犹太人和犹太教的性质转移到自身关心的政治解放的性质上来。下面先讨论马克思为何否认鲍威尔反对犹太人解放的第一个理由(马克思对第二个理由的否定,将在"基督教和现代国家:积极的相似"一节中讨论)。

马克思首先重述了鲍威尔反对犹太人解放的第一条理由——信教者因为宗教的本质所限不能接受真正的自由。[③] 这个新的陈述包含三点:马克思把鲍威尔的解放等同于真正的自由,即马克思没有承认鲍威尔对"真正的自由"和"解放"所做的区分;马克思认为政治解放只是真正自由的一种形式,他认为鲍威尔是在评价当代社会中的政治自由;马克思把鲍威尔关于犹太人本性的观点视作更笼统的宗教信仰的观点的特殊变体

---

① "Zur Judenfrage", MEW1: 347 – 348; "On the Jewish Question", MECW3: 147; "On the Jewish Question", EW: 212.

② "Zur Judenfrage", MEW1: 349; "On the Jewish Question", MECW3: 148; "On the Jewish Question", EW: 214.

③ "Zur Judenfrage", MEW1: 347 – 348; "On the Jewish Question", MECW3: 147; "On the Jewish Question", EW: 212.

（信教者因为宗教的本质所限不能接受真正的自由）。

尤其值得强调，因为马克思关于犹太教和犹太人的评论受到广泛关注。在《论犹太人问题》的第一部分，马克思认为犹太教"整体上代表了所有宗教"，而不像鲍威尔所说的代表落后、可恶的信仰。① 同样，马克思把犹太人看作代表了"一般的信教者"，而不是像鲍威尔认为的一样，代表的是落后、变态的人类② （很多读者会发现马克思在《论犹太人问题》第二部分中的评论与第一部分的评论差异很大，本章最后部分会讨论这些评论）。

根据马克思对鲍威尔第一条理由的重述——信教者因为宗教本质所限不能经历真正的自由，马克思把政治解放看作一种形式的真正自由，他不赞同鲍威尔认为的政治解放与个人的宗教信仰不兼容以及当代的公民身份要求"犹太人放弃犹太教，人类放弃所有的宗教信仰"③。

马克思否认消极意义上的无神论是当代公民身份的必要条件之一。④ 他甚至认为，一个政权没有"权利"要求犹太人或任何人抛弃他们的信仰⑤ （本章稍后会讨论经常被误解的青年马克思对权利的态度）。

政治解放是当代社会的本质特点之一，马克思用实际的例子来反驳鲍威尔对其条件的描述。当然，德国不能提供这样的例子，因为德国不是现代国家（请参考第二章）⑥。然而，在《批判》中，法国和美国都被看作政治现代性的典范。马克思承认法国也许不是政治解放的典型，不是因为

---

① "Zur Judenfrage", MEW1：353；"On the Jewish Question", MECW3：151；"On the Jewish Question", EW：218.
② "Zur Judenfrage", MEW1：353；"On the Jewish Question", MECW3：151；"On the Jewish Question", EW：218.
③ "Zur Judenfrage", MEW1：350；"On the Jewish Question", MECW3：149；"On the Jewish Question", EW：215.
④ "Zur Judenfrage", MEW1：350；"On the Jewish Question", MECW3：149；"On the Jewish Question", EW：215.
⑤ "Zur Judenfrage", MEW1：351；"On the Jewish Question", MECW3：150；"On the Jewish Question", EW：216.
⑥ "Zur Judenfrage", MEW1：348；"On the Jewish Question", MECW3：147；"On the Jewish Question", EW：213.

跟德国一样没有政治解放，而是因为政治解放的"不彻底"①。马克思接受了鲍威尔的观点：法国的政治现代化受到了对大多数人宗教信仰法律保护的严重损害。相反，马克思引用了美国"自由州"——包括新英格兰、新罕布什尔州和宾夕法尼亚州——的例子来证明宗教信仰和当代国家之间的"典型、纯粹"关系。② 马克思称只有在美国的这些州"政治国家"才以"最成熟的形式"存在。③

马克思从三本已出版作品中找到了证据：古斯塔夫·博蒙的《玛丽：或美国的奴隶制》、亚历克西斯·托克维尔的《论美国民主》（马克思只参考了1835年出版的第一卷）④、德语版托马斯·汉密尔顿的《美国人和美国风俗习惯》⑤。有现代学者对马克思未能指出博蒙作品与其他作品的不同而感到惊讶。⑥ 很明显，正如博蒙承认的那样，《玛丽：或美国的奴隶制》的虚构性成分只是对美国社会进行实证性描述的一个借口，书中将近一半的内容都是纯粹描述性的笔记和附录。

马克思认为，这三部作品的共同之处是对比美国社会中宗教的政治命运和民事命运。一方面，在美国的很多州不存在宗教，不存在政治特权的宗教条件；另一方面，这些资料反映了北美是"宗教性最卓越"的土地。⑦ 如博蒙认为，美国人相信无神论者不可能是"诚实的人"⑧。

宗教的民事（civil）命运让人们怀疑所谓的宗教信仰与政治解放的不兼容。马克思认为，来自"完成政治解放"国家的经验表明，宗教不仅

---

① *Die heilige Familie, oder Kritik der kritischen Kritik: Gegen Bruno Bauer und Konsorten*, MEW2：122；*The Holy Family, or Critique of Critical Criticism: Against Bruno Bauer & Co.*, MECW4：115.
② "Zur Judenfrage", MEW1：351；"On the Jewish Question", MECW3：150；"On the Jewish Question", EW：216.
③ "Zur Judenfrage", MEW1：351；"On the Jewish Question", MECW3：150；"On the Jewish Question", EW：216.
④ 很可惜马克思只读了第一卷，1840年出版的第二卷在某些方面更有意义，讨论的范围更广，对欧洲的命运更悲观。
⑤ MEGA②4, 2：266 - 275.
⑥ S. S. Prawer. *Karl Marx and World Literature*. Oxford：Oxford University Press, 1976：62.
⑦ "Zur Judenfrage", MEW1：352；"On the Jewish Question", MECW3：151；"On the Jewish Question", EW：217.
⑧ Gustave de Beaumont. *Marie ou l'esclavage aux Etats-Unis, tableau de moeurs Américaines*. Brussels, 1835（2）：217.

仍然存在而且"以一种新鲜、有活力的形式"存在①,"宗教的存在与国家的完善并不冲突",鲍威尔坚持认为,宗教信仰和政治解放不兼容是错误的。②

美国证据揭示了政治解放的"形式和方式"③。马克思认为,政治解放"既不能磨灭也不能试图磨灭人的宗教性"④。相反,犹太人、基督徒等宗教信徒的政治解放需要"把国家从犹太教、基督教等宗教中解放出来"⑤。实现政治解放需要两种因素:政治和平民两部分,把宗教"流放"到市民社会中。⑥ 在每个个体内心实现类似的转变。平民和政治社会的分离通过把人"分裂"为公开的自我与私底下的自我来实现(每个人被分裂为"犹太人和公民,基督徒和公民,信徒和公民"),宗教信仰被"流放"到私人信念领域。⑦ 正如马克思在《神圣家族》中所言,国家通过"把自己从宗教中解放出来,把宗教留给平民"实现自身的政治解放,个人通过"认为信仰是个人的私事而不再是公众的事"来实现自我的政治解放。⑧

尽管《论犹太人问题》主要是讨论宗教问题,但青年马克思的真正兴趣不在此。不是马克思所有关于宗教的评论都清晰易懂,他只是把宗教看作现代国家"精神方面"代表性的必要前提。马克思认为,现代国家

---

① "Zur Judenfrage", MEW1:352; "On the Jewish Question", MECW3:151; "On the Jewish Question", EW:217.
② "Zur Judenfrage", MEW1:352; "On the Jewish Question", MECW3:151; "On the Jewish Question", EW:217.
③ "Zur Judenfrage", MEW1:353; "On the Jewish Question", MECW3:151; "On the Jewish Question", EW:218.
④ "Zur Judenfrage", MEW1:357; "On the Jewish Question", MECW3:155; "On the Jewish Question", EW:222.
⑤ "Zur Judenfrage", MEW1:353; "On the Jewish Question", MECW3:151; "On the Jewish Question", EW:218.
⑥ "Zur Judenfrage", MEW1:356; "On the Jewish Question", MECW3:155; "On the Jewish Question", EW:222.
⑦ "Zur Judenfrage", MEW1:356; "On the Jewish Question", MECW3:155; "On the Jewish Question", EW:222.
⑧ *Die heilige Familie, oder Kritik der kritischen Kritik: Gegen Bruno Bauer und Konsorten*, MEW2:118; *The Holy Family, or Critique of Critical Criticism: Against Bruno Bauer & Co.*, MECW4:111.

需要"物质"和"精神"两方面的先决条件,而且这两种条件的作用相似。其中的物质条件指的是私有财产,它的命运基本上同宗教的命运相似。

正如北美自由州的经历所表明的那样,"政治上废除私有财产并不能真正消灭私有财产",而是把它重新分配到非政治的领域①。政治解放涉及两个过程:社会划分为政治和平民两个领域,私人财产分配到市民社会。

另外,马克思认为,实证性证据证明了物质先决条件在平民和政治社会中惊人的命运反差,与精神先决条件的情况一样。现代国家从私有财产中解放出来,因为私有财产不再影响选举权和被选举权。将其降级到市民社会不仅让其得以保全还促进了私有财产的繁荣(与其相伴的是个人主义的繁荣)。

这样,马克思重述了鲍威尔对犹太教和现代性之间不相容关系的评论。现代国家和宗教之间关系的问题变成了现代国家与其前提条件之间关系的问题。"犹太问题"最终变成了"世俗冲突",即"政治国家与其前提条件之间的关系"以及"物质条件——以私有财产为代表"和"精神条件——以宗教为代表"之间的关系。②

现代国家的前提条件

马克思把宗教和财产看作现代国家两个重要的"先决条件",认为政治国家(political state)在某些方面依赖于当代市民社会(civil society)③。这种依赖可以分为两个层面。从历史上讲,当代国家的诞生来源于市民生活和政治生活的分离。从构成上讲,当代政治生活的"普遍性"继续依

---

① "Zur Judenfrage", MEW1: 354; "On the Jewish Question", MECW3: 153; "On the Jewish Question", EW: 219.
② "Zur Judenfrage", MEW1: 355; "On the Jewish Question", MECW3: 154 – 155; "On the Jewish Question", EW: 221.
③ "Zur Judenfrage", MEW1: 355; "On the Jewish Question", MECW3: 154; "On the Jewish Question", EW: 221.

赖于市民社会的个人主义，并因此定义自身。接下来我将对这两个层面展开阐述。

从马克思对当代社会诞生的粗略描述可以看出历史层面的意义非常明显，他抓住了"封建"社会的关键特点。这些特点又形成了一个结构，与当代社会形成了对比。

在封建社会，市民生活和政治生活是一体的。市民社会的各种因素——财产、家庭、封衔、庄园及行会形式存在的工作——"都有直接的政治性"[1]。《批判》中存在不少类似观点。然而，马克思强调的是中世纪的特点，即它不包含普通的政治生活，不包含所有国民都直接归属的政治团体。对个人与国家的关系，马克思称其为个人的"政治关系"是一种典型的间接关系，通过每个个体所归属的政治集团的不同结构形成。[2] 这些不同的自治团体尽管给内部成员提供了团结和相互支持，但是"在不同的群体之间树立了障碍"[3]。封建社会的性质决定了只要涉及不同团体之间的关系，个体之间就是"相互分离和排斥"[4]。因为中世纪没有普通的政治生活，不同的"庄园、自治团体、行会和特权"可以认为体现了"人们与团体的分离"[5]。如果涉及一般的政治问题，比如国家的统一，这会被认为只是"统治阶级"的"特殊问题"[6]。

简言之，封建社会既包含了平民与政治生活的统一，又缺少能够包容所有人的政治团体。相比之下，现代社会的特点便是发展一种与所有人有关的政治范围，但这种范围又独立于市民社会的日常生活。

---

[1] "Zur Judenfrage", MEW1: 367-368; "On the Jewish Question", MECW3: 165; "On the Jewish Question", EW: 232.

[2] "Zur Judenfrage", MEW1: 368; "On the Jewish Question", MECW3: 165; "On the Jewish Question", EW: 232.

[3] "Zur Judenfrage", MEW1: 366; "On the Jewish Question", MECW3: 164; "On the Jewish Question", EW: 230.

[4] "Zur Judenfrage", MEW1: 368; "On the Jewish Question", MECW3: 165; "On the Jewish Question", EW: 232.

[5] "Zur Judenfrage", MEW1: 368; "On the Jewish Question", MECW3: 166; "On the Jewish Question", EW: 232.

[6] "Zur Judenfrage", MEW1: 368; "On the Jewish Question", MECW3: 166; "On the Jewish Question", EW: 232.

在《论犹太人问题》中，青年马克思扩展了第一次出现在《批判》中的对现代社会的论述。他不仅强调市民生活和政治生活的分离，还强调这种分离对各自性质的影响。市民生活和政治生活的当代分离促使两者相互关联范围的转变。马克思认为，这种转变涉及"国家理想主义的完美化"和"平民社会物质主义的完美化"①。

"国家理想主义的完美化"包含推翻封建主义统治机构带来的政治生活的转变。② 在中世纪，社会的"政治精神"处于马克思所说的"离散状态"，在封建社会的各种死胡同中"被解散、被解剖、被驱散"③。现代社会的政治革命的开启重整了这种精神，不仅"把它从市民生活的掺杂中解放出来"还把它集中在一个单独的、包容所有人的"共同体"④。封建社会一对多的统治被推翻，"把国事变成人民的事"⑤。政治生活第一次成为"所有人的事"⑥。

"市民社会物质主义的完美化"是指由政治国家的分离产生的市民生活的转化。马克思认为，因为市民和政治问题的统一，封建社会总是会用集体的利益来调和新生的个人主义。然而，开启现代社会的政治革命"废除了市民社会的政治性"⑦，"把市民社会从政治中解放出来"对市民生活有重大影响。⑧ 尤其是"不受束缚"和限制，他们甚至不再需要"装

---

① "Zur Judenfrage", MEW1: 369; "On the Jewish Question", MECW3: 166; "On the Jewish Question", EW: 233.
② "Zur Judenfrage", MEW1: 369; "On the Jewish Question", MECW3: 166; "On the Jewish Question", EW: 233.
③ "Zur Judenfrage", MEW1: 368; "On the Jewish Question", MECW3: 166; "On the Jewish Question", EW: 233.
④ "Zur Judenfrage", MEW1: 368; "On the Jewish Question", MECW3: 166; "On the Jewish Question", EW: 233.
⑤ "Zur Judenfrage", MEW1: 368; "On the Jewish Question", MECW3: 166; "On the Jewish Question", EW: 232.
⑥ "Zur Judenfrage", MEW1: 368; "On the Jewish Question", MECW3: 166; "On the Jewish Question", EW: 232.
⑦ "Zur Judenfrage", MEW1: 368; "On the Jewish Question", MECW3: 166; "On the Jewish Question", EW: 232.
⑧ *Die heilige Familie, oder Kritik der kritischen Kritik: Gegen Bruno Bauer und Konsorten*, MEW2: 123; *The Holy Family, or Critique of Critical Criticism: Against Bruno Bauer & Co.*, MECW4: 116.

着"关心集体利益。① 在摆脱政治束缚的同时,现代市民社会"失去了对自私自利精神的限制"②。

马克思对因此产生的个人主义的描述有很多主线,其中一些主线并没有在《论犹太人问题》中清晰论述。他称市民社会是"利己主义的范围",这与霍布斯对国家性质的描述相似,还指出这种个人主义既会影响个人动机,又会影响社会关系。③

谈起个体的动机和本性,马克思认为,当代市民社会的成员受"个人利益"而不是"共同利益"的驱动,④ 会将自身与他人看作工具,即会将自身与他人看作实现个人目标的"手段"。⑤

谈到个人利益至上的个人,马克思认为,他们不是彼此完全孤立,而是相互之间存在着竞争和对立的关系。市民社会用"利己主义和自私的需求"代替集体利益的同时,制造了一群"相互敌视"、自私自利的个人。⑥

在《论犹太人问题》中,马克思对现代个人主义的零散描述有很多其他的主线和重点。在对"拜物教"这一概念的描述中——社会产品被赋予了一种它们其实不具有的独立力量——马克思认为市民社会的个人正变得越来越无力,越来越成为"外力的玩物"⑦。马克思曾模仿托克维尔,称市民社会中的成员是原子化的个体,是"分离的原子",越来越"专注

---

① "Zur Judenfrage", MEW1: 369; "On the Jewish Question", MECW3: 166; "On the Jewish Question", EW: 233.
② "Zur Judenfrage", MEW1: 369; "On the Jewish Question", MECW3: 166; "On the Jewish Question", EW: 233.
③ "Zur Judenfrage", MEW1: 356; "On the Jewish Question", MECW3: 155; "On the Jewish Question", EW: 221.
④ "Zur Judenfrage", MEW1: 355; "On the Jewish Question", MECW3: 154; "On the Jewish Question", EW: 220.
⑤ "Zur Judenfrage", MEW1: 355; "On the Jewish Question", MECW3: 154; "On the Jewish Question", EW: 220.
⑥ "Zur Judenfrage", MEW1: 376; "On the Jewish Question", MECW3: 173; "On the Jewish Question", EW: 240.
⑦ G. A. Cohen. *Karl Marx's Theory of History: A Defence*. Oxford: Oxford University Press, 1978: chapter 5.

于个人利益和个人欲望"①。

受汉密尔顿《美国人和美国风俗习惯》一书的启发,马克思运用一系列惊人且重叠的意象来表达当代个人主义的独特性。根据马克思的说法,汉密尔顿准确地将当代社会的成员描述为精神着魔、冷血算计、逆来顺受。美国人好像被讨价还价精神"附体",他们"全心全意"地崇拜财富之神。②被解放的新英格兰人把世界看作一个"证券交易所",看作只能"通过交换物品"放松的人,看作"活着的唯一目的就是变得比邻居更加富有的人",由此可以看出人们的冷血算计。③美国人表现出逆来顺受、心甘情愿地做拉奥孔,面临被商业之蛇缠死的危险也"毫不反抗"④(1506年在罗马挖掘出的拉奥孔和他的两个儿子被大海蛇缠绕的古代雕像,对当代德国关于希腊文化成就的辩论非常重要⑤)。

马克思认为,"国家理想主义的完美化"(形成包容所有人的政治团体)和"市民社会物质主义的完美化"(强化生活中的个人主义)并不是独立的历史性转变。马克思写道,"政治国家的形成和把市民社会分解为独立的个体是同时完成的"⑥。

密不可分的不仅有它们的历史起源,还有国家和市民社会的继续存在。马克思认为,政治国家和市民社会不仅有共同的起源,而且它们的命

---

① *Die heilige Familie, oder Kritik der kritischen Kritik: Gegen Bruno Bauer und Konsorten*, MEW2: 127 – 128; *The Holy Family, or Critique of Critical Criticism: Against Bruno Bauer & Co.*, MECW4: 120 – 121.

② "Zur Judenfrage", MEW1: 373; "On the Jewish Question", MECW3: 170; "On the Jewish Question", EW: 237.

③ "Zur Judenfrage", MEW1: 373; "On the Jewish Question", MECW3: 170 – 171; "On the Jewish Question", EW: 237.

④ "Zur Judenfrage", MEW1: 373; "On the Jewish Question", MECW3: 170; "On the Jewish Question", EW: 237.

⑤ H. B. Nisbet. "Laocöon in Germany: The Reception of the Group since Winckelmann". *Oxford German Studies*. 1979 (10): 22 – 63; E. M. Butler. *The Tyranny of Greece Over Germany: A Study of the Influence Exercised by Greek Art and Poetry Over the Great German Writers of the Eighteenth, Nineteenth, and Twentieth Centuries*. Cambridge: Cambridge University Press, 1935: chapters 2 – 3; J. J. *The Aeneid*, book 2, lines 199 – 224.

⑥ "Zur Judenfrage", MEW1: 369; "On the Jewish Question", MECW3: 167; "On the Jewish Question", EW: 233.

运会继续交织在一起。尽管政治生活表面上独立于市民社会，但事实上现代国家依赖市民社会的延续"以实现自身的生存"①。

马克思曾称国家与市民社会之间涉及"公众和个人生活的两极对立及普遍利益和特殊利益的两极对立"，古代和当代社会在这一点上很相似。② 在两种对立的情况下，国家的存在与奴隶制的存在"不可分割"。他认为，城邦国家和奴隶制的关系不比现代国家和竞争激烈的商业社会之间的关系更密切。③

国家和市民社会"密不可分"表明两者之间的相互关系。④ 然而，这不是一种平等的关系而是有主从之分。"私人生活"和"特殊利益"注定要在某种程度上凌驾于政治生活与集体利益之上。

马克思在早期作品中，多次提到市民社会凌驾在国家之上：在《批判》中，他称政治国家是"被支持的无能"，有更大的力量存在于国家的"支柱"中而不是存在国家中；⑤ 在《论犹太人问题》中，他称国家的最高权力属于市民社会，国家的"主权"是"虚构的"；⑥ 在《批判漫笔》中，马克思称"市民社会的碎片化，堕落及奴隶制是现代国家的天然基

---

① "Zur Judenfrage", MEW1：354；"On the Jewish Question", MECW3：153；"On the Jewish Question", EW：219.

② "Kritische Randglossen zu dem Artikel 'Der König von Preussen und die Sozialreform：Von einem Preussen'", MEW1：401；"Critical Marginal Notes on the Article 'The King of Prussia and Social Reform：By A Prussian'", MECW3：198；"Critical Notes on the King of Prussia and Social Reform", EW：412.

③ "Kritische Randglossen zu dem Artikel 'Der König von Preussen und die Sozialreform：Von einem Preussen'", MEW1：401；"Critical Marginal Notes on the Article 'The King of Prussia and Social Reform：By A Prussian'", MECW3：198；"Critical Notes on the King of Prussia and Social Reform", EW：412.

④ "Kritische Randglossen zu dem Artikel 'Der König von Preussen und die Sozialreform：Von einem Preussen'", MEW1：401；"Critical Marginal Notes on the Article 'The King of Prussia and Social Reform：By A Prussian'", MECW3：198；"Critical Notes on the King of Prussia and Social Reform", EW：412.

⑤ *Kritik des Hegelschen Staatsrechts*, MEW1：320；"Contribution to the Critique of Hegel's Philosophy of Law", MECW3：114；"Critique of Hegel's Doctrine of State", EW：184.

⑥ "Zur Judenfrage", MEW1：355；"On the Jewish Question", MECW3：154；"On the Jewish Question", EW：220.

础,正如奴隶制的市民社会是古代国家的天然基础一样";① 在《神圣家族》中,他称市民社会是国家的"天然基础"②。

然而,马克思在《论犹太人问题》中要研究的问题与其说是持续的依赖,不如说是这种依赖对当代国家性质的影响。他特别指出政治国家对市民社会的依赖对当代社会的政治生活有重要意义。

基督教和现代国家:积极的相似

马克思认为,鲍威尔《犹太人问题》中反对犹太人解放,除了"犹太人的本性决定他们不能被解放"的关键理由之外(前文已作分析),第二个关键理由是"基督教国家的本质决定它无力解放犹太人",马克思对这个观点的回应起初是让人费解的。③ 他否定鲍威尔对"基督教"国家的定义,并提出了自己的看法。

人们之所以不理解为什么马克思会否定这一定义,是因为这一定义是约定俗成的。鲍威尔认为,基督教国家的"基础和关键特征"是宗教特权,是建立在《圣经》之上的国家,本质就是为了对抗其他宗教④,等等。的确在提到"所谓的基督教国家"之时,马克思似乎承认这种传统意义上的用法。而且马克思本人也曾用过这样的定义。⑤ 如在给《莱茵报》撰写的一篇文章中他称旧制度是"最纯粹的基督教国家"⑥。马克思

---

① *Die heilige Familie*, *oder Kritik der kritischen Kritik*: *Gegen Bruno Bauer und Konsorten*, MEW2: 120; *The Holy Family*, *or Critique of Critical Criticism*: *Against Bruno Bauer & Co.*, MECW4: 113.
② *Die heilige Familie*, *oder Kritik der kritischen Kritik*: *Gegen Bruno Bauer und Konsorten*, MEW2: 120; *The Holy Family*, *or Critique of Critical Criticism*: *Against Bruno Bauer & Co.*, MECW4: 113.
③ "Zur Judenfrage", MEW1: 347; "On the Jewish Question", MECW3: 147; "On the Jewish Question", EW: 212.
④ Bruno Bauer. *Die Judenfrag*. Brunswick, 1843: 55; Bruno Bauer. *The Jewish Problem*. ed. Lederer. Cincinnati: Hebrew Union College-Jewish Institute of Religion, 1958: 57.
⑤ "Zur Judenfrage", MEW1: 357; "On the Jewish Question", MECW3: 156; "On the Jewish Question", EW: 222.
⑥ "Der leitende Artikel in Nr. 179 der *Kölnischen Zeitung*", MEW1: 102; "The Leading Article in No. 179 of the *Kölnische Zeitung*", MECW1: 200.

指出，我们现在应该放弃这种传统的用法，因为"完美的基督教国家并不是我们所谓的以基督教为基础、为国教的国家"①。

马克思提出的基督教国家的概念令人费解，而且跟传统的概念相比没有优势。马克思称"完美的基督教国家应该是无神论国家、民主国家、把宗教与市民社会的其他元素置于同等地位的国家"②。根据这一个定义，"基督教国家的终极形式"就是"无视成员宗教信仰"的现代国家。③

基于马克思的这一概念也就不难理解他为什么否定鲍威尔的说法——基督教国家本性决定不能解放犹太人。美国经验证明，解放犹太人不仅能与当代民主国家兼容，还是其必然要求。因此，如果基督教国家就是现代民主国家，那么，鲍威尔认为基督教国家不能解放犹太人是明显错误的。

理解马克思的这一定义并不困难，困难的是追问人们为什么要采信他的观点。马克思喜欢这一定义可能是出于对矛盾修辞的偏爱，当然，这不太令人信服。④ 幸好可以找到更有说服力的理由：马克思如此偏爱这一定义是因为基督教性质和当代国家的性质有很多（散乱、重叠）相似之处。马克思认为基督教和国家之间的两个相似之处可以充分揭示现代政治生活的性质，因此证明他的修正式概念的合理性。

为了理解这些相似之处，有必要了解马克思对基督教的构想（早期作品中马克思经常把"基督教"和"宗教"两者交叉使用）。很多学者详细剖析了马克思有关基督教话题的评论，认为马克思的很多评论是间接、非原创的⑤：间接性在于马克思的很多评论通常是在讨论非宗教性话题时介绍性的、随意的和隐喻性的话语；非原创性是指马克思为数不多的评论

---

① "Zur Judenfrage", MEW1：357; "On the Jewish Question", MECW3：156; "On the Jewish Question", EW：222.
② "Zur Judenfrage", MEW1：357; "On the Jewish Question", MECW3：156; "On the Jewish Question", EW：222.
③ *Die heilige Familie, oder Kritik der kritischen Kritik: Gegen Bruno Bauer und Konsorten*, MEW2：118; *The Holy Family, or Critique of Critical Criticism: Against Bruno Bauer & Co.*, MECW4：111.
④ "Zur Judenfrage", MEW1：357; "On the Jewish Question", MECW3：156; "On the Jewish Question", EW：222.
⑤ Alasdair MacIntyre. *Marxism and Christianity*. London: Schocken Books, 1968; Werner Post. *Kritik der Religion bei Karl Marx*. Munich: Kosel, 1969; David McLellan. *Marxism and Religion: A Description and Assessment of the Marxist Critique of Christianity*. London: Harpercollins, 1987.

中，有很多也出现在黑格尔的作品尤其是费尔巴哈的作品中（第四章会有讨论）①。因此，这里只讨论马克思描述中的能够帮助我们理解基督教和现代国家相似之处的部分。

《导言》引用了大段关于基督教的论述（其中包含一个著名的比喻——把宗教比作鸦片，这个比喻的出处尚有争议）②。马克思称基督教"不可思议地实现了人性，因为人性在现实中尚未真正实现"③。基督教反映了人性，而这种反映又有些"离谱"（"现实"中的人性不被认可，反而是虚幻的宗教中体现的人性得到认可），而且"现实"和"虚幻"之间存在关联（前者没有充分实现的人性，在后者得以表现出来）。马克思称"宗教是虚幻的太阳，只要人不绕着自己转，宗教就会绕着人转"④（此种情形下，青年马克思喻指宗教中不可思议地体现出的人性，为现实中缺少人性情况提供了一定安慰，这种说法一定程度上导致一个著名比喻的产生。像鸦片一样，宗教能提供一种"幸福的幻觉"，给"充满艰苦的人生"提供"一丝光芒"⑤）。

很明显，《批判》和《手稿》对宗教和自我实现的描述非常相似。后者认为人类能力的发展和实现需要迂回，经历异化，马克思认为，宗教就是迂回所采取的形式中的一种。只要人性没有在个体生活中充分实现，它就会以宗教思想的形式间接表现出来。

---

① Zvi Rosen. *Karl Marx and Bruno Bauer：The Influence of Bruno Bauer on Marx's Thought*. Hague：Springer，1977：133－147；K. L. Clarkson and D. J. Hawkin. "Karl Marx on Religion：The Influence of Bruno Bauer and Ludwig Feuerbach on His Thought and the Implications for the Christian Marxist Dialogue". *Scottish Journal of Theology*. 1978（31）：533－555.

② Helmut Gollwitzer. *The Christian Faith and the Marxist Criticism of Religion*. Edinburgh：St Andrew Press，1970：15－23.

③ "Zur Kritik der Hegelschen Rechtsphilosophie：Einleitung"，MEW1：378；"Contribution to the Critique of Hegel's Philosophy of Law：Introduction"，MECW3：175；"Critique of Hegel's Philosophy of Right：Introduction"，EW：244.

④ "Zur Kritik der Hegelschen Rechtsphilosophie：Einleitung"，MEW1：379；"Contribution to the Critique of Hegel's Philosophy of Law：Introduction"，MECW3：176；"Critique of Hegel's Philosophy of Right：Introduction"，EW：244.

⑤ G. A. Cohen. *If You're An Egalitarian，How Come You're So Rich?*. Cambridge：Cambridge University Press，2000：79－83；Jonathan Wolff. *Why Read Marx Today?*. Oxford：Oxford University Press，2002：19－20.

关于这种说法有很多的解释。需要注意的重要一点是，马克思并不完全是对基督教的否定或轻视。在《论犹太人问题》中，马克思称基督教既有成就又有局限。简单地说，基督教的成就是承认人性，局限是不能充分承认人性。

这种对基督教成就和局限的论述提供了一个框架来表达马克思发现的基督教本性和当代国家性质之间的相似之处。第一个是关于基督教和现代国家的成就，第二个是关于基督教和现代国家的局限。

两者的成就都是"承认"人性。马克思在多处以不同形式重复该观点。如他称宗教和政治都存在二元性：天国与尘世、政治国家与市民社会。两种情况的分水岭都是承认（"类生活"的范围）或不承认人性（"个体生活"的范围）[1]。马克思写道，"政治国家的成员是信教的，因为个体生活和类生活的二元性，市民生活和政治生活的双重性"[2]。很明显，对两个范围的划分（政治和宗教）与每一个个体相抵触（不仅是不同的团体之间）。马克思称，在两种情况下，"每个人都过着双重生活，一个在天上，一个在人间；一种承认人性，一种不承认人性"。正如马克思所说，与宗教不一样，在政治中这种划分"不仅存在于意识中，还存在现实中"[3]。

马克思试图用现代国家和基督教的相似之处——承认人性——来解释为何用自己独特的对基督教国家的定义来取代鲍威尔传统的定义。[4] 马克思认为，传统定义用"基督"来指称一个明显建立在基督教教义上的国家。但是，基督教国家不是建立在基督教教义上，而是建立在人类学基础即人性上的国家。人性支撑基督教同时又在基督教中得到反映。正因为马克思意识到基督教和现代国家都能反映人性，所以他称后者为"基督教

---

[1] "Zur Judenfrage", MEW1: 353; "On the Jewish Question", MECW3: 152; "On the Jewish Question", EW: 218.
[2] "Zur Judenfrage", MEW1: 360; "On the Jewish Question", MECW3: 159; "On the Jewish Question", EW: 225.
[3] "Zur Judenfrage", MEW1: 355; "On the Jewish Question", MECW3: 154; "On the Jewish Question", EW: 220.
[4] "Zur Judenfrage", MEW1: 360; "On the Jewish Question", MECW3: 159; "On the Jewish Question", EW: 225.

国家"。

马克思曾表示，因为现代国家"实现了"基督教中体现的人性，所以"完美状态的"现代国家可以"抛弃"基督教，把它留给市民社会。① 因此，似乎是人性在国家中的逐步实现使得基督教越来越没有必要存在政治生活中。旧体制中的"完美国家"因不能实现基督教中体现的人性，所以需要基督教的"补充和神圣化"作为支撑它继续生存的"手段"②。后者中，宗教只是一件"外衣"，外衣之下前现代国家还是在"可耻地追求世俗目标"③。

现代国家在对人性的承认这方面跟基督教相似算不上不言自明。我们不妨认为，马克思其实是表达了两种不同的观点。一个是对基督教和现代国家所反映的优点进行描述，一个是（假设人性能在宗教和政治生活中实现自我）解释这些优点与人类本质属性的联系。

马克思认为，基督教和现代社会的主要优点是"共同体"（或"集体"）（community）。他指出，共同体不仅反映在基督教的"天堂"中，在那里每个个体都被认为是共同体的一员；④ 还反映在现代国家中，他称其为"共同体的范围"⑤，在这里个体"与其他人共生"⑥，等等。

然而，青年马克思对共同体的阐释既不准确又不清晰明白。一个明显的问题是，尽管马克思很少直接讨论共同体的性质，但他通常对这个概念赋予过多的联想（有当代学者说过"马克思思想丰富但缺少条理"，还断

---

① "Zur Judenfrage"，MEW1：358；"On the Jewish Question"，MECW3：156 – 157；"On the Jewish Question"，EW：223.
② "Zur Judenfrage"，MEW1：358；"On the Jewish Question"，MECW3：156 – 157；"On the Jewish Question"，EW：223.
③ "Zur Judenfrage"，MEW1：360；"On the Jewish Question"，MECW3：158；"On the Jewish Question"，EW：225.
④ "Zur Judenfrage"，MEW1：355；"On the Jewish Question"，MECW3：154；"On the Jewish Question"，EW：220.
⑤ "Zur Judenfrage"，MEW1：368；"On the Jewish Question"，MECW3：166；"On the Jewish Question"，EW：233.
⑥ "Zur Judenfrage"，MEW1：356；"On the Jewish Question"，MECW3：155；"On the Jewish Question"，EW：221.

言人们可能认为"若有条理也许就不会有如此创造力"①)。比如，共同体通常被与含糊不清的"平等"的概念联系起来。马克思称政治共同体是"基督教式"，因为"它把所有人而不是单个人看作至高无上的存在"②（和"所谓的基督教国家"中的不平等性对比非常明显，马克思认为，建立在神权之上的国家"唯一重要的人物——国王，天生与众不同，尤其是他能与上帝直接交流"③）。共同体还与个体对别人存在某种关心④的观点联系在一起。共同体是共同利益而不是特殊利益的范畴，所有人作为共同体的一部分而存在。⑤"共生"是早期作品中的一个重要概念。要实现"共生"，个体必须与他人合作，而且他们要真心地而不是出自功利性目的地关心他人⑥（详见第四章）。

共同体的好处不仅体现在基督教和现代国家中，还与人类本质属性的实现有关系。基督教和当代国家都能反映人类本性，这能解释宗教和政治生活对集体的承认。人类实现"共生"的能力决定了基督教和当代国家的相似性。⑦

马克思在《论犹太人问题》中强调的内容掩盖了当代国家的积极成就。然而，对政治解放的评价贯穿了早期作品。在《批判》中，马克思称现代国家"很明显是历史的进步"⑧。在《论犹太人问题》中，马克思

---

① John Plamenatz. *Karl Marx's Philosophy of Man*. Oxford: Oxford University Press, 1975: 103.
② "Zur Judenfrage", MEW1: 360; "On the Jewish Question", MECW3: 159; "On the Jewish Question", EW: 225–226.
③ "Zur Judenfrage", MEW1: 360; "On the Jewish Question", MECW3: 158; "On the Jewish Question", EW: 225.
④ "Kritische Randglossen zu dem Artikel 'Der König von Preussen und die Sozialreform: Von einem Preussen'", MEW1: 402–403; "Critical Marginal Notes on the Article 'The King of Prussia and Social Reform: By A Prussian'", MECW3: 198; "Critical Notes on the King of Prussia and Social Reform", EW: 412.
⑤ "Zur Judenfrage", MEW1: 366; "On the Jewish Question", MECW3: 164; "On the Jewish Question", EW: 231.
⑥ "Zur Judenfrage", MEW1: 366; "On the Jewish Question", MECW3: 164; "On the Jewish Question", EW: 230.
⑦ "Zur Judenfrage", MEW1: 365; "On the Jewish Question", MECW3: 154; "On the Jewish Question", EW: 220.
⑧ *Kritik des Hegelschen Staatsrechts*, MEW1: 283; "Contribution to the Critique of Hegel's Philosophy of Law", MECW3: 79; "Critique of Hegel's Doctrine of State", EW: 146.

称政治解放是"历史前进的一大步",是"事物发展规律中最高级的、可行的解放"①。在《神圣家族》中,马克思对比了认为犹太人"低等"的国家和赋予他们同等民权和政治权利的现代国家。②

然而,马克思评价的基础——政治解放体现了积极的成就——通常没有这么清晰。现代国家的关键成就是对共同体价值的承认,即是说现代政治生活(像基督教)还承认人性中最重要的一面。

基督教和现代国家:消极的相似

马克思认为,基督教和现代国家的第二个相似之处是消极的一面,即它们共有的局限。在《论犹太人问题》中,马克思指出,虽然当代国家和基督教都承认共同体有好处,但是两者都没有重新认识到共同体的价值。

马克思对政治和宗教生活共同局限的描述需要用很大篇幅来解释。基督教与政治之间的关系和它们的先决条件对这个描述都很重要。马克思称现代国家预设了市民社会的缺陷,正如基督教中的天堂预设了尘世的"苦海"③。

马克思抓住了影响基督教和其前提条件关系的三大主要限制,所有的限制都阐述了为什么基督教未能克服其所预设的缺陷。

第一个限制是我们日常生活中的缺陷在延续,因为在基督教中这些缺陷只能"通过媒介"解决,④ 即这个世界的不足只有在另外一个世界才能

---

① "Zur Judenfrage", MEW1:356; "On the Jewish Question", MECW3:155; "On the Jewish Question", EW:221.
② *Die heilige Familie, oder Kritik der kritischen Kritik: Gegen Bruno Bauer und Konsorten*, MEW2:117; *The Holy Family, or Critique of Critical Criticism: Against Bruno Bauer & Co.*, MECW4:110.
③ "Zur Kritik der Hegelschen Rechtsphilosophie: Einleitung", MEW1:379; "Contribution to the Critique of Hegel's Philosophy of Law: Introduction", MECW3:176; "Critique of Hegel's Philosophy of Right: Introduction", EW:244.
④ "Zur Judenfrage", MEW1:353; "On the Jewish Question", MECW3:152; "On the Jewish Question", EW:218.

消灭。比如,"共同体的益处"在基督教的天堂中得到了承认,而与此同时人间的个人主义依然如故。

第二个限制是基督教实际上会加剧日常生活的不足。我们把所有的"神性"交付给了"耶稣",这是一种宗教性的异化,我们的生活因此变得更加糟糕。① 因此,在天堂中反映出来的人性优点并不能在这个世界上找到。马克思早期作品中其他地方也有表达类似观点,如他在《手稿》中称"人类交给上帝的越多自己留下的就越少"②;在《穆勒评注》中,他把上帝描述为人类和人性之间的调停员,称"调停人越富有,人类就越贫穷"③。

第三个限制最难以理解。马克思称基督教体现了一种"不真实的普遍性"④。这个说法语义飘忽难以捉摸。"公众"一词被用来暗指基督教中所表现出来的共同体概念。人们似乎很容易明白以宗教形式存在的共同体在某种程度上说是"不真实的"。毕竟,根据马克思的说法,基督教中的共同体不存在于这个现实世界上只存在于虚幻的二元世界。这里还有一层含义帮助我们更好理解马克思对宗教和现代国家的类比。"不真实"这个词可以表示虚幻的、想象的,也可以用来表示未能产生影响⑤。马克思称基督教的天堂不能克服"世俗的限制",最终不得不"承认""恢复"和"屈服于"这些限制。⑥ 因此,基督教中所体现的共同体的第三个限制是它不仅是虚幻的而且是无力的。特别是基督教最终受制于世俗的限制而且

---

① "Zur Judenfrage", MEW1: 353; "On the Jewish Question", MECW3: 152; "On the Jewish Question", EW: 219.
② *Ökonomischphilosophische Manuskripte aus dem Jahre 1844*, MEW, *Ergänzungsband* 1: 512; *Economic and Philosophic Manuscripts of 1844*, MECW3: 272; *Economic and Philosophical Manuscripts*, EW: 324.
③ "Auszüge aus James Mills Buch 'Elémens d'économie politique'", MEW, *Ergänzungsband* 1: 443–463; "Comments on James Mill, *Elémens d'économie* politique", MECW3: 211–228; "Excerpts from James Mill's Elements of Political Economy", EW: 259–278.
④ "Zur Judenfrage", MEW1: 355; "On the Jewish Question", MECW3: 154; "On the Jewish Question", EW: 220.
⑤ 这是一种传统的而非黑格尔独有的用法。
⑥ "Zur Judenfrage", MEW1: 355; "On the Jewish Question", MECW3: 154; "On the Jewish Question", EW: 220.

还被其深刻影响。

简言之,根据马克思的说法,宗教的世俗前提首先会继续、增强,最后影响并主导神圣的宗教。在论及政治生活和其前提的关系时,马克思多次表达过类似观点。

马克思曾称政治解放不是最"完整和连贯"的解放①。政治解放的"不完整和不连贯"可以分解为三个方面。

第一,政治解放不能消灭当代社会精神和物质方面的缺陷。国家从这些缺陷中解放出来,但是个人并没有。正如马克思所说,政治解放"既不能消灭又不能试图消灭"市民社会的缺陷。② 比如,现代国家可以把自己从宗教信仰中解放出来,即使这个国家的大多数人还在信教,然而,马克思曾尖锐地指出一个人"偷偷地信教也是信教,并不能改变他信教这个事实"③。更笼统地讲,根据马克思对政治解放的论述,"国家摆脱某种限制的同时,他的人民也许并没有,一个国家可能是自由国家,而他的人民不一定是自由人"④。

第二,政治解放很大程度上加剧了社会在精神和现实方面的缺陷。马克思在对现代社会的论述中对宗教和世俗世界的反向关系进行了比较。马克思认为,国家的"唯心主义"和市民社会的"唯物主义"呈反向的关系。把宗教和私人财产分配到市民社会的同时使得它们摆脱了共性的束缚。因此,市民社会的缺陷首次被允许"以自己的方式坚持它们的特定本性"⑤。正如马克思对美国的研究所证实的那样,宗教和财产(市民社

---

① "Zur Judenfrage", MEW1: 353; "On the Jewish Question", MECW3: 152; "On the Jewish Question", EW: 218.
② "Zur Judenfrage", MEW1: 357; "On the Jewish Question", MECW3: 155; "On the Jewish Question", EW: 222.
③ "Zur Judenfrage", MEW1: 353; "On the Jewish Question", MECW3: 152; "On the Jewish Question", EW: 218.
④ "Zur Judenfrage", MEW1: 353; "On the Jewish Question", MECW3: 152; "On the Jewish Question", EW: 218.
⑤ "Zur Judenfrage", MEW1: 354; "On the Jewish Question", MECW3: 153; "On the Jewish Question", EW: 219.

会的代表性缺陷）不仅继续存在，而且"活力十足"①。

第三，共同体主义能够实现的程度和范围有限。当代市民社会和政治生活若发生冲突，通常是牺牲后者保全前者，即市民社会中的个人主义开始影响和主导政治。市民社会在与政治生活的相互关系中占据优势地位。马克思指出，"在理想情况下，当代国家优越于利己主义的市民社会，但实际情况则是前者受制于后者"②。因为这种优势地位，即使现代国家试图消灭世俗社会的缺陷也是有心无力。在市民社会中物质和社会方面缺陷的强势存在会影响一些国家问题的解决。在政治和宗教生活中，我们都被迫"承认""恢复"和"屈服于"这些世俗世界中的不足。在当代社会中，要实现共同体并不一定要克服"世俗世界"的缺陷，可以超越或避开它们。③ 然而，因为这些缺陷过于强势，所以这个策略并不奏效。不仅集体主义这个范围未能延伸到社会的其他部分，它本来受限的范围也遭到个人主义的影响。

简言之，马克思认为政治解放的局限包括三方面：第一，市民社会物质和精神方面缺陷的继续；第二，因为摆脱了共同性的束缚，物质和精神方面的缺陷会被加强；第三，因为市民社会的主导性，它们会影响和主导国家的政治。马克思把政治解放的局限总结为"不完整性和冲突性"④。

如上文所述，原始资料研究不是本书的目的。不过，值得一提的是，把基督教和集体主义一定程度的实现联系起来的做法自古有之。特别是它曾出现在马基雅维利和卢梭的作品中。

之所以提到这两位，是因为马基雅维利的《论提图斯·李维乌斯》和卢梭的《社会契约论》都是马克思在克罗茨纳赫居住的这段时间阅读过的著作。马克思的第二本克罗茨纳赫笔记包括相当多的摘自《社会契

---

① "Zur Judenfrage", MEW1: 352; "On the Jewish Question", MECW3: 151; "On the Jewish Question", EW: 217.
② "Zur Judenfrage", MEW1: 374; "On the Jewish Question", MECW3: 172; "On the Jewish Question", EW: 238.
③ "Zur Judenfrage", MEW1: 355; "On the Jewish Question", MECW3: 154; "On the Jewish Question", EW: 220.
④ "Zur Judenfrage", MEW1: 361; "On the Jewish Question", MECW3: 160; "On the Jewish Question", EW: 226.

约论》的笔记，第五本笔记包含一些德文版《论提图斯·李维乌斯》的段落①（也许马克思是在巴黎完成的《论犹太人问题》，但很可能是在克罗茨纳赫开始创作的）。

在《论提图斯·李维乌斯》中，马基雅维利认为，所有的政体都难逃成长与衰败的历史循环，指出古人比现代人更喜欢共和国式的自由。他把共同体自治的衰落归咎于基督教对市民美德的伤害，此观点认为宗教是市民美德的必要条件，但现代信仰并不支持共和国式的自由。基督教和市民美德的不兼容被认为是因为基督教过于空想、超脱尘俗（让我们不要追求世俗的荣耀）而且鼓励一些不太恰当的道德（鼓励"谦逊、冥想的人"，贬低"有力、凶猛"的人）②。很明显，据此观点，关心自己的灵魂超过城市发展的个人不适合承担公民的责任。

卢梭也认可历史的循环律，认为古代各种各样的国家都败给了"四海一家、无所不容的基督教王国"。在《社会契约论》中，卢梭既认为有必要用宗教来支撑一个有道德的城市，又认为基督教特别不适合这份工作（皮埃尔·贝尔认为，一个无神论者的集体有可能存在，主教威廉·沃柏顿认为，基督教是政体的最有力支撑。两个人的观点都是错误的③）。基督教过于超尘脱俗（卢梭称"基督徒的祖国并不在这个世界上"），而且它所推崇的美德（"基督教宣扬苦役和依赖"）注定了基督教不能维持古人的自由，因为其与"爱国"精神相冲突。④ 卢梭写道，"基督教中所宣

---

① MEGA ②4, 2: 276–278.
② J-Marcharnd. Niccolò *Machiavelli Opera*: *I primi scritti politici*. Turin: Antenore, 1997: 333; Machiavelli. *The Chief Works and Others*. Durham NC: Duke University Press Books, 1989 (1): 331.
③ Jean-Jacques Rousseau. *Du contrat social*, *Oeuvres complètes*: *Les écrits politiques*. Paris: Gallimard, 1964 (3): 464; Jean-Jacques Rousseau. *Collected Writings of Rousseau*: *Social Contract, Discourse on the Virtue Most Necessary for a Hero, Political Fragments, and Geneva Manuscripts*. Hanover NH: Dartmouth College Press, 1994 (4): 219.
④ Jean-Jacques Rousseau. *Du contrat social*, *Oeuvres complètes*: *Les écrits politiques*. Paris: Gallimard, 1964 (3): 466–467; Jean-Jacques Rousseau. *Collected Writings of Rousseau*: *Social Contract, Discourse on the Virtue Most Necessary for a Hero, Political Fragments, and Geneva Manuscripts*. Hanover NH: Dartmouth College Press, 1994 (4): 220–221.

扬的每句话都与真正的共和国所需要的相冲突"①。一群真正基督徒的团体也许是"最完美的社区",但"绝不是适合人类的社区"②。

《论提图斯·李维乌斯》和《社会契约论》两本书的相似之处在于,基督教都被描述为与集体的真正实现相对立。某种程度上说,《论犹太人问题》直接受到马基雅维利和卢梭的影响,这有助于我们理解马克思为什么如此热衷于将宗教和政治进行比较,否则,会显得很牵强和奇怪。

马克思和权利

人们普遍认为,马克思非常仇视权利这个概念,特别是道德权利——人们基于道德而不是法律享有的权利。这种所谓的敌视很难理清,因为它曾以不同的方式被描述,而且太过主观和抽象。

《论犹太人问题》通常被认为是马克思这种仇视的例证。因此,马克思这篇文章中关于权利的讨论经常被引用。

尽管如此,我本人从这篇文章和其他早期作品中都很难发现,马克思对道德权利的敌视。对熟悉相关文献的人来说,这听起来很奇怪,接下来我将展开论证。

权利这一概念难以清晰定义。广义上,某事物具有权利指的是它有某种独立的"道德立场"(moral standing)③。某事物没有权利是指我们看待它的方式没有道德意义。

似乎青年马克思相信这种广义上的权利。如他认为人类有其他物体所

---

① Jean-Jacques Rousseau. *Du contrat social*, *Oeuvres complètes*: *Les écrits politiques*. Paris: Gallimard, 1964(3): 467; Jean-Jacques Rousseau. *Collected Writings of Rousseau*: *Social Contract*, *Discourse on the Virtue Most Necessary for a Hero*, *Political Fragments*, *and Geneva Manuscripts*. Hanover NH: Dartmouth College Press, 1994(4): 221.

② Jean-Jacques Rousseau. *Du contrat social*, *Oeuvres complètes*: *Les écrits politiques*. Paris: Gallimard, 1964(3): 465; Jean-Jacques Rousseau. *Collected Writings of Rousseau*: *Social Contract*, *Discourse on the Virtue Most Necessary for a Hero*, *Political Fragments*, *and Geneva Manuscripts*. Hanover NH: Dartmouth College Press, 1994(4): 220; Jean-Jacques Rousseau. *Political Writings*, ed. C. E. Vaughan. Cambridge: Cambridge University Press, 1915(2): 166–168.

③ Shelly Kagan. *Normative Ethics*. Boulder Colorado: Westview Press, 1998: 170.

没有的天然的道德关联。然而，这句话在其早期作品中的重要性经常被忽视。

尤其这句话对当代读者熟知的"物化"这一概念很重要。这个概念相当不精确，其在马克思的作品中经常被用来指称其他事情，即他称之为"对象化"的过程。为了分清两个概念，我将此处讨论的概念称为"物化"，而将另一个容易被混淆的概念称为对象化。

对象化是用来描述人类和外部事物之间的关系的。马克思用该词描述一种历史进程，在此过程中人类的能力和个性逐渐被体现、反映在物质世界中。① 当然，马克思也强调这个世界被人类有意改变的程度，不只是因为我们为了生产而对这个世界产生的影响。

"物化"指将一个人看作一件物体，事物或商品（形式多种多样，危害程度不一②）。其不当之处在于将有独立"道德立场"的实体看作没有道德立场的实体，所以"物化"假定了不同实体间的这种区别。

青年马克思经常引用类似关于"物化"的观点。比如，在《手稿》中马克思称当代的社会环境把工人"压抑到了机器的程度"③。当代工业只需要工人做出简单的"机械化动作"，所以妨碍了他们身心的发展。④ 马克思认为，既然工人沦落到了商品的地位，工资也就变成了"生产工具的维修保养费"⑤。很明显，马克思斥责把人类看作物体或商品，将具有较高的独立道德立场的实体看作没有道德立场的实体。

---

① Ökonomischphilosophische Manuskripte aus dem Jahre 1844, MEW, Ergänzungsband 1: 512; Economic and Philosophic Manuscripts of 1844, MECW3: 273; Economic and Philosophical Manuscripts, EW: 325.

② Martha C. Nussbaum. "Objectification", Sex and Social Justice. Oxford: Oxford University Press, 1999: 218.

③ Ökonomischphilosophische Manuskripte aus dem Jahre 1844, MEW, Ergänzungsband 1: 474; Economic and Philosophic Manuscripts of 1844, MECW3: 237–238; Economic and Philosophical Manuscripts, EW: 285.

④ Ökonomischphilosophische Manuskripte aus dem Jahre 1844, MEW, Ergänzungsband 1: 562; Economic and Philosophic Manuscripts of 1844, MECW3: 322; Economic and Philosophical Manuscripts, EW: 374–375.

⑤ Ökonomischphilosophische Manuskripte aus dem Jahre 1844, MEW, Ergänzungsband 1: 524; Economic and Philosophic Manuscripts of 1844, MECW3: 284; Economic and Philosophical Manuscripts, EW: 335.

其他地方也有同样的基本观点。在《导言》中，马克思用一个笑话来说明当代人社会地位之低下。当一个法国人听说政府要对狗征税时，他惊叫："可怜的狗啊，他们要把你们当作人看待！"① 这个笑话产生幽默效果的前提是人有较高的道德立场，而狗没有。

如此，青年马克思主张上述意义上的道德权利也就不足为奇。从这个意义上讲，几乎所有的规范性理论都主张权利。当有人说马克思敌视道德权利的时候，他对权利这个概念的理解肯定不是广义上的。

既然对道德权利的理解多种多样，就有必要明晰该词在本文中的含义。这并不是为了提出一种别出心裁的理解，只是为了方便讨论马克思早期作品和一种有代表性的、更加狭义的权利概念之间的对立。

狭义上讲，赞同一个人有权利是承认在对待他们的方式上存在限制。我们可以认为，这些权利包含着义务，面对享有权利的人，别人有义务做（或不能做）某件事情。比如，与权利主张相关的某些义务有时是基于个人的福利。② 我们可以把权利看作在保护个体的重要利益，是他们通过给别人施加限制释放出的功能。

这种狭义上的权利通常被描述为对某种行为的禁止，即使这种行为对大多数人有利。即权利通常是出于示范和义务的考虑，承认不同因素间的道德关联，而不是结果的好坏，甚至赋予这些因素充分的重要性，让它们比好的结果还重要。③

青年马克思对"物化"的论述与对权利的狭义理解相一致。在《穆勒评注》关于"物化"的例子中，在对信贷关系进行评估时，马克思讽刺道，富人基于一个穷人的相关美德（勤劳、节制等）而增加其信用是

---

① "Zur Kritik der Hegelschen Rechtsphilosophie: Einleitung", MEW1: 385; "Contribution to the Critique of Hegel's Philosophy of Law: Introduction", MECW3: 182; "Critique of Hegel's Philosophy of Right: Introduction", EW: 251.
② Joseph Raz. *The Morality of Freedom*. Oxford: Oxford University Press, 1986: 180 – 183; H. L. A. Hart. "Are There Any Natural Rights?". *Philosophical Review*. 1955 (64): 175 – 191.
③ 即权利便是义务，而不是绝对权利。

一种"浪漫的可能"①。马克思鼓励我们思考这件事中的"不道德性","用金钱来评价一个人"的"不道德性"。② 他指出,在很多方面"穷人"的生活、才华和劳动只有在能够抵押贷款之时才是有意义的。③ 当债权人认定这个穷人是"好"人之时,并不是说他"不是流氓坏蛋",只是指他有能力偿还贷款。④ 我们不能因为对类似商业语言熟悉就忽略它们所隐含的道德观。马克思认为,把"道德本身"当作商业交易的对象是一件"邪恶"的事。⑤

无论我们如何看待对信贷关系的洞察,在这里只是为了说明马克思认为"用金钱评价人"在道德上是错误的。⑥ 马克思表达的是:人类具有金钱所没有的"道德立场";我们应该尊重这种立场,不应该把人看作物体。马克思认为,个体有道德权利不应被看作物体,否则,便是侵犯了他们的权利。

"物化"不是早期作品中发现的唯一与狭义上的权利相一致的概念。容易与"物化"相混淆的另外一个观点,即是把别人看作实现目的的手段,而不是像著名的康德原则要求的那样把人们看作目的。

在《论犹太人问题》中,马克思对市民社会描述的主线之一是批判

---

① "Auszüge aus James Mills Buch 'Elémens d'économie politique'", *MEW*, *Ergänzungsband* 1: 449; "Comments on James Mill, *Elémens d'économie politique*", MECW3: 215; "Excerpts from James Mill's Elements of Political Economy", EW: 263.
② "Auszüge aus James Mills Buch 'Elémens d'économie politique'", *MEW*, *Ergänzungsband* 1: 449; "Comments on James Mill, *Elémens d'économie politique*", MECW3: 215; "Excerpts from James Mill's Elements of Political Economy", EW: 263.
③ "Auszüge aus James Mills Buch 'Elémens d'économie politique'", *MEW*, *Ergänzungsband* 1: 449; "Comments on James Mill, *Elémens d'économie politique*", MECW3: 215; "Excerpts from James Mill's Elements of Political Economy", EW: 263.
④ "Auszüge aus James Mills Buch 'Elémens d'économie politique'", *MEW*, *Ergänzungsband* 1: 449; "Comments on James Mill, *Elémens d'économie politique*", MECW3: 215; "Excerpts from James Mill's Elements of Political Economy", EW: 263.
⑤ "Auszüge aus James Mills Buch 'Elémens d'économie politique'", *MEW*, *Ergänzungsband* 1: 449; "Comments on James Mill, *Elémens d'économie politique*", MECW3: 215; "Excerpts from James Mill's Elements of Political Economy", EW: 263.
⑥ "Auszüge aus James Mills Buch 'Elémens d'économie politique'", *MEW*, *Ergänzungsband* 1: 449; "Comments on James Mill, *Elémens d'économie politique*", MECW3: 215; "Excerpts from James Mill's Elements of Political Economy", EW: 263.

现代社会的一些成员"把其他人视作手段"①。我们没有理由认为，马克思关注康德论述中的所有细节，当然，他对康德关于道德的作品表现出浓厚的理论兴趣。既然如此，很难说马克思此处的语言是巧合性的。马克思把人本身看作目的，认为市民社会的思潮是鄙视"把人本身看作目的"，这更加说明了他对康德的暗指。②

康德的原则——个体不能仅仅被视作手段，还应被视为目的——太过含糊不清，招致了众多不同的解读。该原则的后半部分对本文更加重要。该原则的前半部分告诉我们，如果我们仅仅把人视作手段的话是错误的；后半部分告诉我们正确的方式是什么（把人看作目的）。

康德认为，把人视作目的意味着尊重他们的"尊严"，也就是他们"无条件的，无可比拟的价值"。换句话说，把他们的价值看作独立，不依赖其他事实（比如是否真的有人重视他们）的，而且这种价值超越其他任何形式的价值③（康德本人认为，不仅有尊严的实体不能与没有尊严的实体交换，而且所有对有尊严实体的交易都是不正当的④）。

马克思的大致思想比较清楚。人类有一种我们未能承认的价值，因为我们把他们看作手段，比如在当代市民社会的日常运行中。除了鼓励我们认为个体具有其他人有义务尊重的价值，且这种价值跟结果的好坏没有关系，本人未发现马克思使用这种语言的理由——目标让读者熟悉的语言。

接下来分析另一个马克思使用康德词汇的理由。在《导言》中马克

---

① "Zur Judenfrage", MEW1：355；"On the Jewish Question", MECW3：154；"On the Jewish Question", EW：220.
② Immanuel Kant. *Grundlegung zur Metaphysic der Sitten*, *Gesammelte Schriften*. Berlin, 1902（4）：429；Immanuel Kant. *Groundwork of the Metaphysics of Morals*, *Practical Philosophy*. Cambridge：Cambridge University Press, 1996：80.
③ Immanuel Kant. *Grundlegung zur Metaphysic der Sitten*, *Gesammelte Schriften*. Berlin, 1902（4）：426；Immanuel Kant. *Groundwork of the Metaphysics of Morals*, *Practical Philosophy*. Cambridge：Cambridge University Press, 1996：85.
④ Thomas E. Hill Jr. *Dignity and Practical Reason in Kant's Moral Theory*. Ithaca NY：Cornell University Press, 1992：chapter 2.

思提到"绝对命令"①。泛泛地讲,将一个规范性的评判称之为命令便是指它是理性的要求,即表达康德称之为"客观"原则的一个评判,所有理性的人在理性的时候都应该遵守这个原则。称一个命令为"绝对"意味着它所规定的限制和目标是理性的要求,与我们是否需要它们(或者通过它们可以获取的东西)没有关系。马克思此处引用的绝对命令包括不许把人看作物品和不许不把人看作目的。青年马克思认为,对社会的批评应始于"这个绝对命令:消灭所有人类被贬低,奴役,忽视和轻视的环境"②。简言之,马克思认为,我们应该消灭所有的个体没有被视作目的的环境和所有他们被视作物品的环境(比如当代市民社会中的一些环境)。我认为,如果说青年马克思认为个体既有权利被视作目的,又有权利不被视作物品,这不是对马克思本意的严重曲解。

问题似乎还未明朗。我一直试图说明早期作品中的几条主线,即马克思对"物化"的敌视和他对康德原则的支持,表明他对权利概念没有敌视(不论是狭义的还是广义的)。有些人认为,这似乎不是重点,并不能从他对个体道德立场的评价或关于对待个体方式的限制,重构出青年马克思的权利观。马克思的权利观直接反映在对权利的直观讨论中,特别是在《论犹太人问题》中。他们还认为,研究这些评论之后便可发现马克思"极度不屑"提道德权利③。

此种观点不太妥当。第一,不使用权利这个概念也可以讨论权利,即可以把权利翻译成其他词语(如关于道德立场、限制等的词语)。(这里还有一个翻译的问题:从马克思的作品中筛选出这么一个特定的术语很难,因为即使找到了它也是一个有着多层含义的词。作为名词,"recht"有"权利"的意思但是它还有其他很多意思如"正义、公平、司法体

---

① "Zur Kritik der Hegelschen Rechtsphilosophie: Einleitung", MEW1: 385; "Contribution to the Critique of Hegel's Philosophy of Law: Introduction", MECW3: 182; "Critique of Hegel's Philosophy of Right: Introduction", EW: 251.

② "Zur Kritik der Hegelschen Rechtsphilosophie: Einleitung", MEW1: 385; "Contribution to the Critique of Hegel's Philosophy of Law: Introduction", MECW3: 182; "Critique of Hegel's Philosophy of Right: Introduction", EW: 251.

③ Kai Nielsen. *Marxism and the Moral Point of View: Morality, Ideology, and Historical Materialism.* Boulder Colorado: Westview Press, 1989: 245.

系";作为形容词它的意思可能是"正确的、合法的或公平的");第二,此种观点过于看重马克思对自己观点的看法,这有失偏颇,因为一个人可能时常明确反对一种自己潜意识中认同的观点,特别是对自身了解的不足可能导致人们错误描述自己的观点。借用最近对马克思关于资本主义不公平性观点的讨论中的短语,马克思的确认同道德权利,尽管他本人没有意识到这一点。①

然而,为了便于讨论,值得研究早期作品中对权利的明确指称,以便回击那些认为马克思敌视、批判权利的观点。

研究的困难之一在于,不同的对马克思权利仇视的论述差异巨大。而对以下两方面差异的区分可能有益。第一,区分一般意义上和特定范畴的权利(比如,法律权利、生存权利、人权、民权、政治权利、特殊权利、一般权利等)。第二,区分这些权利主张的形式特点和它们的"内容",即某些权利要保护的特定利益。

对相关资料全面研究之后会发现,很多人认为马克思在《论犹太人问题》中的抱怨流于笼统和表面化。第一,马克思是在宽泛讨论权利而不是某种特定范畴中的权利。他不仅反对"资产阶级权利"而且"激进地批判任何权利"②。第二,马克思只关心权利主张的形式特点而不是"内容"。《论犹太人问题》被认为是对"权利概念"的攻击。③

上述对《论犹太人问题》主题的描述是错误的。第一,青年马克思关心的不是一般意义上的权利而是两种特定范畴的权利。既然如此,那么上述针对特定权利的言论是否适用于一般意义的权利值得怀疑。第二,马克思关心的是权利的内容而不是形式。他关注的是特定的权利所保护的价值观和利益,而不是对这些权利观的形式进行分析。为了证实这一点,接下来我将分析相关的段落。

---

① G. A. Cohen. "Review of Allen Wood, Karl Marx". *Mind*. 1983 (92): 443; Norman Geras. "The Controversy about Marx and Justice". *New Left Review*. 1985 (150): 70.
② Rodney G. Peffer. *Marxism, Morality and Social Justice*. Manchester: Princeton University Press, 1990: 324; Philip J. Kain. *Marx and Ethics*. Oxford: Oxford University Press, 1988: 75.
③ William A. Edmundson. *An Introduction to Rights*. Cambridge: Cambridge University Press, 2004: 79; Allen E. Buchanan. *Marx and Justice: The Radical Critique of Liberalism*. London: Rowman & Littlefield Publishers, 1982: 67–68.

鲍威尔认为，因为宗教和自私的本性，犹太人没有资格享有人权。①这一观点构成了马克思讨论的焦点，是他要反驳的对象，②也构成了马克思讨论权利的背景。

为了评价鲍威尔的这一观点，马克思运用了实证性证据来分析现代国家中的"人权"——特别是法国和美国宪法中所讲述的人权。③"人权"在这种语境中似乎最好被理解为一种道德权利，即个体身为人类便可享有的道德权利，而不是因为做了某些事情才有资格享有的权利。毕竟，这里谈到的宪法文件并不绝对是法定权利列表，而是体现政治集体基本的规范性原则，其指导之后的立法和行政行为。④马克思提到这些"人权"通常被分为"人的权利"和"公民的权利"，如法国大革命中的《宣言》就是如此，马克思称他自己也会采用这种区分。⑤

在《论犹太人问题》中，马克思有时用"人权"指一般意义上的人权，有时用该词表达"人的权利"⑥。关联上下文，读者一般不会混淆这两层含义。为了清晰表达，本文将"人的权利"与"公民的权利"一样看作"人权"的子范畴。

马克思最初讨论的是"公民的权利"，并称之为"民权"⑦。他明确指出，自己关心的主要是这些权利的"内容"。马克思写道，"这些权利

---

① "Zur Judenfrage", MEW1: 362; "On the Jewish Question", MECW3: 160; "On the Jewish Question", EW: 227.
② "Zur Judenfrage", MEW1: 361; "On the Jewish Question", MECW3: 160; "On the Jewish Question", EW: 227.
③ "Zur Judenfrage", MEW1: 362; "On the Jewish Question", MECW3: 160; "On the Jewish Question", EW: 227.
④ 不同版本的法国宣言中的说法也许不完全一样，但通常引用1789年版的说法，认为"权利"是"与生俱来、不可剥夺、神圣的"。
⑤ "Zur Judenfrage", MEW1: 362; "On the Jewish Question", MECW3: 160–161; "On the Jewish Question", EW: 227–228.
⑥ "Zur Judenfrage", MEW1: 362; "On the Jewish Question", MECW3: 160; "On the Jewish Question", EW: 227.
⑦ "Zur Judenfrage", MEW1: 362; "On the Jewish Question", MECW3: 160–161; "On the Jewish Question", EW: 227.

的内容是参与集体、参与政治集体或政权"①,特别是这样的权利应该包括选举权和被选举权。简言之,民权应该承认并保护"政治自由",马克思文章通篇都在思考政治自由的成就和局限。②

因此,马克思认为,鲍威尔主张合情合理地把犹太人排除在民权之外是错误的。马克思已经说明政治解放并不要求"连贯、绝对地"取消宗教信仰。③ 众所周知,在当今的文明社会,宗教不仅得以幸存,甚至依然活跃。因此,犹太人信教并不构成把他们排除在"公民的权利"之外的理由。的确,信教的个体,如美国经验所展示的那样,是政治解放的典型的受益者。马克思称,鲍威尔认为犹太人(或其他人)因为信教而没有资格获得政治权利是十分错误的。

马克思认为,"人的权利和公民的权利是不一样的"④。他主要关心的还是分析鲍威尔的观点(个体如果信教或者自私就没有资格享受权利)是否正确。⑤

马克思强调,个人信教不是剥夺他们"人之权利"的正当理由。他还指出在最先进的政治国家,"宗教信仰自由"被明确承认是"人之权利"之一。⑥ 马克思论证的方法证明了其此时关注的是特定权利(当代国家"人之权利")的具体内容(宗教信仰权是否受到保护)。⑦ 他列举一系列法律条文来证明犹太人的宗教信仰权利受到保护,如 1791 年法国《人权和公民权宣言》第七条、1791 年法国《宪法》第一条、1793 年法

---

① "Zur Judenfrage", MEW1:362; "On the Jewish Question", MECW3:161; "On the Jewish Question", EW:227.
② "Zur Judenfrage", MEW1:362; "On the Jewish Question", MECW3:161; "On the Jewish Question", EW:227.
③ "Zur Judenfrage", MEW1:362; "On the Jewish Question", MECW3:161; "On the Jewish Question", EW:227-228.
④ "Zur Judenfrage", MEW1:362; "On the Jewish Question", MECW3:161; "On the Jewish Question", EW:228.
⑤ "Zur Judenfrage", MEW1:362; "On the Jewish Question", MECW3:161; "On the Jewish Question", EW:227.
⑥ "Zur Judenfrage", MEW1:362; "On the Jewish Question", MECW3:161; "On the Jewish Question", EW:227.
⑦ "Zur Judenfrage", MEW1:362; "On the Jewish Question", MECW3:161; "On the Jewish Question", EW:227.

国《人权宣言》第七条、1795 年法国《宪法》第十四款第三百五十四条、《宾夕法尼亚州宪法》第三章第九条、《新罕布什尔州宪法》第五条和第六条。马克思的结论是鲍威尔所谓的宗教信仰与"人之权利"之间的不兼容，其实"与人之权利这一概念如此冲突以至于宗教权利——选择宗教的权利和选择信教方式的权利——被列在人之权利当中"①。

马克思曾追问："为了政治解放，有必要要求犹太人放弃犹太教，有必要要求人类放弃信仰吗?"② 他的答案当然是否定的，即国家没有权利要求无神论作为获取公民身份的条件。很明显，这一回答不是评论、限制、批判，而是针对权利的概念。从马克思现有观点来看，这不足为奇。然而，如果《论犹太人问题》是为了表达对权利概念的敌视，他这样使用这个概念未免显得太粗心。

马克思还反驳了鲍威尔的这一观点：犹太人本性自私所以没有资格享受人权。马克思称，鲍威尔认为自私就不能享受人之权利的观点是错误的。利己主义不仅不能让人失去享受人之权利的资格，而且还受到了权利的承认和保护。马克思通过思考和引用一系列先进政治国家的宪法所保护的利益（自由、财产、平等和安全）的例子来证明自己的观点。需要注意的是，马克思从未否认此类利益的价值，也未否认个体有权享受这样的利益。相反，他研究了当代国家理解和保护这些利益的方式。

马克思认为，自由权明显受到 1793 年版法国《人权宣言》第二款和第六款和 1791 年版法国《人权宣言》第六款的保护。然而，这些文件保护的权利被马克思描述为"做任何自己想做但不伤害他人事情的权利"③。据此，个人被认为是"孤立的个体"，他人被认为是限制自己自由的"界标"④。他认为，《人权宣言》保护的自由不是基于"人与人之间的联系，

---

① "Zur Judenfrage", MEW1: 363; "On the Jewish Question", MECW3: 162; "On the Jewish Question", EW: 228.
② "Zur Judenfrage", MEW1: 351; "On the Jewish Question", MECW3: 150; "On the Jewish Question", EW: 216.
③ "Zur Judenfrage", MEW1: 364; "On the Jewish Question", MECW3: 162; "On the Jewish Question", EW: 229.
④ "Zur Judenfrage", MEW1: 364; "On the Jewish Question", MECW3: 162; "On the Jewish Question", EW: 229.

而是人与人之间的分离"①。简言之，马克思认为，相关文件预先假定了人类的利己主义和一种对自由的理解，即把他人看作讨厌的约束。

马克思称，财产权明显受到 1793 年法国《宪法》第 16 款的保护。然而，该权利被理解为允许个体"享有和随意处置自己的利益、收入及劳动成果"②。马克思特别指出，个人完全可以使用他们的资源，"不用在意他人和社会"③。与自由权一样，这种对财产权的理解鼓励把他人的主张看作对自身行为的约束。这样的权利体现并支持了这个观点：每个个体应该把其他个体看作自身自由的"限制"而不是"实现"④。

对其他权利即平等权和人身权的内容，马克思表达了类似的观点。他认为 1795 年《宪法》第三款定义了民权而不是政治权利的平等，这种平等的民权意味着同样可以享有个人主义的自由权。这些宪法文件所保护的人类的平等被认为是在于把每个个体看作"自给自足的独立体"⑤。1793 年《宪法》第八款所保护的人身权概念同样表现出极端利己主义的世界观。甚至在这些文件中，人身权被理解为现代文明社会中利己主义的"保证"，政治集体的角色沦为保护和促进当今市民社会中"偏心、自私、资产阶级"狭隘个人利益的"工具"⑥。此观点认为，集体"似乎是与个人无关的体制，是对个体独立的限制"⑦。

简言之，马克思在《论犹太人问题》中，对权力讨论的焦点是反驳鲍威尔的观点：犹太人因为信教且自私所以没有资格享受人权。通过分析

---

① "Zur Judenfrage", MEW1: 364; "On the Jewish Question", MECW3: 162; "On the Jewish Question", EW: 229.
② "Zur Judenfrage", MEW1: 365; "On the Jewish Question", MECW3: 163; "On the Jewish Question", EW: 229.
③ "Zur Judenfrage", MEW1: 365; "On the Jewish Question", MECW3: 163; "On the Jewish Question", EW: 229.
④ "Zur Judenfrage", MEW1: 365; "On the Jewish Question", MECW3: 163; "On the Jewish Question", EW: 230.
⑤ "Zur Judenfrage", MEW1: 365; "On the Jewish Question", MECW3: 163; "On the Jewish Question", EW: 230.
⑥ "Zur Judenfrage", MEW1: 366; "On the Jewish Question", MECW3: 164; "On the Jewish Question", EW: 230-231.
⑦ "Zur Judenfrage", MEW1: 365; "On the Jewish Question", MECW3: 164; "On the Jewish Question", EW: 230.

法国和美国宪法关于"人的权利"与"公民的权利"的条款，马克思称宗教信仰和利己主义不仅不与人权冲突，而且还受到当代文明社会的保护和促进。因此，他称鲍威尔不能为继续歧视提供正当理由。马克思的辩论策略不是攻击权利概念，而是批驳拒绝犹太人享有人权的依据。

此种说法在《神圣家族》中也得到印证。马克思把之前的结论总结为：当代国家宪法中的人权"承认并且允许当代资产阶级社会"的个人主义和宗教性。① 相关文件中的人权表明当代国家含蓄地承认它与市民社会的相互关系和市民社会对它的主导。② 因此，个体的自私和宗教本性不能免除他们享受这些权利的资格，鲍威尔为继续歧视犹太人所做的辩护不成立（在《德意志意识形态》中马克思重提《论犹太人问题》中的这个讨论，称揭露一些错误的"与法国大革命中宣称的人权有关的"观念③）。

马克思真正关心的与其说是当代政治国家权利的本质，不如说是公民身份的条件——成员身份附加的要求和责任。鲍威尔扬言，犹太人没有资格获取当代公民身份，因为"他们的宗教和自私本性长远看来总会碾压他们作为人的义务和政治义务"④。马克思认为，这句话中的错误既低级（利己主义和宗教在当代国家仍然活跃），又有启发性（当代公民身份和利己主义与宗教完全是和谐相处）。

利己主义和宗教性不仅不能成为取消个体当代公民资格的理由，反而应是当代公民身份保护和促进的对象。即使在最理想的情况下，当代政治

---

① *Die heilige Familie, oder Kritik der kritischen Kritik: Gegen Bruno Bauer und Konsorten*, MEW2: 129; *The Holy Family, or Critique of Critical Criticism: Against Bruno Bauer & Co.*, MECW4: 122.
② *Die heilige Familie, oder Kritik der kritischen Kritik: Gegen Bruno Bauer und Konsorten*, MEW2: 120; *The Holy Family, or Critique of Critical Criticism: Against Bruno Bauer & Co.*, MECW4: 113.
③ *Die deutsche Ideologie: Kritik der neuesten deutschen Philosophie in ihren Repräsentanten Feuerbach, B. Bauer und Stirner, und des deutschen Sozialismus in seinen verschiedenen Propheten*, MEW3: 181; *The German Ideology: Critique of the Latest German Philosophy as Exemplified by its Representatives Feuerbach, B. Bauer and Stirner, and of German Socialism as Exemplified by its Various Prophets*, MECW5: 197.
④ Bruno Bauer. "Die Fähigkeit der heutigen Juden und Christen, frei zu werden". *Feldzüge der reinen Kritik*. Frankfurt am Main, 1968: 180 – 181; Michael P. Malloy. "The Capacity of Present-Day Jews and Christians to Become Free". *The Philosophical Forum*. 1978 (8): 139.

生活也提不出比"服务利己的人"更好的理想。① 这些先进的当代国家的宣言和宪法所表现出的国家的自我意识，显示当代政治生活"只是手段，市民社会生活才是目的"②。马克思总结道，在当代社会"人类作为集体生物而存在的领域被置于他作为个体生物的领域之下"③。他反对的理由很清晰：政治生活的模式低估了集体和公民身份的价值，应把市民社会的"个体存在"看作"真正的人"，把公民身份看作对"资产阶级"的颂扬。④ 当代公民狭隘的个人利益会破坏对集体利益的理解，然而，政治国家能对此表示理解。

最后要分析的是，有观点认为，马克思相信社会主义的权利是多余的。⑤ 该观点大致认为：只有在个人利益有可能受到严重侵犯时才需要权利的保护功能，对个人利益的严重侵犯是阶级社会的产物，社会主义不是阶级社会，所以社会主义不需要权利。很明显这种观点并没有说服力。特别是关于人与人之间重要冲突来源的前提不可信。在《论犹太人问题》中找不到类似的观点，而且从马克思的言论中"提炼"出这样的观点，这种做法难以令人信服。这种推理路线提出了一些关于取代现代国家政体性质的重要问题，第四章将会讨论到其中的一些问题。⑥

---

① "Zur Judenfrage", MEW1: 366; "On the Jewish Question", MECW3: 164; "On the Jewish Question", EW: 231.
② "Zur Judenfrage", MEW1: 366; "On the Jewish Question", MECW3: 164; "On the Jewish Question", EW: 231.
③ "Zur Judenfrage", MEW1: 366; "On the Jewish Question", MECW3: 164; "On the Jewish Question", EW: 231.
④ "Zur Judenfrage", MEW1: 366; "On the Jewish Question", MECW3: 164; "On the Jewish Question", EW: 231.
⑤ Allen E. Buchanan. *Marx and Justice: The Radical Critique of Liberalism*. London: Rowman & Littlefield Publishers, 1982: 67-68.
⑥ Jeremy Waldron. *Nonsense Upon Stilts: Bentham, Burke and Marx on the Rights of Man*. London: Methuen, 1987: 126ff.

反犹太主义与犹太人的自我憎恶

本小节正式论述之前必须首先声明，以下内容肯定有不足之处，我不想评判马克思对犹太人和犹太教的整体态度（包括他所谓的"反犹太主义"）或他对自身犹太身份的反应（包括他所谓的犹太人"自我憎恶"），我要分析的只是《论犹太人问题》第二部分中马克思的评论。

本节且用"反犹太主义"来泛指各种形式的"犹太恐惧症"，用"种族性反犹太主义"指称 19 世纪末的种族歧视。之所以说是"且用"，因为最初"反犹太主义"及各种与其相关联的词汇，是由 19 世纪末期恐惧犹太人的人编造出来的。用该词泛指各种各样的犹太恐惧症——从古时候惧外式的犹太恐惧，基督徒的反犹太主义到纳粹的反犹太主义——可能会夸大或预先假定这些不同历史现象的相似性，而且可能加深人们对犹太民族和语言的歧视。

在《论犹太人问题》的第一部分，马克思主要把犹太教看作宗教的代表，把犹太人看作有宗教信仰之人的代表。与鲍威尔不一样，他没有把犹太教看作落后反动的信仰，没有把犹太人看作落后反动的人。在文章的第二部分，马克思对"犹太教"和"犹太人"做出了一系列贬损性的评论，这些评论被认为正是体现了马克思对犹太教和犹太人的敌视，这些评论引来了大量的批评。[①] 大部分批评指责马克思只不过是重复了一些陈词滥调，认为这是他反犹太主义和他作为犹太人的"自我憎恶"的铁证。

接下来列举一些马克思评论的内容。在第 4 到第 5 页马克思在评价犹太

[①] Julius Carlebach. *Karl Marx and the Radical Critique of Judaism*. London，Routledge & Kegan Paul PLC，1978：438 - 449；Helmut Hirsch. *Marx und Moses：Karl Marx zur "Judenfrage" und zu Juden*. Frankfurt am Main：Peter Lang GmbH，1980；Paul Lawrence Rose. *German Question/Jewish Question：Revolutionary Antisemitism from Kant to Wagner*. Manchester：Princeton University Press，1992；Baltimore：Johns Hopkins University Press，1986.

人和犹太教时使用了下列词汇："实用的需求"① "私利"② "讨价还价"③ "崇拜金钱"④ "反社会行为"⑤ "利己主义"⑥ "崇拜交易"⑦ "不把人看作目的"⑧ "金钱至上⑨" 和 "自私的需求"⑩。大致来说，这些词汇特点也常见于他对当代市民社会的描述中，特别是在文章的第一部分。马克思把市民社会的负面特点与犹太人和犹太主义联系起来。这一点是没有争议的，不确定的是这些评论内含的隐喻。

在《论犹太人问题》第二部分的开始，马克思指出鲍威尔采用的是神学的研究方法。马克思特别强调，鲍威尔所说的犹太人是虔诚的犹太教徒，马克思称其为"安息日犹太人"⑪。但是，马克思考虑的不是这种宗教意义上的个人，而是"日常的犹太人"或者说是"真正世俗意义上的犹太人"⑫。既然马克思讽刺的是"日常生活中的犹太人"，不是"安息日犹太人"，那就需要明晰这个概念。

---

① "Zur Judenfrage", MEW1: 372; "On the Jewish Question", MECW3: 169; "On the Jewish Question", EW: 236.
② "Zur Judenfrage", MEW1: 372; "On the Jewish Question", MECW3: 169; "On the Jewish Question", EW: 236.
③ Michael Schmidt. *Schacher und Wucher*, *Menora: Jahrbuch für deutsch jüdische Geschichte*. 1990 (1): 235–277.
④ "Zur Judenfrage", MEW1: 372; "On the Jewish Question", MECW3: 170; "On the Jewish Question", EW: 236.
⑤ "Zur Judenfrage", MEW1: 372; "On the Jewish Question", MECW3: 170; "On the Jewish Question", EW: 237.
⑥ "Zur Judenfrage", MEW1: 374; "On the Jewish Question", MECW3: 171; "On the Jewish Question", EW: 238.
⑦ "Zur Judenfrage", MEW1: 375; "On the Jewish Question", MECW3: 172; "On the Jewish Question", EW: 239.
⑧ "Zur Judenfrage", MEW1: 375; "On the Jewish Question", MECW3: 172; "On the Jewish Question", EW: 239.
⑨ "Zur Judenfrage", MEW1: 375; "On the Jewish Question", MECW3: 172; "On the Jewish Question", EW: 239.
⑩ "Zur Judenfrage", MEW1: 376; "On the Jewish Question", MECW3: 173; "On the Jewish Question", EW: 240.
⑪ "Zur Judenfrage", MEW1: 372; "On the Jewish Question", MECW3: 169; "On the Jewish Question", EW: 236.
⑫ "Zur Judenfrage", MEW1: 372; "On the Jewish Question", MECW3: 169; "On the Jewish Question", EW: 236.

这一点经常被忽略，以致马克思在《论犹太人问题》第二部分中评论的对象常被误解。很多读者想当然地认为，这篇文章中提到的犹太人就是我们熟悉的字面意义上的犹太人。① 然而，这种字面意义本身就不清晰。比如说"日常的犹太人"可能有两层意思。第一，"日常的犹太人"可能是任何信仰摩西的德国人。这与鲍威尔的用法几近相同，都是从宗教上讲的。第二，"日常"可能指的不是宗教而是其他的字面标准（如国籍、民族或种族），这与鲍威尔的用法有所不同。但无论在《论犹太人问题》中还是在其他早期作品中，都没有证据显示马克思采用的是这种定义。所有文字证据表明青年马克思和鲍威尔对犹太人的定义都是从宗教上讲的。②

需要注意的是，马克思的"日常"犹太人绝不是字面意义上的犹太人，而是应该被理解为现代市民社会中利己主义的成员，不论其宗教、国籍、种族、民族等背景。简言之，"安息日"犹太人和"日常"犹太人的区别是，某一特定的宗教群体成员和市民社会的一般成员之间的差别。

这种隐喻性的解读既区分了"安息日"和"日常"犹太人，又解释了马克思之后的评论。比如，马克思称在当今社会"基督徒已经变成了犹太人"③。如果按字面意思理解，这句话显得荒诞不经。按照这种隐喻性解读，马克思表达的是所有的当代公民（无论宗教信仰如何）都具有典型的市民社会的利己主义。同样，当马克思称在美国基督教教义反映了"犹太教对基督世界的主导"时，他并不是在对美国的基督教教义内容发表神学评论，而是指基督教也变得商业化。④ 当马克思称"犹太教"在"基督教的统治下"达到了"顶峰"时，他并不是按字面意思认为，犹太人的成就在中世纪的基督国家达到辉煌顶峰，而是把当下的主题（把犹

---

① Robert S. Wistrich. *Revolutionary Jews: From Marx to Trotsky*. London: George G. Harrap & Co Ltd, 1976: 33.
② "Zur Judenfrage", MEW1: 353; "On the Jewish Question", MECW3: 151; "On the Jewish Question", EW: 218.
③ "Zur Judenfrage", MEW1: 373; "On the Jewish Question", MECW3: 170; "On the Jewish Question", EW: 237.
④ "Zur Judenfrage", MEW1: 373; "On the Jewish Question", MECW3: 171; "On the Jewish Question", EW: 238.

太教跟商业活动联系起来）和之前的主题（把基督教跟当代国家联系起来）结合起来。① 犹太教"不仅在基督社会得以幸存"而且还"发展到了最高层次"，这句话真正表达的是商业活动不仅从政治国家和市民社会的分离中幸存，而且还在当今社会发展到了前所未有的高度。②

这个隐喻性解读还消除了另外一个理解障碍——为什么在《论犹太人问题》的第二部分马克思不再像其他早期作品和《神圣家族》那样使用对"日常"犹太人的贬损性语言。③ 如果《论犹太人问题》的第二部分中马克思没有因为他们与基督徒的不同而直接攻击犹太人，就不难理解为什么在其他地方谈及犹太人时他不再使用这些贬损性语言。

这个隐喻性解读还阐明了《论犹太人问题》第二部分的论辩策略。马克思认为，鲍威尔明显支持一种广泛的犹太人和"利己主义"之间的负面联系④。（这种负面联系在19世纪的德国文化中很普遍，以至于寻找马克思原创的"哲学"来源似乎有误导性。不赞同的人会在斯宾诺莎或费尔巴哈作品中找到哲学起源⑤）马克思的论辩策略是把这种联想延伸到"日常"犹太人，即当今市民社会中所有的人（无关信仰）。显然，"犹

---

① "Zur Judenfrage", MEW1: 376; "On the Jewish Question", MECW3: 173; "On the Jewish Question", EW: 240.
② "Zur Judenfrage", MEW1: 374; "On the Jewish Question", MECW3: 171; "On the Jewish Question", EW: 238.
③ Marshall Berman. *Adventures in Marxism*. London: Verso Books, 1999: 9; Julius Carlebach. *Karl Marx and the Radical Critique of Judaism*. London: Routledge & Kegan Paul PLC, 1978: 438 – 449.
④ D. S. Landes. "The Jewish Merchant: Typology and Stereotypology in Germany". *Leo Baeck Institute Year Book*. 1974 (19): 11 – 23; Ernest K. Bramsted. *Aristocracy and the Middle Classes in Germany: Social Types in German Literature, 1830 – 1900*. Chicago: The University of Chicago Press, 1964: 134 – 141.
⑤ Joel Schwartz. "Liberalism and the Jewish Connection: A Study of Spinoza and the Young Marx". *Political Theory*. 1985 (13): 58 – 84; Steven B. Smith. *Spinoza, Liberalism, and the Question of Jewish Identity*. New Haven: Yale University Press, 1997: 109; Julius Carlebach. *Karl Marx and the Radical Critique of Judaism*. London: Routledge & Kegan Paul PLC, 1978: 152 – 153; Paul Lawrence Rose. *German Question/Jewish Question: Revolutionary Antisemitism from Kant to Wagner*. Manchester: Princeton University Press, 1992: 300.

太"和与其相关的词强化了这种隐喻性用法被用来讽刺对利益的追求①（犹太的名声如此之臭以至于很多德国犹太人自称以色列人。有些人如大卫·弗里兰德试图对一些公开文件的语言进行改革来克服这种偏见②）。换句话说，马克思采用了语义延伸的策略。鲍威尔贬损犹太人少数群体，称他们自私、拜金，而马克思把基督徒也包含到这群体。

这种隐喻性的解读较之字面意思的解读有很多优势：解释"安息日"和"日常"犹太人的区别，有利于理解马克思后来对犹太教和基督教之间关系的评论，表征了与其他早期作品的不同，阐明了"论犹太人问题"的论辩策略。

这种解读还否定了大量的此类观点：马克思的贬损性评论是按照字面意思评论犹太人和犹太教的。尤其应该否定这个观点：马克思关于"把社会从犹太教中解放出来"的评论应该按消灭主义的方式来理解，就像是应该消灭掉当今社会中的犹太人。③ 结合文章和背景信息可知，这样的说法站不住脚。马克思构想的并不是一个"没有犹太人的社会"，而是一个没有利己主义的未来市民社会。④ 不仅从《论犹太人问题》，而且从马克思在《神圣家族》的注解中可以看出，他之前对"消灭犹太人的本性"的评论相当于"消灭市民社会中犹太人的本性，消灭当今生活中的不人道，最极端的表现就是金钱崇拜"⑤（有些资料在犹太仇恨方面将马克思与希特勒并列，这是荒唐的偏见）⑥。

然而，在否认对《论犹太人问题》第二部分字面理解的同时，我并不是说马克思的评论要么没有问题，要么没有恶意。他的言论让我们很多人不舒服，找出不舒服的原因很重要。

---

① Keith Spalding. *A Historical Dictionary of German Figurative Usage*, with the assistance of Kenneth Brooke and Gerhard Müller-Schwefe. Oxford, 1952 – 2002：1413ff.
② Michael A. Meyer. *The Origins of the Modern Jew*. Wayne：Wayne State University Press, 1972：69.
③ "Zur Judenfrage", MEW1：374；"On the Jewish Question", MECW3：171；"On the Jewish Question", EW：238.
④ 《没有犹太人的社会》是 Dagobert Runes 给自己出版的版本《论犹太人问题》的命名。
⑤ *Die heilige Familie, oder Kritik der kritischen Kritik：Gegen Bruno Bauer und Konsorten*, MEW2：116；*The Holy Family, or Critique of Critical Criticism：Against Bruno Bauer & Co.*, MECW4：110.
⑥ Dagobert D. Runes. *Introduction*, *Karl Marx*, *A World Without Jews*. ed. Dagobert D. Runes. New York：Philosophical Library, 1959：x – xi.

这种贬损性的联想就是认为，犹太人"自私"而把基督徒排除在外。贬损性联想受到了鲍威尔的支持和马克思的反对。然而，马克思表达反对的形式也很重要。可以从两方面质疑这一联想：联想本身或其针对性。马克思的语义延伸采用的是第二种策略。他不反对当代犹太人"自私"的说法，但他反对只针对犹太人，把基督徒也包含进来了。如在《犹太人问题》中，鲍威尔称为了个人利益规避宗教教义是"犹太式狡猾"。马克思认为，所谓的"犹太式狡猾"存在于当代个人和政治法律之间的关系中；市民社会的所有成员，在有机会的情况下，所有人都会为了私利而规避法律。①

因此，马克思质疑它们的针对性，他的语义延伸重现了部分非基督徒创造出来的针对犹太人的贬损性联想。难怪这种方法未能尊重我们对这些问题的敏锐感受。我认为，马克思论辩策略本身也是有重大缺陷的，特别是其战略性的和批判性的缺点。

马克思语义延伸战略的缺点是，它可能会加强而不是质疑当时的偏见。至少从后来发表的作品中可以看出，《论犹太人问题》没有完全避开这种命运②（如威廉·哈塞尔曼似乎从马克思的文章中选出一部分重新出版，作为他为拉萨尔派全德工人协会反犹太编辑活动的一部分③）。

马克思语义延伸策略的批判性缺点是，他不加批判地重复了负面联想。并不是所有人都认为犹太教和"利己主义"的关系极其密切，特别是跟基督教相比，毕竟后者认为个人的救赎才是最重要的④。

鲍威尔和马克思在"犹太问题"上的分歧不容忽视。在这一问题上，现有的资料时常评论不当，很多评论者把马克思在《论犹太人问题》第

---

① "Zur Judenfrage", MEW1：375； "On the Jewish Question", MECW3：172-173； "On the Jewish Question", EW：240.
② Paul W. Massing. *Rehearsal for Destruction：A Study of Political Anti-Semitism in Imperial Germany*. New York：Harper & Brothers, 1949：159.
③ Eduard Bernstein. "Di yidn un di daytshe sotsial-demokratie". *Tsukunft*. 1921（26）：145-147； Jack Jacobs. *On Socialists and The Jewish Question After Marx*. New York：New York University Press, 1992：chapter 2.
④ Heinrich Graetz. *The Structure of Jewish History and Other Essays*. ed. Ismar Schorsch. New York：Jewish Theological Seminary of America, 1975：70； Moses Hess. *Rom und Jerusalem：Die letzte Nationalitätsfrage*. Leipzig：VDM Verlag Dr. Müller, 1862.

二部分中的言论看作反犹太主义或自我憎恶的证据。为了对这些描述进行恰当的评价,有必要对相关概念进行定义,接下来我将从反犹太主义开始论述。

根据历史上的一种混乱定义,反犹太主义是对犹太人(而不是其他社会群体)或犹太教(而不是其他宗教)表达歧视性的观点。之所以称其混乱,是因为在 19 世纪的德国有些人认为这个概念过于宽泛,几乎可以将所有在这一问题上发表过看法的非犹太人(和很多犹太人)变成反犹太者。甚至很多犹太人的同情者也被归为此列。比如,有争议的多姆提议——让犹太人享有跟基督徒一样的民权和义务——的核心是用平等的民权换取道德的提升。[1] 多姆试图改变社会环境——如激励重构犹太人的经济生活——他认为社会环境造成了犹太人"堕落"的人格。不过,多姆称"犹太人的犯罪率比基督徒要高,在商业中他们更喜欢放高利贷和诈骗,他们的宗教偏见更加反社会和排外"等[2]。简言之,这种定义不仅几乎把绝大多数 19 世纪的德国人都包含在内,还忽略了他们之间的重要差异。

根据另外一种定义,只有对犹太人群体表达出的敌视有现实或政治意义时才是反犹太主义。把"迫害"作为反犹太主义的核心要素与第二种定义相一致,因为迫害的形式多种多样(包括驱逐、屠杀、法律歧视和种族灭绝)。在 19 世纪的德国,如有人曾认为反犹太主义的合适标准不是看一个人是否对犹太人或犹太教发表了贬损性言论,而是看他是支持还是反对犹太人解放。[3]

需要注意的是,不论根据哪一种定义,《论犹太人问题》都算不上是反犹太的文章。从表面上看,马克思的评论符合第一种定义。然而,如果前文对马克思的隐喻性用法论述正确的话,这种判断就是错误的。在文章的相关部分,马克思并没有用贬损性的语言攻击犹太人或犹太教,他使用

---

[1] Jonathan M. Hess. *Germans, Jews and the Claims of Modernity*. New Haven: Yale University Press, 2002: chapter 1; Robert Liberles. "Dohm's Treatise on the Jews: A Defence of the Enlightenment". *Leo Baeck Institute Year Book*. 1988(33): 29 – 42.

[2] Christian Wilhelm von Dohm. *Über die bürgerliche Verbesserung der Juden*. Olms, 1973: 18.

[3] Yirmiyahu Yovel. *Dark Riddle*. Pennsylvania: Pennsylvania State University Press, 1998: 98, 89.

的语义延伸策略是为了说明犹太人跟当代市民社会的其他成员并没有不同。根据第二种定义,《论犹太人问题》更是与反犹太主义无关。① 在文章的两个部分,马克思的主要目的都是为了证明犹太人与基督徒相比并没有足以让他们没有资格获得当代国家的公民身份的不同之处。这种对犹太解放的支持贯穿了早期作品。② 这一点还体现在马克思这段时期的政治行为中:尽管马克思"不喜欢"犹太教,但当在科隆一个犹太社区的领导人请求他在一份请愿书上签字,以要求地方议会支持犹太人解放时,他还是积极给予回应。③ 这是马克思和鲍威尔最明显的不同之处。④ 正如马克思所说:"鲍威尔告诉犹太人如果他们不从犹太教中解放自己,他们就不能在政治上获得解放,但我不会这么告诉他们。"⑤

一些评论者不愿承认这一点,试图淡化马克思与鲍威尔的不同,称马克思支持犹太人解放是身不由己。有人认为马克思支持政治解放,因此,他不得不承认政治解放要求取消对犹太人的法律歧视。⑥ 这些说法似乎具有误导性。尽管马克思不支持任何一种宗教,这并不能说明他不愿意支持犹太人解放。

有些人不情愿地承认这一点,但试图淡化与鲍威尔的不同,认为暂且不谈解放,马克思对鲍威尔关于犹太人和犹太教性质的描述表示认同。⑦

---

① Jerrold Seigel. *Marx's Fate*: *The Shape of a Life*. Princeton: Princeton University Press, 1978: 114.
② Jeffrey S. Librett. *The Rhetoric of Cultural Dialogue*: *Jews and Germans from Moses Mendelssohn to Richard Wagner and Beyond*. Stanford California: Stanford University Press, 2000: chapter 7.
③ Helmut Hirsch. "Karl Marx und die Bittschriften für die Gleichberechtigung der Juden". *Archiv für Sozialgeschichte*. 1968 (8): 229–245.
④ Alfred D. Low. *Jews in the Eyes of the Germans*: *From the Enlightenment to Imperial Germany*. Philadelphia: Institute for the Study of Human Issues, 1979: 286.
⑤ "Zur Judenfrage", MEW1: 361; "On the Jewish Question", MECW3: 160; "On the Jewish Question", EW: 226.
⑥ Julius Carlebach. *Karl Marx and the Radical Critique of Judaism*. London, Routledge & Kegan Paul PLC, 1978: 165; Robert S. Wistrich. *Revolutionary Jews*. London: George G. Harrap & Co Ltd, 1976: 38.
⑦ Jonathan Frankel. *Prophecy and Politics*: *Socialism, Nationalism and the Russian Jews. 1862–1917*. Cambridge: Cambridge University Press, 1981: 18; Robert S. Wistrich. *Socialism and the Jews*: *The Dilemmas of Assimilation in Germany and Austria-Hungary*. East Brunswick NJ: Littman Library Of Jewish Civilization, 1982: 20.

这种说法也是错误的。① 除了在犹太人解放问题上的根本性分歧，鲍威尔还对犹太人和犹太教发表了诸多观点，马克思对这些观点并没有评论，因此没有证据表明马克思对之加以认同。考虑到两位研究兴趣的不同，这不足为奇。但可以证明：除了犹太人解放观点存在分歧，在其他问题上两人的观点也迥异。而且，即使我们把这种所谓的一致性局限于马克思评论过的鲍威尔的观点——除了已提到的关于犹太解放的分歧——这种观点也经不住推敲。更多的例子可以用作例证：鲍威尔认为犹太人和犹太教反动、可恨，但马克思认为犹太人与其他人并无不同，犹太教跟其他宗教并无不同；鲍威尔称德国犹太人受到的压迫少于占多数的基督徒，马克思称犹太人受到的是双重压迫，不仅（跟所有德国人一样）遭受"缺少政治解放"带来的压迫，还（跟大多数人不一样）遭受"国家的基督精神"带来的压迫；② 鲍威尔称犹太人处在历史之外，但青年马克思支持塞缪·赫希的观点，认为犹太人不仅在历史中得以幸存和发展，而且还促进了历史的进程；鲍威尔称犹太人为"眼中钉"，马克思在《神圣家族》中为响应赫希对此做出回应，称"有些事从出生便是我的眼中钉，正如基督世界眼中的犹太人，能和眼睛一起成长的钉不是一般的钉，是一颗好钉，是属于眼睛的钉，一定会对我的视力发展有重要作用"③。

上述是对把《论犹太人问题》描述为反犹太文章的评论，接下来研究的是《论犹太人问题》是否证明马克思认为"犹太人自我憎恨"。

"犹太人自我憎恨"这一概念使用范围很广泛，但含义一直模糊不清④。它最初是心理病理学上的含义，表示过度自轻。该词因西奥多·莱辛的《犹太人的自我憎恨》（1930）而流行，该书讲述了6位因为自我憎

---

① Jonathan Frankel. *Prophecy and Politics*. Cambridge：Cambridge University Press，1984：18；Jacob Katz. *From Prejudice to Destruction*. Harvard：Harvard University Press，1982：170；Paul Lawrence Rose. *German Question/Jewish Question：Revolutionary Antisemitism from Kant to Wagner*. Princeton：Princeton University Press，1992：302.

② "Zur Judenfrage"，MEW1：349；"On the Jewish Question"，MECW3：156；"On the Jewish Question"，EW：222.

③ *Die heilige Familie，oder Kritik der kritischen Kritik：Gegen Bruno Bauer und Konsorten*，MEW2：93；*The Holy Family，or Critique of Critical Criticism：Against Bruno Bauer & Co.*，MECW4：88.

④ Ritchie Robertson. *The "Jewish Question" in German Literature，1749 – 1939：Emancipation and Its Discontents*. Oxford：Oxford University Press，1999：285ff.

恶的犹太人最终自杀的案例。① 但是，最近的用法已经抛弃了这些含义，经常表示所谓的"犹太人的反犹太主义"（即用来识别犹太人中的反犹太主义者）。②

无论按照以下四种层面的哪一层面来理解，马克思都可以被视为犹太人——更不用说他在 6 岁时曾受过浸礼。第一，根据宗教教义的主流解读，因为马克思有犹太血统，所以他是犹太人（马克思的母亲是犹太人，尽管他的父亲在他出生前一年转向了基督教）。③ 第二，马克思自认为是犹太人。④ 比如马克思在给舅舅里昂·菲利浦的信件中自称犹太人的后代，称迪斯雷利"与我们有同样的血统"⑤。第三，马克思的朋友和对手都认为他是犹太人⑥（恩格斯所言的"一流吵架高手"特指马克思具有犹太人的特性，记者爱德华·穆勒早在 1850 年就公开发表了针对马克思的反犹太主义作品⑦）。第四，他的叔叔、祖父、曾祖父都是犹太教士，他的宗谱中有许多非常著名的犹太拉比和塔木德学者。⑧ 最近，马克思的父系祖先被追溯到拉希，他是中世纪法国《圣经》和《塔木德》评注家，

---

① Theodore Lessing. *Der jüdische Selbsthaß*. Munich: Matthes & Seitz München, 1984; Lawrence Baron. "Theodor Lessing: Between Jewish Self-Hatred and Zionism". *Leo Baeck Institute Year Book*. 1981 (26): 323 – 340.

② Sander L. Gilman. *Jewish Self-Hatred: Anti-Semitism and the Hidden Language of the Jews*. Baltimore: Johns Hopkins University Press, 1986: 1.

③ 他的母亲在 1825 年改变了信仰。

④ Joseph Clark. "Marx and the Jews: Another View". *Dissent*. 1981 (28): 83.

⑤ Marx to Lion Philips, 29 November 1864, MEW31: 431 – 433; MECW42: 46 – 48; Marx to Lion Philips, 25 June 1864, MEW30: 665 – 667; MECW41: 542 – 544; Isaiah Berlin. "Benjamin Disraeli, Karl Marx and the Search for Identity". *Against the Current: Essays in the History of Ideas*. ed. Henry Hardy. Oxford: Oxford University Press, 1989: 276 – 277; Werner Blumenberg. "Ein Unbekanntes Kapitel aus Marx Leben: Briefe an die holländischen Verwandten". *International Review of Social History*. 1956 (1): 54 – 111.

⑥ Jean-Paul Sartre. *Anti-Semite and Jew*. New York: Schocken Books, 1948: 68; Benedictus De Spinoza. *Tractatus Theologico-Politicus in Spinoza's Political Works*. ed. A. G. Wernham. Oxford: Oxford University Press, 1958: 63.

⑦ Werner Blumenberg. "Eduard von Müller-Tellering: Verfasser des ersten antisemitischen Pamphlets gegen Marx". *Bulletin of the International Institute for Social History*. 1951 (6): 178 – 197; Roman Rosdolsky. *Engels and the "Non-Historic" Peoples: The National Question in the Revolution of 1848*. ed. John-Paul Himka. Glasgow: Critique Books, 1986: 191 – 207.

⑧ Heinz Monz. *Karl Marx: Grundlagen der Entwicklung zu Leben und Werk*. Trier, 1973: 222.

他对《塔木德》的划时代注释成为圣经时代和后圣经时代犹太教义的权威性介绍。① 在马克思母亲的祖先中，同样有很多地位显赫的犹太士包括16世纪著名的犹太教法典编纂者——犹大·勒夫。②

即便如此，无论在《论犹太人问题》中还是在其他早期作品中，都找不到马克思的"犹太式自我憎恶"。若采用最早的心理病理学上的理解，没有正式资料显示马克思存在相关心理问题。③ 根据另一种理解，因为《论犹太人问题》并不是反犹太的文章，所以不能证明马克思是所谓的"反犹太主义"。

尽管如此，马克思犹太人的身份让他对《犹太人问题》第二部分中关于犹太人的攻击的评价显得非常令人震惊。这种反应是可以理解的。但马克思的做法并不是唯一一个，如可从青年马克思最熟识的海涅和摩西·赫斯的同时代作品中看出类似的评价（这两人与马克思一样有犹太血缘，有一样激进的政治观且都来自莱茵地区）。海涅和赫斯不仅同样评价了针对犹太人的攻击，还采用了与马克思一样的语义延伸策略。

赫斯曾被准确地描述为一个有才华且正直的人，在19世纪40年代早期很有可能成为马恩"同盟"中的第三个成员。④ 赫斯于1862年出版了《罗马和耶路撒冷》，该书奠定了其犹太复国主义先驱的地位⑤。受意大利

---

① Shlomo Barer. *The Doctors of Revolution*: *Nineteenth-Century Thinkers Who Changed the World*. London: Thames & Hudson, 2000: chapter 29 and appendix.
② Byron L. Sherwin. *Mystical Theology and Social Dissent*: *The Life and Works of Judah Loew of Prague*. Rutherford NC: Fairleigh Dickinson University Press, 1982; Byron L. Sherwin. *The Golem Legend*: *Origins and Implications*. Lanham MD: University Press of America, 1985.
③ Robert S. Wistrich. *Revolutionary Jews*. London: George G. Harrap & Co Ltd, 1976: chapter 1; Murray Wolfson. *Marx*: *Economist*, *Philosopher*, *Jew*: *Steps in the Development of a Doctrine*. London: Palgrave Macmillan, 1982: chapter 5; Sander L. Gilman. *Jewish Self-Hatred*: *Anti-Semitism and the Hidden Language of the Jews*. Baltimore: Johns Hopkins University Press, 1986: 188－208.
④ Franz Mehring. *Aus dem literarischen Nachlass von Karl Marx, Friedrich Engels und Ferdinand Lassalle*. Stuttgart: University of Michigan Library, 1913 (2): 358.
⑤ Isaiah Berlin. *The Life and Opinions of Moses Hess*. Cambridge: Cambridge University Press, 1959: 1; Edmund Silberner. *Moses Hess*: *Geschichte seines Lebens*. Leiden: E. J. Brill, 1966; Shlomo Na'aman. *Emanzipation und Messianismus*: *Leben und Werk des Moses Hess*. Frankfurt am Main: Campus, 1982; Shlomo Avineri. *Moses Hess*: *Prophet of Communism and Zionism*. New York: New York University Press, 1985.

统一和约瑟芬·赫希的影响,赫斯称犹太"民族性"赎罪不仅可行而且有利。① 在巴勒斯坦地区定居并建国不仅可以摆脱对犹太人的敌视还可以实现"社会主义原则"。② 之所以说可行,是因为受到了西方强国(尤其是法国)的支持,而且得到了东、西方犹太人包括西班牙系犹太人和阿拉伯国家犹太人的积极参与。从赫斯最早的作品中也可以看出,他对当代犹太人命运的兴趣,尽管结论非常不同。在《人类神圣历史》(1837)和《欧洲的三头政治》(1841)中,赫斯在重复肯定犹太教历史意义的同时表现出对其当时和未来历史角色的不确定。③ 不过,在此期间,赫斯对犹太人和犹太教的观点经历了复杂且不寻常的发展。本文最关注的是赫斯从19世纪40年代开始撰写的社会主义作品。

尽管支持犹太解放运动,但赫斯在有些文章中批评社会时还是引用了一些传统的对犹太人的批判。也许最让人吃惊的是,他用活人祭祀把当代市民社会和犹太教关联起来。赫斯把希伯来的"耶和华"等同于摩洛克(以小孩为祭品的古代闪族火神)④,他称这种"犹太人的摩洛克——耶和华"是血祭的典型,描述了当代社会宗教和政治异化。⑤ 赫斯在《论货币的本质》中详细对比了宗教中的人祭与当代的金钱崇拜,重提了犹太教和人祭之间的联系。⑥ 赫斯认为当代的金钱贪婪和古代的宗教祭祀都是对人性的否定。然而,重要的是,金钱崇拜被认为不是犹太人独有的现象。相反,赫斯采用了语义延伸策略,把这个一直以来针对犹太人的指责沿用

---

① Shlomo Avineri. *Moses Hess: Prophet of Communism and Zionism*. New York: New York University Press, 1985: 403.
② Moses Hess. *Rom und Jerusalem: Die letzte Nationalitätsfrage*. Leipzig: VDM Verlag Dr. Müller, 1862: 116.
③ Moses Hess. *Die europäische Triarchie*. Leipzig: Kessinger Publishing, LLC. 1841: 111-112.
④ Moses Hess. *Philosophische und sozialistische Schriften, 1837-1850*. Berlin: Akademie Verlag, 1961: 210-226.
⑤ Moses Hess. *Philosophische und sozialistische Schriften, 1837-1850*. Berlin: Akademie Verlag, 1961: 215.
⑥ Moses Hess. *Philosophische und sozialistische Schriften, 1837-1850*. Berlin: Akademie Verlag, 1961; Edmund Silberner. *Moses Hess: Geschichte seines Lebens*. Leiden: E. J. Brill, 1966: 191-192; Julius Carlebach. *Karl Marx and the Radical Critique of Judaism*. London: Routledge & Kegan Paul PLC, 1978: 110ff.

到多数群体身上；他称"当代犹太——极度世界的店主"是古代犹太教中野蛮的"血崇拜"的平淡的"现实化"，金钱取代了血液。①

通过使用人祭这个概念把市民社会和犹太教联系起来，赫斯使用或者说支持了一个中世纪犹太仇恨的重要元素②。而且，当代读者在思考赫斯为何在他的社会批评中使用这些主题之时，需要意识到血祭问题不仅仅存在19世纪的欧洲。最近的"大马士革事件"——发生于1840年——指控当时几个犹太人遭受刑讯之后"招认"在祭祀中杀死了一位意大利修士和他的助手。③ 在当时的德国，无论是在知识界还是在民间都有血祭的支持者。比如，格奥·尔多梅尔和弗里德里希·吉拉尼称犹太人在巴比伦流放之前的上帝跟周围民族所信仰的神明是一样的（摩洛克和巴力），还称人祭导致了贯串犹太人历史的地下存在，认为大马士革事件只是周期性仪式性谋杀的暴露。

海涅与犹太教、犹太人的关系很复杂且经常被研究。④ 他对历史上和当时犹太人的描述经常是重复了传统的偏见，尽管具有更复杂、更严肃、更有趣的方式（海涅对东方犹太人的评价也许例外，他认同传统观点：与西方犹太人相比，东方犹太人不仅更下流且受教育更少，但他同时认为，东方犹太人更加正直和可靠⑤）。

也许最不可思议的是，海涅经常对犹太人的生理特征进行攻击，如他的作品中充满了对犹太人鼻子的抨击，这也许是他散文作品中最突出的特点。在《卢卡浴场》中，他用大篇幅讨论了甘伯和赫希的鼻子。海涅认

---

① Moses Hess. *Philosophische und sozialistische Schriften*, 1837 – 1850. Berlin: Akademie Verlag, 1961: 345.
② Gavin I. Langmuir. *Toward a Definition of Antisemitism*. Berkeley: University of California Press, 1990: chapter 11.
③ Jonathan Frankel. *The Damascus Affair*. Cambridge: Cambridge University Press, 1997.
④ William Rose. *Heinrich Heine: Two Studies of His Thought and Feeling*. Oxford: Oxford University Press, 1956: part 2; Ruth Lisband Jacobi. *Heinrich Heines jüdisches Erbe*. Bonn: Bouvier, 1978; S. S. Prawer. Heine. J*ewish Comedy: A Study of His Portraits of Jews and Judaism*. Oxford: Oxford University Press, 1983.
⑤ Steven E. Aschheim. *Brothers and Strangers: The East European Jew in German and German-Jewish Consciousness, 1800 – 1923*. Madison: Univ of Wisconsin Pr, 1982; Jack Wertheimer. *Unwelcome Strangers: East European Jews in Imperial Germany*. Oxford: Oxford University Press, 1987.

为，这是在暗指信仰的转变——"这些长鼻子就像制服一样，即使他们做了逃兵，耶和华也会认出他的老保镖"①。在海涅的诗歌作品中也有类似的例子：当发烧的阿塔巨魔在卧室中醒来之时发现房间内有很多鸟标本有长长的喙，他便想起了汉堡（那里有犹太人城镇）②。

也许最重要的是，考虑到文章的主题和与青年马克思的关系（见第二章），海涅用当时非犹太人的恶言把犹太人和商业活动联系起来。在《鲁特西亚》中，也有一些露骨的例子（始于19世纪40年代给《奥古斯堡报》撰写的文章）。比如，在批评法国犹太人对大马士革事件的回应时，海涅说，"犹太人的金钱实力确实了不起，但经验告诉我们，他们的贪欲更大"③。在描述这种联系（贪欲和犹太人）时，海涅也使用了马克思和赫斯使用过的语义延伸策略。④ 因此，在《鲁特西亚》中，海涅称法国犹太人"与其他法国人一样，金子就是这个时代的上帝，企业是这个时代的宗教"⑤。同样的语义延伸策略还用在别处，在对汉堡的评论中，汉堡的商业中心和充满活力的犹太社区唤起了海涅作品中的双重联系（"叫卖"和"假货"）。海涅起初把汉堡的犹太人和"商人世界"联系在一起，而他讨厌"商人世界"的恶臭，但他很快也把基督徒包含在内

---

① *Die Bäder von Lucca*, *Historische-kritische Gesamtausgabe der Werke (Düsseldorfer Ausgabe)*. Hamburg: fabula Verlag Hamburg, 1986 (7) part 1: 88 – 89; S. S. Prawer. Heine. *Jewish Comedy: A Study of His Portraits of Jews and Judaism*. Oxford: Oxford University Press, 1983: 132ff.
② *Atta Troll: Ein Sommernachtstraum*, *Historische-kritische Gesamtausgabe der Werke (Düsseldorfer Ausgabe)*. Hamburg: fabula Verlag Hamburg, 1985 (4): 64 – 69; *Atta Troll: A Summer Night's Dream*, *The Complete Poems of Heinrich Heine: A Modern English Version by Hal Draper*. Oxford: Oxford University Press, 1982: 463 – 466.
③ *Lutezia 1 [Lutetia 1]*, *Historische-kritische Gesamtausgabe der Werke (Düsseldorfer Ausgabe)*. Hamburg: fabula Verlag Hamburg, Hamburg, 1988 (13): 53.
④ Ludwig Börne. "Der Jude Shylock im Kaufmann von Venedig", *Sämtliche Schriften*. ed. Peter and Inge Rippmann. Düsseldorf. 1964 (1): 499 – 505; Orlando Figes. "Ludwig Börne and the Formation of a Radical Critique of Judaism". *Leo Baeck Institute Year Book*. 1984 (29): 351 – 382.
⑤ *Lutezia 1 [Lutetia 1]*, *Historische-kritische Gesamtausgabe der Werke (Düsseldorfer Ausgabe)*. Hamburg: fabula Verlag Hamburg, 1988 (13): 53.

（他称犹太人和基督徒都把这个恶臭归咎于沟渠）。① 也许对语义策略的最残酷的解释出现在海涅的一封信中，信中他解释道："所有的汉堡人我都认为是犹太人，那些受过洗礼而没受过割礼的人，我称之为基督徒。"②

当然，不能因为海涅、赫斯和马克思作品的相似之处而忽略他们之间的分歧。接下来将分析马克思与赫斯和海涅的两点不同之处。

第一，与赫斯和海涅相比，尽管马克思出身显赫，但他对犹太教、犹太历史与文化的了解和兴趣远不及另外两人。赫斯在波昂接受了来自祖父的正统的犹太式教育。③ 成年之后，赫斯对犹太文学和历史一直葆有真正的兴趣，与格雷茨·海因里希培养了深厚的友谊。赫斯在法国力推格雷茨的作品，格雷茨多次试图说服赫斯跟他一起去巴勒斯坦④（有趣的是，1876 年一次去卡尔斯巴德温泉的路上，马克思遇到格雷茨，之后就送给他了一些照片和一本《资本论》用来表达他的"尊重和友谊"⑤。格雷茨对马克思及其家人很热情但有些茫然，不知道该回赠什么⑥）。海涅在进入非犹太人中学接受中学教育之前，接受了专门为犹太人孩子设置的小学教育来学习犹太人传统和文化。虽然海涅对希伯来语和依地语没有渊博知识，但他对犹太历史和宗教的兴趣在成年之后一直持续保持。

针对马克思对犹太历史和文化的无知和缺少兴趣，有人找出马克思的作品与一些犹太人传统之间的内在关系。如有人认为，马克思的作品把犹太思想所关心的话题描述为人类改造世界的需求，把解放视为从流放中回

---

① "Der Tannhäuser: Ein Legende", *Historische-kritische Gesamtausgabe der Werke（Düsseldorfer Ausgabe）*. Hamburg: fabula Verlag Hamburg, 1983（2）: 60; "Tannhäuser: A Legend", *The Complete Poems of Heinrich Heine: A Modern English Version by Hal Draper*. Oxford: Oxford University Press, 1982: 353.

② Heine to Christian Sethe. 20 November 1816, *Säkularausgabe*. Berlin: 1970（20）: 22.

③ Theodor Zlocisti. *Moses Hess: Vorkämpfer des Sozialismus und Zionismus. 1812 – 1875: eine Biographie*. Berlin: University of California Libraries, 1921: 16 – 22; Wolfgang Mönke. *Neue Quellen zur Hess-Forschung*. Berlin: Akademie-Verlag, 1964.

④ Reuwen Michael. "Graetz and Hess", *Leo Baeck Institute Year Book*. 1964（9）: 91 – 121; Edmund Silberner. "Heinrich Graetz' Briefe and Moses Hess, 1861 – 1872". *Annali*. 1961（4）: 374ff.

⑤ Heinrich Graetz. *Tagebuch und Briefe*. ed. Reuven Michael. Tübingen: Mohr Siebeck, 1977: 336.

⑥ Heinrich Graetz. *Tagebuch und Briefe*. ed. Reuven Michael. Tübingen: Mohr Siebeck, 1977: 337.

归。① 这些观点也许有一定的启发性，但我并不认为这种解读方式能够帮助我们更加深入理解马克思的作品。

第二，马克思在《论犹太人问题》中使用对犹太教和犹太生活的负面联想，这与其他早期作品表现出的对犹太人的正面情感相比显得有些突兀。② 赫斯对欧洲犹太人历史和命运的兴趣明显体现在他对犹太人定居巴勒斯坦的社会主义计划的极大热情上，但他后来的作品也表现出对文化适应、对犹太人传统和团结产生影响的担忧，真挚地表达了对宗教正统，希伯来语言和犹太人家庭日常生活方式的理解与支持。③ 同样，海涅的诗歌和散文也反映了对圣经、犹太历史与传说、犹太教习俗与仪式、希伯来与依地语真挚、复杂的热情，特别是对犹太传统食物和生活方式的喜爱④。

小　　结

本章一直研究的是青年马克思，尤其是其在《论犹太人问题》中对当代国家性质的描述。马克思的论述是通过与鲍威尔的交锋以及通过一系列与基督教的类比形成的，不过这对我们理解马克思的观点没有太大帮助。然而，关注当时的环境和宗教方面的相似之处有利于我们理解这篇含义丰富却难以捉摸的文章。

在中期关于"犹太人问题"的作品中，鲍威尔提出了一种对犹太人

---

① Dennis Fischman. *Political Discourse in Exile: Karl Marx and the Jewish Question*. Amherst NE: University of Massachusetts Press, 1991.
② Edmund Silberner. "Was Marx an Anti-Semite?". *Historia Judaica*. 1949 (11): 40ff; Henry Pachter. "Marx and the Jews", *Socialism in History: Political Essays of Henry Pachter*. ed. Stephen Eric Bronner. New York, 1984: 242; Julius Carlebach. *Karl Marx and the Radical Critique of Judaism*. London, Routledge & Kegan Paul PLC, 1978: chapter 19.
③ Ken Koltun-Fromm. *Moses Hess and Modern Jewish Identity*. Bloomington IN: Indiana University Press, 2001; Moses Hess. *Jüdische Schriften*. ed. Theodor Zlocisti. Berlin: Nabu Press, 1905.
④ Heinrich Heine. "Prinzessin Sabbat", *Historische-kritische Gesamtausgabe der Werke (Düsseldorfer Ausgabe)*. Hamburg: fabula Verlag Hamburg, 1992 (3): 128; Heinrich Heine. "Princess Sabbath", *The Complete Poems of Heinrich Heine: A Modern English Version by Hal Draper*. ed. Hal Draper. Oxford: Suhrkamp, 1982: 654.

（排外、顽固）和犹太教（排外、虚伪、专制）本性的贬损性观点。他称犹太人的本性不仅与真正的自由（真正的自由是人类历史的主题和目标）不兼容，而且使得他们不适合接受当时常见的解放形式。鲍威尔认为，即使皈依基督教，犹太人也摆脱不了劣势，把犹太人排斥在基督国家中享受权利的大多数人之外并无不当，犹太人不可能满足当代国家宪法规定的获取公民身份的条件。

马克思把对鲍威尔关于"犹太问题"文章的不认同作为跳板，以此论述政治解放的成就和局限。在《论犹太人问题》中，马克思找到了鲍威尔否定犹太解放的两个关键理由。这些理由认为，只要个体或国家保留了宗教特点，就不可能实现真正的自由。

马克思用实例证明政治解放和宗教信仰是可以共存的。当时最先进的美国的一些州的例子表明马克思对政治解放的典型形式的理解：政治解放是社会分化为政治和平民两个领域的过程，而财产和宗教被分配至平民领域。

在批驳鲍威尔的第二条理由时，马克思对"基督"国家的定义进行了修订，把它等同于当代民主国家。尽管这种新的定义可以驳倒鲍威尔——因为如果当代民主国家是"基督"国家，那么鲍威尔认为有宗教特点的国家不能解放犹太人明显是错误的——但其依据一开始是不清晰的。马克思特别偏爱这种独特的命名法，因为他不仅喜欢反语修辞，还认为基督教和当代国家间的双重相似，可以帮助我们深刻理解政治解放的成就和局限。

基督教和当代国家的共同成就是两者都承认"共同体"的价值，共同体概念在马克思的早期作品中有几种联想（包括与平等和人性的重要联系）。基督教和当代国家的共同局限是两者都未充分实现共同体，特别是马克思称当代社会的组织方式让市民社会的一些缺点继续存在、加强，甚至主导国家。

这种对当代国家局限的理解在马克思批判鲍威尔的观点（犹太人的自私和宗教本性致使其没有资格享受当代国家中的权利）中起到重要作用。马克思认为，既然当代国家的宪法就是为了保护宗教自由和利己主义，那么鲍威尔描述的犹太人本性就不构成把他们排除在政治生活之外的理由。马克思对当代国家宪法的批判性分析并不证明其敌视人权,而是为了削弱鲍威尔对犹太人解放的攻击,为了证明当代国家所体现和保护的公民身份的不足。

最后,我认为把《论犹太人问题》视作反犹太主义或者"犹太人自我憎恶"的观点应该被抛弃。即便如此,马克思把一些非犹太人针对犹太人的侮辱用在更广泛的社会批判中——海涅和赫斯同样使用的做法——现在看来不仅欠妥,而且还存在自身策略和批判的不足。

对当代国家性质和马克思批判鲍威尔的论述到此为止。接下来,在分析费尔巴哈的作品及其影响之后,本书将探讨马克思对未来社会(人类全面繁荣的社会)中国家命运的解剖。

第四章　人类繁荣

早期作品中马克思对比了"政治解放"和"人类解放"。这种对比分为两方面：政治解放确有限度但真实存在，人类解放尽管避免了政治解放的"不完整和矛盾"，但根本不存在于现实世界中。①

本章要解决的诸多难点都源自人类解放的理想性。相比未来的社会政治制度，马克思对当今社会的特点更有把握。尽管如此，马克思还是通过思辨为我们提供了深刻的见解（当然，清晰、仔细的思考并不冲突于"理想的理论"，即不冲突于完全富足、公平社会的制度设计的理论②）。按照早期作品的标准衡量，马克思对人类解放的论述也不充分、不清晰。

本书最后两部分探讨的是两个密切相关的问题。本章将整体介绍马克思关于人类解放的观点，尤其是其中与政治相关的部分。而最后一章将分析马克思为什么不愿对未来社会的蓝图进行具体评价。

需要指出的是，马克思对人类解放问题做出的为数不多的评论分散在所有的早期作品中，因此必须从文本碎片中拼凑出马克思的观点。尽管最后两章的焦点分别是关于独立的作品（《批判》和《论犹太人问题》），但这两章的话题有可能比两部作品涉及的内容更宽泛。

本章对人类解放的论述没有中心思想，也没有篇章起点，可以视作对

---

① "Zur Judenfrage", MEW1: 361; "On the Jewish Question", MECW3: 160; "On the Jewish Question", EW: 226.
② John Rawls. *A Theory of Justice*. Oxford: Oxford University Press, 1971: 8 – 9; John Rawls. *Political Liberalism*. New York: Columbia University Press, 1993: 284.

《论犹太人问题》中第一部分常被引用的最后一段的延伸评论。① 在该段中，马克思称人类解放要求重组社会以便个体变成"现实生活中的类存在物"②。在这样的社会中，"现实的个人"似乎"扮演"了"抽象的公民"，而且社会力量不会独立于个体以"政治力量"的形式存在。③ 本章回答的是对个体来说变成"类存在"意味着什么？在这转变中，社会生活的政治到底发生了什么？

人类解放的结构

与早期作品中定期出现的其他左派黑格尔术语一样，"类存在"令今天的读者摸不着头脑，甚至可能产生相反的理解。即便如此，马克思使用的这个词基本上还是可以被领会的。这并不是说该词在所有早期作品中有固定的含义，而是指在大部分情况下其有可能破解马克思的想法。

在《论犹太人问题》的点题段中（第一部分最后一段），"类存在"被描述为已经实现自我（充分发展和使用自身关键能力）的个体。④ 本质能力指的是一个物种具有的历史特点和文化特色的能力，不是指个体特色的能力，也不是指区分一个社会或文化中个体成员与另一个社会或文化中个体成员的能力。马克思认为，个体只有实现了本质能力才可以称为健康的发展，而只有实现了这样发展的个体才算是实现了繁荣。这种繁荣的个体是"真正的人"，"真"是指一个实体充分表现了它的本性。⑤

---

① "Zur Judenfrage", MEW1: 370; "On the Jewish Question", MECW3: 168; "On the Jewish Question", EW: 234.
② "Zur Judenfrage", MEW1: 370; "On the Jewish Question", MECW3: 168; "On the Jewish Question", EW: 234.
③ "Zur Judenfrage", MEW1: 370; "On the Jewish Question", MECW3: 168; "On the Jewish Question", EW: 234.
④ *Ökonomischphilosophische Manuskripte aus dem Jahre 1844*, MEW, *Ergänzungsband* 1: 574; *Economic and Philosophic Manuscripts of 1844*, MECW3: 333; *Economic and Philosophical Manuscripts*, EW: 386.
⑤ "Zur Judenfrage", MEW1: 370; "On the Jewish Question", MECW3: 167; "On the Jewish Question", EW: 234.

马克思认为，要成为类存在具有难度。也许人类普遍具有本质性的能力，但只有在特定的历史条件下这些能力才能得以实现。正如上一章所说，当代社会还不具备实现人类普遍繁荣的条件。人性被认为在政治国家中能够有限且矛盾地实现，而市民社会的组织原则不利于个体实现人类繁荣。市民社会中能充分享受个人主义的不是"真正的人"，而是马克思所说的"尚未成为真正类存在的人"①。

衡量人类解放的标准是在"真实"世界，而不是在"理想"世界成为类存在。马克思称只有在"现实生活"中，而不仅仅是在政治国家苍白的"抽象公民"中找到"真正的人"，人类解放才算是"完满"②。早期作品中关于人类解放的部分主要是分析什么样的社会才可以使个体能充分发展和发挥能力。③

很明显，马克思用人性作为定义人类解放和批判当代社会的标准。这构成了早期作品中至善论的主线。至善论是一种道德观，其重视人类某些能力的发展和发挥（如艺术表现能力），不在意它们带来的幸福感或快感。因为至善论认为，人类能力的发展和发挥本身就是好事，与它们可能带来的舒适安逸无关，至善论经常被认为是关于好事的客观理论。④ 一些当今的学者区分了广义的至善论（重视个体的某些特点）和狭义的至善论（重视个体的某些特点，因为这些特点实现了人性的某些方面⑤），早期作品中的至善论主线似乎属于后者。⑥

把至善论称为"主线"是指其不是早期作品中唯一的道德框架。我们不能轻易认为马克思的作品总是统一或系统的。我也并不认为，这些作品的道德多元性是连贯的。也许早期作品中关于道德的部分对马克思的社

---

① "Zur Judenfrage", MEW1: 360; "On the Jewish Question", MECW3: 159; "On the Jewish Question", EW: 226.
② "Zur Judenfrage", MEW1: 370; "On the Jewish Question", MECW3: 168; "On the Jewish Question", EW: 234.
③ "Auszüge aus James Mills Buch 'Elémens d'économie politique'", MEW, *Ergänzungsband* 1: 451; "Comments on James Mill, *Elémens d'économie* politique", MECW3: 217; "Excerpts from James Mill's Elements of Political Economy", EW: 265.
④ Thomas Hurka. *Perfectionism*. Oxford: Oxford University Press, 1993: 1.
⑤ Thomas Hurka. *Perfectionism*. Oxford: Oxford University Press, 1993: 4.
⑥ Thomas Hurka. *Virtue, Vice, and Value*. Oxford: Oxford University Press, 2001: vii.

会和政治思想非常重要,但马克思还远不能称为道德理论家。而且,这条至善论的主线还远不足以说明马克思的观点。至善论的方法可能有多种多样的形式(如亚里士多德和尼采)。不同形式之间就人性的构成和完美的人类生活的不同要素等方面存在分歧。

当然,本章最关注的还是马克思对人类繁荣的论述,特别是他对已经实现人类解放的社会中国家命运的理解。在研究马克思对人性的大量论述之前,本章将先分析费尔巴哈的作品。人们普遍认为"类存在"这个概念源自于费尔巴哈,并认为在所有的左派黑格尔者中,对马克思的影响最深刻、最重大的是费尔巴哈。

费尔巴哈对宗教和哲学的批判

费尔巴哈并不为人熟知,但如果认为他和鲍威尔一样之所以被当代读者了解,是因为马克思曾批判过他,这是错误的。人们经常提到费尔巴哈的名字却很少研究他:在《宗教哲学导论》中,在对存在哲学根源的论述中以及在对黑格尔到马克思的转变的描述中都会提到这个名字,但人们通常不认为他的作品值得太多深入的或独立的研究。有人曾说,费尔巴哈代表了"伟大的先驱,他们的影响力如此之大,以至于人们忽略了他们的作品"①。遗憾的是,费尔巴哈的作品包含了很多有意义的思想。

按时间来划分,费尔巴哈的作品基本可以分为:早期作品(1828—1839)、中期作品(1839—1845)、后期作品(1845—1872)。

费尔巴哈的早期作品(1828—1839)是关于哲学史的三本著作。一本对从培根到斯宾诺莎的当代哲学进行了概述(包含对这些人的讨论:霍布斯、伽桑狄、勃姆、笛卡尔、格令克斯和马勒伯朗士),一本是对莱布尼兹的专题研究,一本是对皮埃尔·贝尔的独立研究。这些作品在激进的黑格尔派圈子里很流行,② 被认为预示了他后来关心的一些问题——对

---

① Georg Lukács. *Reviews and Articles from "Die rote Fahne"*. London: Dufour Editions, 1983: 58.
② Marx W. Wartofsky. *Feuerbach*. Cambridge: Cambridge University Press, 1977: 28 – 134.

黑格尔唯心主义的毫不隐晦又不乏批判的拥护。① 思想演进的黑格尔模式构成了这些作品的整体结构，绝对唯心主义的真相随着哲学的发展而慢慢展开，新的哲学吸收了前人的成就，超越了前人的缺点。然而，在这个黑格尔框架之内，费尔巴哈也阐述了自己的观点，谈到了最可靠的"经验论"的具体内容。② 这段时期可以看作以费尔巴哈与黑格尔体系（如果不是黑格尔哲学所有方面的话）的决裂告终，体现在《黑格尔哲学批判》（1839）中。绝对唯心主义不再被认为是评判之前所有哲学不足的标准，其反而因为费尔巴哈否定所有的系统构建而受到攻击。这也是费尔巴哈被迫放弃任何对传统学术生涯希望的缘由（1830 年费尔巴哈匿名出版了《关于死和不朽的思想》，该书否定了基督教中个人不死的观点，身份的暴露给他带来了终生不幸。尽管他随后发表的论著证明可以胜任教授职务，但他求职的努力终成徒劳）。

费尔巴哈的中期作品（1839—1845）是他最著名、影响力最大的作品。1842 年的《关于哲学改造的临时纲领》和 1843 年的《未来哲学原理》都影响巨大。不过，最负盛名的还是他 1841 年的《基督教的本质》，该书奠定了他在欧洲的地位。这些中期作品，论述的是费尔巴哈认为不太相关的三个问题：对基督教的批判、对思辨哲学的批判、新哲学感觉论的发展。下文讨论的主要是前两个话题，第三个问题争议颇多。对中期作品的评论不一：要么认为他提出抽象的论据支持过时的哲学立场，要么认为他是通过稍激进的论述试图让读者采取一种不同的、非哲学的立场看待世界。③

费尔巴哈的后期作品（1845—1872）对当时人和后来人的影响都稍

---

① Ludwig Feuerbach. "Fragmente zur Charakteristik meines philosophischen curriculum vitae". *Gesammelte Werke*. ed. Werner Schuffenhauer. Berlin：1967 – 2003（10）：155 – 156；"Fragments Concerning the Characteristics of My Philosophical Curriculum Vitae". *The Fiery Brook：Selected Writings of Ludwig Feuerbach*. ed. Zawar Hanfi. New York：Verso，1972：269 – 270.
② Ludwig Feuerbach. *Geschichte der neuern Philosophie von Bacon von Verulam bis Benedict Spinoza*，*Gesammelte Werke*. ed. Werner Schuffenhauer. Berlin：1967—2003（2）：50ff.
③ Eugene Kamenka. *The Philosophy of Ludwig Feuerbach*. London：Routledge & K. Paul，1970：93 – 94；Daniel Brudney. *Marx's Attempt to Leave Philosophy*. Cambridge MA：Harvard University Press，1998：chapters 1 – 2.

逊一筹，主要是为了论述、维护和发展中期作品中的思想。它们可以分为两组：一组作品试图批驳对他的指责：批驳他把对基督教的批判推及到一般宗教的不合理，特别是他不能用人类中心论来解释天然的宗教，这些作品包括《宗教的本质》（1846）、《宗教本质讲演录》（1848—1851）和《神统》（1857）；另一组作品论述人类对自然的依赖，包括《唯灵论与感觉论》（1857）和《牺牲的秘密或人类吃什么就是什么》（1862），最有名的是他的《自然科学变革》（1850），其中包含一句著名的双关语"人吃什么就是什么"①（尽管这些后期作品表现出其在自然科学领域方面的不足，显示其作品影响力的下降，但对"科学唯物主义者"具有很大影响，如对卡尔·福格特、雅各布·摩莱萧、路德维希·毕希纳和海因里希·乔尔贝的影响②）。

此处要分析的主要是中期作品。具体来讲，是关于费尔巴哈中期作品中的两条负面主线，而不是"新哲学"构成了本小节的主题。本章重点关注费尔巴哈对基督教的批判（他称为对"宗教"的批判）和对思辨哲学的批判（他称为对"哲学"的批判）。鉴于费尔巴哈对这些主题之间关系的理解，它们可以平行处理。本章从费尔巴哈在《基督教的本质》中对基督教的批判入手，更确切地说，因为本书包含很多不同的主题而不是一个连贯的论点，所以本文从对主线的描述入手③。

在《基督教的本质》中，费尔巴哈试图从哲学的角度对基督教的经历进行分析。这与当时其他基督教的批评家不同，包括那些从历史而不是哲学角度分析基督教的人（如鲍默），与那些只关注教条的神学理论而不关注宗教经历的人也不同（如鲍威尔和斯特劳斯）④。这本书分为两部分，

---

① Ludwig Feuerbach. "Die Naturwissenschaft und die Revolution". Gesammelte Werke. ed. Werner Schuffenhauer. Berlin：1967 - 2003 （10）：367；Simon Rawidowicz. Ludwig Feuerbachs Philosophie：Ursprung und Schicksal. Berlin：De Gruyter，1964：202；Melvin Cherno. "Feuerbach's 'Man is what he eats'：A Rectification". Journal of the History of Ideas. 1963 （24）：397 - 406.
② Frederick Gregory. Scientific Materialism in Nineteenth-Century Germany. Dordrecht：Springer，1977.
③ Van A. Harvey. Feuerbach and the Interpretation of Religion. Cambridge：Cambridge University Press，1995：chapters 2 - 3；David Leopold. "Review of Van A. Harvey". The Bulletin of the Hegel Society of Great Britain. 1996：67 - 71.
④ "Zur Beurteilung der Schrift Das Wesen des Christentums". Gesammelte Werke. ed. Werner Schuffenhauer. Berlin：1967 - 2003 （9）：229 - 242.

其中前言列出了分析的原因和结论以及对结论的辩护。

费尔巴哈认为,基督教的宗教意识需要哲学分析是因为很多人并不理解它真正的意思,对真正对象的"无知"被认为是宗教的决定性特点。① 这种不透明性构成了费尔巴哈对自己方法不同描述的基础。② 他认为,基督教既不完全真实又不十分透明,其隐含的意义有待挖掘。

费尔巴哈分析的结果是:基督教中个体崇拜的是投射到理想实体上的人性。他的名言"神学就是人类学",说明"神性和人性是一样的"③。基督教中的上帝集关键的人性特点于一身,这些特点"从个体的局限中提炼出来",似乎是独立于人类的一种客观存在。④ 简言之,人类和基督教上帝之间的关系有两个要素,是一种"人与自身,更准确地说是人与自身的本性之间的关系"⑤。费尔巴哈经常提到基督教的"真实性"和"错误性"。基督教的"真实性"是指在宗教意识中人类要面对自己的本性,"错误性"是指他们不认为其看到的是自己的本性⑥(这个对费尔巴哈作品的摘要性概述略过了一些复杂的问题。如他对投射到神身上的人类的特点的描述很模糊,有时认为上帝体现了人类的能力和力量,有时认为

---

① *Das Wesen des Christentums*, *Gesammelte Werke*. ed. Werner Schuffenhauer. Berlin: 1967—2003 (5): 46; Ludwig Feuerbach. *The Essence of Christianity*. ed. George Eliot. New York: Harper & Brothers, 1957: 13.
② *Das Wesen des Christentums*, *Gesammelte Werke*. ed. Werner Schuffenhauer. Berlin: 1967—2003 (5): 14, 20; Ludwig Feuerbach. *The Essence of Christianity*. ed. George Eliot. New York: Harper & Brothers, 1957: xiii, xix.
③ *Das Wesen des Christentums*, *Gesammelte Werke*. ed. Werner Schuffenhauer. Berlin: 1967—2003 (5): 18; Ludwig Feuerbach. *The Essence of Christianity*. ed. George Eliot. New York: Harper & Brothers, 1957: xvii.
④ *Das Wesen des Christentums*, *Gesammelte Werke*. ed. Werner Schuffenhauer. Berlin: 1967—2003 (5): 48, 268; Ludwig Feuerbach. *The Essence of Christianity*. ed. George Eliot. New York: Harper & Brothers, 1957: 14, 153.
⑤ *Das Wesen des Christentums*, *Gesammelte Werke*. ed. Werner Schuffenhauer. Berlin: 1967—2003 (5): 48 - 49; Ludwig Feuerbach. *The Essence of Christianity*. ed. George Eliot. New York: Harper & Brothers, 1957: 14.
⑥ *Das Wesen des Christentums*, *Gesammelte Werke*. ed. Werner Schuffenhauer. Berlin: 1967—2003 (5): 334 - 335; Ludwig Feuerbach. *The Essence of Christianity*. ed. George Eliot. New York: Harper & Brothers, 1957: 197.

上帝反映了人类的希望和恐惧①）。

费尔巴哈承认基督徒可能试图接受他的观点（对上帝的看法涉及把人的特点投射到神身上），而不是勉强承认人和神之间存在分离。② 非常明显，基督徒可能会认为上帝的拟人化说明我们无力领会上帝的本质，只能用人的语言来描述，而这种局限使得我们不能真正了解上帝的本质。

费尔巴哈对这个公认的基督徒的反击的有效性和更广泛的含义进行了辩论。他认为，这取决于一件事是什么和像什么之间的不同，这只适用于我们能够独立接近事物本身的情况。③ 既然我们不能接近上帝，基督徒使用的这个区别是"无根据且站不住脚的"④。他认为这句话更广泛的含义具有启发性。愿意相信真实的上帝极其不同于我们看到的上帝，这意味着"怀疑"已经生根，已经"征服了信仰"⑤。费尔巴哈甚至自信地认为，基督徒的回应体现了对上帝描述的怀疑——除了"懦弱"和"愚蠢"——对这些描述的怀疑会导致对上帝的怀疑。⑥

费尔巴哈试图证明自己的观点是基于更详细的研究，尤其是在《基督教的本质》的剩余部分他对这些观点进行了辩护和阐述。费尔巴哈起初试图解读基督教经历中某些特定因素的真正含义，然后列出关于这个宗

---

① Van A. Harvey. *Feuerbach and the Interpretation of Religion*. Cambridge：Cambridge University Press, 1995：chapters 2–3；Daniel Brudney. *Marx's Attempt to Leave Philosophy*. Cambridge MA：Harvard University Press, 1998：31ff.

② *Das Wesen des Christentums*, *Gesammelte Werke*. ed. Werner Schuffenhauer. Berlin：1967—2003 (5)：51；Ludwig Feuerbach. *The Essence of Christianity*. ed. George Eliot. New York：Harper & Brothers, 1957：16.

③ Feuerbach. *Grundsätze der Philosophie der Zukunft*, *Gesammelte Werke*. ed. Werner Schuffenhauer. Berlin：1967—2003 (9)：271；Feuerbach. *Principles of the Philosophy of the Future*. ed. Manfred H. Vogel. Indianapolis：CreateSpace Independent Publishing Platform, 1986：10.

④ *Das Wesen des Christentums*, *Gesammelte Werke*. ed. Werner Schuffenhauer. Berlin：1967—2003 (5)：51；Ludwig Feuerbach. *The Essence of Christianity*. ed. George Eliot. New York：Harper & Brothers, 1957：16.

⑤ *Das Wesen des Christentums*, *Gesammelte Werke*. ed. Werner Schuffenhauer. Berlin：1967—2003 (5)：53；Ludwig Feuerbach. *The Essence of Christianity*. ed. George Eliot. New York：Harper & Brothers, 1957：17.

⑥ *Das Wesen des Christentums*, *Gesammelte Werke*. ed. Werner Schuffenhauer. Berlin：1967—2003 (5)：53；Ludwig Feuerbach. *The Essence of Christianity*. ed. George Eliot. New York：Harper & Brothers, 1957：17.

教细节的神学教条。

两种不同的努力不仅构建了费尔巴哈对《基督教的本质》中主要问题和派生问题的区分,以及这本书本身的两部分组织结构。

在《基督教的本质》的第一部分,费尔巴哈主要关注的是基督教的宗教经历,自称目标是积极的或者说是建设性的。费尔巴哈试图从"想象和人性的光环中"筛选出"真实的事物"①。他对基督教中关于"上帝显身"的教义的论述便是一个例子。

费尔巴哈坚持认为,"上帝显身"既是基督教的中心教旨,又证明了基督教内在的人类学倾向。根据基督教的说法,上帝变身为人是出于仁慈,特别是出于上帝对人类贫穷和苦难的同情。费尔巴哈认为,上帝之所以被打动,是因为"上帝对人类的一切都不陌生"②(很明显,费尔巴哈是故意暗指德伦斯的格言:"人类的一切我都熟悉"③)。正如费尔巴哈曾说:"一个存在,只有本身为人才能去爱人,至少是以一种适合人的方式。"④ 因此,上帝对人类的感情说明其有"一颗精神上的人心,如果不是解剖学意义上的人心的话"⑤。换句话说,"上帝显身"显示上帝有人的

---

① *Das Wesen des Christentums*, *Gesammelte Werke*. ed. Werner Schuffenhauer. Berlin: 1967—2003 (5): 20; Ludwig Feuerbach. *The Essence of Christianity*. ed. George Eliot. New York: Harper & Brothers, 1957: xix.

② *Das Wesen des Christentums*, *Gesammelte Werke*. ed. Werner Schuffenhauer. Berlin: 1967—2003 (5): 109; Ludwig Feuerbach. *The Essence of Christianity*. ed. George Eliot. New York: Harper & Brothers, 1957: 54.

③ Feuerbach. *Grundsätze der Philosophie der Zukunft*, *Gesammelte Werke*. ed. *Werner Schuffenhauer*. Berlin: 1967—2003 (9): 337; Feuerbach. *Principles of the Philosophy of the Future*. ed. Manfred H. Vogel. Indianapolis: CreateSpace Independent Publishing Platform, 1986: 70.

④ *Das Wesen des Glaubens im Sinne Luthers: Ein Beitrag zum "Wesen des Christentums"*, *Gesammelte Werke*. ed. Werner Schuffenhauer. Berlin: 1967—2003 (9): 412; Ludwig Feuerbach. *The Essence of Faith According to Luther: A Supplement to "The Essence of Christianity"*. ed. Melvin Cherno. New York: Harper & Row, 1967: 116.

⑤ *Das Wesen des Christentums*, *Gesammelte Werke*. ed. Werner Schuffenhauer. Berlin: 1967—2003 (5): 112; Ludwig Feuerbach. *The Essence of Christianity*. ed. George Eliot. New York: Harper & Brothers, 1957: 55.

本性，如果上帝没有人性，就不可能被我们的苦难所打动。①

在《基督教的本质》的第二部分，费尔巴哈关注的是神学对基督教宗教意识的抽象思考，并把自己的目标描述为消极的或破坏性的。神学的思考被认为依赖于并歪曲了基督教的宗教意识——贬低甚至否定它的真实性，同时有意夸大它的虚假——费尔巴哈试图揭示它的混乱和欺骗。② 他认为，神学中关于"一般上帝"的本性描述的评论是一个例证。

费尔巴哈强调，上帝与宗教意识之间和上帝与神学家之间的对立与差异，认为前者只是具有人类特点的"个体的""个人的"存在（只是他慈悲，善良等）；后者是"普世性的""非个人的"存在，其特点是"非人类的且超越人类的"（是无限的、无处不在的）③。费尔巴哈认为，对上帝的神学论述起到的作用是通过强调上帝与人类之间的不同加剧宗教的"错误性"。尽管个体能轻易辨认宗教信仰中"人格上的"上帝，但神学家所言的"形而上学的"上帝对他们来说还是很陌生。④

费尔巴哈认为，神学总是会阻挠宗教意识去辨别神与世俗。神学认为神性是"神秘"且"不可理解"的。⑤ 当一般的基督徒称上帝是"爱"或者"理解"之时，神学家总是跳出来称这些爱和理解"与人类的爱与

---

① *Das Wesen des Christentums*, *Gesammelte Werke*. ed. Werner Schuffenhauer. Berlin：1967—2003（5）：102；Ludwig Feuerbach. *The Essence of Christianity*. ed. George Eliot. New York：Harper & Brothers，1957：50.

② *Das Wesen des Christentums*, *Gesammelte Werke*. ed. Werner Schuffenhauer. Berlin：1967—2003（5）：338，335；Ludwig Feuerbach. *The Essence of Christianity*. ed. George Eliot. New York：Harper & Brothers，1957：199，197.

③ *Das Wesen des Christentums*, *Gesammelte Werke*. ed. Werner Schuffenhauer. Berlin：1967—2003（5）：359；Ludwig Feuerbach. *The Essence of Christianity*. ed. George Eliot. New York：Harper & Brothers，1957：213.

④ *Das Wesen des Christentums*, *Gesammelte Werke*. ed. Werner Schuffenhauer. Berlin：1967—2003（5）：62；Ludwig Feuerbach. *The Essence of Christianity*. ed. George Eliot. New York：Harper & Brothers，1957：25.

⑤ *Das Wesen des Christentums*, *Gesammelte Werke*. ed. Werner Schuffenhauer. Berlin：1967—2003（5）：360；Ludwig Feuerbach. *The Essence of Christianity*. ed. George Eliot. New York：Harper & Brothers，1957：214.

理解根本上是不同的"①。神学家承认上帝有"这样、那样的属性特质"但坚持认为我们绝不知道"上帝是如何获得这些属性特质"②。费尔巴哈认为，神与人之间属性特点的不同是神学家故弄玄虚的结果（如故意用一种不自然的令人费解的方式来描述神的创造过程，目的就是为了拉大神与人类生产活动的距离）③。

上述对《基督教的本质》结构和论点的概述，尽管不失准确，但并没有充分展现费尔巴哈对批判目的的理解及其人类学观点的历史影响。费尔巴哈不仅把其作品看作对社会学的贡献，而且看作人类发展的转折点。这似乎有些过分和费解，对宗教的人类学分析自古有之（早在公元前5、6世纪，色诺芬尼就指出埃塞俄比亚人的神是黑皮肤、狮子鼻，而色雷斯人的神是红发、蓝眼睛）④。为了理解费尔巴哈的这句话，需要明晰他对基督教和自我意识之间关系的论述。

费尔巴哈认为，人类自古缺少自我意识，但为了生存发展也在逐步获得。费尔巴哈持此观点的依据尚不清晰，也许是认为人类只是潜在的自我，为了充分实现自我需要自我意识。费尔巴哈对自我意识的论述遵循了黑格尔的模型，该模型认为自我意识一定是间接过程的结果。一种事物只有在面对与自身明显不同的"其他事物"时才能辨认自己并理解自己。

在《基督教的本质》的开篇，费尔巴哈称很多不同的对象如"精神的"和"感觉的"都能扮演"其他事物"的角色。⑤ 然而，这一观点导

---

① *Das Wesen des Christentums*, *Gesammelte Werke*. ed. Werner Schuffenhauer. Berlin：1967—2003（5）：370；Ludwig Feuerbach. *The Essence of Christianity*. ed. George Eliot. New York：Harper & Brothers，1957：221.
② *Das Wesen des Christentums*, *Gesammelte Werke*. ed. Werner Schuffenhauer. Berlin：1967—2003（5）：365；Ludwig Feuerbach. *The Essence of Christianity*. ed. George Eliot. New York：Harper & Brothers，1957：217.
③ *Das Wesen des Christentums*, *Gesammelte Werke*. ed. Werner Schuffenhauer. Berlin：1967—2003（5）：365；Ludwig Feuerbach. *The Essence of Christianity*. ed. George Eliot. New York：Harper & Brothers，1957：217ff.
④ G. D. Kirk, J. E. Raven, and M. Schofield. ed. *The Presocratic Philosophers*：*A Critical History and Selection of Texts*. Cambridge：Cambridge University Press，1983（2）：168–169.
⑤ *Das Wesen des Christentums*, *Gesammelte Werke*. ed. Werner Schuffenhauer. Berlin：1967—2003（5）：34；Ludwig Feuerbach. *The Essence of Christianity*. ed. George Eliot. New York：Harper & Brothers，1957：5.

致读者对他立场的两个误解。

第一个误解是费尔巴哈对"感觉"对象不够深入的阐述。当费尔巴哈把"主观的客观"描述为"只不过是主观的本质被客观地看待",一些读者认为,他是在评论物质实体的非真实性①。比如尤利乌斯·穆勒指责费尔巴哈的"人类中心主义的主观主义"和唯我论把有限的世界分解为人类意识的虚构符号。② 然而,当费尔巴哈写到即使"太阳、月亮和星星"向人类呼喊"了解你自己"的时候,他表达的是这只是我们的主观看法。③ 费尔巴哈在给穆勒的回复中解释说他要论述的不是客观物体,而是人们对客观物体的意识,从这个事实(人们所了解到的客观物体不过是自身本质的反映)不能得出关于物体"非真实性"的结论。④

第二个误解源自费尔巴哈对多种多样可能的"其他事物"的评论。费尔巴哈似乎在暗示宗教仅仅是众多自我认识的工具之一,这样的观点似乎很难与他对宗教角色的论述相一致。他论述宗教角色时认为,没有宗教的进步人类不可能实现自我认知。为了强调与黑格尔形而上学的相似,费尔巴哈认为,宗教(而不是世界的创造和发展)是人类(而不是绝对)在实现自我道路上的必要迂回。

《基督教的本质》对宗教发展的结构没有过多论述。只是简单评论从神到人类权威行为标准的历史转移,也只是为了支持黑格尔对犹太教的贬低(称犹太教"独断"且不可避免会被基督教取代)⑤。

比起宗教发展的历史模式,费尔巴哈更关注它的顶点。基督教占据了

---

① *Das Wesen des Christentums*, *Gesammelte Werke*. ed. Werner Schuffenhauer. Berlin:1967—2003(5):46;Ludwig Feuerbach. *The Essence of Christianity*. ed. George Eliot. New York:Harper & Brothers, 1957:12.

② *Jahrhundert und einem AnhangÜber Feuerbach*. Göttingen, 1972:42ff.

③ *Das Wesen des Christentums*, *Gesammelte Werke*. ed. Werner Schuffenhauer. Berlin:1967—2003(5):34;Ludwig Feuerbach. *The Essence of Christianity*. ed. George Eliot. New York:Harper & Brothers, 1957:5.

④ *Beleuchtung einer theologischen Rezension*. pp. 178 – 179. (译者注:参见附录 Bibliographical Note 中的同名词条)

⑤ *Das Wesen des Christentums*, *Gesammelte Werke*. ed. Werner Schuffenhauer. Berlin:1967—2003(5):73 – 74;Ludwig Feuerbach. *The Essence of Christianity*. ed. George Eliot. New York:Harper & Brothers, 1957:31 – 32.

独一无二的位置，因为它看到神的人性。宗教形式构成人类自我理解的方式，第一次对人性的充分论述被认为出现在基督教中（费尔巴哈曾想把最著名的作品命名为《认识你自己》①）。然而，在基督教中，这种认识被隐藏，因此它需要从符号翻译成文字。只有通过费尔巴哈在《基督教的本质》中对基督教的解构，人类才能完成对自我的认知。

对费尔巴哈作品的描述经常不能充分表达这种人类学分析应有的历史重要性。在海涅的《阿塔巨魔》中，名叫阿塔的北极熊严肃地把儿子拉到一边，警告儿子提防"像费尔巴哈这样宣扬无神论的人"，称宇宙的"伟大造物主"——请不信神的德国人原谅——是这样的：

>在头顶繁星点缀的天幕中，
>在君王的黄金宝座上，
>威严地统治着全世界，
>坐着一头北极熊，巨大无比。
>他的皮毛洁白无瑕，锃明刷亮；
>他的头上戴着镶满钻石的王冠，闪闪发光，
>九天之下因此熠熠生辉。②

阿塔巨人含蓄地引用"人类学"对宗教的分析的同时却矢口否认。但是，尽管这些诗句充分表现了海涅的讽刺才能，它们也可能掩盖了费尔巴哈想要表达的要点。在《基督教的本质》中，人类学的分析不需要把我们熟悉的特征投射到一个理想的实体上；相反，在解构基督教的过程中，我们（首次）发现我们是谁。这就是为什么费尔巴哈如此"高看"自己的作品，并将之称为"历史转折点"③。

---

① Feuerbach to Otto Wigand, 5 and 16 January 1841, *Gesammelte Werke*. ed. Werner Schuffenhauer. Berlin: 1967—2003（18）: 47, 56.
② *Atta Troll: Ein Sommernachtstraum*, Historische-kritische Gesamtausgabe der Werke（Düsseldorfer Ausgabe）. Hamburg: fabula Verlag Hamburg, 1985（4）: 30 – 31; *Atta Troll: A Summer Night's Dream*, The Complete Poems of Heinrich Heine: A Modern English Version by Hal Draper. Oxford: Oxford University Press, 1982: 436.
③ *Das Wesen des Christentums*, *Gesammelte Werke*. ed. Werner Schuffenhauer. Berlin: 1967—2003（5）: 443; Ludwig Feuerbach. *The Essence of Christianity*. ed. George Eliot. New York: Harper & Brothers, 1957: 270.

费尔巴哈认为，自己对宗教抱有肯定的态度，他并未试图摧毁基督教，而是想把它的内容从世俗的形式中解放出来。① 这解释了他为什么否认自己是无神论者。因为费尔巴哈否认上帝的存在，所以按照世俗而不是理想，他被看作无神论者。然而，费尔巴哈认为，真正的无神论不仅否认上帝的存在，还否认传统观点中的神的各种属性特点。费尔巴哈指出，"否认神的属性特点，如爱、智慧、公平等的人才是真正的无神论者，而不仅仅是否认这些述语所修饰的对象的人"②。

费尔巴哈并非试图否认对神的描述，而是想证明它们也存在于普通的人类生活中。然而，这将是一个错综复杂的问题。尤其是费尔巴哈在《基督教的本质》结尾段提出这个观点的方式导致相当大的困惑。费尔巴哈称"最深奥的秘密"存在于"普通的日常事物之中"，但"真正的奥秘"在"想象的、虚幻的基督教的奥秘"面前经常被无视。③ 为了"证明普通的事物对生活有不寻常的意义，甚至有宗教性的意义"，他呼吁重新对日常生活进行精神评估。④ 他继续指出，婚姻、友谊以及"每个人的幸福"都应该被认为"本身就是神圣的"⑤，甚至饮食——基督教圣礼的真正内容——都应该被看作"宗教性行为"，他还在结尾段的最后用了

---

① B. M. G. Reardon. *Religious Thought in the Nineteenth Century*: *Illustrated From Writings of the Period*. Cambridge: Cambridge University Press, 1966: 7; Paul Ricoeur. "The Critique of Religion", *The Philosophy of Paul Ricoeur*: *An Anthology of his Work*, ed. Charles E. Reagan and David Stewart. Boston, 1978: 217.

② *Das Wesen des Christentums*, *Gesammelte Werke*. ed. Werner Schuffenhauer. Berlin: 1967—2003 (5): 58; Ludwig Feuerbach. *The Essence of Christianity*. ed. George Eliot. New York: Harper & Brothers, 1957: 21.

③ *Das Wesen des Christentums*, *Gesammelte Werke*. ed. Werner Schuffenhauer. Berlin: 1967—2003 (5): 452; Ludwig Feuerbach. *The Essence of Christianity*. ed. George Eliot. New York: Harper & Brothers, 1957: 276.

④ *Das Wesen des Christentums*, *Gesammelte Werke*. ed. Werner Schuffenhauer. Berlin: 1967—2003 (5): 454; Ludwig Feuerbach. *The Essence of Christianity*. ed. George Eliot. New York: Harper & Brothers, 1957: 278.

⑤ *Das Wesen des Christentums*, *Gesammelte Werke*. ed. Werner Schuffenhauer. Berlin: 1967—2003 (5): 445; Ludwig Feuerbach. *The Essence of Christianity*. ed. George Eliot. New York: Harper & Brothers, 1957: 271.

"阿门"这一宗教述语。① 这样的评论尤其是宗教式的语言导致了两种不同的解读。

同时代的左派黑格尔者怀疑费尔巴哈内心还残存一些宗教性。麦克斯·施蒂纳在《唯一者及其所有物》中提出了这个问题。② 在《信念的胜利》(恩格斯和爱德格·鲍威尔创作的叙事诗)中可以看到一个更简短的例子。

> 救救我们,圣约翰,费尔巴哈太可怕了!
> 他既不叫又不跳,只是盘旋在半空中,
> 一颗被可怕的雾气包围的流星。
> 一手拿着闪闪发光的杯子,
> 另一只手拿的是面包,
> 他坐在贝壳做的盆子里,
> 试图为无耻之徒寻找新的礼拜。
> 他说大吃大喝、痛饮、洗澡,
> 都是神圣的圣礼包含的真相。③

费尔巴哈被描述为"半截子"的无神论者,没有完全放弃宗教(他"盘旋在半空中"),他对圣礼的评论被认为是试图改变基督教以迎合世俗("为无耻之徒寻找新的礼拜")。

费尔巴哈的结语更让后来的评论者容易把他视为在呼吁对宗教的重新

---

① *Das Wesen des Christentums*, *Gesammelte Werke*. ed. Werner Schuffenhauer. Berlin: 1967—2003 (5): 453; Ludwig Feuerbach. *The Essence of Christianity*. ed. George Eliot. New York: Harper & Brothers, 1957: 277-278.

② David Leopold. "*Introduction*", *Max Stirner*, *The Ego and Its Own*. ed. David Leopold. Cambridge: Cambridge University Press, 1995: xixff.

③ *Die frech bedräute, jedoch wunderbar befreite Bibel. Oder: Der Triumph des Glaubens. Das ist: Schreckliche, jedoch wahrhafte und erklecklicheHistoria von dem weiland Licentiaten Bruno Bauer: wie selbiger vom Teufel verführt, vom reinen Glauben abgefallen, Oberteufel geworden und endlich kräftiglich entsetzet ist. Christliches Heldengedicht in vier Gesängen*, MEW, Ergänzungsband 2: 302; *The Insolently Threatened, Yet Miraculously Rescued Bible. Or: The Triumph of Faith. To Wit, The Terrible Yet True and Salutary History of the Erstwhile Licentiate Bruno Bauer; How the Same, Seduced by theDevil, Fallen From the True Faith, Became Chief Devil, and Was Well and Truly Ousted in the End. A Christian Epic in Four Cantos*, MECW2: 337.

解读而不是改变现存的社会秩序。费尔巴哈的作品被认为是对社会和政治方面的论述（下一小节会论述对这个解读的质疑，但接下来本文先勾勒出费尔巴哈对思辨哲学的描述）。

费尔巴哈对基督教的论述提供了一个框架，这一框架可以很好地用来对思辨哲学进行批判。费尔巴哈偶尔会把思辨哲学描述为一种历史传统——源自斯宾诺莎、谢林促进了它的发展，黑格尔对它进行了完善——但更多地把历史传统等同黑格尔作品中的思辨哲学。本文将使用这种主要的用法。

《基督教的本质》之后的作品中，措辞的改变无益于理解费尔巴哈思想的发展变化。[①] 尤其是《关于哲学改造的临时纲领》和《未来哲学原理》中的论点，经常因为含糊的措辞以及过度使用倒装句子结构和不连贯的格言式句型而变得更加隐晦。考虑到这些中期作品的精确度和清晰度，费尔巴哈作品的法译者简洁地说道，为了看懂这些作品必须"不能指望费尔巴哈使用的每个词只有一个意思"[②]。费尔巴哈似乎试图通过全新的语言形式来突出自己新哲学的革新性内容。然而，这些文章通常缺少早期对基督教批判的细致性，而且主要运用的是绝对性断言，而不是与思辨唯心主义对立的辩证哲学观点。

费尔巴哈认为，思辨哲学与基督教的神学相似，如一位评论者所说代表"神学以另一种方式的延续"[③]。费尔巴哈为这两种理解方式之间的关系提供了概念性和历史性的描述。

费尔巴哈的概念性描述回应了黑格尔对宗教与哲学之间关系的解读。基督教神学和思辨哲学被认为具有同样的内容，但思辨被视为具有更大的

---

① "Vorläufige Thesen zur Reform [ation] der Philosophie", *Gesammelte Werke*. ed. Werner Schuffenhauer. Berlin: 1967—2003 (9): 243 - 263; "Provisional Theses for the Reform [ation] of Philosophy". *The Young Hegelians: An Anthology*. ed. Lawrence S. Stepelevich. Cambridge: Cambridge University Press, 1983: 95 - 128; Francis Schuessler-Fiorenza. "Feuerbach's Interpretation of Religion and Christianity", *The Philosophical Forum*. no. 2. Winter 1979—1980 (15): 161 - 181.
② Ludwig Feuerbach. *Manifestes philosophiques: Textes choisis, 1839—1845*. ed. Louis Althusser. Paris: Presses Universitaires de France, 1973: 7.
③ Marx W. Wartofsky. *Feuerbach*. Cambridge: Cambridge University Press, 1982: 349.

概念活力且敌视基督教的感官形象。① 如在《关于哲学改造的临时纲领》中，费尔巴哈认为，思辨哲学中"思想假定现实"的观点是神学中"自然界由上帝创造"的观点的"理性表达"②。同样，在《未来哲学原理》中，黑格尔体系中的"缺少前提和开始"被认为是"神的自我存在"的哲学变体。③

思辨和基督教主要的概念相似是关于它们与有限世界和经验世界隐秘关系的"秘密"④。在《基督教的本质》中，为了捕捉基督教核心的双重运动，费尔巴哈采用生理学上的隐喻：正如在循环系统中"动脉把血液带到四肢，静脉把它收回"，在宗教中也有"永久的收缩和扩张"⑤。在《关于哲学改造的临时纲领》中，宗教建构的两个阶段被描述为分离和复原的过程，在此过程中，基督教"划分且分离了人类，目的是重新找到人类异化的本质"⑥。

第一个阶段（"收缩"）是关于基督教上帝的起源，在这个阶段，"人

---

① Ludwig Feuerbach. *Grundsätze der Philosophie der Zukunft*, *Gesammelte Werke*. ed. Werner Schuffenhauer. Berlin: 1967—2003（9）: 266; Ludwig Feuerbach. *Principles of the Philosophy of the Future*. ed. Manfred H. Vogel. Indianapolis: Create Space Independent Publishing Platform, 1986: 6.

② "Vorläufige Thesen zur Reform [ation] der Philosophie", *Gesammelte Werke*. ed. Werner Schuffenhauer. Berlin: 1967—2003（9）: 258; "Provisional Theses for the Reform [ation] of Philosophy". *The Young Hegelians: An Anthology*. ed. Lawrence S. Stepelevich. Cambridge: Cambridge University Press, 1983: 167.

③ Ludwig Feuerbach. *Grundsätze der Philosophie der Zukunft*, *Gesammelte Werke*. ed. Werner Schuffenhauer. Berlin: 1967—2003（9）: 281; Ludwig Feuerbach. *Principles of the Philosophy of the Future*. ed. Manfred H. Vogel. Indianapolis: Create Space Independent Publishing Platform, 1986: 18.

④ Ludwig Feuerbach. *Grundsätze der Philosophie der Zukunft*, *Gesammelte Werke*. ed. Werner Schuffenhauer. Berlin: 1967—2003（9）: 300; Ludwig Feuerbach. *Principles of the Philosophy of the Future*. ed. Manfred H. Vogel. Indianapolis: CreateSpace Independent Publishing Platform, 1986: 36.

⑤ *Das Wesen des Christentums*, *Gesammelte Werke*. ed. Werner Schuffenhauer. Berlin: 1967—2003（5）: 73; Ludwig Feuerbach. *The Essence of Christianity*. ed. George Eliot. New York: Harper & Brothers, 1957: 31.

⑥ "Vorläufige Thesen zur Reform [ation] der Philosophie", *Gesammelte Werke*. ed. Werner Schuffenhauer. Berlin: 1967—2003（9）: 246; "Provisional Theses for the Reform [ation] of Philosophy". *The Young Hegelians: An Anthology*. ed. Lawrence S. Stepelevich. Cambridge: Cambridge University Press, 1983: 158.

类把自己的本性从自身推出去"①。当然，上帝没有起源，正如费尔巴哈所说，"唯有上帝是能做自我的存在"②。然而，上帝这个概念的起源是出自把对人类的述语投射到一个想象的对象上。这个阶段被描述为"分离"，在这个阶段，人性被分离出来并"放在人类之外"③。

第二个阶段（"扩张"）是关于之前被放弃的述语，在这个阶段，信教的个体重新获得他"被拒绝的本性"④。当个体把人类的幸福作为自己行为的主要动机时便实现了这一点。⑤ 既然上帝对人类的幸福有"浓厚的兴趣"，当信教的个体努力实现上帝的目的之时，他们也在促进人类"道德和永久的拯救"（尽管费尔巴哈认为是以间接和不满意的方式实现）⑥。这个环节又被描述为"复原"，在这一阶段，对人类的述语被描述为有限个体的驱动力。⑦

费尔巴哈认为，这种分离和复原的两个步骤不是基督教独有，同样存

---

① *Das Wesen des Christentums*, *Gesammelte Werke*. ed. Werner Schuffenhauer. Berlin：1967—2003（5）：73；Ludwig Feuerbach. *The Essence of Christianity*. ed. George Eliot. New York：Harper & Brothers, 1957：31.

② *Das Wesen des Christentums*, *Gesammelte Werke*. ed. Werner Schuffenhauer. Berlin：1967—2003（5）：73；Ludwig Feuerbach. *The Essence of Christianity*. ed. George Eliot. New York：Harper & Brothers, 1957：31.

③ "Vorläufige Thesen zur Reform [ation] der Philosophie", *Gesammelte Werke*. ed. Werner Schuffenhauer. Berlin：1967—2003（9）：246；"Provisional Theses for the Reform [ation] of Philosophy". *The Young Hegelians：An Anthology*. ed. Lawrence S. Stepelevich. Cambridge：Cambridge University Press, 1983：158.

④ *Das Wesen des Christentums*, *Gesammelte Werke*. ed. Werner Schuffenhauer. Berlin：1967—2003（5）：73；Ludwig Feuerbach. *The Essence of Christianity*. ed. George Eliot. New York：Harper & Brothers, 1957：31.

⑤ *Das Wesen des Christentums*, *Gesammelte Werke*. ed. Werner Schuffenhauer. Berlin：1967—2003（5）：73；Ludwig Feuerbach. *The Essence of Christianity*. ed. George Eliot. New York：Harper & Brothers, 1957：31.

⑥ *Das Wesen des Christentums*, *Gesammelte Werke*. ed. Werner Schuffenhauer. Berlin：1967—2003（5）：72；Ludwig Feuerbach. *The Essence of Christianity*. ed. George Eliot. New York：Harper & Brothers, 1957：30.

⑦ "Vorläufige Thesen zur Reform [ation] der Philosophie", *Gesammelte Werke*. ed. Werner Schuffenhauer. Berlin：1967—2003（9）：246；"Provisional Theses for the Reform [ation] of Philosophy". *The Young Hegelians：An Anthology*. ed. Lawrence S. Stepelevich. Cambridge：Cambridge University Press, 1983：158.

在于思辨哲学中。分离阶段是关于黑格尔范畴系统的起源，即构成绝对的潜在结构的不同"决定因素、形式、范畴或你随便怎么称呼它"的来源。① 黑格尔认为，某种意义上这些范畴先于且独立于人类。但是，费尔巴哈认为，它们是人类思想的实体化，因为，思辨系统的不同决定因素——"质、量、计量、本质、化学作用、机制、机体"等——被人类创造出来，就是为了理解经验世界。②

复原阶段是关于对世界的思辨性重述。思辨范畴被认为是产生并管理社会和自然界的（必要元素）。曾被费尔巴哈认为是黑格尔逻辑隐藏来源的有限和经验世界被重新作为思辨范畴的产物。费尔巴哈否认黑格尔的"演绎"或"思辨"的知识模型（在该模型中，原型先于客体存在并创造客体），转而支持"归纳"或"经验"论述，认为人类的知识"是客体的副本"③。

在阐述思辨建构"秘密"的过程中，费尔巴哈又对黑格尔的思辨哲学和基督教的相似之处进行了比较，接下来我列出两个例子。

一个例子是关于据说基督教和它的思辨中都存在的"双重计算"。基督教认为，上帝无中生有，创造了有限世界。费尔巴哈认为，只有上帝在已经以某种形式拥有世界所有的决定因素的条件下才是可能的。简言之，"在神学中我们两次拥有一切"，因为一切实体在"具体"出现在地球上

---

① "Vorläufige Thesen zur Reform [ation] der Philosophie", *Gesammelte Werke*. ed. Werner Schuffenhauer. Berlin: 1967—2003 (9): 252; "Provisional Theses for the Reform [ation] of Philosophy". *The Young Hegelians: An Anthology*. ed. Lawrence S. Stepelevich. Cambridge: Cambridge University Press, 1983: 162.

② "Vorläufige Thesen zur Reform [ation] der Philosophie", *Gesammelte Werke*. ed. Werner Schuffenhauer. Berlin: 1967—2003 (9): 245; "Provisional Theses for the Reform [ation] of Philosophy". *The Young Hegelians: An Anthology*. ed. Lawrence S. Stepelevich. Cambridge: Cambridge University Press, 1983: 158.

③ Ludwig Feuerbach. *Grundsätze der Philosophie der Zukunft*, *Gesammelte Werke*. ed. Werner Schuffenhauer. Berlin: 1967—2003 (9): 278; Ludwig Feuerbach. *Principles of the Philosophy of the Future*. ed. Manfred H. Vogel. Indianapolis: Create Space Independent Publishing Platform, 1986: 15.

之前,一定已经"在理论上"已存在于上帝那里。① 同样的重复计算还出现在思辨论述中,"在黑格尔哲学中我们也是两次拥有一切"②。一切事物都是先"作为逻辑的客体存在",然后才是"以自然和精神哲学的客体存在"③。

第二个例子是关于基督教和思辨中有限世界和经验世界的"颠倒"。在黑格尔哲学和基督教的自我意识中,思辨和神学实体的真正来源被认为是它们略显神秘的产物。④ 因此,思辨和神学都例证了费尔巴哈所说的从"抽象"到"具体"、从"理想"到"现实"的扭曲过程。他认为,这样的程序一定不能揭露"真实客观的现实",只能"实现它们自身的抽象"⑤。

费尔巴哈承认,思辨和神学程序经常被认为是揭露了某种奥秘。"故弄玄虚"不仅"歪曲了真相",而且还"显得很高深莫测"⑥。相比之下,

---

① "Vorläufige Thesen zur Reform [ation] der Philosophie", *Gesammelte Werke*. ed. Werner Schuffenhauer. Berlin: 1967—2003 (9): 245; "Provisional Theses for the Reform [ation] of Philosophy". *The Young Hegelians: An Anthology*. ed. Lawrence S. Stepelevich. Cambridge: Cambridge University Press, 1983: 158.

② "Vorläufige Thesen zur Reform [ation] der Philosophie", *Gesammelte Werke*. ed. Werner Schuffenhauer. Berlin: 1967—2003 (9): 245; "Provisional Theses for the Reform [ation] of Philosophy". *The Young Hegelians: An Anthology*. ed. Lawrence S. Stepelevich. Cambridge: Cambridge University Press, 1983: 158.

③ "Vorläufige Thesen zur Reform [ation] der Philosophie", *Gesammelte Werke*. ed. Werner Schuffenhauer. Berlin: 1967—2003 (9): 245; "Provisional Theses for the Reform [ation] of Philosophy". *The Young Hegelians: An Anthology*. ed. Lawrence S. Stepelevich. Cambridge: Cambridge University Press, 1983: 158.

④ "Vorläufige Thesen zur Reform [ation] der Philosophie", *Gesammelte Werke*. ed. Werner Schuffenhauer. Berlin: 1967—2003 (9): 249; "Provisional Theses for the Reform [ation] of Philosophy". *The Young Hegelians: An Anthology*. ed. Lawrence S. Stepelevich. Cambridge: Cambridge University Press, 1983: 160.

⑤ "Vorläufige Thesen zur Reform [ation] der Philosophie", *Gesammelte Werke*. ed. Werner Schuffenhauer. Berlin: 1967—2003 (9): 251; "Provisional Theses for the Reform [ation] of Philosophy". *The Young Hegelians: An Anthology*. ed. Lawrence S. Stepelevich. Cambridge: Cambridge University Press, 1983: 161.

⑥ "Vorläufige Thesen zur Reform [ation] der Philosophie", *Gesammelte Werke*. ed. Werner Schuffenhauer. Berlin: 1967—2003 (9): 251; "Provisional Theses for the Reform [ation] of Philosophy". *The Young Hegelians: An Anthology*. ed. Lawrence S. Stepelevich. Cambridge: Cambridge University Press, 1983: 162.

他对经验和有限世界的描述显得肤浅。他的新哲学的核心"是什么就说什么",这也许"道出了真相",但方式可能显得"浅薄"①。费尔巴哈试图以两种方式避免这种错觉:连续解构基督教和思辨所谓的神秘;多次宣扬"简洁"和"确定性",将之等同于"真实"②。

尽管具有结构性的相似,思辨哲学与基督教毕竟还是有所区别。费尔巴哈指出了二者的两个不同之处。

第一个不同之处是关于神性实体的本质。很明显,黑格尔哲学用理性取代了基督教的上帝。然而,在实现这个转变的过程中,神性的物化被部分人性的物化取代。神学和思辨哲学都从人类特点中提取了"超绝"的神性。基督教根据"人类本性"创造了上帝,而思辨从"人类的思维"、理性中创造了神性。③ 思辨只能体现一小部分的人性,"从人性中撕下并独立出来的一种能力"④。

上述观点更多地存在于费尔巴哈的中期作品中。在后期的作品中,费尔巴哈更愿意承认,基督教并不代表"所有的人性",而只是"整体中撕裂出来的一部分",即"精神或灵魂"的元素。⑤ 这种观点的重要性不容低估。基督教一旦被认为只能部分论述人性,它作为宗教发展顶峰的地位

---

① "Vorläufige Thesen zur Reform [ation] der Philosophie", *Gesammelte Werke*. ed. Werner Schuffenhauer. Berlin: 1967—2003 (9): 251; "Provisional Theses for the Reform [ation] of Philosophy". *The Young Hegelians: An Anthology*. ed. Lawrence S. Stepelevich. Cambridge: Cambridge University Press, 1983: 162.

② "Vorläufige Thesen zur Reform [ation] der Philosophie", *Gesammelte Werke*. ed. Werner Schuffenhauer. Berlin: 1967—2003 (9): 251; "Provisional Theses for the Reform [ation] of Philosophy". *The Young Hegelians: An Anthology*. ed. Lawrence S. Stepelevich. Cambridge: Cambridge University Press, 1983: 162.

③ "Vorläufige Thesen zur Reform [ation] der Philosophie", *Gesammelte Werke*. ed. Werner Schuffenhauer. Berlin: 1967—2003 (9): 246; "Provisional Theses for the Reform [ation] of Philosophy". *The Young Hegelians: An Anthology*. ed. Lawrence S. Stepelevich. Cambridge: Cambridge University Press, 1983: 158.

④ Ludwig Feuerbach. *Grundsätze der Philosophie der Zukunft*, *Gesammelte Werke*. ed. Werner Schuffenhauer. Berlin: 1967—2003 (9): 334; Ludwig Feuerbach. *Principles of the Philosophy of the Future*. ed. Manfred H. Vogel. Indianapolis: CreateSpace Independent Publishing Platform, 1986: 67.

⑤ *Vorlesungen Über das Wesen der Religion*, *Gesammelte Werke*. ed. Werner Schuffenhauer. Berlin: 1967—2003 (6): 287; Ludwig Feuerbach. *Lectures on the Essence of Religion*. ed. Ralph Manheim. New York: Harper & Row, 1967: 256.

就受到了威胁。因此，在后期的作品中，费尔巴哈对自己人类学观点的历史意义的黑格尔式描述被更传统的宗教社会学取代。

第二个不同之处是关于神性实体和有限世界之间的关系。基督教的上帝来自"另一个世界"，外在于我们这个世界。① 相比之下，黑格尔的绝对存在内在于有限世界。② 简言之，"对宗教来说存在于另一个世界的事物对哲学来说存在于这个世界"③（这种内在论让费尔巴哈想到了新柏拉图主义，他有句名言，"黑格尔不是德国货基督教的亚里士多德，他是德国的蒲洛克勒斯"④）。而且，基督教中的神已经是一种"从感觉和物质中解放出来的独立"存在。⑤ 黑格尔的绝对存在必须经历一系列历史阶段才能把自身从感觉和物质中解放出来。思辨哲学的上帝"必须像无神论的英雄，独自承担起这种任务，从美德中寻找自己的神性"⑥。只有在这个历史阶段的最后，黑格尔的绝对世界才获得基督教的上帝原先就有的东西。

费尔巴哈还对思辨哲学和基督教之间的关系进行了历史性论述。在

---

① Ludwig Feuerbach. *Grundsätze der Philosophie der Zukunft*, *Gesammelte Werke*. ed. Werner Schuffenhauer. Berlin: 1967—2003（9）: 266; Ludwig Feuerbach. *Principles of the Philosophy of the Future*. ed. Manfred H. Vogel. Indianapolis: CreateSpace Independent Publishing Platform, 1986: 5 - 6.
② "Vorläufige Thesen zur Reform［ation］der Philosophie", *Gesammelte Werke*. ed. Werner Schuffenhauer. Berlin: 1967—2003（9）: 243; "Provisional Theses for the Reform［ation］of Philosophy". *The Young Hegelians: An Anthology*. ed. Lawrence S. Stepelevich. Cambridge: Cambridge University Press, 1983: 156.
③ Ludwig Feuerbach. *Grundsätze der Philosophie der Zukunft*, *Gesammelte Werke*. ed. Werner Schuffenhauer. Berlin: 1967—2003（9）: 266; Ludwig Feuerbach. *Principles of the Philosophy of the Future*. ed. Manfred H. Vogel. Indianapolis: CreateSpace Independent Publishing Platform, 1986: 5.
④ Ludwig Feuerbach. *Grundsätze der Philosophie der Zukunft*, *Gesammelte Werke*. ed. Werner Schuffenhauer. Berlin: 1967—2003（9）: 311; Ludwig Feuerbach. *Principles of the Philosophy of the Future*. ed. Manfred H. Vogel. Indianapolis: CreateSpace Independent Publishing Platform, 1986: 47.
⑤ Ludwig Feuerbach. *Grundsätze der Philosophie der Zukunft*, *Gesammelte Werke*. ed. Werner Schuffenhauer. Berlin: 1967—2003（9）: 295; Ludwig Feuerbach. Principles of the Philosophy of the Future. ed. Manfred H. Vogel. Indianapolis: CreateSpace Independent Publishing Platform, 1986: 32.
⑥ Ludwig Feuerbach. *Grundsätze der Philosophie der Zukunft*, *Gesammelte Werke*. ed. Werner Schuffenhauer. Berlin: 1967—2003（9）: 296; Ludwig Feuerbach. *Principles of the Philosophy of the Future*. ed. Manfred H. Vogel. Indianapolis: CreateSpace Independent Publishing Platform, 1986: 32.

《哲学变革的必要性》中，他把人类史描述为一系列重大事件，事件之间的不同是基于"宗教变化"①。根据这种说法，当代世界处在"新时代的门槛"②。从这种观点来看，当代哲学被认为属于基督教的"没落"期，特别是思辨哲学处于这个时代的最后阶段——"内部腐烂"的阶段。③ 我们并不认为，费尔巴哈是在随意地对这种思想传统的起源做出评论，而是说思辨哲学的崛起是对基督教最终没落的反映和反应。黑格尔试图通过对基督教内容的思辨重构隐藏它的"冲突"，以达到维护它的目的。然而，费尔巴哈认为，如此尝试隐藏宗教与历史发展的对立注定会失败。思辨哲学试图"证实"基督教却最终不可避免地"否定"了它。④

为了说明这一观点，费尔巴哈用一贯性和宗教真理两个标准比较了基督教及思辨哲学对上帝的描述。一贯性被认为尊重这个原则："哪里有对上帝的意识哪里就有上帝。"宗教真理存在于承认神的身份和人类的属性特点。⑤

根据传统的基督教论述，上帝的"存在"和"意识"都漠视且独立于人类。费尔巴哈认为，基督教的论述连贯但完全错误。相比之下，思辨哲学对上帝的描述有明显的优势，思辨哲学认为上帝依赖人类（作为上帝自我意识的工具）。费尔巴哈把这种否认（否认上帝可以独立于人类意识而具有自己的意识）描述为基督教区分开来的东西，即神和人类的特

---

① "Nothwendigkeit einer reform der Philosophie", *Sämtliche Werke*. Stuttgart: University of Stuttgart Press, 1960—1964 (2): 216; "The Necessity of a Reform of Philosophy", *The Fiery Brook: Selected Writings of Ludwig Feuerbach*. ed. Zawar Hanfi New York, 1972: 146.

② "Nothwendigkeit einer reform der Philosophie", *Sämtliche Werke*. Stuttgart: University of Stuttgart Press, 1960—1964 (2): 215-216; "The Necessity of a Reform of Philosophy", *The Fiery Brook: Selected Writings of Ludwig Feuerbach*. ed. Zawar Hanfi New York, 1972: 145.

③ "Nothwendigkeit einer reform der Philosophie", *Sämtliche Werke*. Stuttgart: University of Stuttgart Press, 1960—1964 (2): 217; "The Necessity of a Reform of Philosophy", *The Fiery Brook: Selected Writings of Ludwig Feuerbach*. ed. Zawar Hanfi New York, 1972: 147.

④ "Nothwendigkeit einer reform der Philosophie", *Sämtliche Werke*. Stuttgart: University of Stuttgart Press, 1960—1964 (2): 217; "The Necessity of a Reform of Philosophy", *The Fiery Brook: Selected Writings of Ludwig Feuerbach*. ed. Zawar Hanfi New York, 1972: 147.

⑤ *Das Wesen des Christentums*, *Gesammelte Werke*. ed. Werner Schuffenhauer. Berlin: 1967—2003 (5): 385; Ludwig Feuerbach. *The Essence of Christianity*. ed. George Eliot. New York: Harper & Brothers, 1957: 230.

点属性。① 黑格尔所承认的上帝"不自由、不独立于人类"并未延伸到上帝的"存在"②。思辨哲学因此未能遵守一贯的原则,被认为是矛盾且不完美的"权宜之计"③。

历史上,思辨哲学为了维护基督教曾承认宗教的真理。然而,通过只承认人类的"意识",而不是神的身份和人类的"存在",它使对上帝和人类之间关系的描述显得更加矛盾,起到了相反的效果,因为思辨哲学打开了描述的大门,可以解决这一矛盾,而无须牺牲思辨向宗教真理的有限进步。当然,这种描述是费尔巴哈自身的,他认为神学就是人类学,不仅符合一贯的标准还满足真理的标准,因为它把神和人的属性特点结合在"真实、自满的身份中"④。

费尔巴哈与政治

本小节的主题似乎不可能,因为当代评论者通常认为,费尔巴哈和政治问题之间是对立的关系。不同的人在不同地方对费尔巴哈分别有以下描

---

① *Das Wesen des Christentums*, *Gesammelte Werke*. ed. Werner Schuffenhauer. Berlin: 1967—2003 (5): 378; Ludwig Feuerbach. *The Essence of Christianity*. ed. George Eliot. New York: Harper & Brothers, 1957: 226.

② *Das Wesen des Christentums*, *Gesammelte Werke*. ed. Werner Schuffenhauer. Berlin: 1967—2003 (5): 378; Ludwig Feuerbach. *The Essence of Christianity*. ed. George Eliot. New York: Harper & Brothers, 1957: 227.

③ *Das Wesen des Christentums*, *Gesammelte Werke*. ed. Werner Schuffenhauer. Berlin: 1967—2003 (5): 386; Ludwig Feuerbach. *The Essence of Christianity*. ed. George Eliot. New York: Harper & Brothers, 1957: 231.

④ *Das Wesen des Christentums*, *Gesammelte Werke*. ed. Werner Schuffenhauer. Berlin: 1967—2003 (5): 385; Ludwig Feuerbach. *The Essence of Christianity*. ed. George Eliot. New York: Harper & Brothers, 1957: 231.

述:"根本无关政治"①"对政治毫无兴趣"②"厌恶政治"③"对现实问题毫无兴趣更不用说政治问题"④ "从不关心哲学与政治及社会之间的关系"⑤"在未讨论国家问题的情况下分析宗教"⑥,等等。

这些描述不仅包括对费尔巴哈作品中主题的讨论,还包括传记评论的一些元素。后者似乎被误导,略加分析便可发现费尔巴哈终生都在研究社会和政治问题。在这里介绍一些传记中的细节,也许对理解本小节的内容会有帮助。

费尔巴哈青年时期非常同情并积极参与男大学生帮会团体的激进活动(该团体致力于实现统一的德国和民主的宪法⑦)。比如,青年时期的费尔巴哈曾到"勇敢"的卡尔沙墓前祭奠,并送去了墓地上的一些青草⑧(卡尔沙因谋杀保守派记者和作家奥古斯特·科茨布而被处决)。根据费尔巴哈的父亲、著名法理学家安塞姆·费尔巴哈的说法,他被多次要求宣誓未参加任何秘密团体,但仍然受到了官方的怀疑,并一直受到"间谍的攻击和迫害"⑨。如费尔巴哈从海德堡向柏林转学的事,因警察调查他是否参与卡尔·福伦领导的激进团体而受到耽搁。因为这次调查,费尔巴哈的兄弟卡尔——一个有才华的数学家——被逮捕并监禁14个月,在此期间,

---

① André Liebich. *Between Ideology and Utopia*: *The Politics and Philosophy of August Cieszkowski*. Dordrecht: Springer, 1979: 323; William J. Brazil. *The Young Hegelians*. New Haven: Elliots Books, 1970: 77.
② Frederick Gregory. *Scientific Materialism in Nineteenth-Century Germany*. Dordrecht: Springer, 1977: 190.
③ Marx W. Wartofsky. *Feuerbach*. Cambridge: Cambridge University Press, 1982: 396.
④ Nicholas Lobkowicz. *Theory and Practice*: *History of a Concept from Aristotle to Marx*. Indiana: University of Notre Dame Press, 1967: 250.
⑤ Harold Mah. *The End of Philosophy, the Origin of "Ideology"*: *Karl Marx and the Crisis of the Young Hegelians*. Berkeley: University of California Press, 1987: 6.
⑥ Paul Thomas. *Karl Marx and the Anarchists*. London: Routledge, 1980: 135.
⑦ Roland Ray Lutz Jr. "The German Revolutionary Student Movement, 1819—1833". *Central European History*. 1971 (4): 215–241.
⑧ Feuerbach to Wilhelmine Feuerbach, 22 October 1820, *Gesammelte Werke*. ed. Werner Schuffenhauer. Berlin: 1967—2003 (17): 9.
⑨ Anselm Feuerbach to Feuerbach, 15 August 1824, *Gesammelte Werke*. ed. Werner Schuffenhauer. Berlin: 1967—2003 (17): 51; Lawrence Stepelevich. *The Philosophical Forum*. 1978 (8): 28–30.

他两次试图自杀①（出狱之后，卡尔患上了精神疾病并于 1834 年逝世②）。费尔巴哈本人后来也被排斥在学术圈之外，希望在大学获得职位所付出的代价是"政治的屈从和宗教的蒙昧"③。费尔巴哈将他在布鲁克贝格（在这里他创作了最著名的作品）的隐居称为"道义上的必然"④。对他的蛰居不能过分夸大：他和政治激进分子如阿诺德·卢格仍保持联系；他的作品受到审查，如他的《基督教的本质》被奥地利禁止；他仍然受到警察的监视和骚扰，如 1842 年当局曾突袭他的家搜捕克利盖。1848 年受巴黎革命的影响，费尔巴哈前往当时德国革命的中心法兰克福。⑤费尔巴哈称在革命"风暴"中，个人有义务为"政治"放弃一切。⑥ 与很多左派自由主义者一样，费尔巴哈很快就对国民大会不再抱有幻想，开始和议会之外的"共和或民主"力量联合在一起，比如他是 6 月民主议会的议员。⑦

---

① 欧几里得几何中的费尔巴哈定理至今仍被人熟知。
② Laura Guggenbuhl. "Karl Wilhelm Feuerbach". *The Dictionary of Scientific Biography*. Charles Coulston Gillispie. ed. New York: Scribner's, 1971: 601 – 602; Karl H. Wegert. "The Genesis of Youthful Radicalism: Hesse-Nassau, 1806—1819", *Central European History*. 1977 (10): 183 – 205; Leonard Krieger. *The German Idea of Freedom: History of a Political Tradition*. Chicago: University of Chicago Press, 1972: 266ff.
③ *Vorlesungen Über die Philosophie der Religion*, part 1: *Einleitung*, *Der Begriff der Religion*. Hamburg: fabula Verlag Hamburg, 1983: 9; *Lectures on the Philosophy of Religion: Introduction and the Concept of Religion*. ed. R. F. Brown: C. Hodgson, and J. M. Stewart, J. P. Fitzer and H. S. Harris. Berkeley: University of California Press, 1984 (1): 3.
④ *Feuerbach to Christian Kapp*, 18 May 1844, *Gesammelte Werke*. ed. Werner Schuffenhauer. Berlin: 1967—2003 (18): 51: 353
⑤ Feuerbach to Otto Wigand, 3 March 1848, *Gesammelte Werke*. ed. Werner Schuffenhauer. Berlin: 1967—2003 (19): 145; Feuerbach to Bertha Feuerbach, 30 June 1848, *Gesammelte Werke*. ed. Werner Schuffenhauer. Berlin: 1967—2003 (19): 166 – 168.
⑥ *Vorlesungen Über die Philosophie der Religion*, part 1: *Einleitung*, *Der Begriff der Religion*. Hamburg: fabula Verlag Hamburg, 1983: 213; *Lectures on the Philosophy of Religion: Introduction and the Concept of Religion*. ed. R. F. Brown: C. Hodgson, and J. M. Stewart, J. P. Fitzer and H. S. Harris. Berkeley: University of California Press, 1984 (1): 308.
⑦ Feuerbach to Bertha Feuerbach, 30 June 1848, *Gesammelte Werke*. ed. Werner Schuffenhauer. Berlin: 1967—2003 (19): 166 – 168; Feuerbach to Bertha Feuerbach, 6 June 1848, *Gesammelte Werke*. ed. Werner Schuffenhauer. Berlin: 1967—2003 (19): 156 – 158; Feuerbach to Bertha Feuerbach, 30 June 1848, *Gesammelte Werke*. ed. Werner Schuffenhauer. Berlin: 1967—2003 (19): 167; Feuerbach to Otto Wigand, 5 June 1848, *Gesammelte Werke*. ed. Werner Schuffenhauer. Berlin: 1967—2003 (19): 155 – 156.

革命失败之后,费尔巴哈偶尔对德国民主的短期前景感到绝望,但他从未放弃自己的政治兴趣。① 后来,他与普鲁士的自由德国进步党领导人保持往来,阅读马克思的《资本论》,对女性的选举权表现出兴趣,在逝世前的两年他加入了德国社会民主党。②

这些传记中的细节让我们怀疑费尔巴哈漠视、不关心政治的说法。不仅从这些细节中,从费尔巴哈的作品中也可以看出他一直对政治感兴趣,尤其是他中期批判基督教和哲学的作品。

众所周知,费尔巴哈的中期作品是关于异化问题。③ 他在这些作品中的目标是解决个体和人类本性的不当分离,认为这种分离是基督教的核心且是伤害和痛苦的来源。④ 然而,他的这一观点经常被误解。

要证明该观点还须借助对异化的"客观"和"主观"论述的区分。当谈到某些信念或感情时,异化被认为是主观的。如当个体(消极地)对当今社会不适应或当他们(积极地)感觉到被这个世界疏离,他们就被称为(主观)异化(疏离)。相比之下,客观异化不涉及个体的信念或情感。如当个体不能发展并使用自己作为人类的关键能力,无论他们是否以这种自我实现的缺失为遗憾,他们都被描述为是被(客观地)异化。

很多评论者都是对费尔巴哈作品进行认知性解读。这种认知性解读承认费尔巴哈对异化问题的关注,但认为他对异化的本质和解决方法提供了主观的描述。当代个体的异化据说是因为他们对上帝持有错误的信念,特别是他们把自身的本质属性特点投射当作一种客观的存在。不同的评论者对费尔巴哈有不同的描述:有人称费尔巴哈认为异化"是错误的意识"⑤,即存在于对世界抱有错误观点的个体,而且在他的作品中,异化被"等

---

① Feuerbach to Bertha Feuerbach, 6 June 1848, *Gesammelte Werke*. ed. Werner Schuffenhauer. Berlin: 1967—2003 (19): 157; Feuerbach to Otto Wigand. 28 September 1848, *Gesammelte Werke*. ed. Werner Schuffenhauer. Berlin: 1967—2003 (19): 184.
② Simon Rawidowicz. *Ludwig Feuerbachs Philosophie: Ursprung und Schicksal*. Berlin: De Gruyter, 1964: 316.
③ Richard Schacht. *Alienation*. London: Psychology Press, 1971: 69.
④ *Das Wesen des Christentums*, *Gesammelte Werke*. ed. Werner Schuffenhauer. Berlin: 1967—2003 (5): 313; Ludwig Feuerbach. *The Essence of Christianity*. ed. George Eliot. New York: Harper & Brothers, 1957: 183.
⑤ Allen Wood. *Karl Marx*. London: Routledge, 1981: 13.

同于某种错误形式的意识"①，这种认知性解读认为，可以通过用正确的观点取代错误的观点（尤其是用费尔巴哈人类学的观点取代基督教中的观点）来克服异化；有评论者指出，对费尔巴哈来说，异化要"在思想层次上被克服"（费尔巴哈认为，异化不需要在"社会和实践中"克服，而是需要"意识层次的解决方法"②）；有人认为，根据费尔巴哈的说法，异化"只需要调整意识实现自我矫正"③；有人认为，费尔巴哈的观点对"实际的、现实的异化毫无意义"④；有人认为，异化"被认知性行为超越"⑤；有人认为，只有我们的"理解"而不是"社会现实"需要转变⑥；等等。

评论者对费尔巴哈的认知性解读具有迷惑性⑦，它反映并且加强了对费尔巴哈人生、作品和思想背景的普遍看法：与费尔巴哈对社会和政治变化不感兴趣的看法一致，它解释了费尔巴哈为什么强调人类的自我意识，有可能清晰阐述费尔巴哈与其同时代人的关系（如马克思被认为放弃了费尔巴哈对异化的主观阐述）。然而，这些看法中没有哪一个完全肯定认为：费尔巴哈的一生与政治无关似乎是错误的。评论者还可以用其他的理由来解释费尔巴哈为何强调人类的自我意识，评论清晰并不意味着准确。

认知性解读承认费尔巴哈关注异化的问题，但是，忽略了这个问题现实的方面。费尔巴哈认为，他的作品不仅有治病的目的（治愈异化中心

---

① David Conway. *A Farewell to Marx. An Outline and Appraisal of His Theories*. London：Penguin Books, 1987：34.
② Paul Thomas. *Karl Marx and the Anarchists*. London：Routledge, 1980：101, 71, 138.
③ Paul Thomas. "Karl Marx and Max Stirner". *Political Theory*. 1975（3）：162.
④ István Mészáros. *Marx's Theory of Alienation*. London：The Merlin Press Ltd, 1970：84, 236.
⑤ Robert C. Tucker. *Philosophy and Myth*. Cambridge：Cambridge University Press, 1972：91.
⑥ Nicholas Lash. *A Matter of Hope：A Theologian's Reflections on the Thought of Karl Marx*. London：Darton, Longman & Todd Ltd, 1981：60.
⑦ *Die deutsche Ideologie：Kritik der neuesten deutschen Philosophie in ihren Repräsentanten Feuerbach, B. Bauer und Stirner, und des deutschen Sozialismus in seinen verschiedenen Propheten*, MEW3：42；*The German Ideology：Critique of the Latest German Philosophy as Exemplified by its Representatives Feuerbach, B. Bauerand Stirner, and of German Socialism as Exemplified by its Various Prophets*, MECW5：58.

痛苦的分离），而且这个目的等同于实际问题而不是纯理论的问题。① 甚至《基督教的本质》的"目的"被描述为"治疗的或实际的"②。这种认知性解读很明显犯了两个错误。

认知性解读的第一个错误是：忽视了费尔巴哈对异化的阐述存在的客观方面。

费尔巴哈曾多次强调，"活人祭祀正属于基督教的思想"，却未引起重视。③ 关于活人祭祀的说法中最不可靠的线索，涉及费尔巴哈不认同多梅尔对犹太教和早期基督教之间关系的带有反犹太思想的描述④（多梅尔曾称对摩洛克的崇拜是由犹太人传给基督社区的，耶稣和他的徒弟除了犹太都是摩洛克的追随者，甚至认为最后的晚餐吃的也是人肉）。

费尔巴哈承认，基督教祭祀在当今社会的表现方式已有所变化，但他认为，这些新形式的范围和重要性不应该被低估。⑤ 一般来说，基督教信仰的代价是牺牲，是对人性特点的否认和压抑。费尔巴哈经常用神圣和世俗之间的关系来描述非字面意义的牺牲概念，一方获得的是另一方失去的。他写道，"为了使上帝富有，人类必须变得贫穷；上帝也许是一切，

---

① "Über das 'Wesen des Christentums' in Beziehung auf Stirners 'Der Einzige und sein Eigentum' (Replik)", *Gesammelte Werke*. ed. Werner Schuffenhauer. Berlin: 1967-2003 (5): 427-441; "On *The Essence of Christianity* in Relation to Stirner's *The Ego and Its Own* (Reply)". ed. Frederick Gordon. *The Philosophical Forum*. 1978 (8): 81-91.

② *Das Wesen des Christentums*, *Gesammelte Werke*. ed. Werner Schuffenhauer. Berlin: 1967—2003 (5): 8. George Eliot 的英译版中省略了该段。

③ *Das Wesen des Christentums*, *Gesammelte Werke*. ed. Werner Schuffenhauer. Berlin: 1967—2003 (5): 596; Ludwig Feuerbach. *The Essence of Christianity*. ed. George Eliot. New York: Harper & Brothers, 1957: 330.

④ Karlhans Kluncker, *Georg Friedrich Daumer: Leben und Werk 1800—1875*. Bonn: Bouvier Verlag H. Grundmann, 1984; Paul Lawrence Rose, *German Question/Jewish Question: Revolutionary Antisemitism from Kant to Wagner*. Princeton: Princeton University Press, 1992: 47-48, 251-262.

⑤ *Das Wesen des Christentums*, *Gesammelte Werke*. ed. Werner Schuffenhauer. Berlin: 1967—2003 (5): 433-444; Ludwig Feuerbach. *The Essence of Christianity*. ed. George Eliot. New York: Harper & Brothers, 1957: 262; *Vorlesungen über die Philosophie der Religion*, part 1: *Einleitung, Der Begriff der Religion*. Hamburg: fabula Verlag Hamburg, 1983: 370 *Lectures on the Philosophy of Religion: Introduction and the Concept of Religion*. ed. R. F. Brown; C. Hodgson, and J. M. Stewart, J. P. Fitzer and H. S. Harris. Berkeley: University of California Press, 1984 (1): 328.

人类什么都不是"①。费尔巴哈称,"肯定上帝就是否定人类,尊敬上帝就是嘲笑人类,赞扬上帝就是辱骂人类"②。不管依据是什么,这种关系的一个后果是人类要为宗教信仰付出真实代价。费尔巴哈称,"上帝的荣耀是基于人类的卑贱,神的福气是基于人类的苦难,神的智慧是基于人类的愚蠢,神的力量是基于人类的虚弱"③。

基督教的自我牺牲这一概念为费尔巴哈讨论异化的客观形式提供了灵活又难以捉摸的词汇。比如,费尔巴哈把性看作人类的"根本"需求,而性在基督教中是受到否定和压抑的。④ 他认为没有异性伴侣的人是不完整的,是"不完整的存在"⑤。相反,基督教认为个体完全是"独立存在"⑥。人类的"性本能"与苦行禁欲的基督教理想相冲突。费尔巴哈指出,"性爱原则被上天认为是世俗的原则",信教的个体"必须否认这个世界中的本能"⑦。基督徒的信念和行为都反映出对这种人性根本需求的

---

① *Das Wesen des Christentums*, *Gesammelte Werke*. ed. Werner Schuffenhauer. Berlin:1967—2003(5):65;Ludwig Feuerbach. *The Essence of Christianity*. ed. George Eliot. New York:Harper & Brothers,1957:26.

② *Das Wesen des Glaubens im Sinne Luthers*:*Ein Beitrag zum "Wesen des Christentums"*, *Gesammelte Werke*. ed. Werner Schuffenhauer. Berlin:1967—2003(9):354;Ludwig Feuerbach. *The Essence of Faith According to Luther*:*A Supplement to "The Essence of Christianity"*. ed. Melvin Cherno. New York:Harper & Row,1967:33.

③ *Das Wesen des Glaubens im Sinne Luthers*:*Ein Beitrag zum "Wesen des Christentums"*, *Gesammelte Werke*. ed. Werner Schuffenhauer. Berlin:1967—2003(9):354;Ludwig Feuerbach. *The Essence of Faith According to Luther*:*A Supplement to "The Essence of Christianity"*. ed. Melvin Cherno. New York:Harper & Row,1967:33.

④ *Das Wesen des Christentums*, *Gesammelte Werke*. ed. Werner Schuffenhauer. Berlin:1967—2003(5):291;Ludwig Feuerbach. *The Essence of Christianity*. ed. George Eliot. New York:Harper & Brothers,1957:168.

⑤ *Das Wesen des Christentums*, *Gesammelte Werke*. ed. Werner Schuffenhauer. Berlin:1967—2003(5):291;Ludwig Feuerbach. *The Essence of Christianity*. ed. George Eliot. New York:Harper & Brothers,1957:167.

⑥ *Das Wesen des Christentums*, *Gesammelte Werke*. ed. Werner Schuffenhauer. Berlin:1967—2003(5):291;Ludwig Feuerbach. *The Essence of Christianity*. ed. George Eliot. New York:Harper & Brothers,1957:167.

⑦ *Das Wesen des Christentums*, *Gesammelte Werke*. ed. Werner Schuffenhauer. Berlin:1967—2003(5):287,291;Ludwig Feuerbach. *The Essence of Christianity*. ed. George Eliot. New York:Harper & Brothers,1957:165,167.

压抑。如基督教中非常重视童贞，把婚姻看作向肉体缺点的妥协（据说基督教准许婚姻"不是为了掏空和满足肉体而是为了限制、压抑和消灭它"①）。这在个体行为（油画和雕塑中的裸体天使总是侧面）和社会政治制度（法律和社会风俗都不允许公开表达性欲）中都有反映。②

这种对人类本性的压抑绝不可能完全成功，人类实现自我本性的倾向很强烈。费尔巴哈称基督教越是否认性本能，人类的性欲就越会在具体的基督信仰的感性内容中找出替代的表达。禁欲主义的崛起和对玛利亚崇拜之间的联系据说证实了"基督教越是禁欲，说明上帝越是好色"③。

也许自制的最重要的例子是关于基督教对美德的看法，费尔巴哈将之称为是基于"补偿牺牲的思想"，即个体应该把自己献给上帝，因为上帝为了他们牺牲了自己。④ 费尔巴哈认为，基督教美德要求的牺牲是对人性的压抑。个体越是压抑自己的本性，就越是了不起（"越克己，越伟大"）⑤。

费尔巴哈认为，这种对人性的否定要为基督教对道德义务的冷漠负责。⑥ 他区分了信念义务（对上帝应尽的义务）和道德义务（对人类应尽

---

① *Das Wesen des Christentums*, *Gesammelte Werke*. ed. Werner Schuffenhauer. Berlin：1967—2003（5）：548，286，292；Ludwig Feuerbach. *The Essence of Christianity*. ed. George Eliot. New York：Harper & Brothers，1957：313，165，168.

② *Das Wesen des Christentums*, *Gesammelte Werke*. ed. Werner Schuffenhauer. Berlin：1967—2003（5）：550 - 551，292；Ludwig Feuerbach. *The Essence of Christianity*. ed. George Eliot. New York：Harper & Brothers，1957：314.

③ *Das Wesen des Christentums*, *Gesammelte Werke*. ed. Werner Schuffenhauer. Berlin：1967—2003（5）：65 - 66；Ludwig Feuerbach. *The Essence of Christianity*. ed. George Eliot. New York：Harper & Brothers，1957：26.

④ *Das Wesen des Christentums*, *Gesammelte Werke*. ed. Werner Schuffenhauer. Berlin：1967—2003（5）：433；Ludwig Feuerbach. *The Essence of Christianity*. ed. George Eliot. New York：Harper & Brothers，1957：262.

⑤ *Das Wesen des Christentums*, *Gesammelte Werke*. ed. Werner Schuffenhauer. Berlin：1967—2003（5）：550 - 551；Ludwig Feuerbach. *The Essence of Christianity*. ed. George Eliot. New York：Harper & Brothers，1957：314.

⑥ *Das Wesen des Christentums*, *Gesammelte Werke*. ed. Werner Schuffenhauer. Berlin：1967—2003（5）：431；Ludwig Feuerbach. *The Essence of Christianity*. ed. George Eliot. New York：Harper & Brothers，1957：261.

的义务)。① 基督徒并未完全忽视后者，但只要这两种义务冲突，他们总是把前者排在第一位。② 费尔巴哈所言的基督徒对道德的"冷漠"是指让对人类的义务屈从于对上帝的义务③（这种冷漠毫不奇怪，因为对基督徒来说，个人救赎这种小事完全取决于"信念"，而不是"履行这些普通的人类义务"④）。

基督徒对道德义务的模式出现在不同的语境中。⑤ 本应献给"生命，人类"的精力被用在"无求无欲"的人身上。⑥ 比如，费尔巴哈认为，基督教不利于人们充分履行感激的义务。基督徒经常"感谢上帝"却"不感谢人类"，即使别人牺牲自身的利益帮助自己。⑦ 费尔巴哈曾举出父母义务的例子，反问道，"既然父母只是上帝的代理人，你还怎么能指望我爱他们、尊重他们"⑧。他讽刺道："你会感谢以主人的名义给你带来礼物

---

① *Das Wesen des Christentums*, *Gesammelte Werke*. ed. Werner Schuffenhauer. Berlin：1967—2003（5）：429；Ludwig Feuerbach. *The Essence of Christianity*. ed. George Eliot. New York：Harper & Brothers, 1957：260.

② *Das Wesen des Christentums*, *Gesammelte Werke*. ed. Werner Schuffenhauer. Berlin：1967—2003（5）：429；Ludwig Feuerbach. *The Essence of Christianity*. ed. George Eliot. New York：Harper & Brothers, 1957：260.

③ "Über das 'Wesen des Christentums' in Beziehung auf Stirners 'Der Einzige und sein Eigentum'（Replik）", *Gesammelte Werke*. ed. Werner Schuffenhauer. Berlin：1967—2003（5）：440；"On *The Essence of Christianity* in Relation to Stirner's *The Ego and Its Own*（Reply）", ed. Frederick Gordon, *The Philosophical Forum*. 1978（8）：90.

④ *Das Wesen des Christentums*, *Gesammelte Werke*. ed. Werner Schuffenhauer. Berlin：1967—2003（5）：430；Ludwig Feuerbach. *The Essence of Christianity*. ed. George Eliot. New York：Harper & Brothers, 1957：261.

⑤ *Das Wesen des Christentums*, *Gesammelte Werke*. ed. Werner Schuffenhauer. Berlin：1967—2003（5）：446；Ludwig Feuerbach. *The Essence of Christianity*. ed. George Eliot. New York：Harper & Brothers, 1957：272.

⑥ *Das Wesen des Christentums*, *Gesammelte Werke*. ed. Werner Schuffenhauer. Berlin：1967—2003（5）：447；Ludwig Feuerbach. *The Essence of Christianity*. ed. George Eliot. New York：Harper & Brothers, 1957：272.

⑦ *Das Wesen des Christentums*, *Gesammelte Werke*. ed. Werner Schuffenhauer. Berlin：1967—2003（5）：446；Ludwig Feuerbach. *The Essence of Christianity*. ed. George Eliot. New York：Harper & Brothers, 1957：272.

⑧ "Merkwürdige Äußerungen Luthers nebst Glossen". *Gesammelte Werke*. ed. Werner Schuffenhauer. Berlin：1967－2003（9）：424；"Comments Upon Some Remarkable Statements by Luther". *The Essence of Faith According to Luther*. ed. Melvin Cherno. New York：Harper & Row, 1967：125.

的仆人吗？①"

费尔巴哈甚至夸张地指出，"基督教历史中所有的恐怖都是因为这种冷漠"②。基督教让道德屈从信仰，而信仰的特点是"狭隘、偏袒和不容异己"③。据说基督教的信念诅咒一切与"爱、人性、理性"一致的行为与品质，结果自然是灾难性和众所周知的。④ 基督教的信念"必然"转变成憎恨，而憎恨不可避免转变成迫害。这一说法击中要害，⑤ 这些历史罪恶不代表宗教信念的偶尔畸形，而是反映了基督教核心的道德破产。⑥

认知性解读的第二个错误是：未能承认对费尔巴哈来说，克服当代异化，要求的是世界的实际改变（不仅是改变对世界的理解）。

在《未来哲学原理》中，费尔巴哈揭示有人试图颠覆人类异化的主观形式（"消灭对基督教的理论否定"）而非试图颠覆人类疏离的客观形式（同时保留"对基督教的实际否认"）⑦。然而，他描述的立场只是为

---

① "Merkwürdige Äußerungen Luthers nebst Glossen", *Gesammelte Werke*. ed. Werner Schuffenhauer. Berlin：1967—2003（9）：424；"Comments Upon Some Remarkable Statements by Luther"，*The Essence of Faith According to Luther*. ed Melvin Cherno. New York：Harper & Row，1967：125.
② *Das Wesen des Christentums*，*Gesammelte Werke*. ed. Werner Schuffenhauer. Berlin：1967—2003（5）：426；Ludwig Feuerbach. *The Essence of Christianity*. ed. George Eliot. New York：Harper & Brothers，1957：257-258.
③ *Das Wesen des Christentums*，*Gesammelte Werke*. ed. Werner Schuffenhauer. Berlin：1967—2003（5）：426；Ludwig Feuerbach. *The Essence of Christianity*. ed. George Eliot. New York：Harper & Brothers，1957：258.
④ *Das Wesen des Christentums*，*Gesammelte Werke*. ed. Werner Schuffenhauer. Berlin：1967—2003（5）：427；Ludwig Feuerbach. *The Essence of Christianity*. ed. George Eliot. New York：Harper & Brothers，1957：257.
⑤ *Das Wesen des Christentums*，*Gesammelte Werke*. ed. Werner Schuffenhauer. Berlin：1967—2003（5）：429；Ludwig Feuerbach. *The Essence of Christianity*. ed. George Eliot. New York：Harper & Brothers，1957：260.
⑥ *Das Wesen des Christentums*，*Gesammelte Werke*. ed. Werner Schuffenhauer. Berlin：1967—2003（5）：426；Ludwig Feuerbach. *The Essence of Christianity*. ed. George Eliot. New York：Harper & Brothers，1957：257.
⑦ Ludwig Feuerbach. *Grundsätze der Philosophie der Zukunft*，*Gesammelte Werke*. ed. Werner Schuffenhauer. Berlin：1967—2003（9）：288；Ludwig Feuerbach. *Principles of the Philosophy of the Future*. ed. Manfred H. Vogel. Indianapolis：CreateSpace Independent Publishing Platform，1986：25.

了否定这种颠覆。甚至费尔巴哈认为,这种对实际改变的忽视是"可笑的"①。当他试图去理解为什么有人会认同如此可笑的观点,他称那些只承认过去"改变和变革的必然性",而忽视甚至否认社会变革的需求的人,十分"短视且自以为是"②。

上述不是孤立地支持实际的改变。第二版《基督教的本质》中,费尔巴哈承认,他的哲学声望是基于对形而上学和认识论中"理想主义"的否认,他还指出,在某些特定的方面,即"在实用哲学领域"他仍然是一个"理想主义者"③。这种惊人的自我描述在《关于哲学改造的临时纲领》中有重复,反映出费尔巴哈相信在社会和政治领域的"实际改变"是"正义"和"理性"的要求。④

人们经常不能理解费尔巴哈为什么如此坚信社会和政治改革。费尔巴哈不愿意评论他理解的向未来没有异化的社会的转变和这个社会的性质。他不情愿讨论这些问题似乎有几个原因。一是因为对未来社会的真切焦虑。尽管"相信历史性未来",但费尔巴哈能够确信的也只不过是社会的大概进步。⑤ "以纯粹的、人类的方式"思考和行动只适合"未来的人

---

① Ludwig Feuerbach. *Grundsätze der Philosophie der Zukunft*, *Gesammelte Werke*. ed. Werner Schuffenhauer. Berlin: 1967—2003 (9): 288; Ludwig Feuerbach. *Principles of the Philosophy of the Future*. ed. Manfred H. Vogel. Indianapolis: CreateSpace Independent Publishing Platform, 1986: 25.
② "Vorläufige Thesen zur Reform [ation] der Philosophie". *Gesammelte Werke*. ed. Werner Schuffenhauer. Berlin: 1967—2003 (9): 251; "Provisional Theses for the Reform [ation] of Philosophy". *The Young Hegelians: An Anthology*. ed. Lawrence S. Stepelevich. Cambridge: Cambridge University Press, 1983: 162.
③ *Das Wesen des Christentums*, *Gesammelte Werke*. ed. Werner Schuffenhauer. Berlin: 1967—2003 (5): 15; Ludwig Feuerbach. *The Essence of Christianity*. ed. George Eliot. New York: Harper & Brothers, 1957: xiv.
④ "Vorläufige Thesen zur Reform [ation] der Philosophie". *Gesammelte Werke*. ed. Werner Schuffenhauer. Berlin: 1967—2003 (9): 252; "Provisional Theses for the Reform [ation] of Philosophy". *The Young Hegelians: An Anthology*. ed. Lawrence S. Stepelevich. Cambridge: Cambridge University Press, 1983: 162.
⑤ *Das Wesen des Christentums*, *Gesammelte Werke*. ed. Werner Schuffenhauer. Berlin: 1967—2003 (5): 15; Ludwig Feuerbach. *The Essence of Christianity*. ed. George Eliot. New York: Harper & Brothers, 1957: xiv.

们",而费尔巴哈相信他和同时代人对这样生活的轮廓只能有丝毫的想象。① 二是费尔巴哈如此慎言反映出他对当时社会批评的一种看法。在《未来哲学原理》中,费尔巴哈区分了对将来不受疏离的人类的描述和清除现在的个体深处的"泥潭"②。他称自己的精力完全被后者占据("不讨好的清理工作")③。三是这种慎言反映出他自己的性格和当时的政治环境。费尔巴哈非常谨慎,尽管有审查和警察的监督,他还是欲保持自己的公开声音和个人自由而不被驱逐。因此,他对社会和政治问题的讨论非常谨慎,有时甚至有意编成密码。

可以把这个不情愿又加密的评论分为两个部分:费尔巴哈对未来不被异化的社会性质的理解;他理解的向未来不被异化的社会的转变。本文从后者开始分析。费尔巴哈对向未来不被异化的社会的转变的描述讨论了人类理解改变的需求。然而,这种强调的发生不是因为相信现实的改革是多余的,而是因为费尔巴哈认为个体信念的转变是社会和政治进步的前提。

在《基督教的本质》中,费尔巴哈称他自己的目标"就是为了毁灭一种幻觉",坚持称这种特定的幻觉"对人类有严重破坏性的影响"④。费尔巴哈在回应麦克斯·施蒂纳对他的立场的批评时又提到了这一自我描述。费尔巴哈解释道,他关心宗教幻想,是因为他相信宗教幻想支持了其

---

① Ludwig Feuerbach. *Grundsätze der Philosophie der Zukunft*, *Gesammelte Werke*. ed. Werner Schuffenhauer. Berlin: 1967—2003 (9): 264; Ludwig Feuerbach. *Principles of the Philosophy of the Future*. ed. Manfred H. Vogel. Indianapolis: CreateSpace Independent Publishing Platform, 1986: 3; *Vorlesungen Über die Philosophie der Religion*, *part 1: Einleitung*, *Der Begriff der Religion*. Hamburg: fabula Verlag Hamburg, 1983: 315; *Lectures on the Philosophy of Religion: Introduction and the Concept of Religion*. ed. R. F. Brown; C. Hodgson, and J. M. Stewart, J. P. Fitzer and H. S. Harris. Berkeley: University of California Press, 1984 (1): 281.

② Ludwig Feuerbach. *Grundsätze der Philosophie der Zukunft*, *Gesammelte Werke*. ed. Werner Schuffenhauer. Berlin: 1967—2003 (9): 264 -265; Ludwig Feuerbach. *Principles of the Philosophy of the Future*. ed. Manfred H. Vogel. Indianapolis: CreateSpace Independent Publishing Platform, 1986: 3.

③ Ludwig Feuerbach. *Grundsätze der Philosophie der Zukunft*, *Gesammelte Werke*. ed. Werner Schuffenhauer. Berlin: 1967—2003 (9): 265; Ludwig Feuerbach. *Principles of the Philosophy of the Future*. ed. Manfred H. Vogel. Indianapolis: CreateSpace Independent Publishing Platform, 1986: 3.

④ *Das Wesen des Christentums*, *Gesammelte Werke*. ed. Werner Schuffenhauer. Berlin: 1967—2003 (5): 450; Ludwig Feuerbach. *The Essence of Christianity*. ed. George Eliot. New York: Harper & Brothers, 1957: 274.

他两个幻觉和其他（非幻想）类型的束缚。费尔巴哈认为，把上帝看作对象的幻觉是人类的主要幻觉、主要偏见和主要束缚。"所有的幻觉、所有偏见、所有不自然的束缚"都依赖"把上帝看作对象"的幻觉才得以存在。[①] 费尔巴哈花费很多的时间和精力去消除这"把上帝看作对象"的主要幻觉，他不仅寻求理论解放，同时试图消除所有"由它衍生的束缚局限"[②]。在1846年《费尔巴哈全集》的序言中，他重述这一解释，回应浮躁的年轻一代对他的指责——称他的作品过于关注宗教问题，忽略社会和政治变化。[③] 费尔巴哈称宗教信念和对人类发展的实际束缚之间存在关联，新的一代忽视这种关联很危险。简单来说，当代世界的不公平、不平等、贫穷和不自由是相信人类"幻想的、完美的、天堂"形式的"必然结果"[④]。费尔巴哈并非否认颠覆这些其他弊害的必要性，而是称正是这种必要性为批判基督教提供了依据。破坏对基督上帝的信念就是消除社会和政治变革最重要的障碍。[⑤]

费尔巴哈对宗教幻想维持当代世界实际"局限"的机制的观点并不总是很清晰。然而，他确实对基督教如何在具体的情况下发挥作用进行了

---

① "Über das 'Wesen des Christentums' in Beziehung auf Stirners 'Der Einzige und sein Eigentum' (Replik)". *Gesammelte Werke*. ed. Werner Schuffenhauer. Berlin: 1967 – 2003 (5): 429; "On *The Essence of Christianity* in Relation to Stirner's *The Ego and Its Own* (Reply)". ed. Frederick Gordon. *The Philosophical Forum*. 1978 (8): 82.

② "Über das 'Wesen des Christentums' in Beziehung auf Stirners 'Der Einzige und sein Eigentum' (Replik)". *Gesammelte Werke*. ed. Werner Schuffenhauer. Berlin: 1967 – 2003 (5): 427; "On *The Essence of Christianity* in Relation to Stirner's *The Ego and Its Own* (Reply)". ed. Frederick Gordon. *The Philosophical Forum*. 1978 (8): 81.

③ "Vorwort [zu L. Feuerbach: *Sämtliche Werke*, Bd I]". *Gesammelte Werke*. ed. Werner Schuffenhauer. Berlin: 1967 – 2003 (10): 189.

④ "Vorwort [zu L. Feuerbach: *Sämtliche Werke*, Bd I]". *Gesammelte Werke*. ed. Werner Schuffenhauer. Berlin: 1967 – 2003 (10): 189.

⑤ "Über das 'Wesen des Christentums' in Beziehung auf Stirners 'Der Einzige und sein Eigentum' (Replik)". *Gesammelte Werke*. ed. Werner Schuffenhauer. Berlin: 1967 – 2003 (5): 429; "On *The Essence of Christianity* in Relation to Stirner's *The Ego and Its Own* (Reply)". ed. Frederick Gordon. *The Philosophical Forum*. 1978 (8): 82.

描述，即为了阻止"当代人类迈向政治自由的驱动力"①。费尔巴哈对基督教信仰和政治进步之间对立的解释有两条不同的线索，每条线索都与基督教的不同变体有关。

第一条线索引用了基督教的等级和不平等性（主要存在于天主教）。费尔巴哈称"人间君王"即专制君主的力量，是基于人们普遍认为"君王本人与他的臣民是完全不同的存在"②。他指出这种信念是基于人们普遍接受的"天上君王"③。如果人们习惯"天父"的存在，就很难接受"没有王子"的人间社会。④ 由此出发，费尔巴哈推理道，如果能够让人们不再认为上帝是高于人类、独立于人类的存在，这将给专制主义的基础（不平等信念）致命一击，即人类中存在高于或异于其他个体的个体。当人们认识到君王个人和其他人"完全一样，并不优越于"任何人，君主制在消失之前将先失去它存在的理由及其"君王"⑤。

---

① "Nothwendigkeit einer reform der Philosophie", *Sämtliche Werke*. Stuttgart: University of Stuttgart Press, 1960–1964 (2): 218; "The Necessity of a Reform of Philosophy". *The Fiery Brook: Selected Writings of Ludwig Feuerbach*. ed. Zawar Hanfi. New York, 1972: 148.

② "Über das 'Wesen des Christentums' in Beziehung auf Stirners 'Der Einzige und sein Eigentum' (Replik)". *Gesammelte Werke*. ed. Werner Schuffenhauer. Berlin: 1967–2003 (5): 428; "On *The Essence of Christianity* in Relation to Stirner's *The Ego and Its Own* (Reply)". ed. Frederick Gordon. *The Philosophical Forum*. 1978 (8): 82.

③ "Über das 'Wesen des Christentums' in Beziehung auf Stirners 'Der Einzige und sein Eigentum' (Replik)". *Gesammelte Werke*. ed. Werner Schuffenhauer. Berlin: 1967–2003 (5): 428; "On *The Essence of Christianity* in Relation to Stirner's *The Ego and Its Own* (Reply)". ed. Frederick Gordon. *The Philosophical Forum*. 1978 (8): 82; *Vorlesungen über die Philosophie der Religion*, part 1: *Einleitung, Der Begriff der Religion*. Hamburg: fabula Verlag Hamburg, 1983: 157; *Lectures on the Philosophy of Religion: Introduction and the Concept of Religion*. ed. R. F. Brown, C. Hodgson, and J. M. Stewart, J. P. Fitzer and H. S. Harris. Berkeley: University of California Press, 1984 (1): 138.

④ *Vorlesungen Über die Philosophie der Religion*, part 1: *Einleitung, Der Begriff der Religion*. Hamburg: fabula Verlag Hamburg, 1983: 2115; *Lectures on the Philosophy of Religion: Introduction and the Concept of Religion*. ed. R. F. Brown; C. Hodgson, and J. M. Stewart, J. P. Fitzer and H. S. Harris. Berkeley: University of California Press, 1984 (1): 100–101.

⑤ "Über das 'Wesen des Christentums' in Beziehung auf Stirners 'Der Einzige und sein Eigentum' (Replik)". *Gesammelte Werke*. ed. Werner Schuffenhauer. Berlin: 1967–2003 (5): 428; "On *The Essence of Christianity* in Relation to Stirner's *The Ego and Its Own* (Reply)". ed. Frederick Gordon. *The Philosophical Forum*. 1978 (8): 82.

第二条线索引用了基督教的天堂安慰和空想性（主要存在于新教中）。与异教徒不同，基督徒只对天堂的生活感兴趣，"对自然界和政治界完全没兴趣"①。因此，他们很愿意牺牲"一时的幸福和生命"换取"永生和永久幸福"，牺牲"有限的乐趣"换取"无限的、不可测量和永久的乐趣"②。特别是，基督教中的天堂概念像是世俗追求的埋葬地；对"天堂中更好生活的信念"消耗了"对人间生活的信念"，破坏了"人们追求人间幸福的动力"③。政治共和平等主义在另一个世界的实现（在基督教的天堂），妨碍了它在人间的发展。费尔巴哈称在基督教中"你在天堂中有共和，但是，在人间你不需要"④。费尔巴哈推论指出，只有当天堂的安慰被消除，人间才有足够的动机来实现共和。⑤

费尔巴哈希望用自己人类学的观点给专制主义国家以致命一击。通过攻击基督教，他认为，削弱了作为专制主义基础的不平等观念和妨碍人们为政治共和奋斗的天堂安慰。费尔巴哈坚信，一旦同时代的人放弃信仰

---

① *Vorlesungen Über die Philosophie der Religion*, part 1: *Einleitung*, *Der Begriff der Religion*. Hamburg: fabula Verlag Hamburg, 1983: 274; *Lectures on the Philosophy of Religion: Introduction and the Concept of Religion*. ed. R. F. Brown; C. Hodgson, and J. M. Stewart, J. P. Fitzer and H. S. Harris. Berkeley: University of California Press, 1984（1）: 275.

② *Das Wesen des Glaubens im Sinne Luthers: Ein Beitrag zum "Wesen des Christentums"*, *Gesammelte Werke*. ed. Werner Schuffenhauer. Berlin: 1967—2003（9）: 412; Ludwig Feuerbach. *The Essence of Faith According to Luther: A Supplement to "The Essence of Christianity"*. ed. Melvin Cherno. New York: Harper & Row, 1967: 116.

③ *Vorlesungen Über die Philosophie der Religion*, part 1: *Einleitung*, *Der Begriff der Religion*. Hamburg: fabula Verlag Hamburg, 1983: 315; *Lectures on the Philosophy of Religion: Introduction and the Concept of Religion*. ed. R. F. Brown; C. Hodgson, and J. M. Stewart, J. P. Fitzer and H. S. Harris. Berkeley: University of California Press, 1984（1）: 281; *Das Wesen des Glaubens im Sinne Luthers: Ein Beitrag zum "Wesen des Christentums"*, *Gesammelte Werke*. ed. Werner Schuffenhauer. Berlin: 1967—2003（9）: 390; Ludwig Feuerbach. *The Essence of Faith According to Luther: A Supplement to "The Essence of Christianity"*. ed. Melvin Cherno. New York: Harper & Row, 1967: 84.

④ "Nothwendigkeit einer reform der Philosophie", *Sämtliche Werke*. Stuttgart: University of Stuttgart Press, 1960 - 1964（2）: 222; "The Necessity of a Reform of Philosophy". *The Fiery Brook: Selected Writings of Ludwig Feuerbach*. ed. Zawar Hanfi New York, 1972: 152.

⑤ "Nothwendigkeit einer reform der Philosophie", *Sämtliche Werke*. Stuttgart: University of Stuttgart Press, 1960 - 1964（2）: 222; "The Necessity of a Reform of Philosophy". *The Fiery Brook: Selected Writings of Ludwig Feuerbach*. ed. Zawar Hanfi New York, 1972: 152.

"上帝是不同于人类的存在",一种"对政治的改变"将会发生。①

接下来我将分析费尔巴哈对不被异化的未来社会性质的论述。这一论述的结构比较清晰。费尔巴哈似乎坚定认为,历史的进步不仅反映了人性的逐步实现,而且受到人性的驱动。根据这个模式——被评论者描述为"人类学的目的论"——不同的历史时代构成了人性从不充分到充分实现的进程。② 当人类的本质特点属性充分实现,人类历史将发展至顶峰。

上述观点并没有对未被异化的未来社会进行实质描述。然而,费尔巴哈作品中零散的评论表明,一旦"这里和那里"的对立被克服,个体的性格、社会关系、文化生活和政治制度都会被改变。③

费尔巴哈对当代社会典型成员和未来社会代表性个体的比较,认为就像是碎裂的成分和完整的个体之间的对比。当代的个体被认为"生活在不和谐中",被从他们的人类本质能力中分离。④ 相比之下,一旦宗教不再阻碍行为和人类内在本性之间的"和谐",个体将变得"完整"⑤。人

---

① "Nothwendigkeit einer reform der Philosophie", *Sämtliche Werke*. Stuttgart: University of Stuttgart Press, 1960 – 1964 (2): 219; "The Necessity of a Reform of Philosophy". *The Fiery Brook: Selected Writings of Ludwig Feuerbach*. ed. Zawar Hanfi New York, 1972: 149.

② Hans Blumenburg. Die Legitimität der Neuzeit. Frankfurt am Main, 1988 (2): 520; *Gedanken Über Tod und Unsterblichkeit, aus den Papieren eines Denkers, nebst Anhang theologisch-satyrischer Xenien*, hrsg. von einem seiner Freunde, *Gesammelte Werke*. ed. Werner Schuffenhauer. Berlin: 1967—2003 (9): 286; *Thoughts on Death and Immortality: From the Papers of a Thinker, Along with an Appendix of Theological-Satirical Epigrams*. ed. James A. Massey. Berkeley: University of California Press, 1980: 83.

③ "Fragmente zur Charakteristik meines philosophischen curriculum vitae". *Gesammelte Werke*. ed. Werner Schuffenhauer. Berlin: Wiley-VCH, 1990 (10): 159; "Fragments Concerning the Characteristics of My Philosophical Curriculum Vitae". *The Fiery Brook: Selected Writings of Ludwig Feuerbach*. ed. Zawar Hanfi. New York: Verso, 1972: 273.

④ "Nothwendigkeit einer reform der Philosophie", *Sämtliche Werke*. Stuttgart: University of Stuttgart Press, 1960 – 1964 (2): 219; "The Necessity of a Reform of Philosophy". *The Fiery Brook: Selected Writings of Ludwig Feuerbach*. ed. Zawar Hanfi New York, 1972: 149.

⑤ *Vorlesungen Über die Philosophie der Religion*, part 1: *Einleitung, Der Begriff der Religion*. Hamburg: fabula Verlag Hamburg, 1983: 213; *Lectures on the Philosophy of Religion: Introduction and the Concept of Religion*. ed. R. F. Brown; C. Hodgson, and J. M. Stewart, J. P. Fitzer and H. S. Harris. Berkeley: University of California Press, 1984 (1): 308.

类将第一次拥有费尔巴哈所说的"未被分裂的灵魂"①。

费尔巴哈还对比了当代社会关系和未被异化的未来社会关系。道德向信念的屈从即基督社会的特点,反映在统治个体之间现有关系的利己主义和褊狭中。相比之下,未被异化的未来社会关系的"最高法则"将是"人爱人"②。费尔巴哈认为,"理性、意志和爱"是人性的本质特点。③人性中跟感情有关的元素将会在基于"爱"的社会关系中得到充分表达。④ 费尔巴哈所说的爱的含义并不总是很清晰。有时他把爱等同于无我。⑤ 更多地,爱被描述为愿意提升他人利益。⑥ 这种对相互关心的强调也许会证实费尔巴哈对禁欲主义者的支持和它们的"人不是为了自己而生,是为了他人,为了爱"⑦ 的主张。

---

① "Nothwendigkeit einer reform der Philosophie", *Sämtliche Werke*. Stuttgart: University of Stuttgart Press, 1960 – 1964 (2): 219; "The Necessity of a Reform of Philosophy". *The Fiery Brook: Selected Writings of Ludwig Feuerbach*. ed. Zawar Hanfi New York, 1972: 149.

② *Das Wesen des Christentums*, *Gesammelte Werke*. ed. Werner Schuffenhauer. Berlin: 1967—2003 (5): 444; Ludwig Feuerbach. *The Essence of Christianity*. ed. George Eliot. New York: Harper & Brothers, 1957: 271.

③ *Das Wesen des Christentums*, *Gesammelte Werke*. ed. Werner Schuffenhauer. Berlin: 1967—2003 (5): 30 – 31; Ludwig Feuerbach. *The Essence of Christianity*. ed. George Eliot. New York: Harper & Brothers, 1957: 3.

④ Feuerbach. *Grundsätze der Philosophie der Zukunft*, *Gesammelte Werke*. ed. Werner Schuffenhauer. Berlin: 1967—2003 (9): 319; Feuerbach. *Principles of the Philosophy of the Future*. ed. Manfred H. Vogel. Indianapolis: CreateSpace Independent Publishing Platform, 1986: 54.

⑤ *Das Wesen des Glaubens im Sinne Luthers: Ein Beitrag zum "Wesen des Christentums"*. *Gesammelte Werke*. ed. Werner Schuffenhauer. Berlin: 1967 – 2003 (9): 398; Ludwig Feuerbach. *The Essence of Faith According to Luther: A Supplement to "The Essence of Christianity"*. ed. Melvin Cherno. New York: Harper & Row, 1967: 95.

⑥ "Fragmente zur Charakteristik meines philosophischen curriculum vitae". *Gesammelte Werke*. ed. Werner Schuffenhauer. Berlin: Wiley-VCH, 1990 (10): 180; "Fragments Concerning the Characteristics of My Philosophical Curriculum Vitae". *The Fiery Brook: Selected Writings of Ludwig Feuerbach*. ed. Zawar Hanfi. New York: Verso, 1972: 295.

⑦ *Das Wesen des Christentums*, *Gesammelte Werke*. ed. Werner Schuffenhauer. Berlin: 1967—2003 (5): 440; Ludwig Feuerbach. *The Essence of Christianity*. ed. George Eliot. New York: Harper & Brothers, 1957: 267.

这种对相互关心的强调，一度使费尔巴哈称自己是"共产主义者"①，并由此就受到激进分子的欢迎，被认为投靠了共产党。如在一篇关于欧洲大陆共产主义的发展的文章中，恩格斯提到了费尔巴哈最近宣布"共产主义只是他所宣称的原理的必然后果"②。然而，人们很快发现费尔巴哈故意使用这个新的、含义不清的词语，不是为了表明对某种意识形态的支持——如支持某种形式的共同所有制——只是临时用来表达他所说的相互关心又叫作"爱"③。

费尔巴哈还相信，个体未来与他们自身本性的和解将带来文化复兴。他大胆预言，基督教的衰落将开启新的诗歌和艺术时代，在"力量、深度和热情"方面将超越所有的前人。④ 在解释为何希腊精通雕塑艺术而基督教艺术难有成就之时，费尔巴哈称希腊的优势是基于他们的多神论和偶像崇拜。因为，古人把人体看作"无条件、无保留的最高级形式"，并作

---

① "Über das 'Wesen des Christentums' in Beziehung auf Stirners 'Der Einzige und sein Eigentum' (Replik)". *Gesammelte Werke*. ed. Werner Schuffenhauer. Berlin: 1967-2003 (5): 441; "On *The Essence of Christianity* in Relation to Stirner's *The Ego and Its Own* (Reply)". ed. Frederick Gordon, *The Philosophical Forum*. 1978 (8): 91; Feuerbach to Otto Wigand, 8-16 November 1847, *Gesammelte Werke*. ed. Werner Schuffenhauer. Berlin: 1967-2003 (19): 137; Feuerbach to Friedrich Kapp, 15 October 1844, *Gesammelte Werke*. ed. Werner Schuffenhauer. Berlin: 1967-2003 (18): 398.

② "Rapid Progress of Communism in Germany", MECW4: 229-242; Engels to Marx, 22 February-7 March 1845, MEW27: 20, MECW38: 22; Alex Callinicos. *Marxism and Philosophy*. Oxford: Oxford University Press, 1983: 32.

③ "Fragmente zur Charakteristik meines philosophischen curriculum vitae". *Gesammelte Werke*. ed. Werner Schuffenhauer. Berlin: Wiley-VCH, 1990 (10): 180; "Fragments Concerning the Characteristics of My Philosophical Curriculum Vitae". *The Fiery Brook: Selected Writings of Ludwig Feuerbach*. ed. Zawar Hanfi. New York: Verso, 1972: 295; "Über das 'Wesen des Christentums' in Beziehung auf Stirners 'Der Einzige und sein Eigentum' (Replik)". *Gesammelte Werke*. ed. Werner Schuffenhauer. Berlin: 1967-2003 (5): 432-433; "On *The Essence of Christianity* in Relation to Stirner's *The Ego and Its Own* (Reply)". ed. Frederick Gordon. *The Philosophical Forum*. 1978 (8): 85.

④ "Vorläufige Thesen zur Reform [ation] der Philosophie". *Gesammelte Werke*. ed. Werner Schuffenhauer. Berlin: 1967—2003 (9): 248; "Provisional Theses for the Reform [ation] of Philosophy". *The Young Hegelians: An Anthology*. ed. Lawrence S. Stepelevich. Cambridge: Cambridge University Press, 1983: 160.

为他们神的形象，所以，他们的雕塑一直未被超越。① 相比之下，基督徒无力生产出能够匹配他们崇拜对象的艺术作品。② 艺术只能展示真实且清晰的事物，而基督教是基于模糊（耶稣既是人又是非人）。③ 然而，费尔巴哈自信地预言一旦"人即是神"的观点散播开来，希腊的统治地位将会被颠覆。真正的艺术源自相信"此生的生活才是真生活"④。因此，对来世的幻想不可能产生真正的诗歌；人类的痛苦是诗歌中"抒发的强烈情感"的源泉，应该相信来世会减少并消灭这种痛苦。⑤

在费尔巴哈看来，不被异化的未来社会的政治方面不是很明显，但可以肯定的是政治生活应该根据人性重组。费尔巴哈以第三人称的形式回复了麦克斯·施蒂纳："费尔巴哈并没有把道德变成人的衡量标准，而是把人当作了衡量道德的标准：适合人的便是好的；与人冲突的便是坏的，可恶的。"⑥ 然而，费尔巴哈认为，能够体现这种道德标准的政治制度还不是很清晰。

---

① "Vorläufige Thesen zur Reform ［ation］ der Philosophie". *Gesammelte Werke*. ed. Werner Schuffenhauer. Berlin：1967—2003（9）：248；"Provisional Theses for the Reform ［ation］ of Philosophy". *The Young Hegelians：An Anthology*. ed. Lawrence S. Stepelevich. Cambridge：Cambridge University Press，1983：159.

② Margaret A. Rose. *Marx's Lost Aesthetic：Karl Marx and the Visual Arts*. Cambridge：Cambridge University Press，1984：chapters 1 - 2.

③ "Vorläufige Thesen zur Reform ［ation］ der Philosophie". *Gesammelte Werke*. ed. Werner Schuffenhauer. Berlin：1967—2003（9）：248；"Provisional Theses for the Reform ［ation］ of Philosophy". *The Young Hegelians：An Anthology*. ed. Lawrence S. Stepelevich. Cambridge：Cambridge University Press，1983：160.

④ "Vorläufige Thesen zur Reform ［ation］ der Philosophie". *Gesammelte Werke*. ed. Werner Schuffenhauer. Berlin：1967—2003（9）：247；"Provisional Theses for the Reform ［ation］ of Philosophy". *The Young Hegelians：An Anthology*. ed. Lawrence S. Stepelevich. Cambridge：Cambridge University Press，1983：159.

⑤ "Vorläufige Thesen zur Reform ［ation］ der Philosophie". *Gesammelte Werke*. ed. Werner Schuffenhauer. Stuttgart：University of Stuttgart Press；1967—2003（9）：248；"Provisional Theses for the Reform ［ation］ of Philosophy". *The Young Hegelians：An Anthology*. ed. Lawrence S. Stepelevich. Cambridge：Cambridge University Press，1983：160.

⑥ "Über das 'Wesen des Christentums' in Beziehung auf Stirners 'Der Einzige und sein Eigentum'（Replik）". *Gesammelte Werke*. ed. Werner Schuffenhauer. Stuttgart：University of Stuttgart Press：1967 - 2003（5）：440；"On *The Essence of Christianity* in Relation to Stirner's *The Ego and Its Own*（Reply）". ed. Frederick Gordon. *The Philosophical Forum*. 1978（8）：91.

在《宗教本质讲演录》中，费尔巴哈就道德标准和政治制度问题把自己和亚里士多德的立场进行了比较。费尔巴哈认为，亚里士多德的大致观点——把符合人性看作评价统治的标准——是无与伦比的，但并不太同意由这个原则衍生出的政治结论。他解释道，"我坚持认为民主共和是符合人性，因此也是最好的"①。这是因为费尔巴哈认为，"政治自由"的冲动是"当代人类的基本欲求"②，人性中包括了"积极参与国事的本能，要求废除政治等级的本能"③。

费尔巴哈认为，这种实际的本能只有在政治共和中才能充分实现，尽管他承认在特定历史环境包括当时的德国中，君主立宪才是最"实际"或"恰当"的统治方式。④ 然而，"被民主或民主制度限制的君主制"绝不会是最好的政府。⑤ 君主立宪是一种"混合系统"，它遭受两种"管理

---

① *Vorlesungen Über die Philosophie der Religion*, part 1: *Einleitung*, *Der Begriff der Religion*. Hamburg: fabula Verlag Hamburg, 1983: 380; *Lectures on the Philosophy of Religion*: *Introduction and the Concept of Religion*. ed. R. F. Brown; C. Hodgson, and J. M. Stewart, J. P. Fitzer and H. S. Harris. Berkeley: University of California Press, 1984 (1): 336.

② "Nothwendigkeit einer reform der Philosophie". *Sämtliche Werke*. Stuttgart: University of Stuttgart Press, 1960 – 1964 (2): 218; "The Necessity of a Reform of Philosophy". *The Fiery Brook*: *Selected Writings of Ludwig Feuerbach*. ed. Zawar Hanfi. New York, 1972: 148.

③ "Nothwendigkeit einer reform der Philosophie". *Sämtliche Werke*. Stuttgart: University of Stuttgart Press, 1960 – 1964 (2): 221; "The Necessity of a Reform of Philosophy". *The Fiery Brook*: *Selected Writings of Ludwig Feuerbach*. ed. Zawar Hanfi. New York, 1972: 151; *Vorlesungen über die Philosophie der Religion*, part 1: *Einleitung*, *Der Begriff der Religion*. Hamburg: fabula Verlag Hamburg, 1983: 155 – 157; *Lectures on the Philosophy of Religion*: *Introduction and the Concept of Religion*. ed. R. F. Brown; C. Hodgson, and J. M. Stewart, J. P. Fitzer and H. S. Harris. Berkeley: University of California Press, 1984 (1): 137 – 139.

④ *Vorlesungen Über die Philosophie der Religion*, part 1: *Einleitung*, *Der Begriff der Religion*. Hamburg: fabula Verlag Hamburg, 1983: 380; *Lectures on the Philosophy of Religion*: *Introduction and the Concept of Religion*. ed. R. F. Brown; C. Hodgson, and J. M. Stewart, J. P. Fitzer and H. S. Harris. Berkeley: University of California Press, 1984 (1): 336.

⑤ *Vorlesungen Über die Philosophie der Religion*, part 1: *Einleitung*, *Der Begriff der Religion*. Hamburg: fabula Verlag Hamburg, 1983: 168; *Lectures on the Philosophy of Religion*: *Introduction and the Concept of Religion*. ed. R. F. Brown; C. Hodgson, and J. M. Stewart, J. P. Fitzer and H. S. Harris. Berkeley: University of California Press, 1984 (1): 149.

或质疑政府"对立力量（"王子和人民"）致使"冲突、踌躇和懦弱"①。历史进步要求君主立宪最终将被政治共和的"真实、完整的民主"取代。②

在19世纪40年代早期更加保守谨慎的作品中，费尔巴哈用宗教改革作类比解释历史进步所需的政治生活的转变。这个类比把天主教与等级制联系起来，把新教与平等主义联系起来。天主教中要求教皇的地位在众信徒之上，表现在政治中要求君主的地位在国民之上。费尔巴哈称，尽管宗教改革摧毁了宗教中的天主教，但它没有触及政治中的天主教。③ 当今这个时代的挑战是在"政治领域"实现宗教改革已经在"宗教领域"实现的目标（破坏等级制）。④ 只有政治共和才能让人类积极参与非等级国家的本能得以充分实现（"这种本能要求否定政治天主教"）。⑤

当然，根据费尔巴哈的论述，如果抛弃了基督教的信仰，专制君主制终将自动坍塌。他称一旦基督教的"宗教内容"被成功"揭露"，"政治共和"将"自然地"发生。⑥ 因此，费尔巴哈有时会把自己比作第二个路

---

① *Vorlesungen Über die Philosophie der Religion*, part 1: *Einleitung*, *Der Begriff der Religion*. Hamburg: fabula Verlag Hamburg, 1983: 180; *Lectures on the Philosophy of Religion: Introduction and the Concept of Religion*. ed. R. F. Brown; C. Hodgson, and J. M. Stewart, J. P. Fitzer and H. S. Harris. Berkeley: University of California Press, 1984 (1): 159.

② *Vorlesungen Über die Philosophie der Religion*, part 1: *Einleitung*, *Der Begriff der Religion*. Hamburg: fabula Verlag Hamburg, 1983: 168; *Lectures on the Philosophy of Religion: Introduction and the Concept of Religion*. ed. R. F. Brown; C. Hodgson, and J. M. Stewart, J. P. Fitzer and H. S. Harris. Berkeley: University of California Press, 1984 (1): 149.

③ "Nothwendigkeit einer reform der Philosophie". *Sämtliche Werke*. Stuttgart: University of Stuttgart Press, 1960 – 1964 (2): 221; "The Necessity of a Reform of Philosophy". *The Fiery Brook: Selected Writings of Ludwig Feuerbach*. ed. Zawar Hanfi. New York, 1972: 151.

④ "Nothwendigkeit einer reform der Philosophie". *Sämtliche Werke*. Stuttgart: University of Stuttgart Press, 1960 – 1964 (2): 221; "The Necessity of a Reform of Philosophy". *The Fiery Brook: Selected Writings of Ludwig Feuerbach*. ed. Zawar Hanfi. New York, 1972: 151.

⑤ "Nothwendigkeit einer reform der Philosophie". *Sämtliche Werke*. Stuttgart: University of Stuttgart Press, 1960 – 1964 (2): 221; "The Necessity of a Reform of Philosophy". *The Fiery Brook: Selected Writings of Ludwig Feuerbach*. ed. Zawar Hanfi. New York, 1972: 151.

⑥ "Nothwendigkeit einer reform der Philosophie". *Sämtliche Werke*. Stuttgart: University of Stuttgart Press, 1960 – 1964 (2): 222; "The Necessity of a Reform of Philosophy". *The Fiery Brook: Selected Writings of Ludwig Feuerbach*. ed. Zawar Hanfi. New York, 1972: 152.

德，认为他对基督教的批判将最终完成宗教改革并迎来真正现代的时代。

费尔巴哈和马克思

1843—1845 年这段时期为本研究提供了时间框架，被描述为费尔巴哈对马克思影响的顶峰时期。马克思早期作品的语言、主题和实质内容都有很深的费尔巴哈作品的印记。最近有种说法，认为青年马克思"只不过是前卫的费尔巴哈"，该说法有些夸大，但也不无道理①（麦克斯·施蒂纳也曾把青年马克思看作费尔巴哈的小跟班②）。

对这两个作者之间关系的全面论述超出了本小节的范围。③ 此处的评论受到空间、时间范围和本章主要话题的限制。在限制的范围内我简短考虑这些问题：

第一，马克思对费尔巴哈作品的了解。第二，马克思思想和费尔巴哈思想的相似性。第三，马克思本人对费尔巴哈作品的评论。

第一个问题是马克思对费尔巴哈作品的了解问题。马克思对费尔巴哈作品具有广泛的了解，这是毋庸置疑的。马克思早期作品中多次提到费尔巴哈中期作品的代表作，《基督教的本质》《路德所说的信仰的本质》《关于哲学改造的临时纲领》和《未来哲学原理》都多次被提到。马克思对该时期费尔巴哈不是很出名的作品也很熟悉，包括费尔巴哈 1840 年对卡尔·拜尔关于"道德精神"著作的书评。④ 马克思对费尔巴哈的了解不止如此，他还阅读过费尔巴哈更早期的作品。比如，在准备自己的博士论文

---

① Louis Althusser, *For Marx*. London: The Penguin Press, 1969: 46.
② Max Stirner. *Der Einzige und sein Eigentum*. Stuttgart: University of Stuttgart Press, 1972: 192; *The Ego and Its Own*. ed. Steven T. Byington, David Leopold. Cambridge: Cambridge University Press, 1995: 158.
③ Klaus Erich Bockmuhl. *Leiblichkeit und Gesellschaft: Studien zur Religionskritik und Anthropologie im Frühwerk von Ludwig Feuerbach und Karl Marx*. Göttingen: Brunnen Verlag, 1961; Werner Schuffenhauer. *Feuerbach und der Junge Marx: Zur Entstehungsgeschichte der Marxistischen Weltanschauung*. Berlin: VEB Deutscher Verlag Der Wis, 1965.
④ *Gesammelte Werke*. ed. Werner Schuffenhauer. Berlin: 1967—2003 (9): 82 - 99; Marx to Ruge, 10 February 1842, MEW27: 395; MECW1: 381.

之时，马克思参考过费尔巴哈的《从培根到斯宾诺莎的近代哲学史》。①

所有作品中也许对青年马克思影响最大的是：《关于哲学改造的临时纲领》和《未来哲学原理》②。这并不意味着马克思对费尔巴哈关于宗教的批判不感兴趣，或者说未受其影响，而是说马克思更关注费尔巴哈对思辨哲学的批判。③

第二个问题是马克思思想与费尔巴哈思想的相似性，很明显费尔巴哈式的线索贯串了马克思的早期作品。在对基督教、思辨哲学和科学方法的论述的三方面，马克思和费尔巴哈明显相似。第一，马克思关于基督教和宗教的观点与费尔巴哈的观点很相似。在《导言》中马克思不仅称"人类成就了宗教，不是宗教成就人类"，还支持宗教的迂回构成了人类"自我认知"发展过程中的一个阶段的观点④。第二，马克思对思辨哲学的基本论述——思辨转变为经验、经验转变为思辨的论辩方式——基本上是在模仿费尔巴哈对黑格尔哲学的收缩和扩张的分析方式。第三，青年马克思对科学方法的一些评论与费尔巴哈非常相似。如马克思在《手稿》中称感性意识"必须是所有科学的基础"，这与费尔巴哈的论述"感知和经验是科学知识的必然起点"很相似。⑤

上述具体的相似之处我会进一步讨论。鉴于本章的范围，本文接下来将讨论费尔巴哈的中期作品（尤其是他对基督教和思辨哲学的批判）和青年马克思对人类繁荣的描述之间的关系。对后者的分析在本章的后半部分将有充分论述。然而，可以预见的两点相似之处是：第一，费尔巴哈和马克思都认为，社会和政治关系应该反映至善论的论述，马克思用人性的繁荣作为衡量人类解放的标准，这与费尔巴哈对社会和政治生活的自然主

---

① Warren Breckman. *Marx, the Young Hegelians, and the Origins of Radical Social Theory*. Cambridge: Cambridge University Press, 1999: 266ff.
② David McLellan. *The Young Hegelians and Karl Marx*. London: Palgrave Macmillan, 1969: 95ff.
③ Marx to Feuerbach, 11 August 1844, MEW27: 425, 428; MECW3: 354, 357.
④ "Zur Kritik der Hegelschen Rechtsphilosophie: Einleitung", MEW1: 378; "Contribution to the Critique of Hegel's Philosophy of Law: Introduction", MECW3: 175; "Critique of Hegel's Philosophy of Right: Introduction", EW: 244.
⑤ *Ökonomischphilosophische Manuskripte aus dem Jahre 1844*, MEW, *Ergänzungsband* 1: 543; *Economic and Philosophic Manuscripts of 1844*, MECW3: 303; *Economic and Philosophical Manuscripts*, EW: 355.

义论述相似;第二,两人对人性模式的描述有很多重叠,尽管马克思的哲学人类学比费尔巴哈对人性的三体式描述更加丰富,但两人都把共同体的实现——基于相互关心——看作人类繁荣的关键。

这两方面相似的重要性尚不清楚。至善论和关于共同体对人类繁荣的重要性的描述在马克思熟悉的其他作家(尤其是亚里士多德)的作品中也可以找到。

区分这些相似性和它们的用途也很重要。应特别注意费尔巴哈和马克思政治观的实质差异。在整个19世纪40年代,费尔巴哈的政治理想一直是现代国家,是那种在美洲建立的共和国(这是他考虑移民的"未来"之国)。[1] 而这正是马克思长篇大论批判的政治共同体形式,认为它只实现了有限的、矛盾的解放形式。青年马克思也许使用了费尔巴哈对基督教成就和缺点的论述来阐述自己对当代国家成就与缺陷的理解,但没有证据表明费尔巴哈认同马克思对当代政体的批判(两人之间当然还有其他的政治差异——如他们对私有财产和无产阶级代表的看法——但这些都超出了本章的范围)。

第三个问题是关于青年马克思对费尔巴哈作品的评价。马克思对自己阅读过的作品极少不进行批判的,但早期作品中包含的对费尔巴哈作品评价的一大特点是温情和主动。第二章中已列举《手稿》中的一些例子说明马克思对费尔巴哈的作品葆有强烈兴趣——马克思称费尔巴哈因为"他的伟大成就"和向世界展示自己结论的"低调简单"而受到推崇——但这种溢美之词也出现在马克思已发表的作品中。[2] 在《神圣家族》中马克思认为,费尔巴哈与鲍威尔不同,理由是只有前者"揭示了真正的奥秘"[3]。甚至,在这本书中整体上评价费尔巴哈为维护"真正的人文主义

---

[1] Feuerbach to Friedrich Kapp. 3 March 1850, *Gesammelte Werke*. ed. Werner Schuffenhauer. Berlin: 1967—2003 (19): 227.

[2] *Ökonomischphilosophische Manuskripte aus dem Jahre 1844*, MEW, Ergänzungsband 1: 569; *Economic and Philosophic Manuscripts of 1844*, MECW3: 328; *Economic and Philosophical Manuscripts*, EW: 381.

[3] *Die heilige Familie, oder Kritik der kritischen Kritik: Gegen Bruno Bauer und Konsorten*, MEW2: 58; *The Holy Family, or Critique of Critical Criticism: Against Bruno Bauer & Co.*, MECW4: 56.

者",并批判鲍威尔式的"批判性批评"①。后来马克思获得了一本《神圣家族》,他写信给恩格斯称,他很吃惊这本书不曾包含令他们羞愧的内容,尽管他承认从自身当时的先锋观点来看它"对费尔巴哈的崇拜"制造了"一种幽默印象"②。青年马克思在与费尔巴哈的书信中真诚表达了对他的推崇。在一封书信中,马克思盛赞《路德所说的信仰的本质》和《准则》,称它们比"所有当代德语文献加在一起"还要重要,并对费尔巴哈称"我对你满怀敬意,如果可以的话,甚至是热爱"③。

青年马克思还认为,费尔巴哈的"真正的理论革命"中的几个线索尤其值得赞扬。④ 有趣的是,这些线索与上文中提到的费尔巴哈同马克思对基督教、思辨哲学和科学方法论述的三大相似之处一致。马克思赞扬费尔巴哈基本完成了德国对宗教的批判,马克思称只有费尔巴哈认识到人们在"完美的天堂"中找到的"只不过是自己的反映"⑤;费尔巴哈被尊为"旧哲学的真正征服者"⑥,据说费尔巴哈是第一个将黑格尔哲学理解为一种"思辨和神秘的经验主义"的人⑦;费尔巴哈对正确的科学方法有深刻的见解,费尔巴哈认为调查的起点必须(在某种程度上)是经验性

---

① Marx to Feuerbach, 11 August 1844, MEW27: 427; MECW3: 356.
② Marx to Engels, 24 April 1867, MEW31: 290; MECW42: 360.
③ Marx to Feuerbach, 11 August 1844, MEW27: 425; MECW3: 354.
④ Ökonomischphilosophische Manuskripte aus dem Jahre 1844, MEW, Ergänzungsband 1: 468; Economic and Philosophic Manuscripts of 1844, MECW3: 232; Economic and Philosophical Manuscripts, EW: 281.
⑤ "Zur Kritik der Hegelschen Rechtsphilosophie: Einleitung", MEW1: 378; "Contribution to the Critique of Hegel's Philosophy of Law: Introduction", MECW3: 175; "Critique of Hegel's Philosophy of Right: Introduction", EW: 243; Die heilige Familie, oder Kritik der kritischen Kritik: Gegen Bruno Bauer und Konsorten, MEW2: 58; The Holy Family, or Critique of Critical Criticism: Against Bruno Bauer & Co., MECW4: 56.
⑥ Ökonomischphilosophische Manuskripte aus dem Jahre 1844, MEW, Ergänzungsband 1: 569; Economic and Philosophic Manuscripts of 1844, MECW3: 328; Economic and Philosophical Manuscripts, EW: 381.
⑦ Ökonomischphilosophische Manuskripte aus dem Jahre 1844, MEW, Ergänzungsband 1: 569; Economic and Philosophic Manuscripts of 1844, MECW3: 328; Economic and Philosophical Manuscripts, EW: 381; Die heilige Familie, oder Kritik der kritischen Kritik: Gegen Bruno Bauer und Konsorten, MEW2: 41; The Holy Family, or Critique of Critical Criticism: Against Bruno Bauer & Co., MECW4: 39.

的，科学必须从"积极的、感性证实的事物"开始。①

马克思对费尔巴哈成就的论述中都没有谈到未来社会（本章的主题）。然而，这是马克思在给费尔巴哈的书信中提出的也许是最惊人的问题。在一篇公文中，除了费尔巴哈的其他成就，马克思还认为他"为社会主义有意无意地提供了一种哲学基础"②。

本文并没有夸大该评论的意义。马克思早期作品和更广的思想文化中的"社会主义"一词的意思在当时很难说是精确或稳定。③ 另外，也许过于重视一个青年爱慕者写给"德国最卓越的哲学天才"的私人信件是不对的④。然而，马克思的观点并不是完全不清晰或者说是空洞的青春期的热情。

通过论述，青年马克思赞扬费尔巴哈实现了"人与人之间的团结"，对于费尔巴哈理论的本质原则，马克思称其"已被共产主义者理解"⑤。可见，马克思认为，费尔巴哈不仅把他的理论建立在至善论的基础之上，还认识到基于相互关系的共同体是人类繁荣的关键。因此，可以说青年马克思承认了上文中提到的另外两个相似之处。

马克思对费尔巴哈成就的积极评价中，没有提到后者对理想社会政治制度的看法。鉴于两人在该问题上的分歧，这也不足为奇。费尔巴哈和马

---

① *Ökonomischphilosophische Manuskripte aus dem Jahre 1844*, MEW, *Ergänzungsband* 1: 570, 543; *Economic and Philosophic Manuscripts of 1844*, MECW3: 329, 303; *Economic and Philosophical Manuscripts*, EW: 382, 355.
② Marx to Feuerbach, 11 August 1844, MEW27: 425; MECW3: 354.
③ Wolfgang Schieder. "Sozialismus". *Geschichtliche Grundbegriffe: Historisches Lexikon zur politische-sozialen Sprache in Deutschland*. ed. Otto Brunner, Werner Conze, and Reinhart Koselleck. Stuttgart, 1984 (5): 923 – 996; Wolfgang Schieder. "Kommunismus". *Geschichtliche Grundbegriffe*. ed. Brunner, Conze, and Koselleck. Stuttgart, 1982 (3): 455 – 529.
④ "Rapid Progress of Communism in Germany", MECW4: 235 – 236; Engels to Marx, 22 February – 7 March 1845, MEW27: 20; MECW38: 22; Alex Callinicos. *Marxism and Philosophy*. Oxford: Oxford University Press, 1983: 32.
⑤ Marx to Feuerbach, 11 August 1844, MEW27: 425, MECW3: 354; *Ökonomischphilosophische Manuskripte aus dem Jahre 1844*, MEW, *Ergänzungsband* 1: 570; *Economic and Philosophic Manuscripts of 1844*, MECW3: 328; *Economic and Philosophical Manuscripts*, EW: 381; Ludwig Feuerbach. *Grundsätze der Philosophie der Zukunft*, *Gesammelte Werke*. ed. Werner Schuffenhauer. Berlin: 1967—2003 (9): 339 – 340; Ludwig Feuerbach. *Principles of the Philosophy of the Future*. ed. Manfred H. Vogel. Indianapolis: CreateSpace Independent Publishing Platform, 1986: 72.

克思都认为社会与政治关系应该反映狭义的至善论的观点，两人的人性模式也有相似之处（认为基于相互关心的共同体是人类繁荣的关键）。然而，围绕这些基本的相似之处，他们得出根本不同的社会和政治结论。尤其是，在整个19世纪40年代，费尔巴哈的政治理想一直是马克思批判的世俗化当代国家，而马克思认为它只能提供有限的、冲突的解放。

有些读者也许不明白本文为什么没有用《路德是斯特劳斯和费尔巴哈的仲裁人》作为对费尔巴哈评价的证据。这篇文章1843年匿名发表在卢格主编的《德国现代哲学和政治界轶闻集》中，梁赞诺夫认为其作者是马克思。它曾出现在较早版的青年马克思作品中，令二次引用的人更认为作者是马克思。① 我并不这样认为，最权威的当代版马克思作品印证了这一点。②

马克思和人性

接下来我将更加详细地讨论青年马克思作品中的至善论线索，并以马克思对人性的描述作为开始。

两个问题通常主导了当代对马克思和人性的讨论，即马克思对人性普适性的态度（人性中贯串历史和跨越文化的存在）和人类的特点（把人类与动物区分开来的特点）。本小节只对这些话题展开简短评论，之后将讨论马克思对人性的看法。③

马克思对人性普世性的态度很容易概括。他认为，人性既稳定又可能

---

① Karl Marx. *Writings of the Young Marx on Philosophy and Society*, ed. L. D. Easton and K. H. Guddat. Garden City NY：Hackett Publishing Co, Inc, 1967；Daniel Brudney. *Marx's Attempt to Leave Philosophy*. Cambridge MA：Harvard University Press, 1998：xviii, 98.

② Hans-Martin Sass. "Feuerbach statt Marx：Zur Verfasserschaft des Aufsatzes 'Luther als Schiedsrichter zwischen Strauss und Feuerbach'". *International Review of Social History*. 1967 (12)：108 – 119.

③ *Das Kapital：Kritik der politischen ökonomie*, Erster Band, Buch 1：*Der Produktionsprozeß des Kapitals*, MEW23：637；*Capital：Critique of Political Economy*1, Book 1：*The Process of Production of Capital*, MECW35：605.

产生变异，人性中既有贯穿历史跨越文化的存在，又有能够反映历史和文化多样性的品质。马克思称前者为"一般的人性"，而后者为"在每个时期修订的人性"。

这种说法否定了长久以来令人困惑的观点（马克思认为，人性中不存在普世性元素）①。该观点有不少支持者，不过受到越来越多的质疑。②支持者认为，马克思对人性普适性的否认始于1845年③（很多人认为，他在《关于费尔巴哈的提纲》中宣布了该观点④）。为了简洁方便，本节用"人性"来指代人性中的普世性元素。

马克思对人类"特点"的论述更难确定，但与当前的研究同样没有太大关系。评论者在马克思的作品中找到了很多可能称为"人性特点"的描述，包括：意识、目的性、语言、合作、使用工具、制造工具、生产行为、创造性智力和投射意识。⑤ 备选项的数量和种类似乎表明马克思对这一问题的看法并不是很清晰。另外，很多备选项似乎很容易被当今行为学的观点驳倒。简言之，马克思缺少在《资本论》中的那种自信，"最蹩

---

① Van A. Harvey. "Ludwig Feuerbach and Karl Marx". Ninian Smart, John Clayton, Patrick Sherry, and Steven T. Katz. ed. *Nineteenth Century Religious Thought in the West*. Cambridge: Cambridge University Press, 1985 (1): 292; Sidney Hook. *From Hegel to Marx: Studies in the Intellectual Development of Karl Marx*. London: University of Michigan Press, 1936: 74; Vernon Venable. *Human Nature*. London: Dennis Dobson, 1946: 22.

② John McMurtry. *The Structure of Marx's World View*. Princeton: Princeton University Press, 1978: chapter 1; Norman Geras. Marx and Human Nature. *Refutation of a Legend*. London: Verso Books, 1983; W. Peter Archibald. *Marx and the Missing Link: "Human Nature"*. London: Palgrave Macmillan, 1989: part 3.

③ Wal Suchting. "Marx's Theses on Feuerbach: Notes Towards a Commentary (With a New Translation)". ed. John Mepham and David-Hillel Ruben. *Issues in Marxist Philosophy: Materialism*. Brighton, 1979 (2): 19; Joseph Margolis. "*Praxis and Meaning: Marx's Species-Being and Aristotle's Political Animal*". ed. George E. McCarthy. *Marx and Aristotle: Nineteenth-Century German Social Theory and Classical Antiquity*. Lanham MD: Rowman & Littlefield Publishers, 1992: 332-323.

④ John McMurtry. *The Structure of Marx's World View*. Princeton: Princeton University Press, 1978: 19-20; G. A. Cohen. *History, Labour, and Freedom: Themes From Marx*. Oxford: Oxford University Press, 1988: chapters 5, 8, 9.

⑤ Jon Elster. *Making Sense of Marx*. Cambridge: Cambridge University Press, 1985: 62ff; John McMurtry. *The Structure of Marx's World View*. Princeton: Princeton University Press, 1978: 21ff.

脚的建筑师"与"最灵巧"的蜜蜂很容易区分。① 幸运的是，马克思对该问题看法的清晰度和可信度与本研究没有太大关系。

问题在于，青年马克思似乎偶尔会把关于人类繁荣的观点与关于人类特点的看法联系起来。特别是，马克思也许想过对人类特点的论述（即只有人类从事生产活动）有利于论述人类的发展（认为劳动是人类实现美好生活的关键）。然而，这种人类特点和人类繁荣某些具体方面的重要性之间的关联似乎是错误的。很难看出为何发现系统参与生产活动的新物种，如来自另外一个星系的物种（即生产活动不再是人类的特点）会降低人类劳动的重要性。本章是关于马克思对人类繁荣的论述，而且因为无论马克思的想法如何，他对人类特点的论述都不会支持其对人类繁荣的论述，所以对于前者这里不再讨论。

接下来本文将讨论马克思对人性的论述，特别是讨论他对实现人类繁荣的条件的论述。而要探讨的很多证据间接存在于马克思对需求的论述中。鉴于人类需求和人类繁荣之间不存在很明显的关联，我将先介绍一些正式的评论。

"需求"这个概念关涉人类生存必不可少的因素。② 理论上，这些必需的因素都有自己被需要的理由和满足的对象。对需求的说明，有时被描述为这个公式："A 需要 Z 以便实现 φ。"

此处，重要的是马克思对非意志性需求的论述。"非意志性"是指需求的目的不依赖于任何个体的欲望或偏好。如"儿童需要维生素 D 来避免佝偻病"指的就是非意志性需求。这些需求"理论上"不依赖欲望，尽管对该事物的欲求经常伴随对它的非意志性需求，欲望并不是需求的必然特征。个体也许对某事物没有丝毫欲望，但并不会因此失去对它的非意志性需求。非意志性需求被描述为客观重要，因为这些需求的满足很重要，无论我们对它们有没有欲望。

---

① *Das Kapital*：*Kritik der politischen ökonomie*，Erster Band，Buch 1：*Der Produktionsprozeß des Kapitals*，MEW23：193；*Capital*：*Critique of Political Economy*1，Book 1：*The Process of Production of Capital*，MECW35：188.
② Harry G. Frankfurt. *The Importance of What We Care About*：*Philosophical Essays.* Cambridge：Cambridge University Press，1988：106.

对非意志性需求的论述可以有更严格的区分。对比明显的两个例子可以说明这一点。"受限的非意志性论述"认为，需求是人类为了生存或避免伤害而必需的事物。① 相比之下，"扩大的非意志性论述"认为，需求是人类为了繁荣而必需的事物。② 扩大的论述提供了更严格的条件，因为对一个实体来说，如果要繁荣通常就不仅仅要生存或避免伤害。

然而，青年马克思使用了对非意志性需求的扩大论述来重构人类繁荣的大致模型。这种说法是否有道理，要看它是否有利于理解马克思对人类需求的论述。然而，这种说法似乎还与青年马克思对人类需求形式的一些评论相一致。如在《手稿》关于人性的一令人费解的段落中，马克思把个体对某些自然物体的依赖描述为"需求"，这些物体对"运用和证实"人类的"本质能力""必不可少"③。即他认为当一件事物对人类的繁荣必不可少时，就可以说人类"需要"这件事物。马克思承认不仅人类有这种需求。比如，他以讨论植物需要阳光的语言讨论人类对食物的需求，把食物相对个人，比作阳光相对于植物"是维持生命必不可少的事物"④。马克思称对人类和植物来说，有些事物对于"表达本性"是"必不可少的"，不论这种需求是否被"承认"⑤。

接下来我将讨论分散在马克思作品（特别是《手稿》和《穆勒评注》）中关于人类繁荣条件的论述。马克思对这些条件的论述比较粗糙且过于繁杂。为了理清头绪，我把这些条件分为两类：基本的生理需求和更高级的社会需求。

关于第一种基本的生理需求。

---

① Joel Feinberg. *Social Philosophy*. Englewood Cliffs NJ: Simon & Schuster Australia, 1973: 111.
② G. E. M. Anscombe. "Modern Moral Philosophy". *Philosophy*. 1958 (33): 7.
③ *Ökonomischphilosophische Manuskripte aus dem Jahre 1844*, MEW, Ergänzungsband 1: 578; *Economic and Philosophic Manuscripts of 1844*, MECW3: 336; *Economic and Philosophical Manuscripts*, EW: 389 – 390.
④ *Ökonomischphilosophische Manuskripte aus dem Jahre 1844*, MEW, Ergänzungsband 1: 578; *Economic and Philosophic Manuscripts of 1844*, MECW3: 336; *Economic and Philosophical Manuscripts*, EW: 390.
⑤ *Ökonomischphilosophische Manuskripte aus dem Jahre 1844*, MEW, Ergänzungsband 1: 578; *Economic and Philosophic Manuscripts of 1844*, MECW3: 336; *Economic and Philosophical Manuscripts*, EW: 390.

青年马克思对人类基本生理需求的辩护,通常不被认为属于他对人类繁荣的论述。对这些需求马克思只是顺便提及,马克思似乎承认他论述的派生性和传统性。如在提到几种需求时,他在后面加了"等"字,就好像在邀请读者对这些需求进行补充。①

既然如此,我们可以从他的评论中重构一些基本的生理需求。马克思提到了下列人类生理需求:饮食需求("吃、喝"和"食物")②,保暖和遮风避雨的需求("取暖""穿衣"和"居住")③,对气候条件的需求("光"和"空气")④,身体锻炼的需求("四处走动"和"锻炼身体")⑤,对基本卫生条件的需求("最基本的动物性整洁")⑥,繁殖和异性间性行为的需求("生育")⑦。

尽管这些都是没有争议的基本生理需求,但马克思称这些基本的生理需求在当今社会有时并未得到满足,甚至在经济最发达的地区,有些需求也未能得到满足。比如,对于"居住在英国地下室中的人来说",对光和空气的需求没有得到满足,对"衣不蔽体的英国穷人来说",穿衣的需求

---

① *Ökonomischphilosophische Manuskripte aus dem Jahre 1844*, MEW, Ergänzungsband 1: 515; *Economic and Philosophic Manuscripts of 1844*, MECW3: 275; *Economic and Philosophical Manuscripts*, EW: 327 – 328.
② *Ökonomischphilosophische Manuskripte aus dem Jahre 1844*, MEW, Ergänzungsband 1: 514 – 515; *Economic and Philosophic Manuscripts of 1844*, MECW3: 275; *Economic and Philosophical Manuscripts*, EW: 327 – 328.
③ *Ökonomischphilosophische Manuskripte aus dem Jahre 1844*, MEW, Ergänzungsband 1: 515; *Economic and Philosophic Manuscripts of 1844*, MECW3: 275; *Economic and Philosophical Manuscripts*, EW: 328.
④ *Ökonomischphilosophische Manuskripte aus dem Jahre 1844*, MEW, Ergänzungsband 1: 548; *Economic and Philosophic Manuscripts of 1844*, MECW3: 308; *Economic and Philosophical Manuscripts*, EW: 359.
⑤ *Ökonomischphilosophische Manuskripte aus dem Jahre 1844*, MEW, Ergänzungsband 1: 548 – 549; *Economic and Philosophic Manuscripts of 1844*, MECW3: 308 – 309; *Economic and Philosophical Manuscripts*, EW: 360.
⑥ *Ökonomischphilosophische Manuskripte aus dem Jahre 1844*, MEW, Ergänzungsband 1: 548; *Economic and Philosophic Manuscripts of 1844*, MECW3: 308; *Economic and Philosophical Manuscripts*, EW: 359.
⑦ *Ökonomischphilosophische Manuskripte aus dem Jahre 1844*, MEW, Ergänzungsband 1: 514 – 515; *Economic and Philosophic Manuscripts of 1844*, MECW3: 275; *Economic and Philosophical Manuscripts*, EW: 327.

未得到满足。① 就这些基本的生理需求而言,"野蛮人"与"动物"整体上比居住在法国和英国工业城镇里的"小爱尔兰"的居民,情况还要更好些。②

如上所述,这些基本的生理需求对(非人类的)动物来说也适用。但马克思认为,这丝毫没有影响这些需求对人类的意义。然而,他认为,如果一个社会中的个体除了满足基本的生理需求没有其他目标的话,这十分令人担心。如果一个个体因为贫穷被基本的生理需求"所累"时,他不仅可能忽略细腻的情感(即使对最好的戏剧也完全无感),还可能以"最低级"的形式满足这些需求。③ 马克思称"很难说"一个饥不择食之人与动物进食有何不同。在这种情况下,该个体已经"完全沦落为动物"④。

与基本的生理需求相比,较高级的社会需求更难满足,也更难被广泛认可。较高级的社会需求可以分为两组:通常被认为不属于马克思对人类繁荣的论述和属于马克思对人类繁荣的论述。

第一组似乎有些奇怪。该组中的有些需求,如"购书"似乎不足以成为人类繁荣的必要条件。⑤ 然而,马克思的评论最好被理解为,是在列举历史性和文化性普遍需求的具体例子。购书的需求代表了一种特定的历

---

① "Kritische Randglossen zu dem Artikel 'Der König von Preussen und die Sozialreform: Von einem Preussen'", MEW1:396; "Critical Marginal Notes on the Article 'The King of Prussia and Social Reform: By A Prussian'", MECW3:193; "Critical Notes on the King of Prussia and Social Reform", EW:406.

② *Ökonomischphilosophische Manuskripte aus dem Jahre 1844*, MEW, *Ergänzungsband* 1:548; *Economic and Philosophic Manuscripts of 1844*, MECW3:308; *Economic and Philosophical Manuscripts*, EW:360.

③ *Ökonomischphilosophische Manuskripte aus dem Jahre 1844*, MEW, *Ergänzungsband* 1:542; *Economic and Philosophic Manuscripts of 1844*, MECW3:302; *Economic and Philosophical Manuscripts*, EW:353.

④ *Ökonomischphilosophische Manuskripte aus dem Jahre 1844*, MEW, *Ergänzungsband* 1:515; *Economic and Philosophic Manuscripts of 1844*, MECW3:275; *Economic and Philosophical Manuscripts*, EW:327.

⑤ *Ökonomischphilosophische Manuskripte aus dem Jahre 1844*, MEW, *Ergänzungsband* 1:549; *Economic and Philosophic Manuscripts of 1844*, MECW3:309; *Economic and Philosophical Manuscripts*, EW:361.

史和文化形式，而这种形式只是知识需求的表现。

从早期作品中可以总结出马克思对这些较高级的基本社会需求的扩展性论述。① 青年马克思提到以下需求：娱乐（"喝酒""跳舞""舞剑"和"唱歌"）、文化（"看戏"）②、教育和知识（"思考""推理""购书"和"学习"）③、艺术表现（"绘画"）④、情感（"爱"）⑤ 和美感需求（马克思称"欣赏美、欣赏音乐"的能力是人类的本质能力）⑥。

第二种包括劳动需求和对真正共同体需求在内的社会需求。

青年马克思认为，劳动中的自我实现是人类繁荣的关键因素。当然，不是所有的工作都提供了自我实现的正确条件。马克思甚至称当代社会中的生产活动产生的是"发育不全的怪物"，而不是有创造力的和满意的人类⑦（接下来的评论中用"生产（work）"或"生产活动"泛指这类活动，用"劳动（labour）"，"当代劳动"或"异化劳动"指称现代社会中

---

① *Ökonomischphilosophische Manuskripte aus dem Jahre 1844*, MEW, Ergänzungsband 1: 549; *Economic and Philosophic Manuscripts of 1844*, MECW3: 309; *Economic and Philosophical Manuscripts*, EW: 361.

② *Ökonomischphilosophische Manuskripte aus dem Jahre 1844*, MEW, Ergänzungsband 1: 549; *Economic and Philosophic Manuscripts of 1844*, MECW3: 309; *Economic and Philosophical Manuscripts*, EW: 361.

③ *Die heilige Familie, oder Kritik der kritischen Kritik: Gegen Bruno Bauer und Konsorten*, MEW2: 89; *The Holy Family, or Critique of Critical Criticism: Against Bruno Bauer & Co.*, MECW4: 84.

④ *Ökonomischphilosophische Manuskripte aus dem Jahre 1844*, MEW, Ergänzungsband 1: 549; *Economic and Philosophic Manuscripts of 1844*, MECW3: 309; *Economic and Philosophical Manuscripts*, EW: 361.

⑤ *Ökonomischphilosophische Manuskripte aus dem Jahre 1844*, MEW, Ergänzungsband 1: 549; *Economic and Philosophic Manuscripts of 1844*, MECW3: 309; *Economic and Philosophical Manuscripts*, EW: 361.

⑥ *Ökonomischphilosophische Manuskripte aus dem Jahre 1844*, MEW, Ergänzungsband 1: 541; *Economic and Philosophic Manuscripts of 1844*, MECW3: 301; *Economic and Philosophical Manuscripts*, EW: 353.

⑦ "Kritische Randglossen zu dem Artikel 'Der König von Preussen und die Sozialreform: Von einem Preussen'", MEW1: 396; "Critical Marginal Notes on the Article 'The King of Prussia and Social Reform: By A Prussian'", MECW3: 193; "Critical Notes on the King of Prussia and Social Reform", EW: 406; "Auszüge aus James Mills Buch 'Elémens d'économie politique'", MEW, Ergänzungsband 1: 455; "Comments on James Mill, *Elémens d'économie* politique", MECW3: 220; "Excerpts from James Mill's Elements of Political Economy", EW: 269.

这种活动的形式①)。

致使当代劳动对人类繁荣产生障碍的特点,马克思论证的不是很明显。青年马克思列出了一些特点但没有说明它们之间的关系。而且,这些公认的损害人类自我实现的劳动条件的数量和种类很容易被低估,不仅因为马克思不能清晰地区分它们,还因为很多评论者把他的论述简单概括为《手稿》中常被引用的异化劳动的四种状况(认为当代劳动使得个体与产品分离、与生产活动分离、与其他个体分离、与个体自身本性分离)。

第一种状况是关于当代工人和产品的关系。马克思认为,在当今社会,工人的劳动成果"是对他有控制力的陌生物体"②。这是早期对"拜物教"思想的引用——个体创造出一些物品,而这些物品拥有个体没有的能力——这对马克思后来批判政治经济学非常重要。③ 当代工人对物品授予"生命",而该物品反而"对其敌视且陌生"④。正如青年马克思所说,"我们的产品已经能够站起来反对我们:它似乎是我们的财产但事实上我们是它的财产"⑤。这些能力并不是产品所固有的。这种拜物教的现象在早期作品中被视为当代社会的特色。早期的"人对人的统治"被认为被当代社会"物对人的统治、产品对生产者的统治"所取代。⑥

第二种状况是关于当代工人与生产过程或生产活动的关系。马克思认

---

① C. J. Arthur. *Dialectics of Labour: Marx and his Relation to Hegel*. Oxford: Oxford University Press, 1986: 12 – 19.
② *Ökonomischphilosophische Manuskripte aus dem Jahre 1844*, MEW, *Ergänzungsband* 1: 515; *Economic and Philosophic Manuscripts of 1844*, MECW3: 275; *Economic and Philosophical Manuscripts*, EW: 327.
③ G. A. Cohen. *Karl Marx's Theory of History: A Defence*. Oxford: Oxford University Press, 1978: chapter 5.
④ *Ökonomischphilosophische Manuskripte aus dem Jahre 1844*, MEW, *Ergänzungsband* 1: 512; *Economic and Philosophic Manuscripts of 1844*, MECW3: 272; *Economic and Philosophical Manuscripts*, EW: 324.
⑤ "Auszüge aus James Mills Buch 'Elémens d'économie politique'", MEW, *Ergänzungsband* 1: 461; "Comments on James Mill, *Elémens d'économie* politique", MECW3: 227; "Excerpts from James Mill's Elements of Political Economy", EW: 276.
⑥ "Auszüge aus James Mills Buch 'Elémens d'économie politique'", MEW, *Ergänzungsband* 1: 455; "Comments on James Mill, *Elémens d'économie* politique", MECW3: 221; "Excerpts from James Mill's Elements of Political Economy", EW: 270.

为，在生产活动中当代工人的"生产活动是外来的且不属于他"①，甚至完全是"意外且不重要"，不论生产"活动是否涉及符合工人的性格，他的天分和精神目标"②。当代劳动通常不能实现个体的各种创造性潜能。生产活动变得具备有创造性潜能却被认为是"无能"和"去势"③。

第三种状况是关于当代工人和其他个体之间的关系。借用《穆勒评注》中的表达，这里的问题不是"自我疏离"即个体与本性的分离，而是"相互疏离"即个体间的疏离。④ "人与人的疏离"反映在每个个体"视他人"为达到自己目的的一个手段。⑤ 当今社会中，对他人的关心主要是因为算计他人可能对自身利益造成的影响。在阐述这一点时，马克思称，在当今社会尽管你可能需要我的劳动成果，但你"没有权利占有"我的产品。⑥ 甚至你对我的产品的需求可能变成"我控制你"的手段。⑦ 对于此类现象青年马克思似乎感到非常遗憾。

第四种状况是关于当代工人与本性之间的关系（是关于"自我疏离"

---

① *Ökonomischphilosophische Manuskripte aus dem Jahre 1844*, MEW, *Ergänzungsband* 1: 515; *Economic and Philosophic Manuscripts of 1844*, MECW3: 275; *Economic and Philosophical Manuscripts*, EW: 327.
② "Auszüge aus James Mills Buch 'Elémens d'économie politique'", MEW, *Ergänzungsband* 1: 454; "Comments on James Mill, *Elémens d'économie* politique", MECW3: 220; "Excerpts from James Mill's Elements of Political Economy", EW: 269.
③ *Ökonomischphilosophische Manuskripte aus dem Jahre 1844*, MEW, *Ergänzungsband* 1: 515; *Economic and Philosophic Manuscripts of 1844*, MECW3: 275; *Economic and Philosophical Manuscripts*, EW: 327.
④ "Auszüge aus James Mills Buch 'Elémens d'économie politique'", MEW, *Ergänzungsband* 1: 456; "Comments on James Mill, *Elémens d'économie* politique", MECW3: 222; "Excerpts from James Mill's Elements of Political Economy", EW: 270.
⑤ *Ökonomischphilosophische Manuskripte aus dem Jahre 1844*, MEW, *Ergänzungsband* 1: 517–518; *Economic and Philosophic Manuscripts of 1844*, MECW3: 277–278; *Economic and Philosophical Manuscripts*, EW: 330.
⑥ "Auszüge aus James Mills Buch 'Elémens d'économie politique'", MEW, *Ergänzungsband* 1: 460; "Comments on James Mill, *Elémens d'économie* politique", MECW3: 225; "Excerpts from James Mill's Elements of Political Economy", EW: 275.
⑦ "Auszüge aus James Mills Buch 'Elémens d'économie politique'", MEW, *Ergänzungsband* 1: 460; "Comments on James Mill, *Elémens d'économie* politique", MECW3: 225; "Excerpts from James Mill's Elements of Political Economy", EW: 275.

而不是"相互疏离")①。马克思认为,一旦工作变成纯粹的生存手段,人类对在生产活动中实现自我的需求就会降低。若生产活动只是为了满足工人的基本需求,"他作为人的本质"就变成了"物理存在的手段"②。此时,马克思把个体描述为"与自身的本性疏离"③。他称当代劳动的性质把工人的本性变成了"陌生"的事物。④

我这种对异化劳动的四个方面的表述不是很清晰和全面。⑤ 然而,此时继续阐述青年马克思的观点将是多余的。接下来将讨论一些经常被忽略的、不利于人类繁荣的劳动的其他特点。这种忽略是一种遗憾,因为在马克思对当代工作的堕落和与之伴随的当代工人向"心理和身体非人化的存在"的转变的论述中,这是不可缺少的一部分。⑥

接下来将对四个特点进行阐释。第一是"过劳",即当代工人不得不用在生产活动中的时间。⑦ 青年马克思在这里主要关心的是过劳的后果而

---

① "Auszüge aus James Mills Buch 'Elémens d'économie politique'", MEW, *Ergänzungsband* 1: 456; "Comments on James Mill, *Elémens d'économie politique*", MECW3: 222; "Excerpts from James Mill's Elements of Political Economy", EW: 270.

② *Ökonomischphilosophische Manuskripte aus dem Jahre 1844*, MEW, *Ergänzungsband* 1: 517; *Economic and Philosophic Manuscripts of 1844*, MECW3: 277; *Economic and Philosophical Manuscripts*, EW: 329.

③ "Auszüge aus James Mills Buch 'Elémens d'économie politique'", MEW, *Ergänzungsband* 1: 455; "Comments on James Mill, *Elémens d'économie politique*", MECW3: 220; "Excerpts from James Mill's Elements of Political Economy", EW: 269.

④ *Ökonomischphilosophische Manuskripte aus dem Jahre 1844*, MEW, *Ergänzungsband* 1: 517; *Economic and Philosophic Manuscripts of 1844*, MECW3: 277; *Economic and Philosophical Manuscripts*, EW: 329.

⑤ István Mészáros. *Marx's Theory of Alienation*. London: The Merlin Press Ltd, 1970: 78ff; Isidor Wallimann. Estrangement: Marx's Conception of Human Nature and the Division of Labour. Westport CN, 1981: 31ff.; John Maguire. *Marx's Paris Writings: An Analysis*. Dublin: Barnes & Noble, 1972: 67ff.

⑥ *Ökonomischphilosophische Manuskripte aus dem Jahre 1844*, MEW, *Ergänzungsband* 1: 524; *Economic and Philosophic Manuscripts of 1844*, MECW3: 284; *Economic and Philosophical Manuscripts*, EW: 336.

⑦ "Kritische Randglossen zu dem Artikel 'Der König von Preussen und die Sozialreform: Von einem Preussen'", MEW1: 396; "Critical Marginal Notes on the Article 'The King of Prussia and Social Reform: By A Prussian'", MECW3: 193; "Critical Notes on the King of Prussia and Social Reform", EW: 406.

不是性质。他认为过劳会缩短寿命，导致工人的"早死"。① 第二是工人"越来越片面的"发展。② 这一点经常被认为是在批判专业化，但实际上是对生产活动的单调的批判（马克思批判的是劳动的重复性以及当代工厂系统的"单调"③）。第三是劳动的"机械化"④。机械化涉及对当代劳工的思想和身体要求，尤其是判断和控制力的缺少，因为工人"身心受到压抑，几乎成了机器"⑤。第四是当代社会工作的组织形式导致的愚蠢（"痴呆和白痴"）⑥。很明显马克思指的不是学术标准的智力，而是指生产活动中缺少对脑力技能的要求。

这对青年马克思关于异化劳动的理解的阐释远不够充分完整。不过这也说明马克思的评论的混杂和凌乱。当今社会的生产活动使个体同产品、生产活动、其他个体和自身的本性分离。另外，它使得工人过劳，发展片面，机械化和智力发育受阻。

除了对当今社会异化劳动性质的负面描述，青年马克思还在《穆勒

---

① Ökonomischphilosophische Manuskripte aus dem Jahre 1844, MEW, Ergänzungsband 1: 474; Economic and Philosophic Manuscripts of 1844, MECW3: 238; Economic and Philosophical Manuscripts, EW: 285.

② Ökonomischphilosophische Manuskripte aus dem Jahre 1844, MEW, Ergänzungsband 1: 474, 513, 524; Economic and Philosophic Manuscripts of 1844, MECW3: 238, 273, 284; Economic and Philosophical Manuscripts, EW: 286, 325, 336.

③ "Kritische Randglossen zu dem Artikel 'Der König von Preussen und die Sozialreform: Von einem Preussen'", MEW1: 396; "Critical Marginal Notes on the Article 'The King of Prussia and Social Reform: By A Prussian'", MECW3: 193; "Critical Notes on the King of Prussia and Social Reform", EW: 406.

④ "Kritische Randglossen zu dem Artikel 'Der König von Preussen und die Sozialreform: Von einem Preussen'", MEW1: 396; "Critical Marginal Notes on the Article 'The King of Prussia and Social Reform: By A Prussian'", MECW3: 193; "Critical Notes on the King of Prussia and Social Reform", EW: 406.

⑤ Ökonomischphilosophische Manuskripte aus dem Jahre 1844, MEW, Ergänzungsband 1: 474; Economic and Philosophic Manuscripts of 1844, MECW3: 237 – 238; Economic and Philosophical Manuscripts, EW: 285; "Auszüge aus James Mills Buch 'Elémens d'économie politique'", MEW, Ergänzungsband 1: 455; "Comments on James Mill, Elémens d'économie politique", MECW3: 220; "Excerpts from James Mill's Elements of Political Economy", EW: 269.

⑥ Ökonomischphilosophische Manuskripte aus dem Jahre 1844, MEW, Ergänzungsband 1: 513; Economic and Philosophic Manuscripts of 1844, MECW3: 273; Economic and Philosophical Manuscripts, EW: 326.

评注》中介绍了未被异化的劳动的样态。马克思罕见地较直接、详细地讨论了未来的可能性。他写道:"让我们假设我们作为人类去从事生产。"① 马克思通常用第一人称来描述未被异化的工人的立场。

马克思对未被异化的生产的论述非常简短,不容易被理解。然而,我们可以把他的评论理解为,他为《手稿》中勾勒的异化劳动的四个方面提供了消除异化的选择。

非异化劳动的第一个方面是关于工人和产品之间的关系。马克思主要表达了两点:在实现自我的工作中,我的"人格"会"客观"体现在产品中,即我的创造将以"可感知"的形式体现我的才华和能力;② 我将从自己制造的产品中"得到乐趣"③。

非异化劳动的第二个方面是关于工人和生产过程之间的关系。同样地,马克思也主要论述了两点:我会在生产过程中表现我的"个性",即在生产过程中表现我的才华和能力,因此生产活动与工人的性格"吻合"④;生产活动不再是"我讨厌"的活动。⑤ 这些观点预先假定人类会享受劳动中的自我实现活动。在工作中,我会"享受表现自己的生活"⑥。

非异化劳动的第三个方面是关于工人和其他个体之间的关系。其中包

---

① "Auszüge aus James Mills Buch 'Elémens d'économie politique'", MEW, *Ergänzungsband* 1: 462; "Comments on James Mill, *Elémens d'économie politique*", MECW3: 227; "Excerpts from James Mill's Elements of Political Economy", EW: 227.

② "Auszüge aus James Mills Buch 'Elémens d'économie politique'", MEW, *Ergänzungsband* 1: 462; "Comments on James Mill, *Elémens d'économie politique*", MECW3: 227; "Excerpts from James Mill's Elements of Political Economy", EW: 227.

③ "Auszüge aus James Mills Buch 'Elémens d'économie politique'", MEW, *Ergänzungsband* 1: 462; "Comments on James Mill, *Elémens d'économie politique*", MECW3: 227; "Excerpts from James Mill's Elements of Political Economy", EW: 227.

④ "Auszüge aus James Mills Buch 'Elémens d'économie politique'", MEW, *Ergänzungsband* 1: 463; "Comments on James Mill, *Elémens d'économie politique*", MECW3: 228; "Excerpts from James Mill's Elements of Political Economy", EW: 278.

⑤ "Auszüge aus James Mills Buch 'Elémens d'économie politique'", MEW, *Ergänzungsband* 1: 463; "Comments on James Mill, *Elémens d'économie politique*", MECW3: 228; "Excerpts from James Mill's Elements of Political Economy", EW: 278.

⑥ "Auszüge aus James Mills Buch 'Elémens d'économie politique'", MEW, *Ergänzungsband* 1: 462; "Comments on James Mill, *Elémens d'économie politique*", MECW3: 227; "Excerpts from James Mill's Elements of Political Economy", EW: 227.

含工人对其他人的态度。马克思称，我会因他人使用或喜欢我的产品而感到"满足"①。这种满足源自"知道"自己生产的产品"符合他人的需求"②。我以满足他人的需求为乐，而不是因为我这么做会获得好处。这种关系的另外一面是他人对我的态度。他人能理解并"承认"我在满足其需求和在其"实现"本性中起到的作用。③ 他人会"真心实意"把我当作"自身不可缺少的一部分"④。这里谈论的主要是相互性而不是亲密性，尽管如此，青年马克思还是认为，个体之间很强的感情纽带，毫无疑问对人类的繁荣至关重要。

非异化劳动的第四个方面是关于工人和人性之间的关系。在生产的活动和成果中体现的不仅是个体的才能，而且是人类的基本能力。青年马克思甚至称，创造的过程和结果是"人性"的反映。⑤ 这种关系还有一面，因为非异化劳动的产品满足了人类的需求，所以可以说我"创造了符合他人本性的物品"⑥，通过消费我的产品他人的人性得到了表达和实现，通过满足他人的需求，我成了"你和人类"之间的"介体"⑦，即把其他

---

① "Auszüge aus James Mills Buch 'Elémens d'économie politique'", MEW, *Ergänzungsband* 1：462；"Comments on James Mill, *Elémens d'économie politique*", MECW3：228；"Excerpts from James Mill's Elements of Political Economy", EW：227.
② "Auszüge aus James Mills Buch 'Elémens d'économie politique'", MEW, *Ergänzungsband* 1：462；"Comments on James Mill, *Elémens d'économie politique*", MECW3：228；"Excerpts from James Mill's Elements of Political Economy", EW：227.
③ "Auszüge aus James Mills Buch 'Elémens d'économie politique'", MEW, *Ergänzungsband* 1：462；"Comments on James Mill, *Elémens d'économie politique*", MECW3：228；"Excerpts from James Mill's Elements of Political Economy", EW：227.
④ "Auszüge aus James Mills Buch 'Elémens d'économie politique'", MEW, *Ergänzungsband* 1：462；"Comments on James Mill, *Elémens d'économie politique*", MECW3：228；"Excerpts from James Mill's Elements of Political Economy", EW：227.
⑤ "Auszüge aus James Mills Buch 'Elémens d'économie politique'", MEW, *Ergänzungsband* 1：462；"Comments on James Mill, *Elémens d'économie politique*", MECW3：228；"Excerpts from James Mill's Elements of Political Economy", EW：227.
⑥ "Auszüge aus James Mills Buch 'Elémens d'économie politique'", MEW, *Ergänzungsband* 1：462；"Comments on James Mill, *Elémens d'économie politique*", MECW3：228；"Excerpts from James Mill's Elements of Political Economy", EW：227.
⑦ "Auszüge aus James Mills Buch 'Elémens d'économie politique'", MEW, *Ergänzungsband* 1：462；"Comments on James Mill, *Elémens d'économie politique*", MECW3：228；"Excerpts from James Mill's Elements of Political Economy", EW：227.

个体和他们的本性结合起来的因素。该观点很重要，也很有争议性。青年马克思认为，个体需要彼此来成为真正的人。在他人实现本性的过程中，我起到的作用，说明了人性的"相通"性。①

群居生物

对共同体的需求是较高级的社会需求，对它的辩护经常被认为是马克思对人类繁荣论述的独特的部分。这个需求对本章关心的问题至关重要，但不幸的是，马克思只简短地描述了这个问题。尽管共同体这一概念难以理清且有争议，但在早期作品中，马克思只对它的意义稍有提及和含糊阐述。

通过熟悉的共同体和社团的对比可以初步了解这一概念。② 社团通常是一个合同（或准合同）群体，宗旨是推动社团内每个群体的利益。相比之下，一个共同体是有共同价值观和生活方式的人。共同体的成员会认同这个团体及其行为并承认彼此为成员。③ 这种区分是有用的，对集体模型的描述也符合通常的用法。

然而，如前文所说，早期作品中共同体的概念比这个基本的模型严格得多。另外，青年马克思对共同体的概念要求个体之间相互平等且真诚关心他人，④ 不仅仅是合作给个体带来的互利（马克思常把这种模型跟政治经济联系起来）。⑤ 你不是碰巧从我（自利）的行为中受益，相反我必须

---

① "Auszüge aus James Mills Buch 'Elémens d'économie politique'"，MEW，*Ergänzungsband* 1：463；"Comments on James Mill，*Elémens d'économie* politique"，MECW3：228；"Excerpts from James Mill's Elements of Political Economy"，EW：278.
② 集体和社团的区分在德国社会思想中由来已久。
③ Andrew Mason. *Community, Solidarity and Belonging: Levels of Community and their Normative Significance.* Cambridge：Cambridge University Press，2000：20 – 27.
④ "Zur Judenfrage"，MEW1：366；"On the Jewish Question"，MECW3：164；"On the Jewish Question"，EW：230.
⑤ "Auszüge aus James Mills Buch 'Elémens d'économie politique'"，MEW，*Ergänzungsband* 1：451；"Comments on James Mill，*Elémens d'économie* politique"，MECW3：217；"Excerpts from James Mill's Elements of Political Economy"，EW：266.

帮你满足需求。①

青年马克思认为，当代社会不能提供真正的共同体可以繁荣的环境（下文提到的"共同体"指的都是"真正的集体"）。然而，他并不认为，当代社会缺少集体。当代社会中至少存在两种共同体：在现代国家层面实现有限的和不足的共同体以及在市民社会中的一些小群体。关于后者，例如在马克思对在巴黎目击的法国社会主义工人聚会的评论②中称构成这些团体成员身份的社交（"陪伴、交往、交流"）不被认为是个体目标（"抽烟、饮食"）的"手段"，而是这些团体成员的"目的"。③ 第一次聚集时这些共产主义工人的"直接目标"也许是"指导、宣传等"，但他们同时也获得了"新的需求——对交往的需求"，因此，"一开始的手段最后变成了目标"④。当然，问题在于不同的态度，认为团体的会员身份之所以重要，是因为它是达成自利的手段。⑤ 在激进工人的社交中，青年马克思称"人类的兄弟情"不是空洞之语，是一种现实。人类的高贵品质从他们劳累的身躯中闪耀出来。⑥

马克思以多种方式描述了人性和共同体之间的关联。他称个体为

---

① Michael Taylor, *Community, Anarchy and Liberty*. Cambridge: Cambridge University Press, 1982: 28 – 33.
② Werner Schuffenhauer. *Feuerbach und der Junge Marx: Zur Entstehungsgeschichte der Marxistischen Weltanschauung*. Berlin: VEB Deutscher Verlag Der Wis, 1965: chapter 4; J. Grandjonc. *Marx et les communistes allemands à Paris: 1844*. Paris: François Maspero, 1974: chapter 3.
③ *Ökonomischphilosophische Manuskripte aus dem Jahre 1844*, MEW, *Ergänzungsband* 1: 553 – 554; *Economic and Philosophic Manuscripts of 1844*, MECW3: 313; *Economic and Philosophical Manuscripts*, EW: 365.
④ *Ökonomischphilosophische Manuskripte aus dem Jahre 1844*, MEW, *Ergänzungsband* 1: 553; *Economic and Philosophic Manuscripts of 1844*, MECW3: 313; *Economic and Philosophical Manuscripts*, EW: 365.
⑤ *Ökonomischphilosophische Manuskripte aus dem Jahre 1844*, MEW, *Ergänzungsband* 1: 516; *Economic and Philosophic Manuscripts of 1844*, MECW3: 276; *Economic and Philosophical Manuscripts*, EW: 328.
⑥ *Ökonomischphilosophische Manuskripte aus dem Jahre 1844*, MEW, *Ergänzungsband* 1: 554; *Economic and Philosophic Manuscripts of 1844*, MECW3: 313; *Economic and Philosophical Manuscripts*, EW: 365.

"共同体生物"且有着"共同体"本性。① 马克思认为,生活在一个非共同体的社会中会使个体疏离本性,"社会是真正共同体的笨拙模仿"的观点与"人类被从本身疏离"的观点是"一样的"。②

"真正的人"与共同体的关系有两个核心元素,共同体既是人类繁荣的条件,又是人类繁荣的结果。

第一,马克思称生活在共同体之中是成为"类存在"的条件,是成功发展和运用人类本质能力的必要条件。简言之,个体只有在共同体中才能繁荣。一个不是共同体成员的个体一定"是与本身疏离的存在",因为,其集体本性没有得到满足。③ 个体与其本性分离的重要性不能被低估。跟其他种类的分离相比,这种与人性的分离被马克思描述为"影响深远,难以承受,可怕且矛盾"④。马克思认为,不属于任何共同体的个体过着"非人性的生活"⑤。

第二,马克思称共同体是人性的产物,即人性实现后的结果。马克思称"人类通过激活自身的本质,生产、创造出人类集体"⑥。这样的行为

---

① *Kritik des Hegelschen Staatsrechts*, MEW1: 284; "Contribution to the Critique of Hegel's Philosophy of Law", MECW3: 80; "Critique of Hegel's Doctrine of State", EW: 147; "Zur Judenfrage", MEW1: 355; "On the Jewish Question", MECW3: 154; "On the Jewish Question", EW: 220.

② "Auszüge aus James Mills Buch 'Elémens d'économie politique'", MEW, *Ergänzungsband* 1: 451; "Comments on James Mill, *Elémens d'économie* politique", MECW3: 217; "Excerpts from James Mill's Elements of Political Economy", EW: 265.

③ "Auszüge aus James Mills Buch 'Elémens d'économie politique'", MEW, *Ergänzungsband* 1: 451; "Comments on James Mill, *Elémens d'économie* politique", MECW3: 217; "Excerpts from James Mill's Elements of Political Economy", EW: 265.

④ "Kritische Randglossen zu dem Artikel 'Der König von Preussen und die Sozialreform: Von einem Preussen'", MEW1: 408; "Critical Marginal Notes on the Article 'The King of Prussia and Social Reform: By A Prussian'", MECW3: 205; "Critical Notes on the King of Prussia and Social Reform", EW: 419.

⑤ "Kritische Randglossen zu dem Artikel 'Der König von Preussen und die Sozialreform: Von einem Preussen'", MEW1: 408; "Critical Marginal Notes on the Article 'The King of Prussia and Social Reform: By A Prussian'", MECW3: 205; "Critical Notes on the King of Prussia and Social Reform", EW: 419.

⑥ "Auszüge aus James Mills Buch 'Elémens d'économie politique'", MEW, *Ergänzungsband* 1: 451; "Comments on James Mill, *Elémens d'économie* politique", MECW3: 217; "Excerpts from James Mill's Elements of Political Economy", EW: 265.

产生的共同体不是"凌驾于个体的,抽象的,普遍权力(如当代国家)",而是表现了"每个个体的本性,行为、生活和自己的精神"①。

在这个问题上,马克思与亚里士多德的看法相似。当然,这样的比较并不新鲜。越来越多的资料把他们的道德观与他们的社会本体论关联起来。② 这里提的是亚里士多德式的对政治和人性的论述(亚里士多德式这句表达是为了说明这一论述与我们所了解的亚里士多德对政治和人性的看法有清晰且密切的联系,这一论述涉及他的作品,但忽略了其中的一些重要方面,比如哪些人才算政治集体的正式成员③)。

这种比较似乎不太可能。毕竟两人通常被认为对这些问题的看法"明显不同"。马克思对政治的论述——作为一个完全被解放的没有疏离领域的社会——与亚里士多德对(对人类繁荣至关重要的)政治生活的理解形成强烈反差。④ 然而,关于这种解读,问题不是这么明显。

亚里士多德与其他思想家相比更加支持对政治的自然主义理解,因为他认为人性概念对分析和评价社会与政治生活至关重要。⑤ 特别是,亚里士多德将这两种观点联系起来:人类本质上是"政治动物",国家是自然实体。

第一个主要的亚里士多德式观点可以分为两部分:一部分把人类描述

---

① "Auszüge aus James Mills Buch 'Elémens d'économie politique'", MEW, *Ergänzungsband* 1: 451; "Comments on James Mill, *Elémens d'économie* politique", MECW3: 217; "Excerpts from James Mill's Elements of Political Economy", EW: 265.

② Alan Gilbert. "Marx's Moral Realism: Eudaimonism and Moral Progress". ed. Terence Ball and James Farr. *After Marx*. Cambridge: Cambridge University Press, 1984: 154 – 181; Richard W. Miller. "Marx and Aristotle: A Kind of Consequentialism". *Canadian Journal of Philosophy*. 1981 (7): 323 – 352; G. E. M. Ste Croix. *The Class Struggle in the Ancient Greek World: From the Archaic Age to the Arab Conquests*. London: Cornell University Press, 1981: 69ff; Scott Meikle. *Essentialism in the Thought of Karl Marx*. London: Gerald Duckworth & Co Ltd, 1985.

③ 尤其是它忽略了亚里士多德对女性和"天生"奴隶的描述。

④ Richard Robinson. "*Introduction*", Aristotle, Politics Books III and IV. Oxford: Oxford University Press, 1995: vii – xxx.

⑤ Fred D. Miller Jr. Nature, *Justice, and Rights in Aristotle's "Politics"*. Oxford: Oxford University Press, 1995: chapter 2.

为"政治动物",一部分称人类"本性如此"①。这两部分都需要详细论述。

对亚里士多德的政治动物这一概念主要有两种不同的理解。

第一种比较狭义的用法,认为它指的是"居住在城邦国家里的"生物(在《资本论》中马克思称这是"严格"意义上的亚里士多德的定义②)。之所以说这种理解狭义是因为它把野人和当代人都排除在外。这种解读有其优点。比如,它强调"群居生物"与"城邦"之间的语源关系③(亚里士多德在《政治学》中多次提到"城邦"一词)。然而,这种较狭义的解读与文章的其他部分难以达成一致。亚里士多德曾进行量化的比较,称人类相比蜜蜂和其他群居生物是"更加政治性的生物"。如果其他生物也是"政治动物",尽管程度较低——既然这些生物不是真正意义上的"城邦国家居民"——那么除了这种狭义的理解外必然还有其他的用法。④

第二种较广义的用法在《动物史》中就有论述。亚里士多德把群居动物分为政治性和非政治性两类,把人类、蜜蜂、黄蜂和鹤归为"政治动物"⑤。这种较广义的用法认为,政治动物是那些通过复杂形式的合作来追求他们集体共同利益的动物⑥(当今读者可能不理解为何把鹤归为社

---

① Wolfgang Kullmann. "Man as a Political Animal in Aristotle". ed. David Keyt and Fred D. Miller Jr. *A Companion to Aristotle's "Politics"*. Oxford: Oxford University Press, 1991: 94 – 117; David J. Depew. "Humans and Other Political Animals in Aristotle's History of Animals". *Phronesis*. 1995 (40): 156 – 181; John M. Cooper. "Political Animals and Civic Friendship?". *Reason and Emotion: Essays on Ancient Moral Psychology and Ethical Theory*. Princeton: Princeton University Press, 1999: 356 – 377.

② *Das Kapital: Kritik der politischen ökonomie*, Erster Band, Buch 1: *Der Produktionsprozeß des Kapitals*, MEW23: 346; *Capital: Critique of Political Economy1*, Book 1: *The Process of Production of Capital*, MECW35: 331.

③ Aristotle. *Politics*. 1253a7 – 9.

④ Richard Kraut. *Aristotle: Political Philosophy*. Oxford: Oxford University Press, 2002: 250.

⑤ Aristotle. *Politics*. 488a9 – 10.

⑥ John M. Cooper. "Political Animals and Civic Friendship". *Reason and Emotion: Essays on Ancient Moral Psychology and Ethical Theory*. Princeton: Princeton University Press, 1999: 58ff; R. G. Mulgan. *Aristotle's Political Theory: An Introduction for Students of Political Theory*. Oxford: Oxford University Press, 1977: 24.

会动物。这似乎是源自希腊人的观点,认为鹤在迁徙中有复杂和分层的分工①)。希腊城邦国家——至少亚里士多德这样认为——有着高层次的类似的合作,但它不一定是唯一的合作形式。

之所以称人类"本性上"是政治动物,是因为亚里士多德认为这种为了追求共同体利益的复杂合作反映了人类之所以是人类的本质,涉及个体拥有的天然的能力和趋势。人类不仅拥有利于合作的内在能力(如语言和正义感),还有一种"本能"去发挥这种能力,因此,能够实现真正的共同体。②

第一个重要的亚里士多德式观点认为,我们所内在拥有的形成政治共同体的天性和政治共同体在人类繁荣中所起的作用之间有联系。人类可以存在于政治共同体之外,但他们不能繁荣或被完善(没有社团需求的个体一定"要么是野兽要么是神")③。根据亚里士多德目的论的论述,正是因为政治共同体是人类繁荣的必要条件,所以自然赋予人类强烈的倾向去形成它们。他指出自然"不会平白无故创造任何事物"④。(我认为亚里士多德表达的是自然形成了连贯且有规则的系统,而不是说自然是有意识的创造者。)

第二个重要的亚里士多德式观点认为,政治共同体是天然的或天生存在。有一种广泛的共识认为,亚里士多德的观点是为了反驳一些人(尤其是诡辩学家)的观点:国家的存在只是约定俗成。⑤ 然而,奇怪的是亚里士多德的这一观点没有得到太多的支持。

一种观点认为,为了"天生"存在,国家必须是自动的实体或有内部的原则指引它的成长(换句话说,国家一定是《物理学》中讨论的那

---

① D'Arcy Wentworth Thompson. *A Glossary of Greek Birds*. Oxford: Oxford University Press, 1936: 71 – 72; J. E. Pollard. *Birds in Greek Life and Myth*. London: Thames & Hudson Ltd, 1977: 83 – 84.
② Aristotle. *Politics*. 1253a29 – 30.
③ Aristotle. *Politics*. 1253a29.
④ Aristotle. *Politics*. 1253a9 – 10.
⑤ W. K. C. Guthrie. *A History of Greek Philosophy: The Sophists*. Cambridge: Cambridge University Press, 1969 (3): part1; G. B. Kerferd. *The Sophistic Movement*. Cambridge: Cambridge University Press, 1981.

种自然物质)。① 然而，尽管亚里士多德的论述也许能够解释这种观点，但他从未如此精确地描述国家。而且，这种观点似乎与《政治学》中的其他部分冲突。比如，亚里士多德承认政治共同体是由立法者创造的，而人造物品缺少内因。② 这两点都给怀疑第一种解读提供了理由。

所幸在亚里士多德的作品中可以找到国家是自然实体的其他论述。③ 在《物理学》中，他区分了"有本性"的自然物质和"因为本性或根据本性"而存在的其他实体④（燕子的巢和蜘蛛的网也许是后者的例子⑤）。一个实体必须是满足一个自然物质目标的必要条件，且它的存在必须是（部分）因为这种物质的自然冲动，如此才可以把一个实体归为后者。因此，亚里士多德的观点（国家是自然实体）必须放置在人性特点和目标这个语境中来理解。国家不是根据自身内在的改变原理而存在，而是为了人类的繁荣。国家不仅是人类为了实现某种生活方式的自然冲动的产物，还把促进人类繁荣作为自己的目标。因此，可以把它归结为"因为本性或根据本性"而存在的其他实体（因此，应该承认立法者在国家出现过程中的重要性，国家是自然与人工合作的结果）。

上述两种重要的亚里士多德式观点在马克思早期作品中都得到肯定。第一，青年马克思认为，在一个能够正确反映我们之所以为人的社会中，个体会为了追求共同的利益参与复杂的合作，即在相关意义上人类是政治动物。在早期作品中政治与人性被紧密地联系在一起。比如，在《批判》中马克思曾与黑格尔在《法哲学原理》中的一个观点争论，黑格尔认为，政治机构和当代或理性国家中的个体之间的关系是偶然且外在的。马克思

---

① Ernest Barker. *The Political Thought of Plato and Aristotle*. New York: Verso, 1965: 281; Stephen R. L. Clark. *Aristotle's Man: Speculations in Aristotelian Anthropology*. Oxford: Oxford University Press, 1975: 102 – 104.
② David Keyt. *A Companion to Aristotle's "Politics"*. New Jersey: Wiley-Blackwell, 1991: 118.
③ Stephen Everson. "Aristotle on the Foundations of the State". *Political Studies*. 1988 (36): 89 – 101; Fred D. Miller Jr. *Nature, Justice, and Rights in Aristotle's "Politics"*. Oxford: Oxford University Press, 1997: 40 – 45.
④ Bernard Yack. *The Problems of a Political Animal: Community, Justice, and Conflict in Aristotelian Political Thought*. Berkeley: University of California Press, 1993: 91 – 92; Sarah Waterlow. *Nature, Change, and Agency in Aristotle's "Physics"*. Oxford: Oxford University Press, 1982: 50.
⑤ Aristotle. *Physics*. 199a7 – 8, 199a29 – 30.

认为，黑格尔否认人性和政治制度之间具有"本质联系"，指责他忘记了"国事"是人性的表达（"行动和存在的方式"）[1]（当然，这里要讨论的是马克思自身的立场，而不是他与黑格尔的渊源）。第二，马克思认为，真正的共同体不仅是人类本质能力实现之后的结果，还是人类本质能力得以实现的条件。与亚里士多德一样，青年马克思认为，共同体的成员身份对人类繁荣至关重要。如在《批判》中，马克思认为，区分并按共同利益行动的能力属于一般人类（而不像黑格尔认为的那样只限于公务员）。被排除在发展和运用这种能力之外的个体，不仅生活在"国家之外"且因此被"与自我"分离。[2]

人类繁荣

从马克思对人类非意志需求的扩展性理解，可以部分重构青年马克思对人类繁荣的论述。为了实现繁荣，个体的本质能力必须健康有力地发展。而这只有在一个不仅能够满足人类基本生理需求（饮食需求、保暖和遮风避雨的需求、对气候条件的需求、身体锻炼的需求、对基本卫生条件的需求、繁殖和异性间性行为的需求），在较高级的需求中，既能满足不被认为是马克思主要论述中的需求（娱乐、文化、教育和知识、艺术表现、情感和美感需求），又能满足马克思主要论述的需求（工作和真正共同体的需求），人类繁荣才是可能的。

对于列出来的这些人类需求种类还需详细评论。本文只讨论其所忽略（是否排除了一些重要的需求）和过分强调（是否过于苛刻）的方面。

至于忽略（是否排除了一些重要需求）问题，很明显没有理由认为列出的需求种类是完整的，也没有理由坚信马克思会这么认为。这不是说马克思会认同所有一般公认的补充，只是说他并不认为自己对人类繁荣的

---

[1] *Kritik des Hegelschen Staatsrechts*, MEW1: 222; "Contribution to the Critique of Hegel's Philosophy of Law", MECW3: 21; "Critique of Hegel's Doctrine of State", EW: 77-78.

[2] *Kritik des Hegelschen Staatsrechts*, MEW1: 253; "Contribution to the Critique of Hegel's Philosophy of Law", MECW3: 51; "Critique of Hegel's Doctrine of State", EW: 112.

零散评论是对其构成部分的全面列举。

至于强调是否过于苛刻问题更为复杂。我且认为不论有什么其他缺点，它至少避免了其他对人类繁荣论述的偏见。比如，对思考益处的过分强调，据说损害了亚里士多德在《尼各马克伦理学》中对美好生活的论述。① 然而，其他问题更加严重。

特别是，马克思的哲学人类学被描述为"深刻片面"②。马克思尽管强调人性中创造性的方面，却忽视"一个完整的人类需求和追求的领域"，即对"定义自我"的需求与兴趣。定义自我指的是需要通过比自身更大的事物来定义自身。这种强调之不足的表现是这种忽略被带入并破坏了马克思对未来社会的预见。③ 特别是尽管（马克思预见中的）共同体被视作个体实现才华和能力的条件，它只是被视作达成该独立目标的"手段"④。

这种批判不无道理。马克思确实非常重视人性中具有创造力的方面，比如，他认为"愚钝"是非人的状况。⑤ 然而，我并不认同对马克思的这一野蛮指责：他忽略了人类对定义自我的需求。⑥ 我的怀疑在一定程度上是形式上的，即忽略就是强调得不够，而"够"的标准是什么尚不清楚。另外，据说这种忽略的表现是共同体的成员身份只被视作发展个体才能的工具和手段。然而，青年马克思似乎并不这样认为。⑦ 在早期作品中，马克思不仅明确指出了人类需要成为某种共同体成员（"定义自我"需求在社会中的体现），他还持续抨击当代社会把共同体仅仅看作达成个体目标的手段。马克思认为，在一个正常的社会，共同体将成为社团的目的之一。当人性中共同方面受挫或发展不充分的时候，才会认为连接不同个体

---

① Anthony Kenny. *Aristotle on the Perfect Life*. Oxford: Oxford University Press, 1992: chapters 7 – 8.
② G. A. Cohen. *History, Labour, and Freedom*. Oxford: Oxford University Press, 1988: 137.
③ G. A. Cohen. *History, Labour, and Freedom*. Oxford: Oxford University Press, 1988: 137.
④ G. A. Cohen. *History, Labour, and Freedom*. Oxford: Oxford University Press, 1988: 143.
⑤ *Die heilige Familie, oder Kritik der kritischen Kritik: Gegen Bruno Bauer und Konsorten*, MEW2: 44; *The Holy Family, or Critique of Critical Criticism: Against Bruno Bauer & Co.*, MECW4: 42.
⑥ G. A. Cohen. *History, Labour, and Freedom*. Oxford: Oxford University Press, 1988: 154.
⑦ G. A. Cohen. *History, Labour, and Freedom*. Oxford: Oxford University Press, 1988: 138.

的"本质联系"是"可有可无的",仅仅是满足个体利益的手段。①

需要指出的是,认为青年马克思承认定义自我的需求,并不是指马克思所说的满足需求的机制会让每个人满意。当然,一直有人怀疑对"明确体现"的需求可以通过把它等同于人类来解决。然而,这会提出另外一个问题,即关于马克思提出但不承认的满足人类需求的手段。

至于列出的需求种类是否过于苛刻的问题,很明显,马克思对人类繁荣的幻想很严格。尤其是他提出的标准不仅当代社会达不到,所有已知的社会也都难以实现。然而,这并不意味他对人类解放的预见超出人类能力无法实现。特别是未发现证据显示马克思把人类解放视作解决所有不满、沮丧、冲突和焦虑等问题的手段。之所以有人把人类解放理解为"天国般美好",是因为文学作品中偶有提及。比如,马克思曾描述一个这样的未来社会:"完美和谐,人类所有的追求都能实现,所有的价值观都能和解。"② 本章中分析的人类解放的论述并非如此。能满足以上需求的社会不一定没有困难或局限,更不一定是所有追求都能实现的社会。③ 相比天国般的论述和可能的自相矛盾,青年马克思对理性和人道未来的幻想严格却适度。

马克思在早期作品中有一个著名的段落——被一位评论者描述为"对普遍和谐令人印象深刻的预见"——被认为支持了对人类解放天国般的解读。④ 在《手稿》中常被引用的评论中,马克思把共产主义描述为

---

① "Auszüge aus James Mills Buch 'Elémens d'économie politique'", MEW, *Ergänzungsband* 1: 451; "Comments on James Mill, *Elémens d'économie politique*", MECW3: 217; "Excerpts from James Mill's Elements of Political Economy", EW: 266.

② Leszek Kolakowski. *Main Currents of Marxism: Its Rise, Growth, and Dissolution: The Breakdown*. Oxford: Oxford University Press, 1978 (3): 523; J. L. Talmon. *Political Messianism: The Romantic Phase*. London: Martin Secker & Warburg Ltd, 1960: 201ff; Nicholas Lash. *A Matter of Hope: A Theologian's Reflections on the Thought of Karl Marx*. London: Darton, Longman & Todd Ltd, 1981: chapterr 18; Alvin W. Gouldner. *The Dialectic of Ideology and Technology: The Origins, Grammar, and Future of Ideology*. London: Macmillan, 1976: 76.

③ G. A. Cohen. "Isaiah's Marx, and Mine". ed. Edna Ullmann-Margalit and Avishai Margalit. *Isaiah Berlin: A Celebration*. London: Verso, 1991: 122–123.

④ Krishan Kumar. *Utopia and Anti-Utopia in Modern Times*. Oxford: Oxford University Press, 1987: 62; Helmut Gollwitzer. *The Christian Faith and the Marxist Criticism of Religion*. Edinburgh: St Andrew Press, 1970: 73ff.

"真正解决了人与自然、人与人、存在与生存、对象化与自我肯定、自由与必然、个体与类之间的冲突，解开了历史之谜"①。关于这句话，需要详细解析：第一，共产主义"真正解决"这些冲突喻义不明。没有充分的理由证明可以把"真正解决"等同于天国。"解决"个体间的冲突可能不是涉及清除人类之间所有的冲突，而是清除那些需要清除、可以清除的冲突。共产主义社会可能会避免阶级冲突，但还会有被拒绝的"恋人"。第二，青年马克思并没有在这段话中表明他对共产主义的态度。相比之前讨论过的"粗陋且无理性的变体"，马克思似乎更加认同共产主义的形式。② 然而，这并不意味他全盘认同《手稿》中对共产主义的描述。③ 在该作品中，马克思思考了对当代社会主义不同形式的理解和态度。第三，这段文字孤立又有争议，且是出自未出版的笔记中。无论如何理解，它很难算是对早期作品中人类解放意义的总结。简言之，这段含义不清的段落不足以把明显不真实，且在别处找不到文字证据的思想归结为青年马克思对人类解放的论述。

制度碎片

为了说明青年马克思对人类繁荣的论述具有政治的一面，认为马克思把"真正的人"描述为政治动物是亚里士多德的说法也许不够。更多顾虑的人可能想看到制度和社会学细节——部门的种类、决策的性质、权利的分配等——被用来描述取代当代国家的政治制度。然而，即使对马克思关于人性论述更加清晰的解析，也不一定能看透马克思对最有利人类繁荣的政治制度的看法。

---

① *Ökonomischphilosophische Manuskripte aus dem Jahre 1844*, MEW, *Ergänzungsband* 1: 536; *Economic and Philosophic Manuscripts of 1844*, MECW3: 296 – 297; *Economic and Philosophical Manuscripts*, EW: 348.
② Shlomo Avineri. *The Social and Political Thought of Karl Marx*. Cambridge: Cambridge University Press, 1969: 223 – 224.
③ Jerrold Seigel. *Marx's Fate: The Shape of a Life*. Princeton: Princeton University Press, 1978: 132.

这不仅仅是维护关于马克思对人类解放论述存在政治方面的任性解读，还有一个更大的问题：社会应该以一定方式组织以利于人类繁荣的实现，但并未说明这一社会的应然状况。尤其是这样的条件可以以众多不同的方式实现。似乎没有理由认为有什么对人性的论述——至少是如此泛泛的论述——可以授权一套具体的制度。而且，如果没有对这些制度更具体的认识，就很难回应、批判马克思对人类解放的看法。

早期作品很少介绍未来社会的制度方面。马克思对当代政治生活的批判相对清晰，但对它可能的取代者的评论一带而过，他放弃了详细描述未来社会和政治制度的尝试。在这一方面，我们能从早期作品中（尤其是《批判》中）得到三条类体制的线索。

第一条类体制线索是关于参与政治生活的程度和性质。当然，这是青年马克思视域中的黑格尔政治哲学和当代政治国家之间的相似处之一。

对于政治生活的参与，当代国家和黑格尔国家都勉强承认一个原则，却又不愿意让它充分实现。一方面，这些国家承认普通公民参与集体决策的必要性和合理性；另一方面，他们试图限制和控制参与的程度。两种国家都乐意让"人民"参与进来，但只是以一种有限的方式，马克思称之为"受限且粉饰"的形式。[①]

"受限且粉饰"的结果便是公民身份理论与实践的对立。一方面，对当代国家的参与被认为对公民制度性质"至关重要"[②]，且"由此而发"[③]。青年马克思对该观点并无异议。他甚至认为公民身份和参与政治生活之间是必然的关系。[④] 马克思认为，如果公民不实际参与国家政权，只是"思考并判断"关于集体利益的问题，那么他们不是国家的"真正成员"[⑤]。

---

① *Kritik des Hegelschen Staatsrechts*, MEW1: 273; "Contribution to the Critique of Hegel's Philosophy of Law", MECW3: 70; "Critique of Hegel's Doctrine of State", EW: 134.
② *Kritik des Hegelschen Staatsrechts*, MEW1: 263; "Contribution to the Critique of Hegel's Philosophy of Law", MECW3: 60; "Critique of Hegel's Doctrine of State", EW: 124.
③ *Kritik des Hegelschen Staatsrechts*, MEW1: 323; "Contribution to the Critique of Hegel's Philosophy of Law", MECW3: 118; "Critique of Hegel's Doctrine of State", EW: 188.
④ *Kritik des Hegelschen Staatsrechts*, MEW1: 323; "Contribution to the Critique of Hegel's Philosophy of Law", MECW3: 118; "Critique of Hegel's Doctrine of State", EW: 188.
⑤ *Kritik des Hegelschen Staatsrechts*, MEW1: 323; "Contribution to the Critique of Hegel's Philosophy of Law", MECW3: 118; "Critique of Hegel's Doctrine of State", EW: 188.

另一方面，当代国家的实际政治制度允许公民仅仅"暂时"参与，尤其是在偶尔且间接选择代表方面。① 参与是一种"单一且短暂"的政治行为。②

至于参与政治活动的性质，马克思称当现代公民参与政治活动时，他们并非真心为了共同体利益，而通常是受到个体利益的驱动。这就产生了当代政治生活理论和实践的第二个对立。公民参与政治活动理应把共同关心的问题"视作自己的问题"③，即公民应该以共同利益为目标。然而，在当今社会，政治参与不仅短暂而且罕见，因为政治与其他个体的生活没有关系。对个体公民来说，政治参与是"煽情"（马克思称之为"片刻的狂喜"）④。因此，理论上对公民个体政治参与动机和方向的期待注定在实践中行不通。

马克思认为，当今社会成员的行为必然"基于他们的个人立场和私人利益"⑤。他写道，普通公民的日常行为既不"取决于"共同体利益又不以其"为目标"⑥。为了真正关心共同体利益，这些平民不得不"放弃原来的想法"。简言之，放弃对私人利益的关注，相信"它不仅与真正的平民身份不相通，甚至对立"⑦。讨论到政治和基督教之间的关系时，马克思称这种要求是"不太可能的转变"⑧。"问题的真相"是当代个体主

---

① *Kritik des Hegelschen Staatsrechts*, MEW1: 263; "Contribution to the Critique of Hegel's Philosophy of Law", MECW3: 60; "Critique of Hegel's Doctrine of State", EW: 124.
② *Kritik des Hegelschen Staatsrechts*, MEW1: 317; "Contribution to the Critique of Hegel's Philosophy of Law", MECW3: 112; "Critique of Hegel's Doctrine of State", EW: 181.
③ *Kritik des Hegelschen Staatsrechts*, MEW1: 263; "Contribution to the Critique of Hegel's Philosophy of Law", MECW3: 60; "Critique of Hegel's Doctrine of State", EW: 124.
④ *Kritik des Hegelschen Staatsrechts*, MEW1: 317; "Contribution to the Critique of Hegel's Philosophy of Law", MECW3: 112; "Critique of Hegel's Doctrine of State", EW: 181.
⑤ *Kritik des Hegelschen Staatsrechts*, MEW1: 266; "Contribution to the Critique of Hegel's Philosophy of Law", MECW3: 63; "Critique of Hegel's Doctrine of State", EW: 127.
⑥ *Kritik des Hegelschen Staatsrechts*, MEW1: 280; "Contribution to the Critique of Hegel's Philosophy of Law", MECW3: 76; "Critique of Hegel's Doctrine of State", EW: 142.
⑦ *Kritik des Hegelschen Staatsrechts*, MEW1: 281; "Contribution to the Critique of Hegel's Philosophy of Law", MECW3: 77; "Critique of Hegel's Doctrine of State", EW: 143.
⑧ *Kritik des Hegelschen Staatsrechts*, MEW1: 280; "Contribution to the Critique of Hegel's Philosophy of Law", MECW3: 77; "Critique of Hegel's Doctrine of State", EW: 143.

要关注"私人利益",马克思怀疑"根本不了解普遍利益且只关心个人利益"的代理人的偶尔参与能够带来共同体利益。①

马克思认为,当代国家相比之前的国家有进步,正是因为"人民开始参与政权"②。然而,一定不能混淆国家发展进程的开始和它的充分发展。尤其是当代政治参与受到双重限制:程度低且受错误精神控制。平民参与决定共同体利益是"异常的":不够频繁且与他们的日常生活无关。③如果一个社会共同体利益几乎"没有人民的参与",没有忠实于共同体利益的个体的日常参与,公民身份就是苍白无力的。④

马克思认为,当代政治生活理论和实践之间的对立讽刺了黑格尔"理性的便是真实的"的观点。⑤ 在当代国家,"现实与它所主张之事相反,反而主张与它相反之事"⑥。显然,马克思不是在指责理论,而是指责理论在当代社会中未能充分实现。马克思认为,在"一个真正理性的国家"局限会被克服。⑦ 个体不仅将更时常参与思考并评判共同体利益,而且将作为共同体的成员真正关心共同体利益(而不是作为个人仅仅追求个人狭隘的利益)。

第二条类条制线索是关于政治集体的管理。马克思认为,《法哲学原理》中对政府机构的论述不仅表明了黑格尔的个人偏好(包括对行政部门的不信任),而且将政治体制"经验性描述"为"真实存在"于当代国

---

① *Kritik des Hegelschen Staatsrechts*,MEW1:266;"Contribution to the Critique of Hegel's Philosophy of Law",MECW3:63;"Critique of Hegel's Doctrine of State",EW:127.
② *Kritik des Hegelschen Staatsrechts*,MEW1:270;"Contribution to the Critique of Hegel's Philosophy of Law",MECW3:66;"Critique of Hegel's Doctrine of State",EW:131.
③ *Kritik des Hegelschen Staatsrechts*,MEW1:276;"Contribution to the Critique of Hegel's Philosophy of Law",MECW3:73;"Critique of Hegel's Doctrine of State",EW:138.
④ *Kritik des Hegelschen Staatsrechts*,MEW1:265;"Contribution to the Critique of Hegel's Philosophy of Law",MECW3:62;"Critique of Hegel's Doctrine of State",EW:125.
⑤ *Philosophie des Rechts* ¶12.
⑥ *Kritik des Hegelschen Staatsrechts*,MEW1:266;"Contribution to the Critique of Hegel's Philosophy of Law",MECW3:63;"Critique of Hegel's Doctrine of State",EW:127.
⑦ *Kritik des Hegelschen Staatsrechts*,MEW1:322;"Contribution to the Critique of Hegel's Philosophy of Law",MECW3:116;"Critique of Hegel's Doctrine of State",EW:186.

家①（与韦伯之后的社会组织学家不一样，黑格尔和马克思都把对政府机构的理解局限于国家行政管理）。一方面，马克思承认当代官僚机构的精神和缺点；另一方面，他又承认人类解放所要求的政治集体中存在不同的官僚机构。

青年马克思对当代官僚思潮既怀疑又感兴趣。他对当代官僚的精神进行了批判性描述，称其围绕"知识等级"组织架构，行政部门的上层想当然认为下层"了解细节"，同时下层想当然认为上层了解共同体利益。②据说这种相互欺骗构成一个独立的机构，"一个神奇的循环，没有人可以逃脱"，不同的只是对"秘密""消极服从"和"发迹主义"的标准不一样。③

马克思反对当代官僚机构的主要原因不是它的理念而是其在现实中与理论中的差距。当代官僚机构声称关心共同体利益却不能实现此目标。马克思称理论上的官僚机构的利益和"普遍"利益的一致是一种"想象出来的同一性"④。在现实生活中，官僚机构占据着政治领域——该领域关注共同体利益——并把它用做追求自身特殊利益的手段。马克思称在当代的官僚机构"国家利益变成了与其他个人利益相冲突的一种特殊利益"⑤。简言之，政治国家实际上成为官僚阶层的"私人财产"⑥（因此，认为马克思对官僚机构的最早论述是在挑战官僚机构和共同体利益之间的联系，这是完全正确的，但是，主张青年马克思认为当代官僚机构纯粹是为经济

---

① Kritik des Hegelschen Staatsrechts，MEW1：247；"Contribution to the Critique of Hegel's Philosophy of Law"，MECW3：45；"Critique of Hegel's Doctrine of State"，EW：106.
② Kritik des Hegelschen Staatsrechts，MEW1：249；"Contribution to the Critique of Hegel's Philosophy of Law"，MECW3：46–47；"Critique of Hegel's Doctrine of State"，EW：108.
③ Kritik des Hegelschen Staatsrechts，MEW1：249；"Contribution to the Critique of Hegel's Philosophy of Law"，MECW3：47；"Critique of Hegel's Doctrine of State"，EW：108.
④ Kritik des Hegelschen Staatsrechts，MEW1：250；"Contribution to the Critique of Hegel's Philosophy of Law"，MECW3：48；"Critique of Hegel's Doctrine of State"，EW：109.
⑤ Kritik des Hegelschen Staatsrechts，MEW1：250；"Contribution to the Critique of Hegel's Philosophy of Law"，MECW3：48；"Critique of Hegel's Doctrine of State"，EW：109.
⑥ Kritik des Hegelschen Staatsrechts，MEW1：249；"Contribution to the Critique of Hegel's Philosophy of Law"，MECW3：47；"Critique of Hegel's Doctrine of State"，EW：108.

主导阶层的利益服务,这是错误的①)。

在人类解放要求的政治共同体中,共同体利益将是所有人的责任,而不仅是某个独立或特权团体应该关心的问题。此时,马克思提到官僚机构的"取代"②。然而,这种"取代"所涉及的内容不仅不清晰,而且有争议。

我认为,马克思的评论并非是在描述一个不再存在行政职能的社会,而是说在社会中剩余的行政职能——如政策的协调和执行——不再只属于某个独立的特权阶层。因此,在《批判》中,他运用《法哲学原理》中对行政部门的描述,认为"知识等级"可以被完全放弃,行政职能可以由市民社会的普通成员"完全执行"③。该说法不一定完全正确,但也反映了青年马克思自己的远见。

青年马克思并未解释擅用官僚职能可能涉及什么。黑格尔认为,政府机构应该向所有人开放,通过考试选拔有"知识"和"能力"的人,马克思通过评论此观点阐释了自己的看法④(当然,这里的历史背景是黑格尔反对普鲁士的传统:主张把行政部门的高级职位只留给贵族)。

马克思没有低估黑格尔反对出身与职务之间联系的重要性。⑤然而,他否认黑格尔提出的其他选择方法(竞争性考试),认为它们能复制令人不悦的官僚思想,不能解决当代官僚的基本问题。马克思论述反对意见时利用了自己常讲到的基督教与当代国家的相似之处。马克思认为,竞争性考试并不会克服政府机构(隐秘且有等级的)思想,只是起到心理的"洗礼"作用。⑥另外,黑格尔提出为进入统治集团而做出的条件的改变

---

① David Beetham. *Bureaucracy*. Milton Keynes:Open University Press,1987:75.
② *Kritik des Hegelschen Staatsrechts*,MEW1:250;"Contribution to the Critique of Hegel's Philosophy of Law",MECW3:48;"Critique of Hegel's Doctrine of State",EW:109.
③ *Kritik des Hegelschen Staatsrechts*,MEW1:252;"Contribution to the Critique of Hegel's Philosophy of Law",MECW3:50;"Critique of Hegel's Doctrine of State",EW:111.
④ *Kritik des Hegelschen Staatsrechts*,MEW1:253-254;"Contribution to the Critique of Hegel's Philosophy of Law",MECW3:51;"Critique of Hegel's Doctrine of State",EW:113.
⑤ *Kritik des Hegelschen Staatsrechts*,MEW1:299;"Contribution to the Critique of Hegel's Philosophy of Law",MECW3:95;"Critique of Hegel's Doctrine of State",EW:162.
⑥ *Kritik des Hegelschen Staatsrechts*,MEW1:253;"Contribution to the Critique of Hegel's Philosophy of Law",MECW3:51;"Critique of Hegel's Doctrine of State",EW:112.

忽略了"统治集团本身是主要弊端"① 的事实。考试无论多么有竞争性，只给很少人提供了进入精英阶层的机会，不会终结精英阶层的权力和高高在上的状态。正如马克思所说，每个天主教徒"都有机会成为牧师（背叛信徒和世界）"，并不意味着"神职人员不再是远离天主教徒的权力"②。

马克思列举古代社会的例子来阐述共同体利益变成所有公民关注的问题。马克思曾嘲笑黑格尔对官僚机构的热情："没有记录显示希腊和罗马的政治家参加过考试。但与普鲁士的公务员相比罗马政治家是什么？"③ 与古代社会一样，在将取代现代国家的政治共同体中，行使行政职责所需的"知识"和"能力"——根据黑格尔自己的标准——将会存在于普通市民中。④ 然而，与古代社会不同的是，在人类解放所要求的政治共同体中，关心共同体利益的公民阶层将是"真正普遍"也就是包含所有的国民⑤。相比之下，当代国家的公民中只有一少部分人享有离开市民社会进入公务员的"普遍阶层"的机会（因此更加说明市民社会不关心共同体利益）。⑥ 马克思甚至不无讽刺地说，在一个真正"理性"的国家更应该让"补鞋匠"（他们需要普通市民所不具有的技能）参加考试，而不是让"行政公务员"参加考试（他们并不需要普通市民没有的技能）。⑦

青年马克思既提到了古代社会，又提到了行政公务员在"理性国家"的继续存在，他认为，不是所有的行政职责都会消失，而是这些职责不再专属于精英阶层。马克思承认在执行关于共同体利益的决策时让一些个体

---

① *Kritik des Hegelschen Staatsrechts*, MEW1: 255; "Contribution to the Critique of Hegel's Philosophy of Law", MECW3: 52; "Critique of Hegel's Doctrine of State", EW: 114.
② *Kritik des Hegelschen Staatsrechts*, MEW1: 253; "Contribution to the Critique of Hegel's Philosophy of Law", MECW3: 50; "Critique of Hegel's Doctrine of State", EW: 112.
③ M. I. Finley. *Politics in the Ancient World*. Cambridge: Cambridge University Press, 1983: chapter 4.
④ *Philosophie des Rechts* § 291.
⑤ *Kritik des Hegelschen Staatsrechts*, MEW1: 253; "Contribution to the Critique of Hegel's Philosophy of Law", MECW3: 50; "Critique of Hegel's Doctrine of State", EW: 112.
⑥ *Kritik des Hegelschen Staatsrechts*, MEW1: 253; "Contribution to the Critique of Hegel's Philosophy of Law", MECW3: 50; "Critique of Hegel's Doctrine of State", EW: 112.
⑦ *Kritik des Hegelschen Staatsrechts*, MEW1: 253; "Contribution to the Critique of Hegel's Philosophy of Law", MECW3: 51; "Critique of Hegel's Doctrine of State", EW: 112.

"代理他人"也许是可行的。① 比如，他认为，一个"具体"的决策显然不能"由所有个体来执行"②。然而，他否认忠于共同体利益是某个阶层"永久的目的"③。马克思认为，识别共同体利益和追求共同体利益的能力比黑格尔和当代国家认为的更具普遍性。人类解放所需要的政治共同体的执行反映且利用了对共同体利益的更广阔的理解和忠心。

第三条类体制线索也是最后一条线索是关于人类解放要求的政治共同体的立法的方面。马克思对该主题的讨论特别简短，但包括两个方面——对当代代议制的批判和对关于人民委派思想的支持。在对当代社会政治结构的论述中，青年马克思强调普通市民和政治代表之间的差异。他称当代政治国家与市民社会的"分离"反映在"代表与选民的分离中"④。马克思对这种分离进行了批判，"社会只是把它的部分元素分配出去变成政治存在"⑤。在《批判》中他称代表与平民之间存在双重的"冲突"关系。⑥（这些"冲突"涉及当代代议制理论与实践之间的对立）。

第一个"冲突"涉及代表与普通市民之间的关系。当代政治国家中的代表"应该是代理人但其实不是"⑦。理论上代表应该与选民密切联系，但事实上这种联系太过短暂且不够频繁，所以起不到约束的作用。在选举中政治代表"形式上"得到授权，但一旦当选为代表，他们就可以在相当长的时期内独立于选民自我行事。因此，马克思称他们因而"不再被

---

① *Kritik des Hegelschen Staatsrechts*, MEW1: 323; "Contribution to the Critique of Hegel's Philosophy of Law", MECW3: 118; "Critique of Hegel's Doctrine of State", EW: 188.
② *Kritik des Hegelschen Staatsrechts*, MEW1: 323; "Contribution to the Critique of Hegel's Philosophy of Law", MECW3: 118; "Critique of Hegel's Doctrine of State", EW: 188.
③ *Kritik des Hegelschen Staatsrechts*, MEW1: 274; "Contribution to the Critique of Hegel's Philosophy of Law", MECW3: 71; "Critique of Hegel's Doctrine of State", EW: 136.
④ *Kritik des Hegelschen Staatsrechts*, MEW1: 329; "Contribution to the Critique of Hegel's Philosophy of Law", MECW3: 123; "Critique of Hegel's Doctrine of State", EW: 193.
⑤ *Kritik des Hegelschen Staatsrechts*, MEW1: 329; "Contribution to the Critique of Hegel's Philosophy of Law", MECW3: 123; "Critique of Hegel's Doctrine of State", EW: 193.
⑥ *Kritik des Hegelschen Staatsrechts*, MEW1: 332; "Contribution to the Critique of Hegel's Philosophy of Law", MECW3: 128; "Critique of Hegel's Doctrine of State", EW: 197.
⑦ *Kritik des Hegelschen Staatsrechts*, MEW1: 329; "Contribution to the Critique of Hegel's Philosophy of Law", MECW3: 123; "Critique of Hegel's Doctrine of State", EW: 194.

授权"①。真正的授权仅仅存在于当代国家中的政治代表短暂拥有的事情（在选举过程中片刻拥有）。

第二个"冲突"涉及代表与共同体利益之间的关系。马克思称，在当代国家，代表理论上是为了"公共事务"，但实际上是为了追求"特殊利益"②。这种"冲突"存在于"代表的对象"（"共同体利益"）与"代表的旨意"（"特殊利益"）之间。③ 在当代社会，马克思认为，特殊利益统治着代表的"精神"④。

简言之，当代代议制在理论与实践上存在双重冲突。理论上，当代代表被描述为人民的仆人与集体利益的守护者。在现实生活中，马克思认为，他们并非如此，当代代表不受选民的束缚，同时一心追求个人利益。

虽然对当代代议制进行了批判，但马克思并没有简单地拥护直接民主制。马克思不仅肯定了间接选举制的合理性，还承认直接民主的可行性受到政治共同体规模的限制。至少这是《批判》中两段文字明显表达的内容。

在第一段中，马克思分析了黑格尔对出生授权和选举之"害处"的对比（黑格尔支持财产的法定继承者直接参与三级会议）。马克思认为，这种观点（"某个特定血统的人"天生有权获得高官显爵）是荒唐的。⑤ "个体的出身"和个体"代表的特定社会职位"并无"天然相关"，他称出身和职位之间的关系完全是由传统决定。⑥ 然而，马克思进一步指出，

---

① *Kritik des Hegelschen Staatsrechts*，MEW1：329；"Contribution to the Critique of Hegel's Philosophy of Law"，MECW3：123；"Critique of Hegel's Doctrine of State"，EW：194.
② *Kritik des Hegelschen Staatsrechts*，MEW1：329；"Contribution to the Critique of Hegel's Philosophy of Law"，MECW3：123；"Critique of Hegel's Doctrine of State"，EW：194.
③ *Kritik des Hegelschen Staatsrechts*，MEW1：332；"Contribution to the Critique of Hegel's Philosophy of Law"，MECW3：128；"Critique of Hegel's Doctrine of State"，EW：197.
④ *Kritik des Hegelschen Staatsrechts*，MEW1：332；"Contribution to the Critique of Hegel's Philosophy of Law"，MECW3：128；"Critique of Hegel's Doctrine of State"，EW：197.
⑤ *Kritik des Hegelschen Staatsrechts*，MEW1：310；"Contribution to the Critique of Hegel's Philosophy of Law"，MECW3：105；"Critique of Hegel's Doctrine of State"，EW：173.
⑥ *Kritik des Hegelschen Staatsrechts*，MEW1：310；"Contribution to the Critique of Hegel's Philosophy of Law"，MECW3：105；"Critique of Hegel's Doctrine of State"，EW：174.

通过"出身"比通过选举选择立法者更"有害"①。间接的选举行为是"对公民信任的有意识的结果"②。

在第二段中,马克思分析了黑格尔认为市民社会中"波动"元素只有"通过代理"才能进入立法机构的观点。③ 黑格尔认为,这种限制的"本质"原因是市民社会的性质和国家性质之间的冲突,因为市民社会的成员主要考虑个人利益,所以他们不适合直接参与立法。马克思同意黑格尔对普通市民动机的描述,但怀疑使用代表是否能够解决问题,认为代表(跟普通市民一样)只关注个人利益。他称黑格尔坚持间接参与(代议制)仅仅是"外部"的原因,是关于这些"波动"元素的"多样性"④。鉴于这种因素的"外在性",马克思称没有必要批驳它。⑤ 黑格尔认为"外在"并不意味不重要,而是指其重要性不确定,需要根据经验加以确定。简言之,青年马克思似乎认同公民的数量限制了直接"思考并评判有关公众利益政治问题"的可行性⑥。正如他后来所说,这种"外在""数字"因素也许是"反对所有人直接参与立法活动的最好理由"⑦。

青年马克思似乎对当代代议制持批判态度的同时,也不赞同简单地实行直接民主,这种偏向可以从他较早时对当代代表与选民之间关系的抱怨得出。马克思反对的重要理由是"市民社会的代表是一个团体,并不受

---

① *Kritik des Hegelschen Staatsrechts*, MEW1: 310; "Contribution to the Critique of Hegel's Philosophy of Law", MECW3: 105; "Critique of Hegel's Doctrine of State", EW: 174.
② *Kritik des Hegelschen Staatsrechts*, MEW1: 310; "Contribution to the Critique of Hegel's Philosophy of Law", MECW3: 105; "Critique of Hegel's Doctrine of State", EW: 174.
③ *Kritik des Hegelschen Staatsrechts*, MEW1: 317; "Contribution to the Critique of Hegel's Philosophy of Law", MECW3: 112; "Critique of Hegel's Doctrine of State", EW: 181.
④ *Kritik des Hegelschen Staatsrechts*, MEW1: 317; "Contribution to the Critique of Hegel's Philosophy of Law", MECW3: 112; "Critique of Hegel's Doctrine of State", EW: 181.
⑤ *Kritik des Hegelschen Staatsrechts*, MEW1: 317; "Contribution to the Critique of Hegel's Philosophy of Law", MECW3: 112; "Critique of Hegel's Doctrine of State", EW: 181.
⑥ *Kritik des Hegelschen Staatsrechts*, MEW1: 332; "Contribution to the Critique of Hegel's Philosophy of Law", MECW3: 116; "Critique of Hegel's Doctrine of State", EW: 186.
⑦ *Kritik des Hegelschen Staatsrechts*, MEW1: 332; "Contribution to the Critique of Hegel's Philosophy of Law", MECW3: 116; "Critique of Hegel's Doctrine of State", EW: 186.

选民的'命令'或委托"①。马克思倡导的是议员代表被平民授权同时真心追求共同体利益。然而，除了偶尔提及选民和议员之间的"指令"或"委派"，马克思对这些问题的看法很模糊且未经详述。②

我也无意证明青年马克思对人类繁荣政治方面的论述是否详细或充分。然而，从上述早期作品中发现的三条类体制线索可见，马克思对未来的零碎远见包括关心共同体利益的市民对政治生活的更广泛参与，公民能够行使之前只属于特权阶层的行政职责，以及用某种普遍的民主取代代议制民主。考虑到马克思在对政治和人性之间关系的论述中对亚里士多德的回应，马基雅维利和卢梭对马克思在类比基督教和当代国家方面的影响（见第三章）发现，这些在体制层面对平民共和主义政治传统的回应也毫不奇怪。③

政治的终结

有些读者会认为，本文对马克思关于人类繁荣政治方面的分析证据不足。毕竟，通常认为，马克思拒绝政治，把它排除在将来取代现代社会的制度之外。一位评论者说："马克思认为，一旦时机成熟政治将不需存在"。④ 对于此说法，问题不在于马克思在描述未来社会时的慎言，而是他对人类繁荣的论述中似乎缺少政治方面的论述。

认为政治多余者持有两个观点。一个是关于政治和国家的命运。有时马克思认为，这两个概念密不可分（我只是转述并非认同把二者等同，

---

① *Kritik des Hegelschen Staatsrechts*, MEW1: 329; "Contribution to the Critique of Hegel's Philosophy of Law", MECW3: 123; "Critique of Hegel's Doctrine of State", EW: 194.
② *Kritik des Hegelschen Staatsrechts*, MEW1: 329; "Contribution to the Critique of Hegel's Philosophy of Law", MECW3: 123; "Critique of Hegel's Doctrine of State", EW: 194.
③ Philip Pettit. *Republicanism*. Oxford: Oxford University Press, 1997; Martin van Gelderen and Quentin Skinner. *Republicanism: A Shared European Heritage*. Cambridge: Cambridge University Press, 2005 (2).
④ Allan Megill. *Karl Marx: The Burden of Reason (Why Marx Rejected Politics and the Market)*. Lanham MD: Rowman & Littlefield Publishers, 2002: 58.

相反把国家看作政治组织可能采取的一种形式也许更好)。据称,马克思认为,人类解放需要政治和国家的"废除""衰微"或"消失"。第二个观点是关于达成这一结果采用的途径。青年马克思——至少在《批判》中——认同这个奇怪的观点(可以通过普选实现国家的"废除""衰微"或"消失")。

在讨论这两种观点之前有必要明晰青年马克思使用的一些词语。需要注意他使用的"国家"一词既有广义又有狭义的含义(这两层含义在一个重要方面重叠,即都认为当代社会典型的政治形式是"国家",不同之处在于是否覆盖其他过去和未来时期的政治制度)。

广义上,马克思把当代国家之外的其他政治形式都称之为"国家"。比如,在《论犹太人问题》中,他把历史上的专制政体称之为"基督—日耳曼国家"①,在《批判》中,他把古希腊国家和亚洲的专制国家都称之为"国家"②。有时,青年马克思甚至用广义上的"国家"来描述有利于人类繁荣的未来社会中的政治方面。在这个意义上,他称之为"真正的国家"和"理性的国家"③。

狭义上,马克思把"国家"等同于当代政治国家,就好像在当代社会之前不存在这样的实体。④ 比如,在《论犹太人问题》中,他称在当代德国没有"这样的国家"(即是说没有当代"政治"国家)⑤;同时,他还把中世纪的基督教国家描述为"非国家"⑥,称"真正的国家"是当代

---

① "Zur Judenfrage", MEW1:359; "On the Jewish Question", MECW3:158; "On the Jewish Question", EW:224.
② *Kritik des Hegelschen Staatsrechts*, MEW1:234; "Contribution to the Critique of Hegel's Philosophy of Law", MECW3:32; "Critique of Hegel's Doctrine of State", EW:91.
③ *Kritik des Hegelschen Staatsrechts*, MEW1:253; "Contribution to the Critique of Hegel's Philosophy of Law", MECW3:50-51; "Critique of Hegel's Doctrine of State", EW:112.
④ Andrew Vincent. *Theories of the State*. Oxford: Oxford University Press, 1987:10; Christopher W. Morris. *An Essay on the Modern State*. Cambridge: Cambridge University Press, 1998:17; Gianfranco Poggi. *The State: Its Nature, Development and Prospects*. Stanford CA: Polity, 1990:25.
⑤ "Zur Judenfrage", MEW1:351; "On the Jewish Question", MECW3:150; "On the Jewish Question", EW:216.
⑥ "Zur Judenfrage", MEW1:357; "On the Jewish Question", MECW3:156; "On the Jewish Question", EW:222.

社会的产物。①

接下来，本文尽力区分广义和狭义的两层含义，用"国家"泛指一般国家，用"政治国家""当代国家"或"抽象国家"指称当代社会的特点，另外用"政治共同体"（而不是国家）指代人类繁荣需要的未来政治制度。本文用后者来区分当前讨论两个实体（当代社会中的抽象国家和人类解放需要的未来政治共同体），这并不是说人类解放需要的未来政治共同体不是我们熟知的一般意义上的国家（比如，根据这个说法，人类解放需要的未来政治共同体似乎包含一套制度，这一制度在特定地区运作、定义且执行一些共同体的约束性决策）。

首先讨论早期作品中对政治多余性解读的第一个方面。据说，马克思坚持认为，人类解放要求政治和国家的"废除""衰微"或"消失"。有的评论者认为，马克思要求"废除国家"②，有的认为，在未来社会国家会"衰微"③，有的认为，人类解放要求"国家消失"④，有的认为，马克思主张国家将变得"多余"⑤，等等。显然，这些不同的阐述有不同的含义。比如，在改变的时间表和意志性上，"废除"意味有意且快速的终结，而"衰微"无此含义。然而，为了避免对这些问题持有立场，本文将采用一个更加中立的论述，只提及国家的"消失"⑥。我认为这里谈及的是广义上的国家。关于政治多余性的论述，有人认为，马克思并未提出人类解放要求一套特定的政治体制被另一套政治体制取代——如封建国家被当代政治国家取代——而是提出这样的国家会消失，政治体制"不再存在于"未来社会。有评论者提出，马克思"对无国未来的预见"类似

---

① "Zur Judenfrage", MEW1: 368; "On the Jewish Question", MECW3: 166; "On the Jewish Question", EW: 232.
② Joseph O'Malley. "Editor's Introduction", Karl Marx, Critique of Hegel' Philosophy of Right. Cambridge: Cambridge University Press, 1970: xiii.
③ Andrew Levine. The End of the State. London: Verso, 1987: 14.
④ Shlomo Avineri. The Social and Political Thought of Karl Marx. Cambridge: Cambridge University Press, 1969: 36; David McLellan. Marx Before Marxism. London: Harper Torchbooks, 1970: 115.
⑤ Shlomo Avineri. The Social and Political Thought of Karl Marx. Cambridge: Cambridge University Press, 1969: 38.
⑥ Christine Sypnowich. The Concept of Socialist Law. Oxford: Oxford University Press, 1990: 1.

无政府主义，这更加证明了对政治多余性论述的解读。①

虽然很多人认同政治多余性的解读，但很难找到文字证据支撑该观点。据说早期作品中有三段文字支撑了该观点。第一段文字来自《批判》，其中马克思提到在一个社会（一个"真正的民主"）"普遍性"贯串世界而不仅仅是孤立、有限的范围。他写道："现在法国人已经明白这意味着在一个真正的民主环境中政治国家是要消失的。"② 此处，马克思并非在评论无政治的国家，而仅仅是提到作为当代社会重要特色的"政治国家"。政治国家的消失据说发生在"民主环境"中，也许这意味某种政治制度的继续存在（即民主的制度）。另外，这段文字认为，"消失"是"法国人"而非马克思本人的观点。"消失"的原词还可以翻译成其他的意思——通常意味着下沉，如当太阳落山（或更加形象地说如人溺水）——与其理解为不再存在不如理解为不再被人看到。第二段文字同样来自《批判》，其中马克思称"抽象政治国家"中的选举改革是"国家消融的要求，同时意味着市民社会的消融"③。值得注意的是，马克思只提及"抽象政治国家"，而非提及这样国家的消融。尽管"消融"这个翻译虽然并无不当，但与其说意味着相关实体的消失，不如说意味着克服它们的分离（当然，消融一词意味着一件事物融入另一件事物的过程）。第三段文字来自青年马克思摘要笔记中无标题的文章，其被当代的一些编辑称为"关于当代国家作品的写作计划"。它包含了九点内容，其中最后一点是："投票，争取废除国家和资产阶级社会。"④ 把国家与"资产阶级"关联起来，寓意的是要废除当代政治国家而不是国家本身（马克思的笔记中承认了这点）。笔记中提到国家的"消融"不是消失，不是不再存在而是被保留和提升。

简言之，早期作品中的文字证据不足以说明政治多余性论述中的第一

---

① Andrew Levine. *The End of the State*. London: Verso, 1987: 9.
② *Kritik des Hegelschen Staatsrechts*, MEW1: 232; "Contribution to the Critique of Hegel's Philosophy of Law", MECW3: 30; "Critique of Hegel's Doctrine of State", EW: 88.
③ *Kritik des Hegelschen Staatsrechts*, MEW1: 237; "Contribution to the Critique of Hegel's Philosophy of Law", MECW3: 120; "Critique of Hegel's Doctrine of State", EW: 191.
④ "Die bürgerliche Gesellschaft und die kommunistische Revolution", MEW3: 537; "Draft Plan for a Work on the Modern State", MECW4: 666.

个方面。这些引文有一个共同的缺陷：认为在未来社会国家会消失，而青年马克思只指出人类解放要求某种特定形式的国家被取代。

早期作品中关于政治多余性论述的第二个方面是关于国家消失的途径。青年马克思认为——至少在《批判》中——可以通过普选实现国家的消失（一些评论者认为，这证明马克思热衷激进的资产阶级民主手段，因此说明了《批判》的不成熟，也解释了它为什么很快被放弃①）。相关的具体阐述仍然有所不同，有人认为，普选的"制度化"会导致国家的"消融"②，有人认为，国家的消失是由"普选所致"（国家批准普选将是它作为国家最后的一次行为）③，有人认为，"普选会导致国家的消融"④，等等。

我认为，这是对《批判》完全错误的解读。一方面，马克思主张当代代议制国家是当代社会局限的不可分割的一部分；另一方面，在马克思看来，引进普选可以克服这些局限。这两种观点之间明显存在冲突，因为马克思认为，当代代议制国家典型是基于普选制（见第三章）。

然而，对该普选论述的文字证据微不足道，其只包含上文已经分析过的两段，而且没有哪一段能够提供清晰的证据。第一段中提到法国人认为政治国家"消失于真正的民主环境中"，这只有在认为"真正的民主"和涉及普选的代表性民主一致时，第一段才支持现在讨论的解读。⑤ 从这段文字本身的内容来看，我们并不能这么认为（"真正民主"这个短语指将取代当代国家的政治制度）。第二段的确提到了选举改革（即使不是普选），但这也不是充足的证据。在评论法国和英国的选举运动之时，马克

---

① Auguste Cornu. *Karl Marx et Friedrich Engels*：*Leur vie et leur oeuvre*：*Du libéralisme démocratique au communisme la "Gazette Rhénane"*：*Les "Annales franco-allemandes" 1842 – 1844*. Paris，1958（2）：215.

② Allan Megill. *Karl Marx*：*The Burden of Reason*（*Why Marx Rejected Politics and the Market*）. Lanham MD：Rowman & Littlefield Publishers，2002：100.

③ Shlomo Avineri. *The Social and Political Thought of Karl Marx*. Cambridge：Cambridge University Press，1969：36 – 37.

④ David McLellan. *Karl Marx*：*His Life and Thought*. London：Palgrave Macmillan，1973：75.

⑤ *Kritik des Hegelschen Staatsrechts*，MEW1：232；"Contribution to the Critique of Hegel's Philosophy of Law"，MECW3：30；"Critique of Hegel's Doctrine of State"，EW：88.

思提到"抽象政治国家的选举改革等同于它对自身消融的需求"①。该多余性解读的主要困难在于,这句话并未说这种消融是通过选举改革实现的,只说选举改革体现了对这种消融的"需求"②。需求当然不同于需求的满足。甚至可以说,这些评论意味着可以将对更大参与的需求理解为是在潜在要求解散当代代议制国家(马克思认为对后者的参与受到严重的限制)。这种解读与早期作品中的论述一致,不能支持多余性解读的第二方面。

以上是对多余性解读进行的批判(认为国家会在未来社会消失,而且是因为普选的实行),接下来我将评论青年马克思对政治命运的看法。如上文所述,在未来社会消失的是国家的"抽象"性而不是国家。即便如此,这其中可能涉及的内容更加模糊。

在上文对这个重要但难以捉摸的概念的论述中,提到在两个层面当代国家是"抽象"的(见第二章)。第一,当代国家是"抽象"的,因为它形成了独立的领域,与市民社会相敌对,有自己的组织原则(关心共同体利益)。第二,当代国家是"抽象"的,因为它远离日常生活和平民的影响。

在人类解放要求的政治共同体中,这两种"抽象"的特点都将消失。第一,一旦个体成为日常生活中的"类生物",当代平民与政治生活之间的冲突将不复存在。生活领域将不再是基于差异的、冲突的原则。比如,经济生活的特点不再是利己主义而是对他人的关心。③ 第二,政治共同体与平民日常生活和影响的距离将会被上文谈到的类体制线索缩小。对平民共和主义传统的微弱回应(关心共同体利益的公民对政治生活的更广泛参与,公民行使之前专属特权官僚的行政任务,大众代表团对代表性民主的取代)会缩小个体和政治共同体的隔阂。

在这里,也许有必要再现本章的文本起点和主题。在《论犹太人问

---

① *Kritik des Hegelschen Staatsrechts*, MEW1:327; "Contribution to the Critique of Hegel's Philosophy of Law", MECW3:121; "Critique of Hegel's Doctrine of State", EW:191.
② Joseph O'Malley. "*Editor's Introduction*", *Karl Marx, Critique of Hegel' Philosophy of Right*. Cambridge: Cambridge University Press, 1970:121.
③ *Kritik des Hegelschen Staatsrechts*, MEW1:324; "Contribution to the Critique of Hegel's Philosophy of Law", MECW3:118; "Critique of Hegel's Doctrine of State", EW:188.

题》著名的段落中,马克思称人类解放要求社会重组以便个体在"经验生活"中变成"类存在物"①。重组的一方面是"社会力量"不再"以政治力量的方式"与个体分离。② 在该说法中——根据该说法,早期作品中"政治"常被看作"抽象"的同义词——青年马克思应该被理解为是在主张政治共同体不再采取"抽象"形式,而不是国家应该不再存在。

然而,其他评论者对这段《论犹太人问题》中的理解完全不同。也许最惊人的是,有人认为该段文字包含"救世性错误观念",它构成了马克思作品和20世纪极权共产主义之间的重要桥梁。③ 该解读对早期作品进行了注释性论述,对这些作品与极权共产主义之间的关系进行了历史性描述。考虑到本书的话题范围,此处只谈论注释性而不是历史性论述④。该注释性论述称青年马克思迷恋"社会生活完美统一"的前景,⑤ 认为马克思的在未来社会中个体利益不再冲突——既不相互冲突又不与集体利益冲突的观点,对完美一致的构想至关重要。⑥ 因此,马克思认为,政治权利在这样的社会中会变得"没有必要",因为我们也许会认为,政治权利对解决这些冲突密切相关。⑦

---

① "Zur Judenfrage", MEW1:370; "On the Jewish Question", MECW3:168; "On the Jewish Question", EW:234.
② "Zur Judenfrage", MEW1:370; "On the Jewish Question", MECW3:168; "On the Jewish Question", EW:234.
③ "The Myth of Human Self-Identity: Unity of Civil and Political Society in Socialist Thought". ed. Leszek Kolakowski and Stuart Hampshire. *The Socialist Idea: A Reappraisal*. London: Littlehampton Book Services Ltd, 1974:18; Russell Keat, "Liberal Rights and Socialism". ed. KeithGraham. *Contemporary Political Philosophy: Radical Studies*. Cambridge: Cambridge University Press, 1982:59–82; Timothy O'Hagan. *The End of Law?* Oxford: Oxford University Press, 1984: chapter 3.
④ 柯拉柯夫斯基认为马克思的"完美统一"对社会主义运动有着负面影响,因为这不可能实现。
⑤ "The Myth of Human Self-Identity: Unity of Civil and Political Society in Socialist Thought". ed. Leszek Kolakowski and Stuart Hampshire. *The Socialist Idea: A Reappraisal*. London: Littlehampton Book Services Ltd, 1974:18.
⑥ "The Myth of Human Self-Identity: Unity of Civil and Political Society in Socialist Thought". ed. Leszek Kolakowski and Stuart Hampshire. *The Socialist Idea: A Reappraisal*. London: Littlehampton Book Services Ltd, 1974:3.
⑦ "The Myth of Human Self-Identity: Unity of Civil and Political Society in Socialist Thought". ed. Leszek Kolakowski and Stuart Hampshire. *The Socialist Idea: A Reappraisal*. London: Littlehampton Book Services Ltd, 1974:3.

对早期作品的这一解读似乎在很多方面都有问题。如前文所述，马克思认为政治权利在未来社会不会变得"多余"，而是失去它的"抽象性"。另外，也很难找到证据说明马克思认为未来社会不同利益之间会完美和谐。① 马克思对人类繁荣略显过分的描述留下了很多个人利益冲突的空间，也留下了个体利益与共同体利益冲突的空间（见上文）。他也许要求共同体——和它不同的内涵（平等和对他人的关心）——在日常生活中实现，但不一定未来社会的其他方面就没有冲突。

马克思认为，国家的"抽象性"是独一无二的现代现象，它不存在古代和封建社会（见第二章）。然而，没有证据显示他认为较早的市民生活和政治生活的"统一"会妨碍个体利益的存在、个体利益间的冲突或个体利益与共同体利益的冲突。② 也不能说因为前现代社会的"市民生活"存在"直接的政治性"，当时的私人和公众之间就无不同。③ 因此，如果认为未来的任何"统一"会妨碍利益冲突的存在或生活的"私人"方面，这似乎需要一个充足的理由。本章中讨论过的文字证据似乎不能提供充分的理由。

当然，青年马克思对人类解放政治方面的论述不是很清晰。而且，有时甚至可能越读这些早期作品就会越困惑。④ 此时，人们会极力挖掘早期作品中该方面的前例和对该方面可能的影响。这样一来，可能可以澄清背景和马克思（零碎且模糊）论述的结构和内容。

---

① David Archard. "The Marxist Ethic of Self-Realization: Individuality and Community". ed. J. D. G. Evans. *Moral Philosophy and Contemporary Problems*. Cambridge: Cambridge University Press, 1987: 19 – 34.
② "Zur Judenfrage", MEW1: 368; "On the Jewish Question", MECW3: 166; "On the Jewish Question", EW: 232; "Kritische Randglossen zu dem Artikel 'Der König von Preussen und die Sozialreform: Von einem Preussen'", MEW1: 397; "Critical Marginal Notes on the Article 'The King of Prussia and Social Reform: By A Prussian'", MECW3: 194; "Critical Notes on the King of Prussia and Social Reform", EW: 407ff.
③ "Zur Judenfrage", MEW1: 368; "On the Jewish Question", MECW3: 165; "On the Jewish Question", EW: 232.
④ John Plamenatz. *Man and Society: A Critical Examination of Some Important Social and Political Theories from Machiavelli to Marx*. London: Longmans, 1963 (1): X; Quentin Skinner. "Meaning and Understanding in the History of Ideas". ed. James Tully. *Meaning and Context: Quentin Skinner and His Critics*. Cambridge: Cambridge University Press, 1998: 52.

在本章的剩余部分，我会探讨该方面的另外两个先驱——卢梭和圣西门。两人的作品经常被认为，可以解释马克思对人类解放政治方面的理解。在将两人与马克思比较之时，我考虑了相似的问题（马克思与他们作品相似的思想）、熟悉的问题（马克思对他们作品的了解）和承认的问题（马克思本人对他们作品的评价）。

马克思与卢梭

关于马克思和卢梭之间的对比各种各样。[1] 甚至，关于两人思想是否相似都有截然不同的观点。比如，不同的评论者有不同的观点，有人认为，"马克思的全部思想只不过是在阐述卢梭对社会依赖的洞见"[2]，有人认为，马克思作品的"哲学"框架完全依赖于卢梭，[3] 有人认为，两人都关注某些让人失去人性的财产关系，[4] 有人认为，两人都提出历史的"辩证性"思想，[5] 有人认为，两人都有"历史人类学观点"（认为劳动的出现标志着人类与自然界的分离），[6] 有人认为，两人关于分配公正的理论是一致的，[7] 有人认为，马克思的"政治理论"根本上依赖卢梭[8]，等

---

[1] Galvano della Volpe. *Rousseau and Marx, and Other Writings*. London：Lawrence & W，1978；Jean-Louis Lecercle. "Rousseau et Marx". ed. R. A. Leigh. *Rousseau After Two Hundred Years：Proceedings of the Cambridge Bicentennial Colloquium*. Cambridge：Cambridge University Press，1982：67–79；Robert Wokler. "Rousseau and Marx". ed. David Miller and Larry Siedentop. *The Nature of Political Theory*. Oxford：Oxford University Press，1983：219–246.

[2] Arthur M. Melzer. *The Natural Goodness of Man：On the System of Rousseau's Thought*. Chicago：University of Chicago Press，1990：73.

[3] Nathan Rotenstreich. "Between Rousseau and Marx". *Philosophy and Phenomenological Research*. 1949（9）：717–719.

[4] N. J. H. Dent. *A Rousseau Dictionary*. Oxford：Oxford University Press，1992：22.

[5] Marshall Berman. *The Politics of Authenticity：Radical Individualism and the Emergence of Modern Society*. London：MacMillan Pub Co，1971：part 3.

[6] Asher Horowitz. *Rousseau，Nature，and History*. Toronto：University of Toronto Press，1987：75.

[7] Galvano della Volpe. *Rousseau and Marx, and Other Writings*. London：Lawrence & W，1978：87ff.

[8] Lucio Colletti. *From Rousseau to Lenin：Studies in Ideology and Society*. New York：New Left Books，1974：185.

等。鉴于两人之间巨大的相似性，有些多疑的人也许惊讶于人们对这种相似性的共识。

考虑到本章的范围，本文将分析的是最后一个观点——即卢西奥·科莱蒂的观点——马克思的"政治理论本质上依赖于卢梭"[1]。据说马克思的早期作品提供了一种视角，该视角表明了对国家"终极压迫"的需求，其包括两大关键方面：对"代议制政体"的批判分析和对大众代表的"反击理论"。[2] 这种视角——对代议制政体的批判，大众代表和国家消失理论——被认为是特别依赖卢梭的作品，都可以追溯到卢梭。[3]

本文更加倾向支持广义的解读。我已经评论过马克思对代表的批判，对"指示"或"委托"的支持和早期作品关于体制的零碎论述涉及的共和问题。即便如此，此处提出的评论须认真对待。我不怀疑马克思与卢梭之间存在政治相似性，但建议谨慎看待这种相似性的程度和重要性。

关于相似性的程度，可以考虑对比中略显浮夸的描述。政治共同体与政府之间的某些方面的重叠，被描述为是马克思与卢梭的"政治共同体"，尽管是在"严格意义上"[4]。"严格意义"很关键，但难以明晰，读者很容易忽视相似性受限的程度。把马克思在《批判》中关于命令或委托的评论描述为"反理论"（与民主制的代表形式相反）同样略显浮夸，该描述也许在暗示《批判》并不具有的一定程度的清晰和连贯。[5]

关于重要性的程度，可以考虑如果只关注这种具体的相似性导致的影响。忽视两人之间关系的其他方面——当然包括不同之处——容易对人产生误导。此时，一旦改变对比的对象，两人之间的相似性也许没有那么大。一旦考虑到卢梭政治思想更大的特点，或仔细研究其论述中关于体制的细节，可以发现马克思对卢梭的"依赖"，似乎就显得"不那么彻底"。这里涉及的一致和部分颠覆都需要阐述。

---

[1] Lucio Colletti. *From Rousseau to Lenin: Studies in Ideology and Society*. New York: New Left Books, 1974: 185.
[2] Lucio Colletti. "*Introduction*", *Karl Marx, Early Writings*. London: Penguin Books, 1975: 45.
[3] Lucio Colletti. "*Introduction*", *Karl Marx, Early Writings*. London: Penguin Books, 1975: 46.
[4] Lucio Colletti. *From Rousseau to Lenin: Studies in Ideology and Society*. New York: New Left Books, 1974: 185.
[5] Lucio Colletti. "*Introduction*", *Karl Marx, Early Writings*. London: Penguin Books, 1975: 45.

考虑到卢梭与当代自然法理论（以格鲁希阿斯、普芬道夫、巴贝拉克和布拉马基等人为代表）中主流的契约精神存在争议的关系，可以引入卢梭作品相关的一些方面。① 这些作者用双重契约典型描述了从自然国家到政治国家的运动：协会契约、一个自主的契约、一群个体藉此从自然国家分离形成一个政治共同体；服从契约、一个自主的契约、政治共同体藉此臣服所选行政长官的权威。第二种契约把权威从人民转至行政长官，把独立的个体转变成为新创主权国家的臣民。

卢梭对契约传统的批判性回应包括对主权的重新定义和把政府描述为可撤销授权。很明显，卢梭否认了协会契约的合法性，他把主权与自由联系在一起——用洛克式观点（人不能通过许可奴役自己），该观点很可能源自巴贝拉克而非洛克本人——并否认让渡自由是道德的。② 卢梭认为，政府的创造不是因为主权的转移，而"完全只不过是一种授权"，最高统治者可以限制、修改甚至收回。③ 简言之，卢梭支持一种由"人民"组成的大众君主，政府作为一群"一般长官"只负责执法并对人民负责。④

最明显的相似之处在于，卢梭和青年马克思都对代表提出批判并支持"授权"政府的观点。然而，一旦扩大两人的比较对象，这种相似的有限性就更加明显。下列三个方面足以说明相似的有限性。

第一，尽管两位作者都批判当代文明产生的个体人格，但他们各自对人性与社会之间关系的论述似乎不同。青年马克思对人类解放的看法是基

---

① C. E. Vaughan. *The Political Writings of Jean-Jacques Rousseau*. Cambridge: Cambridge University Press, 1915 (1): 423ff; Robert Derathé. *Jean-Jacques Rousseau et la science politique de son temps*. Paris: Librarie Philosophique J. Vrin, 1950: chapter 10.

② Robert Derathé. *Jean-Jacques Rousseau et la science politique de son temps*. Paris: Librarie Philosophique J. Vrin, 1950: 89ff; Helena Rosenblatt. *Rousseau and Geneva: From the "First Discourse" to the "Social Contract" 1749 – 1762*. Cambridge: Cambridge University Press, 1997: 93ff.

③ Jean-Jacques Rousseau. *Du contrat social*, *Oeuvres complètes: Les écrits politiques*. Paris: Gallimard, 1964 (3): 396; Jean-Jacques Rousseau. *Collected Writings of Rousseau: Social Contract, Discourse on the Virtue Most Necessary for a Hero, Political Fragments, and Geneva Manuscripts*. Hanover NH: Dartmouth College Press, 1994 (4): 167.

④ Jean-Jacques Rousseau. *Du contrat social*, *Oeuvres complètes: Les écrits politiques*. Paris: Gallimard, 1964 (3): 396; Jean-Jacques Rousseau. *Collected Writings of Rousseau: Social Contract, Discourse on the Virtue Most Necessary for a Hero, Political Fragments, and Geneva Manuscripts*. Hanover NH: Dartmouth College Press, 1994 (4): 167.

于人类本质能力的发展与应用，卢梭的共和主义涉及人类的"变性"（正确的体制会纠正个体的倾向，因为它们由自然和文明组成）。尽管理想的人格对卢梭的道德共和国至关重要，但他不认为这种理想的人格就是人性的实现（按照前文的区分标准来看，卢梭应该是一个"广义"而非"狭义"的至善论者）。在《社会契约论》中，社会秩序问题的解决是通过利用诡计，而非人性来实现的（而这种机智似乎并非人人皆有）。①

第二，青年马克思认为，进步社会是历史发展的结果，但卢梭认为，它是历史进程中非常独特的裂隙。卢梭认为，正如一位当代评论者所说，历史"不会救赎人类"，仅仅是"可以实现这种转变，如果人类可以团结为一个真正共同体的话"②。该观点反映并加强了卢梭对生活在文明中人们命运的悲观态度，而马克思并没有这么悲观。

第三，青年马克思的道德世界主义与卢梭对爱国主义的看法非常不同。两位作者似乎用某种共生主义取代狭隘的利己主义和当代个体的自尊，即他们都试图确定他人所受伤害和所获利益与我们自身的关系（是否发生到我们身上）。然而，卢梭认为这种联系不会超出"国家和民族"的范围。③ 卢梭不否认人类有共同利益，但他似乎怀疑这些利益能否成为我们的动机。④ 似乎我们只忠于身边的人和事。⑤

改变比较对象可以发现，两位作者相似的有限程度和重要性这个事实可以通过缩紧（而非扩大）卢梭作品的关注点来证实。下面三点足以说明问题。

---

① Maurizio Viroli. *Jean-Jacques Rousseau and the "Well-Ordered Society"*. Cambridge：Cambridge University Press，1988：chapter 2.
② David Gauthier. "*The Politics of Redemption*"，*Moral Dealing：Contract，Ethics，and Reason*. Ithaca NY：Cornell University Press，1990：95；Judith N. Shklar. *Men and Citizens：A Study of Rousseau's Social Theory*. Cambridge：Cambridge University Press，1969：chapter 1.
③ *Rousseau juge de Jean-Jacques*，*Oeuvres complètes*，*Les Confessions：Autres textes autobiographiques*. Paris：Gallimard，1959（1）：935；*Collected Writings of Rousseau*，*Rousseau Judge of Jean-Jacques：Dialogues*. Hanover NH：Dartmouth College Press，1990（1）：213.
④ Timothy O'Hagan. *Rousseau*. London：Routledge，1999：157－161.
⑤ *Considérations sur le gouvernement de Pologne*，*Oeuvres complètes：Bibliographical note* 309 *Les écrits politiques*. Paris：Gallimard，1964（3）：966；Jean-Jacques Rousseau. *The Government of Poland*. Indianapolis：Hackett Publishing Co，Inc，1985：19.

第一，卢梭与马克思对最高统治者构成的看法不一致。青年马克思认为主权"属于人民"，这一点与卢梭一致。① 然而，马克思认为，人民包括所有的成年人——政治解放只有在美国最先进的一些州才能充分实现——而卢梭对人民的理解似乎更有限。关于公民（"主权的参与者"）与臣民（"国家法律束缚的对象"）之间的模糊界限，卢梭感到遗憾，但他似乎乐于认为前者的范围非常小。② 值得注意的是，卢梭热衷于日内瓦（五个政治力量中只有两个是公民）③ 和罗马（人民被认为是"法律和事实上的"主人，尽管罗马人民大会的投票制度不够公平）的政治模式。④ 卢梭并不认为其对公民权有限的论述是他本人某种策略上的妥协，相反认为这是他政治思想中不可或缺的一部分。⑤ 今天，卢梭的热衷者也许对该（一度平常的）说法有些犹豫，但似乎青年马克思对公民身份的理解涵盖得更加广泛。

第二，卢梭与马克思对政府职责范围和性质的理解似乎不同。卢梭认为，政府既不能代表最高统治者又不能立法。⑥ 而青年马克思似乎认为，

---

① *Kritik des Hegelschen Staatsrechts*, MEW1: 229–230; "Contribution to the Critique of Hegel's Philosophy of Law", MECW3: 28; "Critique of Hegel's Doctrine of State", EW: 86.
② Jean-Jacques Rousseau. *Du contrat social*, *Oeuvres complètes: Les écrits politiques*. Paris: Gallimard, 1964 (3): 361; Jean-Jacques Rousseau. *Collected Writings of Rousseau: Social Contract, Discourse on the Virtue Most Necessary for a Hero, Political Fragments, and Geneva Manuscripts*. Hanover NH: Dartmouth College Press, 1994 (4): 139.
③ Helena Rosenblatt. *Rousseau and Geneva: From the "First Discourse" to the "Social Contract" 1749—1762*. Cambridge: Cambridge University Press, 1997: 18; *Lettres écrites de la montagne*, *Oeuvres complètes: Les écrits politiques*. Paris: Gallimard, 1964 (3): 809; *Collected Writings of Rousseau: Letter to Beaumont, Letters Written from the Mountain, and Related Writings*. Hanover NH: Dartmouth College Press, 2001 (9): 234.
④ E. S. Staveley. *Greek and Roman Voting and Elections*. London: Cornell University Press, 1972: chapter 6; Claude Nicolet. *The World of the Citizen in Republican Rome*. London: University of California Press, 1980: chapter 7, 246ff.
⑤ David Rosenfeld. "Rousseau's Unanimous Contract and the Doctrine of Popular Sovereignty". *History of Political Thought*. 1987 (8): 83–110.
⑥ Jean-Jacques Rousseau. *Du contrat social*, *Oeuvres complètes: Les écrits politiques*. Paris: Gallimard, 1964 (3): 368; Jean-Jacques Rousseau. *Collected Writings of Rousseau: Social Contract, Discourse on the Virtue Most Necessary for a Hero, Political Fragments, and Geneva Manuscripts*. Hanover NH: Dartmouth College Press, 1994 (4): 145.

政府的权限应该包括立法,尽管他否认个体可以成为主权,但承认个人可以成为主权的"代表和符号"①(当然,卢梭对这两点都不认同)。而且,在卢梭的作品中也未提及马克思认为,平民也可以成为行政官。关于政府,卢梭倾向支持以财富的不平等为基础的"选举的贵族制",如此,公共事务的管理就可以"完全交付"给一小群固定的、财政独立的公民,以便他们"全心全意"投入工作。②

第三,卢梭与马克思对政治参与的态度也不同。马克思支持平民参与政治,认为当代国家在该方面远未达至,卢梭对此不是完全认同。卢梭认为,最高统治者的主要任务是阻止或者推迟政府的腐败,毕竟腐败是不可避免的。然而,至于市民参与的形式和程度,卢梭的观点可能会令今天的读者震惊(即使抛开上文提到的公民范围不说)。在《社会契约论》中,卢梭认为,国家的最高统治者不需要经常见面,因为政府可以出面发布命令("只要可以随时反对政府的最高统治者不这么做")。③当国家最高统治者召集会议之后,卢梭认为,公民最好不要讨论或思考,而是要先考虑自己的内在原因再发表观点。④同时,统治者无权主动发起会议⑤,提名

---

① *Kritik des Hegelschen Staatsrechts*, MEW1: 229; "Contribution to the Critique of Hegel's Philosophy of Law", MECW3: 28; "Critique of Hegel's Doctrine of State", EW: 85.

② Jean-Jacques Rousseau. *Du contrat social*, *Oeuvres complètes*: *Les écrits politiques*. Paris: Gallimard, 1964 (3): 408; Jean-Jacques Rousseau. *Collected Writings of Rousseau*: *Social Contract*, *Discourse on the Virtue Most Necessary for a Hero*, *Political Fragments*, *and Geneva Manuscripts*. Hanover NH: Dartmouth College Press, 1994 (4): 176.

③ Jean-Jacques Rousseau. *Du contrat social*, *Oeuvres complètes*: *Les écrits politiques*. Paris: Gallimard, 1964 (3): 369; Jean-Jacques Rousseau. *Collected Writings of Rousseau*: *Social Contract*, *Discourse on the Virtue Most Necessary for a Hero*, *Political Fragments*, *and Geneva Manuscripts*. Hanover NH: Dartmouth College Press, 1994 (4): 145.

④ Jean-Jacques Rousseau. *Du contrat social*, *Oeuvres complètes*: *Les écrits politiques*. Paris: Gallimard, 1964 (3): 371; Jean-Jacques Rousseau. *Collected Writings of Rousseau*: *Social Contract*, *Discourse on the Virtue Most Necessary for a Hero*, *Political Fragments*, *and Geneva Manuscripts*. Hanover NH: Dartmouth College Press, 1994 (4): 147.

⑤ Jean-Jacques Rousseau. *Du contrat social*, *Oeuvres complètes*: *Les écrits politiques*. Paris: Gallimard, 1964 (3): 426; Jean-Jacques Rousseau. *Collected Writings of Rousseau*: *Social Contract*, *Discourse on the Virtue Most Necessary for a Hero*, *Political Fragments*, *and Geneva Manuscripts*. Hanover NH: Dartmouth College Press, 1994 (4): 190.

行政长官①或发起立法②。

阐述上述不同并不是为了否定上文中所述卢梭和马克思在批判代议制度和"委派"政府方面的相似之处,而是为了警戒人们不要过度夸大这种类似。简言之,我们不应"大肆宣扬"卢梭对马克思的影响。③ 我们不妨认为更古老、更广泛的共和传统(卢梭对该传统来说很重要但不是全部)才是更重要的影响因素。

接下来将分析马克思对卢梭作品的了解。很多评论者在筛选证据的过程中会感到双重失望:我们唯一能够肯定的是马克思阅读过一些日内瓦文学,我们甚至可以谑称他所阅读过的书籍为"错误的作品"。除了《社会契约论》和关于政治经济学的百科全书文章,没有充分证据显示马克思阅读过其他作品。④ 很多评论者认为这些是"错误的作品",因为它们不包括《论人类不平等的起源》,即"最马克思的卢梭作品"⑤。如果对两人在历史的概念、财产、分配正义等方面的比较是为了说明卢梭的影响,那么马克思必定要熟悉该书。

然而,我们不需要过度解读这种双重失望。毕竟,不可能区分马克思读过哪些作品。比如,马克思肯定了解卢梭的《论波兰的治国之道》,也有可能在马克思的作品中找到一些可能与《论人类不平等的起源》有关

---

① Jean-Jacques Rousseau. *Du contrat social*, *Oeuvres complètes*: *Les écrits politiques*. Paris: Gallimard, 1964 (3): 442; Jean-Jacques Rousseau. *Collected Writings of Rousseau*: *Social Contract*, *Discourse on the Virtue Most Necessary for a Hero*, *Political Fragments*, *and Geneva Manuscripts*. Hanover NH: Dartmouth College Press, 1994 (4): 202.

② Jean-Jacques Rousseau. *Du contrat social*, *Oeuvres complètes*: *Les écrits politiques*. Paris: Gallimard, 1964 (3): 430; Jean-Jacques Rousseau. *Collected Writings of Rousseau*: *Social Contract*, *Discourse on the Virtue Most Necessary for a Hero*, *Political Fragments*, *and Geneva Manuscripts*. Hanover NH: Dartmouth College Press, 1994 (4): 192.

③ Lucio Colletti. *From Rousseau to Lenin*: *Studies in Ideology and Society*. New York: New Left Books, 1974: 179.

④ Robert Wokler. "Rousseau and Marx". ed. David Miller and Larry Siedentop. *The Nature of Political Theory*. Oxford: Oxford University Press, 1983: 224.

⑤ Robert Wokler. "Rousseau and Marx". ed. David Miller and Larry Siedentop. *The Nature of Political Theory*. Oxford: Oxford University Press, 1983: 224.

的段落。① 更重要的是，并非每个人都认为《政治经济学》和《社会契约论》是"错误"的作品。甚至，鉴于此处认同的有限相似性相关的证据可能产生双重满意：马克思不仅阅读了"正确"的作品，而且时机无可挑剔。特别是，在创作《批判》期间和着手《论犹太人问题》之前，他阅读过《社会契约论》，而且做了笔记。

马克思对卢梭作品所做的笔记保存了下来，也许有必要对其进行简单介绍。马克思在克罗茨纳赫所做的第二本笔记包含了约103段出自1782年出版的法语版《社会契约论》的节选。② 其中夹杂了一些马克思自己的句子，没有一句是无关的。这些节选似乎是为了捕捉卢梭的主要论点，而不是论述自己的思想。比如，它们包括合法国家的传统性、主权的不可分割性、主权与政府的不同和代表最高统治者的不可能性。忽略了诸如卢梭对惩罚与人口的讨论。越是到《社会契约论》的结尾，马克思摘抄得越少。特别是第四卷中只有两段摘抄，而且马克思将之置于第三卷的标题下。因此，有一些重要论题比如卢梭对平民宗教信仰的讨论，马克思并没有做摘抄。

接下来我简单讨论承认的问题，即马克思本人对卢梭作品的评价问题。马克思的作品较少直接提到卢梭。有评论者计算出在整个《马克思恩格斯全集》中总共有22处顺便提及卢梭。③ 这个数字低估了卢梭的影响，但也充分说明马克思较少且短暂地提及卢梭。

这些明显的提及也不全是负面的，认为马克思"贬低卢梭并否认卢

---

① "Die moralisierende Kritik und die kritisierende Moral: Beitrag zur deutschen Kulturgeschichte gegen Karl Heinzen", MEW4: 353; "Moralising Criticism and Critical Morality: A Contribution to German Cultural History Contra Karl Heinzen"; MECW6: 334.
② MEGA②, 4, 2: 91–101.
③ Robert Wokler. "Rousseau and Marx", David Miller and Larry Siedentop. ed. *The Nature of Political Theory*. Oxford: Oxford University Press, 1983: 221; Robert Wokler. "Discussion [of Jean-Louis Lecercle]", R. A. Leigh. ed. *Rousseau After Two Hundred Years: Proceedings of the Cambridge Bicentennial Colloquium*. Cambridge: Cambridge University Press, 1982: 81.

梭对自己的影响"是错误的。① 如一些评论所说，真相"更加复杂"②。即便如此，马克思对卢梭的论述说明他没有深刻理解卢梭的作品，而且这些论述被准确地描述为"整体上不深入，不敢恭维"③。

在19世纪40年代，马克思似乎把卢梭放在两大传统背景中来理解：卢梭——同马基雅维利、霍布斯和斯宾诺莎一样——是第一批"从人类视角"、理性和经验观察问题，而不是从神学前提分析问题的当代政治理论家④；另外，卢梭同伏尔泰、康道塞和孟德斯鸠一样是法国大革命建立的资产阶级共和国的精神先驱。⑤

青年马克思对卢梭作品的直接评论并不十分精准。比如，在《论犹太人问题》中，马克思引用了《社会契约论》的一句话来证明卢梭没有意识到人类解放除了需要政治条件外，还需要社会条件。当然，这是很不准确的。在该书中，卢梭明显表现出对实现美好的共和国所需社会、文化和经济条件的兴趣（较少的人口、文化的韧性、没有极度的财富差距等）。⑥

面对马克思不公正的评论，有评论者为卢梭打抱不平，有人认为，"尽管马克思从卢梭那里受益良多，他却并未有任何表示，真难为情且难以理解"⑦。通常找出两人之间越多的相似之处，评论者越难理解马克思为何没有承认并感激卢梭的影响和灼见。马克思在《论犹太人问题》中

---

① Andrew Levine. *The End of the State*. London: Verso, 1987: 13.
② Jean-Louis Lecercle. "Rousseau et Marx", R. A. Leigh. ed. *Rousseau After Two Hundred Years*: *Proceedings of the Cambridge Bicentennial Colloquium*. Cambridge: Cambridge University Press, 1982: 67.
③ John Plamenatz. *Karl Marx's Philosophy of Man*. Oxford: Oxford University Press, 1975: 60.
④ "Der leitende Artikel in Nr. 179 der *Kölnischen Zeitung*, MEW1: 103 - 104; "The Leading Article in No. 179 of the *Kölnische Zeitung*", MECW1: 201 - 202.
⑤ "Der leitende Artikel in Nr. 179 der *Kölnischen Zeitung*, MEW1: 103 - 104; "The Leading Article in No. 179 of the *Kölnische Zeitung*", MECW1: 201 - 202.
⑥ Louis Dumont. *From Mandeville to Marx: The Genesis and Triumph of Economic Ideology*. Chicago: University of Chicago Press, 1977: 125.
⑦ Lucio Colletti. *From Rousseau to Lenin: Studies in Ideology and Society*. New York: New Left Books, 1974: 187.

的有些言论尤为让人觉得,"没有卢梭就没有马克思的这本书"①。这种似乎矛盾的现象需要进一步解释。

如果,如上所述马克思与卢梭之间其实并不存在通常认为的诸多相似之处,那么马克思的这种"忘恩负义"似乎就更容易被理解。而且,不能理解卢梭社会和政治思想的独特性和复杂性本身反映了马克思与同时代的很多德国人一样有些固执己见。很多人认为卢梭是法国大革命(无论是恐怖统治还是资产阶级共和国)的思想先驱②(卢格甚至糅合了这两种角色,称卢梭既是"政治自由"拥护者的激发者,又是"暴力嗜血革命者"的煽动者③)。

马克思与圣西门

鉴于人们通常认为的马克思对乌托邦社会主义的敌视,也许马克思的作品不会过多地表现出圣西门的影响。但大部分评论者都同意马克思对未来社会的预见明显带有乌托邦社会主义传统的痕迹。甚至有人认为马克思对未来社会具体形态的描述"几乎都是基于更早期的乌托邦作品"④。

即使最有怀疑精神的人也难以否认,马克思对人类解放中政治方面的论述借鉴了诸多乌托邦社会主义理论。毕竟圣西门对马克思作品这方面的

---

① Lucio Colletti. *From Rousseau to Lenin*: *Studies in Ideology and Society*. New York: New Left Books, 1974: 189.
② Gordon H. McNeil. "The Cult of Rousseau and the French Revolution". *Journal of the History of Ideas*. 1945 (50): 197 – 212; Joan McDonald. *Rousseau and the French Revolution*: *1762 – 1791*. London: Bloomsbury Academic, 1965; Carol Blum. *Rousseau and the Republic of Virtue*: *The Language of Politics in the French Revolution*. Ithaca NY: Cornell University Press, 1986.
③ "Selbstkritik des Liberalismus". *Sämtliche Werke*. Mannheim: Mannheim University Press, 1847 (4): 110; "A Self-Critique of Liberalism". translated by James A. Massey, The Young Hegelians, edited by Lawrence S. Stepelevich. Cambridge: Cambridge University Press, 1983: 256.
④ Eric J. Hobsbawm. "Marx, Engels and Pre-Marxian Socialism". ed. Eric J. Hobsbawm. *The History of Marxism*: *Marxism in Marx's Day*. Bloomington IN, 1982 (1): 9; Vincent Geoghegan. "Marxism and Utopianism". ed. Gordon Beauchamp, Kenneth Roemer, and Nicholas D. Smith. *Utopian Studies*. Lanham MD, 1987 (1): 41.

影响得到了广泛承认，马克思本人也多次称圣西门是一个乌托邦社会主义者。关于马克思与圣西门之间的关系出现过以下评论："马克思对国家衰微的描述明显借鉴了圣西门的作品"，"毫无疑问马克思欠了圣西门大大的人情"①，"马克思受圣西门启发得出对人的统治必须由对事物的管理取代"②，"几乎所有马克思非严格意义上的经济学思想特别是'废除国家'的思想都'萌芽于'圣西门的作品"③ 等。似乎有些评论者只看到卢梭，而其他人只看到了圣西门。

尽管其中一些说法的出处非常具有代表性，提到的这些相近之处也几乎是毋庸置疑的，但只要粗略了解马克思的政治思想就可发现，圣西门与青年马克作品之间存在巨大差异。④

圣西门的社会学理论建立在人类心理学模式之上。他称人类普遍存在的追求权力的欲望在工业时代将被遏制，因为其具有破坏性且不道德，不利于个体间的合作以战胜自然。圣西门认为，人性分三部分，以下三种基本能力中的一种（情感、理性、运动）会在一个个体中占据主导地位。根据这些占主导地位的能力，新的工业秩序的社会结构将分成以下阶层："艺术家阶层"（包括作家、画家和音乐家）、"学者"（科学家）和"工业参与者"（工人和资本家）⑤。这种结构既有利于个体的自我实现（"每个公民都很自然地选择适合自己的角色"），又有利于社会的生产目标

---

① Patrick Gardiner. "Saint-Simon". ed. Paul Edwards. *The Encyclopedia of Philosophy*. New York，1967（7）：276 – 277.
② Keith Taylor. "*Introduction*", *Saint-Simon*, *Selected Writings on Science*, *Industry*, *and Social Organization (1802 – 1825)*. ed. Keith Taylor. London：Routledge，1975：5.
③ *Herrn Eugen Dührings Umwälzung der Wissenschaft*，MEW20：241，272 – 273，*Herr Eugene Dühring's Revolution in Science*，MECW25：247，278.
④ Frank E. Manuel. *The New World of Henri Saint-Simon*. Harvard University Press，1956；George G. Iggers. *The Cult of Authority：The Political Philosophy of the Saint-Simonians*. The Hague：Springer，1970（2）；Robert B. Carlisle. *The Proffered Crown：Saint-Simonism and the Doctrine of Hope*. Baltimore：The Johns Hopkins University Press，1987.
⑤ Frank E. Manuel. "Henri Saint-Simon on the Role of the Scientist". *Freedom From History and Other Untimely Essays*. London：University of London Press，1972：205 – 218.

(需要有用工程的发明、审查和执行)①。然而，新的工业制度的最大成就是它将解决社会秩序的问题。圣西门坚信社会围绕生产的重组一旦开始，就会避免可怕的社会动乱。圣西门认为，一旦人们对工作产生兴趣，就无心制造混乱。②

圣西门认为，解决社会问题最紧迫的方法就是在新的工业等级结构之下重组社会。他试图把权力从土地贵族转移到新的工业社会中最有能力、最"有效率"的成员身上。"工业"被广义地定义为经济中所有的"生产"部门，包括商业、金融和制造业。

圣西门认为，"新世界"中的社会结构是有等级的，且是能者居上。管理职位将由那些最有才华的人担任，利益的分配也会反映个体（和他的资本）对生产活动的贡献。考虑到19世纪法国各种社会理论的百家争鸣，很难说这是平等主义或者激进的观点。圣西门的目标不是推翻社会金字塔，而是用一流的制造商和银行家取代顶层的"游手好闲者"③。巴黎综合理工大学有才华、有抱负的学生应该很喜欢这句话。④

这种工业等级内局部利益的组织不被鼓励。圣西门劝诫工人们不要成立独立的结构来维护他们自身的利益（无论是通过政治手段，还是通过罢工），建议他们服从企业家的伟大智慧及其正当"管理"。为了确立并维持这种无产阶级的服从，圣西门主张用宗教和艺术作为社会控制的关键手段。⑤

圣西门尤为感兴趣，宗教对个人行为的影响和"牛顿宗教观"或

---

① *Deuxième extrait*, *Oeuvres de Claude-Henri de Saint-Simon*. Paris: Nabu Press, 1966 (2): 199; Keith Taylor. ed. *Selected Writings on Science, Industry, and Social Organization (1802—1825)*. London: Holmes & Meier Pub, 1975: 209.
② *De l'organisation sociale*, *Oeuvres de Claude-Henri de Saint-Simon*. Paris: Nabu Press, 1966 (5): 126; Keith Taylor. ed. *Selected Writings on Science, Industry, and Social Organization (1802—1825)*. London: Holmes & Meier Pub, 1975: 265.
③ Jean Dautry. ed. *Saint-Simon: Textes choisis*. Paris: Edition Sociales, 1951: 113.
④ F. A. Hayek. *The Counter-Revolution of Science: Studies in the Abuse of Reason*. Indianapolis: Liberty Fund Inc., U. S., 1979: 185ff.
⑤ Ralph P. Locke. *Music, Musicians, and the Saint-Simonians*. Chicago: University of Chicago Press, 1986: chapters 3–4.

"新基督教"是如何教导人们"把时间和能力花在有用的工作上"的①（这种社会学的宗教观源自反天主教的革命②）。圣西门建议成立精神权威网络，通过使用雄辩、音乐和图像把信徒的热情（"恐惧或愉悦的情感"）从懒惰和混乱转移到生产活动上来，③ 以确保工业社会的顺利运作。圣西门称鲁热·德·利尔（马赛曲的作者和作曲人）的《工业家第一首歌》（其中代表性的一节歌颂了杰出的羊毛制造商纪尧姆·泰尔诺敢于拒绝封建男爵封号的"平民勇气"）是极好的例子，也很有鼓舞性。④

只有有利于生产的政治制度才是适合新工业秩序的制度。圣西门并不试图缩小统治者与被统治者的鸿沟，而是用"临时的"力量把人类的经历指引到更有利的方向。他曾根据"理性"和"经验"提出，有一种议会制是最符合这个条件的政治形式。⑤ 然而，这些建议并没有在多大程度上促进平民参与政治，比如圣西门提出欧洲议会的议员必须非常富有，由专业结构选出，任期有十年之久。而且，这样的制度只是过渡性的，其最终将被一种三部制取代，这种三部制根据生产的需求设立（分别负责工业项目的"发明""审查"和"执行"）⑥。即便如此，圣西门认为，国家的形式是次要的，⑦ 新工业社会中的政府将被简化为"行政"结构，唯一

---

① *Le parti national*, Oeuvres de Claude-Henri de Saint-Simon. Paris: Nabu Press, 1966 (2): 204; Keith Taylor. ed. *Selected Writings on Science*, *Industry*, *and Social Organization* (*1802—1825*). London: Holmes & Meier Pub, 1975: 190.

② Mary Pickering. *August Comte*: *An Intellectual Biography*. Cambridge: Cambridge University Press, 1993: 73ff.

③ *Nouveau christianisme*, Oeuvres de Claude-Henri de Saint-Simon. Paris: Nabu Press, 1966 (3): 160; Keith Taylor. ed. *Selected Writings on Science*, *Industry*, *and Social Organization* (*1802—1825*). London: Holmes & Meier Pub, 1975: 300.

④ Ralph P. Locke. *Music*, *Musicians*, *and the Saint-Simonians*. Chicago: University of Chicago Press, 1986: Appendix A.

⑤ *Nouveau christianisme*, Oeuvres de Claude-Henri de Saint-Simon. Paris: Nabu Press, 1966 (3): 160; *Selected Writings*. ed. F. M. H. Markham. Oxford: Oxford University Press, 1952: 39.

⑥ *Esquisse du nouveau système politique*, Oeuvres de Claude-Henri de Saint-Simon. Paris: Nabu Press, 1966 (2): 46ff; Keith Taylor. ed. *Selected Writings on Science*, *Industry*, *and Social Organization* (*1802—1825*). London: Holmes & Meier Pub, 1975: 201ff.

⑦ *Vues sur la propriété et la législation*, Oeuvres de Claude-Henri de Saint-Simon. Paris: Nabu Press, 1966 (2): 8; Keith Taylor. ed. *Selected Writings on Science*, *Industry*, *and Social Organization* (*1802—1825*). London: Holmes & Meier Pub, 1975: 1/1.

的作用就是帮助生产。① 围绕生产的社会的重新定位将解决社会秩序问题，没有必要继续存在警察或永久军队。② 圣西门相信，人天生不平等，相信集体决策的专业性，他认为应该把新社会秩序中的"临时权力"交给最能胜任的人，即工业阶层中最成功的成员，③ 这样会使管理行为"尽可能少"，管理成本"尽可能低"；他认为，一流的"工业家"会尽力缩小政府参与的成本与程度，而且拥有实现这些目标的能力。④

圣西门认为，所有人参与"公共事务"是政治思想的倒退，这与"所有人在化学研究方面有同样的天赋"的说法一样荒谬。⑤ 他主张人民主权不适合工业社会，⑥ 一旦政治成为积极科学，所有公民参与政治是"天赋权利"的观点就会消失。在卢梭看来，政治只能成为"生产的科学"，只负责管理新的工业秩序。⑦ 政治能力的标准将变得"清晰且固定"而且"政治的培养将会交付给一个专门的阶层"⑧。

---

① *Lettres de Henri Saint-Simon à un Américain*, *Oeuvres de Claude-Henri de Saint-Simon*. Paris：Nabu Press，1966（1）：168；Keith Taylor. ed. *Selected Writings on Science, Industry, and Social Organization (1802—1825)*. London：Holmes & Meier Pub，1975：165.

② *De l'organisation sociale*, *Oeuvres de Claude-Henri de Saint-Simon*. Paris：Nabu Press，1966（5）：128 - 129；Keith Taylor. ed. *Selected Writings on Science, Industry, and Social Organization (1802—1825)*. London：Holmes & Meier Pub，1975：266.

③ *Le parti national*, *Oeuvres de Claude-Henri de Saint-Simon*. Paris：Nabu Press，1966（2）：201 - 202；Keith Taylor. ed. *Selected Writings on Science, Industry, and Social Organization (1802—1825)*. London：Holmes & Meier Pub，1975：189.

④ *Déclaration de principes*, *Oeuvres de Claude-Henri de Saint-Simon*. Paris：Nabu Press，1966（1）：132；Keith Taylor. ed. *Selected Writings on Science, Industry, and Social Organization (1802—1825)*. London：Holmes & Meier Pub，1975：159.

⑤ *Du système industriel*, *Oeuvres de Claude-Henri de Saint-Simon*. Paris：Nabu Press，1966（3）：16 - 17；Keith Taylor. ed. *Selected Writings on Science, Industry, and Social Organization (1802—1825)*. London：Holmes & Meier Pub，1975：230.

⑥ *Du système industriel*, *Oeuvres de Claude-Henri de Saint-Simon*. Paris：Nabu Press，1966（3）：209；Keith Taylor. ed. *Selected Writings on Science, Industry, and Social Organization (1802—1825)*. London：Holmes & Meier Pub，1975：160.

⑦ *Lettres de Henri Saint-Simon à un Américain*, *Oeuvres de Claude-Henri de Saint-Simon*. Paris：Nabu Press，1966（1）：188；Keith Taylor. ed. *Selected Writings on Science, Industry, and Social Organization (1802—1825)*. London：Holmes & Meier Pub，1975：168.

⑧ *Du système industriel*, *Oeuvres de Claude-Henri de Saint-Simon*. Paris：Nabu Press，1966（3）：17；Keith Taylor. ed. *Selected Writings on Science, Industry, and Social Organization (1802—1825)*. London：Holmes & Meier Pub，1975：230.

这一简短的描述与马克思对将要取代当代国家的政治集体的描述（更不用说他的社会和政治思想）并无多少相似之处。圣西门并不认同人类生而平等，也不认为集体与人类繁荣有关。而且他敌视更高级的政治参与，主张行政任务专属于特定的精英阶层，反对任何形式的民主。简言之，分析之后可以发现，马克思与圣西门各自对未来社会政治命运的描述之间所谓的巨大相似性是子虚乌有。

马克思对卢梭作品是否熟悉也给那些把圣西门与马克思早期作品联系起来的人制造了问题。没有明显证据显示马克思在移居巴黎之前阅读过圣西门的作品，也没有证据显示他在开始创作《德意志意识形态》之前认真阅读过圣西门的作品。① 该时机的重要性在于，它远晚于这里定义的早期作品。如果早期作品中关于人类繁荣的论述受到了圣西门的很大影响，马克思接触其作品的时间应该比实际情况更早，而且范围更广。

一些评论者称圣西门肯定对马克思有更早期、间接的影响。产生这种影响的渠道不一。有时影响的来源被笼统地描述为德国"早期的圣西门思想浪潮"②。也有人提出更具体的渠道，如路德维希·冯·威斯特法伦（马克思的岳父）和爱德华·甘斯（马克思的大学老师）③（海涅可能也是渠道之一，尽管他对圣西门思想产生兴趣的时机和性质使这种联系看起来没有可能④）。似乎没有理由否认这种影响的可能性，但我保持怀疑。德国人对圣西门思想最感兴趣之时，马克思才十三四岁，而且彼时的德国

---

① *Die deutsche Ideologie: Kritik der neuesten deutschen Philosophie in ihren Repräsentanten Feuerbach, B. Bauer und Stirner, und des deutschen Sozialismus in seinen verschiedenen Propheten*, MEW3: 480 – 498; *The German Ideology: Critique of the Latest German Philosophy as Exemplified by its Representatives Feuerbach, B. Bauerand Stirner, and of German Socialism as Exemplified by its Various Prophets*, MECW5: 493 – 510.

② F. A. Hayek. *The Counter-Revolution of Science: Studies in the Abuse of Reason*. Indianapolis: Liberty Fund Inc., U. S., 1979: 306 – 307.

③ Joseph O'Malley. "*Editor's Introduction*", Karl Marx, *Critique of Hegel' Philosophy of Right*. Cambridge: Cambridge University Press, 1970: xix; Werner Blumenberg. *Karl Marx: An Illustrated Biography*. London: Hamburg: Rowohlt 1972, 1972: 44 – 46.

④ Nigel Reeves. *Heinrich Heine: Poetry and Politics*. Oxford: Oxford University Press, 1974: 76 – 86; Georg G. Iggers. "Heine and the Saint-Simonians: A Re-examination". *Comparative Literature*. 1958 (10): 289 – 308; E. M. Butler. *The Saint-Simonian Religion in Germany: A Study of the Young German Movement*. Cambridge: Cambridge University Press, 1926: part 3.

人对圣西门思想感到的是"恐慌"而不是热衷，认为它"荒谬而且可能造成伤害"①。这些更具体的渠道也有问题。需要更多的细节才能确定其影响真实可信，而不仅仅是猜测。而且，这些间接地论述解决了一个问题——如果我们不能确定马克思阅读过一个人的作品，怎能确定马克思受到了该作者的影响？

青年马克思不太承认圣西门对他的影响。马克思的早期作品只偶尔提及圣西门及其追随者。人们认为，圣西门与很多思想家一样主张"可移动财产"（而不是土地）是财富的真正来源，而且批判他的追随者误解信用制度并合并了人类的生产力和今天的工业。既没有提到圣西门的政治观又没有提到圣西门的国家观。简言之，我在这里概述的证据不足以证明，圣西门对青年马克思关于人类繁荣政治方面描述的影响。考虑到马克思并不熟悉圣西门的作品且很少承认圣西门对他的影响以及两人各自作品的内容，我们很难坚持：它们之间存在联系。②

小 结

在本章中，我试图阐释早期作品中包含的对人类解放零碎和模糊的论述。青年马克思主张对社会重组，以便"真正的人"——实现自我的人（充分发展和使用自身关键能力的人）——存在于日常生活中，而不仅仅是反映在苍白无力的政治国家中。

尽管无论从早期作品的主题、语言，还是内容上，都可以看到费尔巴

---

① E. M. Butler. *The Saint-Simonian Religion in Germany: A Study of the Young German Movement*. Cambridge: Cambridge University Press, 1926: 63 – 64.

② *Ökonomischphilosophische Manuskripte aus dem Jahre 1844*, MEW, *Ergänzungsband* 1: 528, 534; *Economic and Philosophic Manuscripts of 1844*, MECW3: 288, 294; *Economic and Philosophical Manuscripts*, EW: 340, 345; *Die heilige Familie, oder Kritik der kritischen Kritik: Gegen Bruno Bauer und Konsorten*, MEW2: 52, 32; *The Holy Family, or Critique of Critical Criticism: Against Bruno Bauer & Co.*, MECW4: 31, 50; "Auszüge aus James Mills Buch 'Elémens d'économie politique'", MEW, *Ergänzungsband* 1: 448; "Comments on James Mill, *Elémens d'économie politique*", MECW3: 214; "Excerpts from James Mill's Elements of Political Economy", EW: 263.

哈无所不在的影响，但我认为，在对未来社会政治集体的论述上费尔巴哈对青年马克思的影响有限。虽然二人都认同狭义至善论和人类的共存性，但他们的政治理想却大不相同。

马克思关于人类繁荣的论述充分体现了早期作品中的至善主义线索，其要求社会要能够满足人类基本生理需求（饮食需求、保暖和遮风避雨的需求、对气候条件的需求、身体锻炼的需求、对基本卫生条件的需求、繁殖和异性间性行为的需求），较高级而通常不被认为是马克思提出的需求（娱乐、文化、教育和知识、艺术表现、情感和美感需求）和较高级且被认为是马克思提出的需求（工作和真正共同体的需求）。我不认为这种对人类繁荣的论述（一定）完整、片面或过于夸大其词。

从两个层面可以理解马克思关于人类繁荣论述中包含的政治内容。第一，马克思认为人们合作以追求共同利益（共同体的特点）既是人类繁荣的条件，又是人类繁荣的结果，这与亚里士多德认为人是政治动物一脉相承。第二，青年马克思对未来社会政治方面的论述包含一些不太明显的关于制度的论述。尤其是他主张让关心共同利益的市民更多参与政治，让市民更多履行之前专属特权官僚的行政职责，用某种人民委派取代代议制的民主。这些对公民共和主义的零碎模仿构成了一种认为政治不会消失，而是失去它的抽象性的观点。

最后，为了阐释马克思对人类解放政治方面的论述，我分析了文中提到的前人及其影响，发现不能找到圣西门与青年马克思之间有多少重要的相似之处，而只是发现马克思与卢梭在狭义上有些相似——对代议制的批判和主张政府受人们"委派"——如果广义理解的话，这句话就是错误的。

对前人及其影响的介绍，尽管可能解释了马克思作品的一些方面，但并没有让马克思对该主题的评论显得不那么零碎与模糊。接下来我将分析马克思为何没有对未来社会进行描述，而且不以为然。

第五章 结　语

　　在对本书的主题进行初步评论之后（见第一章），该书的主体三章分别是关于青年马克思对当代国家出现、性质与取代的描述。在第二章，我追溯了青年马克思批判兴趣的重大转变，即从批判当时落伍的德国政体转向批判当代国家。马克思认为，当代国家的基本轮廓在黑格尔的作品中存在描述。尽管马克思高度批判黑格尔的绝对唯心主义，但他认为，《法哲学原理》中包含对当代社会和对破坏当代社会的主要异化形式的深刻洞见。在第三章，我试图展现马克思是如何通过批驳鲍威尔的反犹太主义，来详细说明他是如何理解人类解放的。尽管当代国家承认共同体的价值（人性的重要方面），但马克思认为，其所实现的共同体既有限（程度有限）又矛盾（最终由市民社会的缺点形成又受其主导）。在第四章，我通过论述费尔巴哈，分析了马克思人类解放思想——有助于人类实现大范围繁荣的社会组织方式。尽管马克思对某些非意志需求的描述富有启示性，我仍认为，青年马克思对能够实现人类繁荣的社会的描述是模糊且有问题的。尤其是他未能清晰描述人类解放所需的政治共同体中的制度元素（除了简单引用政治理论中的共和主义传统）。

　　本章将探讨马克思为何在作品中故意忽略人类解放所需的政治制度。马克思并非忘记具体描绘未来社会，他不愿意讨论未来的政治制度并不意外，他本人也不觉得遗憾。马克思不仅不愿意分析所谓的社会主义蓝图，还给出了理由。这些理由加上马克思早期作品与乌托邦主义的关系构成了本章的主题。

初步定义

乌托邦及与之同源的几个词含义都很难界定。① 该词是由英国 16 世纪文学家兼政治家莫尔用希腊文所创,原指一个虚构小岛的名字,并借助虚构人物拉斐尔·希斯拉德得到了大力宣传,意为"没有的地方"或者"美好的地方"②。该词引起了造词之风,自身也很快被赋予了各种含义。这种意义扩散的结果就是几百年后关于什么样的作品才是乌托邦的,人们难以达成共识。③

对马克思与乌托邦主义之间关系的讨论避不开这个问题:马克思自己的作品是不是乌托邦的。似乎在一定程度上取决于对乌托邦主义的定义。狭义的定义——比如把乌托邦主义界定为具有特定文学形式的文章——也许会把马克思排除在外。④ 而广义的定义——比如把乌托邦主义等同于幻想更好的社会制度——肯定将马克思包含在内。⑤

这里我不评判该词不同的用法。马克思提到了一些其他乌托邦作品,而这些作品的特点与马克思作品的特点大不相同。暂且不论马克思对该词

---

① Lucian Hölscher. "Utopie". *Geschichtliche Grundbegriffe*: *Historisches Lexikon zur politische-sozialen Sprache in Deutschland*. ed. Otto Brunner, Werner Conze, and Reinhart Koselleck. Stuttgart: Klett-Cotta Verlag, 1990 (6): 733 – 788; J. C. Davis. *Utopia and the Ideal Society*. Cambridge: Cambridge University Press, 1981: chapter 1; Ruth Levitas. *The Concept of Utopia*. London: Peter Lang Ltd, 1990: introduction and chapter 8; Lyman Tower Sargent. "The Three Faces of Utopianism Revisited". *Utopian Studies*. 1994 (5): 1 – 37.
② Thomas More. *Yale Edition of the Complete Works of St Thomas More*. ed. S. J. Surtz and J. H. Dexter. New Haven: Yale University Press, 1965 (4): 21.
③ 由此产生的词汇比其他更受欢迎。
④ 比如,乌托邦曾被定义为"虚构的文学作品中描述的想象中的国家"。A. L. Morton. *The English Utopia*. London: Lawrence & Wishart Ltd, 1952: 10.
⑤ Ruth Levitas. *The Concept of Utopia*. London: Peter Lang Ltd, 1990: 8; Ernst Bloch. *The Principle of Hope*. Oxford: Oxford University Press, 1986 (2): 624.

是否有其他的理解,但就这一点来说马克思的作品不是乌托邦的①。

马克思认为,乌托邦主义"热衷"描述"新社会的美好画面和蓝图"②。该说法不无道理,我们也并不陌生。乌托邦主义的一大特点是描述理想中完美社会的细节。"细节"一词强调的是乌托邦描述的广泛性和复杂性,而不是说这些对未来社会制度的描述总是完整或者缜密。③ 乌托邦作品的魅力和思辨性通常都来自这种细节(比如傅立叶不仅说劳动可能成为幸福的源泉,他还把一年中不同时间有代表性的日常生产活动精确地按小时细分④)。

这种对蓝图(未来社会的规划、模型、样板等)的热衷是乌托邦理论家作品的特点,而马克思在自己作品中刻意避免了这一点。当然,如果说马克思完全没有对其构想的未来社会秩序进行描述,这肯定是不对的。乌托邦主义者有多想描述未来社会的细节,马克思就有多不想这么做。如上章所言,尽管我们可能找到马克思对未来社会大致轮廓的构想,却找不到他表现出的对乌托邦的热衷和对未来社会细节的描述。

接下来研究证据问题。马克思唯一详细讨论过的一种乌托邦主义是乌托邦社会主义,他对前者的看法主要是从他对后者的评论中重构出来的。大部分评论都是在未出版作品中讨论其他话题时顺便提及,他没有在文章甚至一个段落中把关于这些话题的观点整理出来。尽管早期作品中的某些内容可以表明马克思对乌托邦主义的态度,但为了理解这些证据,我还需要提及他之后的一些作品,也许会引用他在19世纪40年代的作品。从这

---

① Abram L. Harris. "Utopian Elements in Marx's Thought". *Ethics*. 1950 (60): 79 – 99; Andrew Altman. "Is Marxism Utopian?". *Philosophy and Social Criticism*. 1981 (8): 387 – 403; Darren Webb. *Marx, Marxism and Utopia*. Aldershot: Ashgate Publishing Limited, 2000: chapters 2 – 3.
② *Erster Entwurf zum "Bürgerkrieg in Frankreich"*, MEW17: 493 – 571; *First Draft of "The Civil War in France"*, MECW22: 437 – 514.
③ Lyman Tower Sargent. "Utopian Traditions: Themes and Variations". Roland Schaer, Gregory Claeys, and Lyman Tower Sargent. *Utopia: The Search for the Ideal Society in the Western World*. New York: Oxford University Press, 2000: 15.
④ Charles Fourier. *Oeuvres complètes de Charles Fourier: Le Nouveau Monde industriel et sociétaire*. Paris: Nabu Press, 1845 (6): 67 – 68.

些大跨度的证据中,我们惊奇地发现马克思对乌托邦主义看法的惊人一致。①

马克思对乌托邦主义的肯定

很多人认为,马克思对乌托邦主义存在强烈的、有失公允的敌视。有人认为,他"坚定不移地"反对乌托邦主义②,有人认为,他每次提及乌托邦主义"定无好言"③,有人称他对各种乌托邦主义"充满蔑视"④,有人指出他面对乌托邦社会主义者"咄咄逼人"⑤,还"从未停止嘲笑"⑥,等等。接下来,我将首先无情批判有关马克思对乌托邦主义态度的负面描述,然后分析和阐述马克思本人对这些描述的批判。⑦

在青年马克思早期作品中,也许没有过多提及乌托邦社会主义,但也并非全是攻击。比如,在一篇不知名的、关于自杀的文章的序言中,马克思积极评价傅立叶作品的形式和内容(马克思先简短评论法国人的批判,然后列出来自雅克·波塞死后出版的回忆录中的大段文字,包括关于社会问题的大量实证材料,得益于他在巴黎做警察档案管理员的经历)。马克思认为,傅立叶是法国批判传统的典型代表,其"伟大优点"是"展现

---

① David Leopold. "The Structure of Marx and Engels' Considered Account of Utopian Socialism". *History of Political Thought*. 2005 (26): 443-466.
② Darren Webb. *Marx, Marxism and Utopia*. Aldershot: Ashgate Publishing Limited, 2000: 1.
③ Nicholas Lash. *A Matter of Hope: A Theologian's Reflections on the Thought of Karl Marx*. London: Darton, Longman & Todd Ltd, 1981: 235.
④ Kerry S. Walters. *The Sane Society Ideal in Modern Utopianism*. Lewiston NY: Edwin Mellen Press Ltd, 1988: 12.
⑤ Avner Cohen. "Marx and the Abolition of the Abolition of Labour". *Utopian Studies*. 1995 (6): 40.
⑥ Robert C. Tucker. *Philosophy and Myth in Karl Marx*. Cambridge: Cambridge University Press, 1972: 201.
⑦ Steven Lukes. "Marxism and Utopianism". ed. Peter Alexander and Roger Gill. *Utopias*. London: Gerald Duckworth & Co Ltd, 1984: 153-167; Vincent Geoghegan. *Utopianism and Marxism*. London: Routledge, 1987: chapter 2; G. A. Cohen. *If You're an Egalitarian, How Come You're So Rich?*. Cambridge MA: Harvard University Press, 2000: chapters 3-4.

了当代生活的冲突与不自然"①。马克思认为，傅立叶展现了"生活本身的热情，眼界的开阔，优雅的微妙与大胆的思想创新"②。

从马克思最早期的一些项目也可看出他对乌托邦主义的肯定态度。在1845年上半年，他与恩格斯（还有赫斯）规划出版了德语版的外文（法文和英文）社会主义作品，并对每个作者进行了介绍和评论③（具体时间不能确定，但马克思列出的作者名单和分组出现在一本日期为1845年3月的笔记中）。马克思曾在规划中指出这套"外国社会主义杰出作家丛书"不能缺少傅立叶、欧文和圣西门等人。④ 正如恩格斯所说，他们的目的就是以乌托邦社会主义创立者的作品开启这套丛书，因为他们最好的作品"正是我们德国人需要学习的，也最符合我们的原则"⑤。因难以在德国找到出版商，该项目最终被放弃。但这也充分说明马克思肯定这些乌托邦社会主义作品的教育意义和思想立场⑥（只有恩格斯翻译的傅立叶的一部著作最终出版，在该书中，傅立叶列举了36种商业犯罪、36种破产罪）。

当然，除了认可和肯定，不可否认马克思对乌托邦还有一些负面的、经常被引用的评论。比如，在"1843年的书信"中，马克思表达了自己对乌托邦一些计划方面的不同立场。他称为了更好地影响同时代人，政治作品应该讨论他们关心的问题，而不仅仅是提供一个"现成"的乌托邦，

---

① "Peuchet: vom Selbstmord". *Marx on Suicide*. ed. Eric A. Plaut and Kevin Anderson. Evanston: Northwestern University Press, 1999: 77–101; "Peuchet: On Suicide", MECW4: 597–612.
② "Peuchet: vom Selbstmord". *Marx on Suicide*. ed. Eric A. Plaut and Kevin Anderson. Evanston: Northwestern University Press, 1999: 77–101; "Peuchet: On Suicide", MECW4: 597–612.
③ Hess's letter to Marx, 17 May 1846, Moses Hess. *Briefwechsel*. The Hague: Mohr Siebeck, 1959: 154; Zvi Rosen. "The Attitude of Hess to French Socialism". *Philosophical Forum*. 1978 (8): 310–322; Zvi Rosen. *Moses Hess und Karl Marx: Ein Beitrag zur Enstehung der Marxschen Theorie*. Hamburg: Christians, 1983: 52ff.
④ "Plan of the 'Library of the Best Foreign Socialist Writers'", MECW4: 667. 在同一本笔记中，他后来补充了三个名字：坎帕内拉、拉姆内和汤普森。
⑤ Engels to Marx, 17 March 1845, MEW27: 24; MECW38: 27.
⑥ Andreas Gottshalk to Marx, 5 November 1847. ed. Herwig Förder, Martin Hundt, Jefin Kandel, and Sofia Lewiowa. *Der Bund der Kommunisten: Dokumente und Materialien: 1836–1849*. Berlin, 1983 (1): 608.

如《伊卡利亚之旅》（卡贝最著名的作品）①。马克思认为，必须放弃这种观点："所有问题的答案"都在学者的书桌上，"愚昧无知的世人只能坐着干等烤好的鸽子（绝对知识）飞到他们口中"②（他提及"安乐乡"意味深长③）。

我们并不能据此认为，马克思对乌托邦社会主义的态度是模糊的或矛盾的。事实上，马克思的评论具有内在的结构，这一结构有助于我们理解这种似乎矛盾的评论。为了揭示这一结构，我们需要对两个事物做出区分（每个都出现在马克思对乌托邦主义的评论中并对其做出解释）。

第一是时间上区分乌托邦社会主义的先驱者与继承者。马克思通常认为，前者包括傅立叶、欧文与圣西门（将此三人一视同仁不无道理，他们不仅生活在同一个年代还具有相同的历史身份④）。第二代人包括卡贝、傅立叶、欧文和圣西门的一些追随者。马克思不吝溢美之词地赞赏乌托邦主义的创始人，但是对它的继承者和模仿者多有批判。⑤

从马克思19世纪40年代的作品中可以看出这一点。在《德意志意识形态》中，马克思称我们不能因为当时的历史环境"不成熟"，他们的作

---

① Christopher H. Johnson. *Utopian Communism in France*：*Cabet and the Icarians*, *1839 – 1851*. Ithaca NY：Cornell University Press, 1974; Leslie J. Roberts. "Etienne Cabet and his Voyage en Icarie (1840)". *Utopian Studies*. 1991（2）：77 – 94; Robert P. Sutton. *Les Icariens*：*The Utopian Dream in Europe and America*. Urbana IL：University of Illinois Press, 1994：chapters 1 – 7.
② "Briefe aus den *Deutsch-Französischen Jahrbüchern*", MEW1：344; "Letters From the *Deutsch-Französische Jahrbücher*", MECW3：142; "Letters from the *Franco-German Yearbooks*", EW：207.
③ A. L. Morton. *The English Utopia*. London：Lawrence & Wishart Ltd, 1952：10; Herman Pleij. *Dreaming of Cockaigne*. New York：Columbia University Press, 2001; Lucian Hölscher. "Utopie". *GeschichtlicheGrundbegriffe*：*Historisches Lexikon zur politische-sozialen Sprache in Deutschland*. ed. Otto Brunner, Werner Conze, and Reinhart Koselleck. Stuttgart：Klett-Cotta Verlag, 1990（6）：734ff.
④ 马克思在欧文80大寿当天，听了他的讲座。Marx to Engels, 21 May 1851, MEW27：263; MECW38：360.
⑤ 马克思曾认为，乌托邦主义包含"批判唯物社会主义的种子"Marx to Friedrich Sorge, 19 October 1877, MEW34：303; MECW45：84.

品有一定"宣传价值"就否定乌托邦社会主义的创始者。① 这里涉及的主要原则在《共产党宣言》中有详细说明，即乌托邦社会主义的优点"与历史发展呈反相关"②。根据这一原则，《共产党宣言》用历史发展的尺度衡量不同时期的乌托邦主义者，提出"尽管这些制度的创造者在很多方面是革命性的"，但无数的当代模仿者"只是形成了反动的学派"③。

第二个区分是关于乌托邦作品的主题，区分了乌托邦社会主义作品的"系统性"（对未来理想社会积极方面的描述）与"批判性"（对当代文明消极方面的描述）。乌托邦蓝图的某些方面二者兼具，但理论上这两种功能是不同的。比如，傅立叶不仅描述将来个体如何生活，还强调当代劳动组织中的不足。第二个区分同第一种区分一样，都与认可程度的不同相关联。简言之，与早期作品的"系统性"相比，马克思更关心它们的"批判性"。

第二种区分的例子及与之相关程度的认可，可以从马克思19世纪40年代的作品中找到。如在那篇关于自杀的文章中，傅立叶对当时社会的"批判"并非系统构建，但是因为说明了"当代生活的冲突与不自然"而受到赞扬。④ 在《德意志意识形态》中，马克思称如果同时代的德国人只根据卡贝的"制度"来评判他，而不去思考他的政治活动和"论辩作品"

---

① *Die deutsche Ideologie*: *Kritik der neuesten deutschen Philosophie in ihren Repräsentanten Feuerbach*, *B. Bauer und Stirner*, *und des deutschen Sozialismus in seinen verschiedenen Propheten*, MEW3: 448; *The German Ideology*: *Critique of the Latest German Philosophy as Exemplified by its Representatives Feuerbach*, *B. Bauerand Stirner*, *and of German Socialism as Exemplified by its Various Prophets*, MECW5: 461.

② *Manifest der kommunistischen Partei*, MEW4: 491; *Manifesto of the Communist Party*, MECW6: 516; Terrell Carver. *Marx and Engels*: *The Intellectual Relationship*. Brighton: Olympic Marketing Corp, 1983: 78–94.

③ *Manifest der kommunistischen Partei*, MEW4: 491; *Manifesto of the Communist Party*, MECW6: 516.

④ "Peuchet: vom Selbstmord". *Marx on Suicide*. ed. Eric A. Plaut and Kevin Anderson. Evanston: Northwestern University Press, 1999: 77; "Peuchet: On Suicide", MECW4: 597; *Die heilige Familie*, *oder Kritik der kritischen Kritik*: *Gegen Bruno Bauer und Konsorten*, MEW2: 88; *The Holy Family*, *or Critique of Critical Criticism*: *Against Bruno Bauer & Co.*, MECW4: 84.

的话，这是很遗憾的。① 在同一篇文章中，马克思特别批判了卡尔·格伦只关注傅立叶作品中的"制度构建"，而不是"批判"，因为傅立叶作品中"批判的一面"是其"最重要的贡献"②。《共产党宣言》认为是乌托邦作品的"批判成分"而不是"对未来社会的美好描述"，《共产党宣言》被认为"充满了最有利于启蒙工人阶级的重要资料"③。

在第二种区分上，我并非说马克思尽管肯定乌托邦社会主义的批判，却无情批判其制度构建，我认为，相比"体制"，马克思更加肯定"批判"。值得一提的是，马克思有时也会积极评价乌托邦社会主义者对体制的描述。如在《德意志意识形态》中，他认为，"真正的社会主义者"的观点（所有的制度都是"武断且独裁的"）毫无益处，④ 而乌托邦社会主义者的制度拥有很多优点。这些制度有历史意义，真实反映了"这些制度出现之时的时代需求"或者具有美学价值（特别是傅立叶的"制度"颇有"诗歌之风"）⑤。

---

① *Die deutsche Ideologie: Kritik der neuesten deutschen Philosophie in ihren Repräsentanten Feuerbach, B. Bauer und Stirner, und des deutschen Sozialismus in seinen verschiedenen Propheten*, MEW3: 448; *The German Ideology: Critique of the Latest German Philosophy as Exemplified by its Representatives Feuerbach, B. Bauerand Stirner, and of German Socialism as Exemplified by its Various Prophets*, MECW5: 461.

② *Die deutsche Ideologie: Kritik der neuesten deutschen Philosophie in ihren Repräsentanten Feuerbach, B. Bauer und Stirner, und des deutschen Sozialismus in seinen verschiedenen Propheten*, MEW3: 498; *The German Ideology: Critique of the Latest German Philosophy as Exemplified by its Representatives Feuerbach, B. Bauerand Stirner, and of German Socialism as Exemplified by its Various Prophets*, MECW5: 510.

③ *Manifest der kommunistischen Partei*, MEW4: 490 – 491; *Manifesto of the Communist Party*, MECW6: 515 – 516.

④ *Die deutsche Ideologie: Kritik der neuesten deutschen Philosophie in ihren Repräsentanten Feuerbach, B. Bauer und Stirner, und des deutschen Sozialismus in seinen verschiedenen Propheten*, MEW3: 449; *The German Ideology: Critique of the Latest German Philosophy as Exemplified by its Representatives Feuerbach, B. Bauerand Stirner, and of German Socialism as Exemplified by its Various Prophets*, MECW5: 462.

⑤ Miriam Eliav-Feldon. *Realistic Utopias: The Ideal Imaginary Societies of the Renaissance, 1516 – 1630*. Oxford: Oxford University Press, 1982.

这里不适合讨论青年恩格斯对乌托邦社会主义的广泛评论。① 但是，我可以引用一些他对乌托邦制度的积极评价。在《傅立叶论商业的片断》序言中，恩格斯认为，德国人特别是"真正的社会主义者"只强调傅立叶"对未来社会，未来社会制度的概述"，同时忽略他"对现实社会的批判"②，因此，他们只让人们注意到傅立叶作品"最差"而不是"最好"的一面。③ 不过，恩格斯指出，鉴于傅立叶批判现实社会关系时表现出的"诙谐幽默"，可以理解他在对未来制度的描述中表现出的"宇宙论的幻想"④。恩格斯称即使是傅立叶系统中的"怪异之处"，也是"出于他的天分"⑤。傅立叶作品中的很多地方都使用了柠檬汽水、海洋和温顺狮子的比喻，恩格斯说，他宁愿相信"所有这些故事"，也不相信黑格尔的"存在与虚无"⑥。他称"法国人的废话至少是轻快的，而德国人的废话很沉重"，他还在一篇摘要中指出，在专制阴森的德意志国度"根本没有柠檬汽水"⑦。

　　认为马克思无情否定乌托邦主义是不准确的。尽管存在批判，但马克思的作品中充满了对乌托邦社会主义成就的肯定。马克思对第一代乌托

---

① 19世纪40年代，恩格斯相比马克思对乌托邦社会主义更了解也更感兴趣。"Beschreibung der in neuererZeit entstandenen und noch bestehenden kommunistischen Ansiedlungen", MEW2: 521 – 535; "Progress of Social Reform on the Continent", MECW3: 392 – 408.
② "Ein Fragment Fouriers Über den Handel", MEW2: 605; "A Fragment of Fourier's on Trade", MECW4: 614.
③ "Ein Fragment Fouriers Über den Handel", MEW2: 605; "A Fragment of Fourier's on Trade", MECW4: 614.
④ "Ein Fragment Fouriers Über den Handel", MEW2: 605; "A Fragment of Fourier's on Trade", MECW4: 615.
⑤ "Ein Fragment Fouriers Über den Handel", MEW2: 607; "A Fragment of Fourier's on Trade", MECW4: 642.
⑥ "Ein Fragment Fouriers über den Handel", MEW2: 605; "A Fragment of Fourier's on Trade", MECW4: 615; Charles Fourier. *Oeuvres complètes de Charles Fourier: Théorie des quatres mouvements et des destinées générales*. Paris: Ulan Press, 1841 (1): 66; Charles Fourier. *The Theory of the Four Movements*. ed. Gareth Stedman Jones and Ian Patterson. Cambridge: Cambridge University Press, 1996: 50; Charles Fourier. *Théorie de l'unité universelle*. Paris: Ulan Press, 2001: 254 – 255.
⑦ "Ein Fragment Fouriers Über den Handel", MEW2: 605 – 606; "A Fragment of Fourier's on Trade", MECW4: 615.

社会主义者的评价高于其继承者,对乌托邦作品中批判性的评价高于对其体制建构的评价。

马克思对乌托邦主义的合理否定

当然,上述标题便是承认马克思对乌托邦主义不仅仅只是肯定。因此,本小节我将更加详细介绍青年马克思对乌托邦社会主义的合理否定并对其进行批判分析。

这些负面评论的结构反映了马克思对乌托邦社会主义的合理否定。整体上,马克思认为,乌托邦社会主义的继承者要逊于开创者,他们作品中关于体制构建的论述要逊于对现实的批判。不过,马克思否定它的原因不止于此。

马克思对继承者表现出敌意的主要原因是责任的问题。马克思并不认为创立者的观点无可挑剔,如对社会主义性质和向社会主义过渡的描述,但他认为,他们(与继承者不同)无须为这些错误的观点负责。马克思称第一代乌托邦社会主义者思想形成的背景是当代社会的物质条件与能够转化这些条件的机构的不成熟和不明显。① 因此,先驱者对未来社会及向未来社会的过渡的理解注定存在问题。既然问题不可避免,我们就不能责怪他们。相反,尽管继承者并不一定犯了更多、更严重的错误,但马克思认为,他们比先人更应该为这些错误负责。

《共产党宣言》批判了乌托邦社会主义者提出的向社会主义过渡的方法。马克思认为,乌托邦主义者低估了无产阶级代理的作用,反而代之以呼吁"一般社会"和"榜样的力量"("资产阶级钱包"资助的小范围实验)作为实现社会主义的手段。② 然而,对第一代乌托邦主义者来说,这些错误和误解不可避免。因为,当时呼吁社会和小规模实验的无效性还不

---

① *Erster Entwurf zum "Bürgerkrieg in Frankreich"*, MEW17: 557; *First Draft of "The Civil War in France"*, MECW22: 499.

② *Manifest der kommunistischen Partei*, MEW4: 491; *Manifesto of the Communist Party*, MECW6: 516; Marx to Engels, 20 June 1866, MEW31: 229; MECW42: 287.

明显,而且,无产阶级还处在"襁褓时期",被认为是"最苦的阶层",而不是具有"历史主动性"的独立的集体代理人。① 然而,这些历史条件一旦发生改变,就没有借口继续坚持这些错误的策略和有限的理解。马克思后来重述了这个逻辑,用自然科学的进步做类比说明这个问题。谈及傅立叶、欧文和圣西门,马克思称"我们不能否认这些社会主义的先驱的成就,就像化学家不能否认他们的祖师爷炼金术士一样";不过马克思认为,环境发生了改变,如果还重复他们的"错误"的话,是"不可原谅的"②。

马克思对后期乌托邦社会主义者的敌视大于对早期乌托邦主义者的敌视的原因比较明显,但是马克思对乌托邦"制度"的敌视超过其对"批判"的敌视的原因就不是很明显。人们很容易想当然地认为,为了达到目标,社会主义者不仅需要详细有力地说明当代社会的缺点,还需要详细有力地描绘未来社会的状态。相对乌托邦社会主义的"制度",马克思更偏爱对其当代社会的"批判",人们很容易认为,其原因是乌托邦社会主义者对当代社会缺点的描述比对未来社会的预测更准确。然而,仔细分析之后会发现马克思并不这么认为。

马克思对这些问题的看法明显不平衡。一方面,他认为,人们需要对当代社会的缺点进行详细有力的描述并承认乌托邦社会主义者的贡献。比如,在《神圣家族》中,他提到了傅立叶对当代婚姻的"巧妙描述"③。另一方面,马克思似乎认为,我们不需要对未来的社会主义进行详细有力的描述。当谈到社会主义设计的问题之时,马克思批判了乌托邦社会主义者,这主要不是因为他们的蓝图不可行或不充分,而是因为他认为我们根本不需要蓝图。本文认为,这是一个深刻的观点,本小节的剩余部分将试图证明青年马克思为何持此观点(蓝图是多余的)。④

---

① *Manifest der kommunistischen Partei*, MEW4:490; *Manifesto of the Communist Party*, MECW6:515.
② "Der Politische Indifferentismus", MEW18:301; "Political Indifferentism", MECW23:394.
③ *Die heilige Familie, oder Kritik der kritischen Kritik: Gegen Bruno Bauer und Konsorten*, MEW2:208; *The Holy Family, or Critique of Critical Criticism: Against Bruno Bauer & Co.*, MECW4:196.
④ G. A. Cohen. *If You're an Egalitarian, How Come You're So Rich?*. Cambridge MA: Harvard University Press, 2000: chapters 3-4.

在"1843年的书信"中，青年马克思对比了自己与乌托邦主义者的研究方法。这篇文章很短，也存在一些问题，但是可以从对比中看出两条不同的线索。这两条不同线索的意义在于，虽然其中一条使蓝图显得多余，另外一条却并不如此。此标题下发表的是卢格与马克思、费尔巴哈、巴枯宁三人之间往来的信件。① 这些往来信函像是对《德法年鉴》对话体的、没有使命的中心陈述。这本书存在问题，尤其是不知道卢格为了出版，在多大程度上加工了原始信件。

在第一条线索中，马克思讨论了如何成功激励人们在一些基本方面改变他们生活的社会。他称人们必须从现有的态度和环境出发，而不是站在与现实环境和观点没有联系的立场提出解决方案。② 乌托邦社会主义者很明显采用的就是这种方法。乌托邦主义者用他们"现成的制度"如《伊卡利亚之旅》来反对现实世界，马克思主张从德国"现实"的宗教和政治观入手，从而避免了乌托邦的这种倾向："用一些空谈的理论摆在世人面前然后说：这是真理，快来跪拜吧凡人！"③ 这种对比虽然没有展开系统论述，却也足够清晰。需要注意的是，第一条线索没有让蓝图显得多余。它也许限制了蓝图的种类和实现方式——比如，要求蓝图尊重某些历史环境，与现有问题啮合，而不是强加一些问题——但它不会使蓝图显得多余。

在第二条线索中，马克思以完全不同的方式对比了自己与乌托邦的方法。尽管乌托邦主义者试图"预测"新的世界——这被认为是他们空谈倾向的原因——而马克思是试图在旧世界中"发现"新的世界。④ 这一对比不是很明显。不过，此处马克思对自己方法论的描述很重要。如果可以从旧世界中发现新世界——如果旧的世界发展到足够的地步，而且我们以

---

① MEGA②1，2：471-489；Bakunin，*Sobranie sochinenii I pisem 1828-1876*. Moscow，1934—1935（3）：213-214；Ruge to Julius Fröbel. 19 December 1843，quoted in MEGA②1，2：939.
② Michael Walzer. *Interpretation and Social Criticism*. Cambridge MA：Harvard University Press，1987：chapter 2.
③ "Briefe aus den *Deutsch-Französischen Jahrbüchern*"，MEW1：345；"Letters From the *Deutsch-Französische Jahrbücher*"，MECW3：144；"Letters from the *Franco—German Yearbooks*"，EW：208.
④ "Briefe aus den *Deutsch-Französischen Jahrbüchern*"，MEW1：344；"Letters From the *Deutsch-Französische Jahrbücher*"，MECW3：142；"Letters from the *Franco-German Yearbooks*"，EW：207.

正确的角度观察它——这只能是因为新的世界已然出现。为此，我们就不需要去设计或创造它。简言之，蓝图是没有必要的。该观点在别处也有印证。马克思认为，为了开创新的社会秩序，人类没有必要开始"任何新的工作"，只需要把"旧的工作"完成。① 因此，政治行为的正确角色不是对未来进行设计，而是帮助解决现有的问题。蓝图似乎是多余的，因为人类社会和政治问题的解决方法是历史发展中固有的。多年之后，当马克思、恩格斯和威廉·沃尔夫等人在巴黎回忆为影响正义者同盟（后来的共产主义同盟）所做出的努力之时，马克思就提及之前对乌托邦设计的否定。马克思回忆道，努力说服世人"问题不是实施某种乌托邦制度而是有意识地参与近在眼前的，变革社会的历史进程"②。

卢格对德国的社会和政治条件很悲观（他的"葬礼哀歌"），青年马克思在对他的回应中表现出了上述历史进程观。③ 尽管马克思一再强调并未低估社会变革的阻力，他"坚信"这些困难都可以解决。④ 他坚定地自信，源自于相信"该来的一定会来"这句话⑤。青年马克思似乎不认为，历史会给人类制造难题并让人们创造答案，他认为历史进程自身会给出答案（个体只需要找到、认出这些答案并将之付诸实施）。他曾用一个比喻鲜活地说明新世界是"现实世界在子宫内孵化出的成果"⑥。

这一比喻经常出现在马克思后期作品中。⑦ 人们容易忽略的是它在早期作品中也有出现，而且支持了马克思对乌托邦主义的合理否定。青年马克思贬低乌托邦对未来社会的蓝图，不是因为他相信我们能够规划得更

---

① "Briefe aus den *Deutsch-Französischen Jahrbüchern*"，MEW1：346；"Letters From the *Deutsch-Französische Jahrbücher*"，MECW3：144；"Letters from the *Franco-German Yearbooks*"，EW：209.
② *Herr Vogt*. MEW14：439；*Herr Vogt*. MECW17：79.
③ "Briefe aus den *Deutsch-Französischen Jahrbüchern*"，MEW1：338；"Letters From the *Deutsch-Französische Jahrbücher*"，MECW3：134；"Letters from the *Franco-German Yearbooks*"，EW：200.
④ "Briefe aus den *Deutsch-Französischen Jahrbüchern*"，MEW1：343；"Letters From the *Deutsch-Französische Jahrbücher*"，MECW3：142；"Letters from the *Franco-German Yearbooks*"，EW：206.
⑤ "Briefe aus den *Deutsch-Französischen Jahrbüchern*"，MEW1：343；"Letters From the *Deutsch-Französische Jahrbücher*"，MECW3：142；"Letters from the *Franco-German Yearbooks*"，EW：206.
⑥ "Briefe aus den *Deutsch-Französischen Jahrbüchern*"，MEW1：343；"Letters From the *Deutsch-Französische Jahrbücher*"，MECW3：141；"Letters from the *Franco-German Yearbooks*"，EW：206.
⑦ *Der Bürgerkrieg in Frankreich*，MEW17：343；*The Civil War in* France，MECW22：335.

好，而是因为他觉得这些蓝图是多余的。① 人们作为历史的产婆，要做的是帮助接生，而不是设计子宫里的内容。

马克思的观点（社会制度问题的解决方法为历史发展过程所固有）常被认为源自黑格尔，② 尽管这种观点（救赎过程的结果存在于所有的细节中）有更古老的根源。③ 当然，黑格尔并不关心社会主义制度的问题。不过他提供了历史模型，在该模型中人类是实现发展蓝图的一个工具，而这个蓝图人们还未设计出来。黑格尔认为，有限世界既产生于又受控于绝对的制度（见第二章）。然而，这种绝对的制度与它的具体化之间起初就缺少一致，而这种不一致推动着历史向前发展。人类被视为实现理性（sensible）世界固有发展蓝图的工具，历史发展的本质结构被认为是争取实现这个蓝图的结果。这个论述具有重要的、偶尔被忽略的特点。比如，既然人类对实现理性很重要，在扮演这个角色的过程中又实现了自己的利益，那么认为人类仅仅是实现某个外部目的的"手段"就是错误的。④ 然而，这个概念不是人类创造出来的，历史也应被理解为"上帝本性的显露"⑤。黑格尔在思考人类代理在"显露"过程中所扮演的角色之时，分出了两种人：一种人是"冒险家"，他们追求自己的"理想"，即使这些理想与当时的环境相冲突；另一种是顺应历史潮流的个人（如亚历山大、恺撒和拿破仑），他们从"蓄势待发的时势"中汲取力量。⑥ 黑格尔认为，这些历史伟人实现的原理信念不是他们"自己的发明"，而是"早已内在

---

① Darren Webb. *Marx, Marxism and Utopia*. Aldershot: Ashgate Publishing Limited, 2000: 79.
② Perry Anderson. *Arguments Within English Marxism*. London: Verso Books, 1976: 170; William A. Galston. *Justice and the Human Good*. Chicago: University of Chicago Press, 1980: 23; G. A. Cohen. *If You're an Egalitarian, How Come You're So Rich?*. Cambridge MA: Harvard University Press, 2000: 57.
③ Martin Buber. *Paths in Utopia*. London: Syracuse University Press, 1949: 10–11.
④ *Enzyklopädie* §205A.
⑤ *Die Vernunft in der Geschichte*. ed. J. Hoffmeister. Hamburg: Kessinger Publishing, 1955: 48; *Lectures on the Philosophy of World History. Introduction: Reason in History*. ed. H. B. Nisbet, Duncan Forbes. Cambridge: Cambridge University Press, 1975: 42.
⑥ *Die Vernunft in der Geschichte*, ed. J. Hoffmeister. Hamburg: Kessinger Publishing, 1955: 97; *Lectures on the Philosophy of World History. Introduction: Reason in History*. ed. H. B. Nisbet, Duncan Forbes. Cambridge: Cambridge University Press, 1975: 83.

于"世界中。①

蓝图的必要性

不论出自哪里,青年马克思对社会蓝图问题解决方法需求的否定都被误导。在早期作品中,找不出有力的原因来解释他为什么否认对蓝图的需要。关于认为成功的政治代理把自身限制于解决历史发展中固有社会问题,黑格尔提出的原因也许有些夸张和难以接受,但也具有合理性。然而,即使有人认为,另一种(世俗和非形而上学)历史理论也许理论上对人类代理的角色有相似的看法,早期作品中并没有如此论述。青年马克思似乎认同对人类代理范围的狭义描述——局限于实现一个并非它发明的解决方法——而不用寻找一个历史理论来证明它。②

青年马克思否认蓝图的必要性也不太合理,这种必要性似乎需要对19世纪欧洲的发展历程有充分信心,但如今这种发展难以为继。在经历"人类历史上道德最糟糕的世纪"之后,再坚信人类面对的社会问题的解决方法只需要实现而不需要设计似乎不再合乎时宜。③ 对大部分人来说,相信这些解决方法可能存在十分艰难,坚信它们内在于历史进程中更是不可想象。

认为新社会发现于旧社会的想法很危险。这会阻碍人们关注蓝图的问题,阻碍人们思考新世界应该是什么样的。这种缺陷反映青年马克思对人类解放的描述很模糊(也许更令人吃惊的是马克思并不为此而感到羞愧)④。当然,这里的危险不仅是理论上的,不清晰的最终目的和体现这些目的的社会和政治制度将导致很严重的后果。正如一位作者所说,除非

---

① *Die Vernunft in der Geschichte*. ed. J. Hoffmeister. Hamburg: Kessinger Publishing, 1955: 98; *Lectures on the Philosophy of World History. Introduction: Reason in History*. ed. H. B. Nisbet, Duncan Forbes. Cambridge: Cambridge University Press, 1975: 83.
② 这只表明,有些历史理论可以证明这点,而并不说明历史唯物主义可以证明这点。
③ Joseph Raz. *Value, Respect, and Attachment*. Cambridge: Cambridge University Press, 2001: 10; Jonathan Glover. *Humanity: A Moral History of the Twentieth Century*. London: Pimlico, 1999.
④ John Plamenatz. *Karl Marx's Philosophy of Man*. Oxford: Oxford University Press, 1975: 472.

能得到未来饭店的菜谱,否则"没有理由相信我们会得到我们喜欢的食物"①(这里暗指的是第二版《资本论》的后记,在那里,马克思称,他把自己投入到"对事实的批判分析",而不是"为未来饭店写菜谱"②)。20世纪的历史经历很明显放大而不是缩小了这种担心。

这些简短的思考是为了解释青年马克思为何未详细阐述他对人类解放的看法。马克思对乌托邦主义的合理否定,特别是他对蓝图必要性的否定,源自他错误地坚信社会问题的解决方法内在于历史进程中。这种观点缺少理论依据,因此,我们不能轻易接受,它存在实实在在的危险。③

最后一言

序言中已经提及马克思的早期作品虽富有启示却也模糊不清,而这正是鼓励我创作该书的原因。在努力研究这些有趣却模糊的作品的过程中,我希望能够更加合理判断它们的价值。也许不认同马克思在社会主义蓝图这一问题上的立场给人留下错误的印象,令人误解我对青年马克思作品的整体评价。

早期作品中的很多方面我是更加认同的,这么说也许显得过于谨慎。然而,早期作品涉及论题的范围和性质,不允许我做一个简单的概括性评价。

青年马克思关于当代国家出现的论述(见第二章),包括对黑格尔形而上学(包括黑格尔范畴的认识论地位、对经验世界的思辨态度、概念和现实之间的联系、思辨解释的性质、黑格尔视域中的世界和上帝身份)的大范围且有力的批判,对当代社会特点的描述(市民社会和政治社会

---

① G. A. Cohen. *If You're an Egalitarian, How Come You're So Rich?*. Cambridge MA: Harvard University Press, 2000: 77.
② *Das Kapital: Kritik der politischen ökonomie*, Erster Band, Buch 1: *Der Produktionsprozeß des Kapitals*, MEW23: 25; *Capital: Critique of Political Economy* 1, Book 1: *The Process of Production of Capital*, MECW35: 17.
③ David Leopold. "*Introduction*" to William Morris. Oxford: Oxford University Press, 2003: xxx - xxxi.

的对立），对破坏世界的两种异化的描述（当代市民社会的"原子化"和当代国家的"抽象"性），对黑格尔经验性敏锐的赞赏性评价（抓住了当代社会的本质与缺点）。

青年马克思对当代国家性质的论述（见第三章）包括对承认国家共同体的强烈认同（早期作品中的共同体是个复杂的概念，与平等和人性有重要关系），对当代政治生活"不完整"与"矛盾"（认为市民社会中不受限制的个人主义形成并主导了共同体利益）的有力批判，对当代社会某些地方特征的强烈道德谴责（包括有意推广"对象化"并违反康德的原则——人不能仅仅被视作手段），巧妙描述了当代国家在宪法中体现出的自我认识（暗示宽恕了狭隘的特殊利益对共同体利益的破坏）。

青年马克思对当代国家取代的论述（见第四章）呼吁重组社会以便"真正的人"——充分发展并利用自身本质能力的个体——存在于日常生活中（而不仅仅反映在苍白不全的抽象政治国家中）；对人类繁荣稍显苛刻的描述，要求社会满足个体基本的生理需求（衣食住、某些天气条件、身体锻炼、基本卫生、生育和性行为）和较高层次的社会需求（娱乐、文化、思想刺激、艺术表达、情感满足、美感享受、工作与真正的共同体）；（亚里士多德式）描绘了作为未来人类繁荣的条件和结果的政治共同体所应有的复杂合作（为了追求共同体利益）；零碎却充满情感地回顾了市民共和的观点（政治不会消失，只是失去抽象性），这种观点中微弱的体制线索包括关心共同体利益的市民广泛参与共同体生活，这些市民行使之前专属特权官僚阶层的行政职权和人民民主对代议制民主可能的取代。

很难想象认真思考分析这些问题之后，可以得出一个简单、全面的评判，这不仅因为论题众多，还因为这些问题的真实性很复杂且富有争议性。而且，粗暴地总结马克思持有"正确"观点的话题，可能会伤害本书创作的精神。似乎可以肯定，即使"伟大的先人"对问题的看法在某些方面是错误的或混乱的，他们对后人也有启发意义（我甚至想说，这些"伟大先人"的一个重要特征应该是：通过找出并思考他们的错误和含糊观点，可以给人带来启示）。比如，我批评马克思否定讨论社会主义蓝图的必要性，但这正是因为我认真分析了他对乌托邦主义的看法。

本书伊始提到如今的读者不需要全盘接受或否定马克思，我在创作该书的过程中一直记得此事。本人相信，青年马克思对当代市民社会个人命运的讨论，对当代政治生活成就和缺陷的讨论及对人类繁荣的可能性的讨论都是充满灼见和启示的。早期作品展示了一位强大、有想象力的知识分子在探讨一系列重要、复杂且与今天的读者仍有关系的问题之时，表现出的精彩绝伦和不同寻常的视角。如果抱着开放、批判的心态，我们就可能从这些作品中受益颇多。

Bibliographical Note[①]

Über die Prinzipien des Schönen: References (divided by a forward slash) are to *Über die Prinzipien des Schönen*: *De pulchri principiis*: *Eine Preisschrift*, edited by Douglas Moggach and Winfried Schultze (Berlin, 1996), and "On the Principles of the Beautiful", Douglas Moggach, *The Philosophy and Politics of Bruno Bauer* (Cambridge, 2003), pp. 188 – 212, respectively.

Posaune: References (divided by a forward slash) are to *Die Posaune des jüngsten Gerichts Über Hegel, den Atheisten und Antichristen*: *Ein Ultimatum* (Leipzig, 1841), and *The Trumpet of the Last Judgement Against Hegel the Atheist and Antichrist*: *An Ultimatum*, edited and translated by Lawrence S. Stepelevich (Lewiston NY, 1989), respectively.

"Letter to Arnold Ruge (19 October 1841)": References are to "Letter to Arnold Ruge (19 October 1841)", translated by Lawrence S. Stepelevich, *The Philosophical Forum*, volume 8, nos. 2 – 4 (1978), pp. 121 – 125.

Die Judenfrage: References (divided by a forward slash) are to *Die Judenfrage* (Brunswick, 1843), and *The Jewish Problem*, translated by Helen Lederer (typescript dated 1958 and held by the Hebrew Union College-Jewish Institute of Religion, Cincinnati, Ohio), respectively.

---

① 译者注：此部分为原著中所附的书目及参考文献注释，以方便读者进一步研究之用。

"Fähigkeit": References (divided by a forward slash) are to "Die Fähigkeit der heutigen Juden und Christen, frei zu werden", *Feldzüge der reinen Kritik* (Frankfurt am Main, 1968), pp. 175 – 195, and "The Capacity of Present-Day Jews and Christians to Become Free", translated by Michael P. Malloy, *The Philosophical Forum*, volume 8, nos. 2 – 4 (1978), pp. 135 – 149, respectively.

Das entdeckte Christenthum: References are to *Das entdeckte Christenthum in Vormärz: Bruno Bauers Kampf gegen Religion und Christenthum und Erstausgabe seiner Kampfschrift*, edited by Ernst Barnikol (Jena, 1927).

Briefwechsel: References are to *Briefwechsel zwischen Bruno Bauer und Edgar Bauer während der Jahre 1832 – 1842 aus Bonn und Berlin* (Aalen, 1969). Facsimile reprint of first edition published in 1844.

Das Judenthum in der Fremde: References are to *Das Judenthum in der Fremde: Separat-Abdruck aus dem Wagener'schen Staats-und Gesellschaftslexicon* (Berlin, 1863).

"The Present Position of the Jews": References are to "The Present Position of the Jews", *New York Daily Tribune*, Monday 7 June 1852, p. 5.

Russland und das Germanentum: References are to (excerpt from) *Russland und das Germanentum*, *Die Hegelsche Linke*, edited by Karl Löwith (Stuttgart, 1962).

Christus und die Cäsaren: References are to *Christus und die Cäsaren: Der Ursprung des Christenthums aus dem römischen Griechenthum* (Berlin, 1877).

(B) FRIEDRICH ENGELS

"Progress of Social Reform": References are to "Progress of Social Reform on the Continent", *MECW*, volume 3, pp. 392 – 408.

"Briefe aus London": References (divided by a forward slash) are to "Briefe aus London", *MEW*, volume 1, pp. 468 – 479, and "Letters From London", *MECW*, volume 3, pp. 379 – 391, respectively.

"Kommunistischen Ansiedlungen": References (divided by a forward slash) are to "Beschreibung der in neuerer Zeit entstandenen und noch bestehenden kommunistischen Ansiedlungen", *MEW*, volume 2, pp. 521 – 535, and "Description of Recently Founded Communist Colonies Still in Existence", *MECW*, volume 4, pp. 214 – 228, respectively.

"Rapid Progress": References are to "Rapid Progress of Communism in Germany", *MECW*, volume 4, pp. 229 – 242.

"Fourier": References (divided by a forward slash) are to "Ein Fragment Fouriers Über den Handel", *MEW*, volume 2, pp. 604 – 610, and "A Fragment of Fourier's on Trade", *MECW*, volume 4, pp. 613 – 644, respectively.

Anti-Dühring: References (divided by a forward slash) are to *Herrn Eugen Dührings Umwälzung der Wissenschaft*, *MEW*, volume 20, pp. 3 – 303, and *Herr Eugene Dühring's Revolution in Science*, *MECW*, volume 25, pp. 5 – 309, respectively.

"Bruno Bauer und das Urchristentum": References (divided by a forward slash) are to "Bruno Bauer und das Urchristentum", *MEW*, volume 19, pp. 297 – 305, and "Bruno Bauer and Early Christianity", *MECW*, volume 24, pp. 427 – 335, respectively.

"How Not to Translate Marx": References are to "How Not to Translate Marx",

MECW, volume 26, pp. 335 – 340.

(C) FRIEDRICH ENGELS AND EDGAR BAUER

Triumph: References (divided by a forward slash) are to *Die frech bedräute, jedoch wunderbar befreite Bibel. Oder: Der Triumph des Glaubens. Das ist: Schreckliche, jedoch wahrhafte und erklecklicheHistoria von dem weiland Licentiaten Bruno Bauer: wie selbiger vom Teufel verführt, vom reinen Glauben abgefallen, Oberteufel geworden und endlich kräftiglich entsetzet ist. Christliches Heldengedicht in vier Gesängen*, *MEW*, *Ergänzungsband*, volume 2, pp. 283 – 316, and *The Insolently Threatened, Yet Miraculously Rescued Bible. Or: The Triumph of Faith. ToWit, The Terrible Yet True and Salutary History of the Erstwhile Licentiate Bruno Bauer; How the Same, Seduced by theDevil, Fallen From the True Faith, Became Chief Devil, and Was Well and Truly Ousted in the End. A Christian Epic in Four Cantos*, *MECW*, volume 2, pp. 313 – 351, respectively.

(D) LUDWIG FEUERBACH

Gedanken: References (divided by a forward slash) are to *Gedanken Über Tod und Unsterblichkeit, aus den Papieren eines Denkers, nebst Anhang theologisch-satyrischer Xenien, hrsg. von einem seiner Freunde*, *Gesammelte Werke*, volume 1, pp. 175 – 515, and *Thoughts on Death and Immortality: From the Papers of a Thinker, Along with an Appendix of Theological-Satirical Epigrams, Edited by One of his Friends*, edited and translated by James A. Massey (Berkeley, 1980), respectively.

Geschichte der neuern Philosophie: References are to *Geschichte der neuern Philosophie von Bacon von Verulam bis Benedict Spinoza*, *Gesammelte Werke*, volume 2.

"Zur Kritik": References (divided by a forward slash) are to "Zur Kritik der Hegelschen Philosophie", *Gesammelte Werke*, volume 9, pp. 16 – 62, and "Towards a Critique of Hegelian Philosophy", translated by ZawarHanfi, *The Young Hegelians: An Anthology*, edited by Lawrence S. Stepelevich (Cambridge, 1983), pp. 95 – 128, respectively.

Wesen: References (divided by a forward slash) are to *Das Wesen des Christentums*, *Gesammelte Werke*, volume 5, and *The Essence of Christianity*, translated by George Eliot (New York, 1957), respectively.

"Über den 'Anfang der Philosophie'": References (divided by a forward slash) are to "Einige Bemerkungen Über den 'Anfang der Philosophie' von Dr J. F. Reiff", *Gesammelte Werke*, volume 9, pp. 143 – 153, and "Several Comments on 'The Beginning of Philosophy' by Dr J. F. Reiff", *The Fiery Brook: Selected Writings of Ludwig Feuerbach*, edited and translated by Zawar Hanfi (New York, 1972), pp. 135 – 144, respectively.

"Nothwendigkeit": References (divided by a forward slash) are to "Nothwendigkeit einer reform der Philosophie", *Sämtliche Werke* (Stuttgart, 1960 – 1964), volume 2, pp. 215 – 222, and "The Necessity of a Reform of Philosophy", *The Fiery Brook: Selected Writings of Ludwig Feuerbach*, edited and translated by Zawar Hanfi (New York, 1972), pp. 145 – 152, respectively.

"Über den Marienkultus": References are to "Über den Marienkultus", *Gesammelte Werke*, volume 9, pp. 156 – 176.

"Zur Beurteilung": References are to "Zur Beurteilung der Schrift *Das Wesen des Christentums*", *Gesammelte Werke*, volume 9, pp. 229 – 242.

"Beleuchtung einer theologischen Rezension": References are to "Beleuchtung einer theologischen Rezension Über 'Das Wesen des Christentums' (Replik)", *Gesammelte Werke*, volume 9, pp. 177 – 228.

Grundsätze: References (divided by a forward slash) are to *Grundsätze der Philosophie der Zukunft*, *Gesammelte Werke*, volume 9, pp. 264 – 341, and *Principles of the Philosophy of the Future*, translated by Manfred H. Vogel (Indianapolis, 1986), respectively.

"Vorläufige Thesen": References (divided by a forward slash) are to "Vorläufige Thesen zur Reform [ation] der Philosophie", *Gesammelte Werke*, volume 9, pp. 243 – 263, and "Provisional Theses for the Reform [ation] of Philosophy", translated by Daniel Dahlstrom, *The Young Hegelians: An Anthology*, edited by Lawrence S. Stepelevich (Cambridge, 1983), pp. 95 – 128, respectively.

Luther: References (divided by a forward slash) are to *Das Wesen des Glaubens im Sinne Luthers: Ein Beitrag zum "Wesen des Christentums"*, *Gesammelte Werke*, volume 9, pp. 353 – 412, and *The Essence of Faith According to Luther: A Supplement to "The Essence of Christianity"*, translated by Melvin Cherno (New York, 1967), pp. 31 – 117, respectively.

"Merkwürdige Äußerungen": References (divided by a forward slash) are to "Merkwürdige Äußerungen Luthers nebst Glossen", *Gesammelte Werke*, volume 9, pp. 420 – 426, and "Comments Upon Some Remarkable Statements by Luther", translated by Melvin Cherno, *The Essence of Faith According to Luther* (New York, 1967), pp. 119 – 127, respectively.

"Beziehung": References (divided by a forward slash) are to "Über das 'Wesen des Christentums' in Beziehung auf Stirners 'Der Einzige und sein Eigentum' (Replik)", *Gesammelte Werke*, volume 9, pp. 427 – 441, and "On *The Essence of Christianity* in Relation to Stirner's *The Ego and Its Own* (Reply)", translated by Frederick Gordon, *The Philosophical Forum*, volume 8, nos. 2 – 4 (1978), pp. 81 – 91, respectively.

"Vorwort [zu Sämtliche Werke]": References are to "Vorwort [zu L. Feuerbach: *Sämtliche Werke*, Bd I]", *Gesammelte Werke*, volume 10, pp. 181–190.

"Fragmente": References (divided by a forward slash) are to "Fragmente zur Charakteristik meines philosophischen curriculum vitae", *Gesammelte Werke*, volume 10, pp. 151–180, and "Fragments Concerning the Characteristics of My Philosophical Curriculum Vitae", *The Fiery Brook: Selected Writings of Ludwig Feuerbach*, edited and translated by Zawar Hanfi (New York, 1972), pp. 265–296, respectively.

"Paul Johann Anselm von Feuerbach und seine Söhne": References are to "Paul Johann Anselm von Feuerbach und seine Söhne", *Gesammelte Werke*, volume 10, pp. 324–332.

"Naturwissenschaft": References are to "DieNaturwissenschaft und dieRevolution", *Gesammelte Werke*, volume 10, pp. 347–368.

Vorlesungen: References (divided by a forward slash) are to *Vorlesungen Über das Wesen der Religion*, *Gesammelte Werke*, volume 6, and *Lectures on the Essence of Religion*, translated by Ralph Manheim (New York, 1967), respectively.

Briefe: References are to (letter number in) *Ausgewählte Briefe von und an Ludwig Feuerbach*, edited by Wilhelm Bolin (Leipzig, 1904).

Gesammelte Werke: References are to *Gesammelte Werke*, edited by Werner Schuffenhauer, 21 volumes (Berlin, 1967–2003). References are to volume and page number.

(E) G. W. F HEGEL

"Der Geist des Christentums": References are to "Der Geist des Christentums und sein Schicksal", *Werke*, volume 1, pp. 274 – 418.

"Krug": References are to "Wie der gemeine Menschenverstand die Philosophie nehme, – dargestellt an den Werken des Herrn Krug", *Werke*, volume 2, pp. 188 – 207.

Logik: References (divided by a forward slash) are to *Wissenschaft der Logik*, parts I and II, *Werke*, volumes 5 and 6, nd *Hegel's Science of Logic*, translated by A. V. Miller (London, 1969), respectively.

Phänomenologie: References (divided by a forward slash) are to *Phänomenologie des Geistes*, *Werke*, volume 3, and *Phenomenology of Spirit*, translated by A. V. Miller with analysis of the text and foreword by J. N. Findlay (Oxford, 1977), respectively.

Philosophie des Rechts: References (divided by a forward slash) are to *Grundlinien der Philosophie des Rechts*, *Werke*, volume 7, and *Elements of the Philosophy of Right*, edited and introduced by AllenW. Wood, translated by H. B. Nisbet (Cambridge, 1991), respectively. References are to sections (§); an "A" indicates Hegel's "Remarks (*Anmerkungen*)"; a "Z" indicates editorial "Additions (*Zusätzen*)". References beginning with a paragraph mark (¶) followed by a number indicate a paragraph in the "Preface" of the text.

Enzyklopädie: References (divided by a forward slash) are to *Enzyklopädie der philosophischen Wissenschaft im Grundrisse*, *Werke*, volumes 8 – 10, and (the relevant volume of) *The Encyclopedia Logic*, *Part 1 of the Encyclopedia of Philosophical Sciences with the Zusätze*, translated by T. F. Geraets, W. A.

Suchting, and H. S. Harris (Indianapolis, 1991); *Hegel's Philosophy of Nature*, being part 2 of the *Encyclopaedia of the Philosophical Sciences*, translated by A. V. Miller (Oxford, 1970); or *Hegel's Philosophy of Mind*, being part 3 of the *Encyclopaedia of the Philosophical Sciences*, translated by WilliamWallace and A. V. Miller (Oxford, 1971), respectively. References are to sections (§); a "Z" indicates editorial "Additions (*Zusätzen*)".

Vorlesungen Über die Geschichte der Philosophie: References (divided by a forward slash) are to *Vorlesungen Über die Geschichte der Philosophie*, *Werke*, volumes 18 – 20, and *Lectures on the History of Philosophy*, translated by E. SHaldane and F. Simson, 3 volumes (London, 1892), respectively.

Vorlesungen Über die Philosophie der Religion: References (divided by a forward slash) are to *Vorlesungen Über die Philosophie der Religion*, *part* 1: *Einleitung, Der Begriff der Religion* (Hamburg, 1983), and *Lectures on the Philosophy of Religion*, volume 1: *Introduction and the Concept of Religion*, translated by R. F. Brown, P. C. Hodgson, and J. M. Stewart, with the assistance of J. P. Fitzer and H. S. Harris (Berkeley, 1984), respectively.

Vernunft: References (divided by a forward slash) are to *Die Vernunft in der Geschichte*, edited by J. Hoffmeister (Hamburg, 1955), and *Lectures on the Philosophy of World History. Introduction*: *Reason in History*, translated by H. B. Nisbet with an introduction by Duncan Forbes (Cambridge, 1975), respectively.

Werke: References are to *Werke in zwanzig Bänden*, edited by Eva Moldenhauer and Karl Markus Michel, third edition (Frankfurt am Main, 1993 – 1996). References are to volume and page number.

(F) HEINRICH HEINE

Die Bäder von Lucca: References are to *Die Bäder von Lucca*, Historische-kri-

tische Gesamtausgabe der Werke (*Düsseldorfer Ausgabe*), volume 7, part 1 (Hamburg, 1986), pp. 81 – 152.

Kahldorf: References are to *Einleitung zu "Kahldorf Über den Adel"*, *Historisch-ekritische Gesamtausgabe der Werke* (*Düsseldorfer Ausgabe*), volume 11 (Hamburg, 1978), pp. 134 – 145.

Geschichte: References are to *Zur Geschichte der Religion und Philosophie in Deutschland*, *Historische-kritische Gesamtausgabe der Werke* (*Düsseldorfer Ausgabe*), volume 8, part 1 (Hamburg, 1979), pp. 9 – 120.

"Tannhäuser": References (divided by a forward slash) are to "Der Tannhäuser: Ein Legende", *Historische-kritische Gesamtausgabe der Werke* (*Düsseldorfer Ausgabe*), volume 2 (Hamburg, 1983), pp. 53 – 60, and "Tannhäuser: A Legend", *The Complete Poems of Heinrich Heine: A Modern English Version by Hal Draper* (Oxford, 1982), pp. 348 – 353, respectively.

"Anno 1829": References (divided by a forward slash) are to "Anno 1829", *Historischekritische Gesamtausgabe der Werke* (*Düsseldorfer Ausgabe*), volume 2 (Hamburg, 1983), pp. 79 – 80, and "Anno 1829", *The Complete Poems of Heinrich Heine: A Modern English Version by Hal Draper* (Oxford, 1982), pp. 368 – 369, respectively.

Atta Troll: References (divided by a forward slash) are to *Atta Troll: Ein Sommernachtstraum*, *Historische-kritische Gesamtausgabe der Werke* (*Düsseldorfer Ausgabe*), volume 4 (Hamburg, 1985), pp. 13 – 87, and *Atta Troll: A Summer Night's Dream*, *The Complete Poems of Heinrich Heine: A Modern English Version by Hal Draper* (Oxford, 1982), pp. 419 – 480, respectively.

Deutschland: References (divided by a forward slash) are to *Deutschland: Ein*

Winterm ärchen, *Historische-kritische Gesamtausgabe der Werke* (*Düsseldorfer Ausgabe*), volume 4 (Hamburg, 1985), pp. 89 – 157, and *Germany: A Winter's Tale*, *The Complete Poems of Heinrich Heine: A Modern English Version by Hal Draper* (Oxford, 1982), pp. 481 – 536, respectively.

Lutezia 1: References are to *Lutezia* 1 [*Lutetia* 1], *Historische-kritische Gesamtausgabe der Werke* (*Düsseldorfer Ausgabe*), volume 13, part 1 (Hamburg, 1988).

Lutezia 2: References are to *Lutezia* 2 [*Lutetia* 2], *Historische-kritischeGesamtausgabe der Werke* (*Düsseldorfer Ausgabe*), volume 14, part 1 (Hamburg, 1990).

"Prinzessin Sabbat": References (divided by a forward slash) are to "Prinzessin Sabbat", *Historische-kritische Gesamtausgabe der Werke* (*Düsseldorfer Ausgabe*), volume 3 (Hamburg, 1992), pp. 125 – 129, and "Princess Sabbath", *The Complete Poems of Heinrich Heine: A Modern English Version by Hal Draper* (Oxford, 1982), pp. 651 – 655, respectively.

Briefe: References are to *Briefe*, edited by Friedrich Hirth, 6 volumes (Mainz, 1950 – 1). References are to volume and page number.

Säkularausgabe: References are to *Heinrich Heine: Säkularausgabe*, projected 30 volumes (Berlin and Paris, 1970 –). References are to volume and page number.

(G) MOSES HESS

Die europäische Triarchie: References are to *Die europäische Triarchie* (Leipzig, 1841). (Facsimile edition, Amsterdam, 1971.)

Rom und Jerusalem: References (divided by a forward slash) are to *Rom und Jerusalem: Die letzte Nationalitätsfrage* (Leipzig, 1862), and *Rome and Jerusalem*, translated by Rabbi Maurice J. Bloom (New York, 1958), respectively.

Schriften: References are to *Philosophische und sozialistische Schriften, 1837 – 1850*, edited with an introduction by Auguste Cornu and Wolfgang Mönke (Berlin, 1961).

Jüdische Schriften: References are to *Jüdische Schriften*, edited by Theodor Zlocisti (Berlin, 1905).

(H) KARL MARX

Hefte zur epikureischen, stoischen und skeptischen Philosophie: References (divided by a forward slash) are to *Hefte zur epikureischen, stoischen und skeptischen Philosophie*, *MEW*, Ergänzungsband, volume 1, pp. 13 – 255, and *Notebooks on Epicurean, Stoic, and Sceptic Philosophy*, *MECW*, volume 1, pp. 403 – 509, respectively.

Differenz: References (divided by a forward slash) are to *Differenz der demokritischen und epikureischen Naturphilosophie* (Doktor dissertation), *MEW*, Ergänzungsband, volume 1, pp. 257 – 373, and *Difference Between the Democritean and Epicurean Philosophy of Nature* (Doctoral Dissertation), *MECW*, volume 1, pp. 25 – 105, respectively.

"Der leitende Artikel": References (divided by a forward slash) are to Der leitende Artikel in Nr. 179 der *Kölnischen Zeitung*, *MEW*, volume 1, pp. 86 – 104, and "The Leading Article in No. 179 of the *Kölnische Zeitung*", *MECW*, volume 1, pp. 184 – 202, respectively.

"Briefwechsel von 1843": References (divided by a forward slash) are to

"Briefe aus den *Deutsch-Französischen Jahrbüchern*", *MEW*, volume 1, pp. 337 – 346; "Letters From the *Deutsch-Französische Jahrbücher*", *MECW*, volume 3, pp. 133 – 145; and "Letters from the *Franco-German Yearbooks*", *EW*, pp. 199 – 209, respectively. (Note that *MEW* and *MECW* include only Marx's contributions, whilst *MEGA*① and *MEGA*② contain all the programmatic correspondence.)

Kritik: References (divided by a forward slash) are to *Kritik des Hegelschen Staatsrechts*, *MEW*, volume 1, pp. 201 – 333; "Contribution to the Critique of Hegel's Philosophy of Law", *MECW*, volume 3, pp. 3 – 129; and "Critique of Hegel's Doctrine of State", *EW*, pp. 57 – 198, respectively.

"Zur Judenfrage": References (divided by a forward slash) are to "Zur Judenfrage", *MEW*, volume 1, pp. 347 – 377; "On the Jewish Question", *MECW*, volume 3, pp. 146 – 174; and "On the Jewish Question", *EW*, pp. 211 – 241, respectively.

"Kritik: Einleitung": References (divided by a forward slash) are to "Zur Kritik der Hegelschen Rechtsphilosophie: Einleitung", *MEW*, volume 1, pp. 378 – 391; "Contribution to the Critique of Hegel's Philosophy of Law: Introduction", *MECW*, volume 3, pp. 175 – 187; and "Critique of Hegel's Philosophy of Right: Introduction", *EW*, pp. 243 – 257, respectively.

"Kritische Randglossen": References (divided by a forward slash) are to "Kritische Randglossen zu dem Artikel 'Der König von Preussen und die Sozialreform: Von einem Preussen'", *MEW*, volume 1, pp. 392 – 409; "Critical Marginal Notes on the Article 'The King of Prussia and Social Reform: By A Prussian'", *MECW*, volume 3, pp. 189 – 206; and "Critical Notes on the King of Prussia and Social Reform", *EW*, pp. 401 – 420, respectively.

Manuskripte: References (divided by a forward slash) are to *Ökonomischphilosophische Manuskripte aus dem Jahre* 1844, *MEW*, *Ergänzungsband*, volume 1, pp. 465 – 588; *Economic and Philosophic Manuscripts of* 1844, *MECW*, volume 3, pp. 229 – 346; and *Economic and Philosophical Manuscripts*, *EW*, pp. 279 – 400, respectively.

"Auszüge aus James Mill": References (divided by a forward slash) are to "Auszüge aus James Mills Buch 'Elémens d'économie politique'", *MEW*, *Ergänzungsband*, volume 1, pp. 443 – 463; "Comments on James Mill, *Elémens d'économie* politique", *MECW*, volume 3, pp. 211 – 228; and "Excerpts from James Mill's Elements of Political Economy", *EW*, pp. 259 – 278, respectively. (Note that *MECW* omits some quotations from Mill.)

"Draft Plan": References (divided by a forward slash) are to "Die bürgerliche Gesellschaft und die kommunistische Revolution", *MEW*, volume 3, p. 537, and "Draft Plan for a Work on the Modern State", *MECW*, volume 4, p. 666, respectively.

"Library": References are to "Plan of the 'Library of the Best Foreign Socialist Writers'", *MECW*, volume 4, p. 667. (Not in *MEW*.)

"Peuchet: vom Selbstmord": References (divided by a forward slash) are to "Peuchet: vom Selbstmord", *Marx on Suicide*, edited by Eric A. Plaut and Kevin Anderson, (Evanston, 1999), pp. 77 – 101, and "Peuchet: On Suicide"; *MECW*, volume 4, pp. 597 – 612, respectively.

"Draft Article on Friedrich List": References are to "Draft of an Article on Friedrich List's *Das nationale Systemder politischenökonomie*", *MECW*, volume 4, pp. 265 – 293. (Not in *MEW*.)

"Die moralisierende Kritik": References (divided by a forward slash) are to "Die moralisierende Kritik und die kritisierende Moral: Beitrag zur deutschen Kulturgeschichte gegen Karl Heinzen", *MEW*, volume 4, pp. 331 – 359, and "Moralising Criticism and Critical Morality: A Contribution to German Cultural History Contra Karl Heinzen"; *MECW*, volume 6, pp. 312 – 340, respectively.

Misère de la philosophie: References (divided by a forward slash) are to *Das Elend der Philosophie: Antwort auf Proudhons 'Philosophie des Elends'*, *MEW*, volume 4, pp. 63 – 182, and *The Poverty of Philosophy: A Reply to the Philosophy of Poverty by M. Proudhon*, *MECW*, volume 6, pp. 105 – 212, respectively.

"Die Taten des Hauses Hohenzollern": References (divided by a forward slash) are to "Die Taten des Hauses Hohenzollern", *MEW*, volume 6, pp. 477 – 480, and "The Deeds of the House of Hohenzollern", *MECW*, volume 9, pp. 418 – 422, respectively.

Die achtzehnte Brumaire: References (divided by a forward slash) are to *Die achtzehnte Brumaire des Louis Bonaparte*, *MEW*, volume 8, pp. 111 – 207, and *The Eighteenth Brumaire of Louis Bonaparte*, *MECW*, volume 11, pp. 99 – 197, respectively.

"Bauer's Pamphlets": References are to "B. Bauer's Pamphlets on the Collision with Russia", *MECW*, volume 15, pp. 181 – 193. (Not in *MEW*.)

"1859 Vorwort": References (divided by a forward slash) are to *Zur Kritik der politischen ökonomie*, *MEW*, volume 13, pp. 7 – 11, and *Contribution to the Critique of Political Economy*, *MECW*, volume 29, pp. 261 – 265, respectively.

Herr Vogt: References (divided by a forward slash) are to *Herr Vogt*, *MEW*, volume 14, pp. 381–686, and *Herr Vogt*, *MECW*, volume 17, pp. 21–329, respectively.

"Confession": References (divided by a forward slash) are to "Bekenntnissen", *MEW*, volume 31, p. 597, and "Confession", *MECW*, volume 42, pp. 567–568, respectively.

Kapital: References (divided by a forward slash) are to *Das Kapital: Kritik der politischen ökonomie*, *Erster Band*, *Buch* 1: *Der Produktionsprozeß des Kapitals*, *MEW*, volume 23, and *Capital: Critique of Political Economy*, volume 1, Book 1: *The Process of Production of Capital*, *MECW*, volume 35, respectively.

Erster Entwurf: References (divided by a forward slash) are to *Erster Entwurf zum "Bürgerkrieg in Frankreich"*, *MEW*, volume 17, pp. 493–571, and *First Draft of "The Civil War in France"*, *MECW*, volume 22, pp. 437–514, respectively.

Der Bürgerkrieg in Frankreich: References (divided by a forward slash) are to *Der Bürgerkrieg in Frankreich*, *MEW*, volume 17, pp. 313–365, and *The Civil War in France*, *MECW*, volume 22, pp. 307–355, respectively.

"L'indifferenza in materia politica": References (divided by a forward slash) are to "Der Politische Indifferentismus", *MEW*, volume 18, pp. 299–304, and "Political Indifferentism", *MECW*, volume 23, pp. 392–397, respectively.

"Kritik der Gothaer Programms": References (divided by a forward slash) are to "Randglossen zum Programm der deutschen Arbeiterpartei", *MEW*, volume 19, pp. 15–32, and "Marginal Notes on the Programme of the German Worker's Party", *MECW*, volume 24, pp. 75–99, respectively.

EW: References are to *Karl Marx, Early Writings*, translated by Rodney Livingstone and Gregor Benton (London, 1975).

(I) KARL MARX AND FRIEDRICH ENGELS

Die heilige Familie: References (divided by a forward slash) are to *Die heilige Familie, oder Kritik der kritischen Kritik: Gegen Bruno Bauer und Konsorten*, *MEW*, volume 2, pp. 3 – 223, and *The Holy Family, or Critique of Critical Criticism: Against Bruno Bauer & Co.*, *MECW*, volume 4, pp. 3 – 211, respectively.

Die deutsche Ideologie: References (divided by a forward slash) are to *Die deutsche Ideologie: Kritik der neuesten deutschen Philosophie in ihren Repräsentanten Feuerbach, B. Bauer und Stirner, und des deutschen Sozialismus in seinen verschiedenen Propheten*, *MEW*, volume 3, pp. 9 – 530, and *The German Ideology: Critique of the Latest German Philosophy as Exemplified by its Representatives Feuerbach, B. Bauer and Stirner, and of German Socialism as Exemplified by its Various Prophets*, *MECW*, volume 5, pp. 19 – 539, respectively.

Manifest: References (divided by a forward slash) are to *Manifest der kommunistischen Partei*, *MEW*, volume 4, pp. 459 – 493, and *Manifesto of the Communist Party*, *MECW*, volume 6, pp. 477 – 519, respectively.

*MEGA*①: References are to *Karl Marx-Friedrich Engels-Historische-kritischeGesamtausgabe: Werke, Schriften, Briefe, Marx-Engels-Institute* (Moscow), 12 volumes (of projected 42) completed (Frankfurt am Main and Berlin, 1927 – 1932, 1935). References are to series, volume, and page number.

MEW: References are to *Karl Marx-Friedrich Engels-Werke*, Institut für Marxismus-Leninismus beim Zentralkomitee der Sozialistischen Einheitspartei Deutschlands, 39 volumes plus "Ergänzungsbanden" (Berlin, 1957 – 1968). References are to volume and page number.

MECW: References are to Karl Marx and Friedrich Engels, *Collected Works*, 50 volumes (Moscow, London, and New York, 1975 – 2005). References are to volume and page number.

*MEGA*②: References are to *Karl Marx/Friedrich Engels/Gesamtausgabe*. This ongoing edition was initially edited by the Institut für Marxismus-Leninismus beim Zentralkomitee der Kommunistischen Partei der Sowjetunion und vom Institut für Marxismus-Leninismus beim Zentralkomitee der Sozialistischen Einheitspartei Deutschlands, and published in Berlin by Dietz Verlag (1975 – 1998). It is now edited by the Internationale Marx-Engels Stiftung (IMES) and published in Berlin by Akademie Verlag (1998—). References are to series, volume, and page Number.

(J) JEAN-JACQUES ROUSSEAU

Discours sur l'origine de l'inégalité: References (divided by a forward slash) are to *Discours sur l'origine et les fondements de l'inégalité parmi les hommes*, *Oeuvres complètes*, volume 3: *Les écrits politique* (Paris, 1964), pp. 111 – 237, and *Collected Writings of Rousseau*, volume 3: *Discourse on the Origins of Inequality (Second Discourse), Polemics, and Political Economy* (Hanover NH, 1992), pp. 1 – 95, respectively.

Contrat social: References (divided by a forward slash) are to *Du contrat social*, *Oeuvres complètes*, volume 3: *Les écrits politiques* (Paris, 1964), pp. 349 – 470, and *Collected Writings of Rousseau*, volume 4: *Social Contract, Discourse on the Virtue Most Necessary for a Hero, Political Fragments, and Geneva Manuscripts* (Hanover NH, 1994), pp. 127 – 224, respectively.

"Lettres à Usteri": References are to two letters from Rousseau to Leonard Usteri, 30 April 1763 and 18 July 1763, *Political Writings*, edited by C. E. Vaughan (Cambridge, 1915), volume 2, pp. 166 – 168.

"*L'économie politique*": References are to *Discours sur l'économie politique* (1755), *Oeuvres complètes*, volume 3: *Les écrits politiques* (Paris, 1964), pp. 241 – 278.

Lettres écrites de la montagne: References are to *Lettres écrites de la montagne*, *Oeuvres complètes*, volume 3: *Les écrits politiques* (Paris, 1964), pp. 685 – 897, and *Collected Writings of Rousseau*, volume 9: *Letter to Beaumont, Letters Written from the Mountain, and Related Writings* (Hanover NH, 2001), pp. 131 – 306, respectively.

Rousseau juge de Jean-Jacques: References are to *Rousseau juge de Jean-Jacques*, *Oeuvres complètes*, volume 1: *Les Confessions: Autres textes autobiographiques* (Paris, 1959), pp. 657 – 989, and *Collected Writings of Rousseau*, volume 1: *Rousseau Judge of Jean-Jacques: Dialogues* (Hanover NH, 1990), respectively.

Considérations sur le gouvernment de Pologne: References (divided by a forward slash) are to *Considérations sur le gouvernment de Pologne*, *Oeuvres complètes*, volume 3: *Les écrits politiques* (Paris, 1964), pp. 953 – 1041, and *The Government of Poland* (Indianapolis, 1985), respectively.

(K) ARNOLD RUGE

Briefwechsel: References are to *Briefwechsel und Tagebuchblätter aus den Jahren 1825 – 1880*, edited by Paul Nerrlich, 2 volumes (Berlin, 1886).

"Rechtsphilosophie": References (divided by a forward slash) are to (the column number of) "Die Hegelshe Rechtsphilosophie und die Politik unserer

Zeit", *Deutsche Jahrbücher*, volumes 189 and 190 (August 1842), and "Hegel's *Philosophy of Right* and the Politics of our Times", translated by James A. Massey, *The Young Hegelians*, edited by Lawrence S. Stepelevich (Cambridge, 1983), pp. 211–236, respectively.

"Selbstkritik": References (divided by a forward slash) are to "Selbstkritik des Liberalismus", *Sämtliche Werke* (Mannheim, 1847), volume 4, pp. 76–116, and "A Self-Critique of Liberalism", translated by James A. Massey, *The Young Hegelians*, edited by Lawrence S. Stepelevich (Cambridge, 1983), pp. 237–259, respectively.

(L) SAINT-SIMON

Oeuvres: References are to *Oeuvres de Claude-Henri de Saint-Simon*, 6 volumes (Paris, 1966).

"Ionescu": References are to *The Political Thought of Saint-Simon*, translated by Valence Ionescu (Oxford, 1976).

"Markham": References are to *Selected Writings*, translated by F. M. H. Markham (Oxford, 1952).

"Taylor": References are to *Selected Writings on Science, Industry, and Social Organization (1802–1825)*, translated by Keith Taylor (London, 1975).

(M) MAX STIRNER

Der Einzige: References (divided by a forward slash) are to *Der Einzige und sein Eigentum*, with an afterword by Ahlrich Meyer (Stuttgart, 1972), and *The Ego and Its Own*, translated by Steven T. Byington, edited with an introduction by David Leopold (Cambridge, 1995), respectively.

(N) DAVID FRIEDRICH STRAUSS

Das Leben Jesu: References are to *Das Leben Jesu, kritisch bearbeitet*, 2 volumes (Tübingen, 1835 – 1836).

Streitschriften: References are to *Streitschriften zur Vertheidigung meiner Schrift Über das Leben Jesu und zur Charakteristik der gegenwärtigen Theologie* (Tübingen, 1837).